대학인의 글쓰기와 말하기

인문사회계열

대학인의 글쓰기와 말하기

– 인문사회계열

초판 1쇄 발행 2018년 12월 27일
초판 2쇄 발행 2020년 3월 31일

지은이 | 한성우
펴낸곳 | (주)태학사
등 록 | 제406-2020-000008호
주 소 | 경기도 파주시 광인사길 217
전 화 | (031)955-7580
전 송 | (031)955-0910
전자우편 | thspub@daum.net
홈페이지 | www.thaehaksa.com

값은 뒤표지에 있습니다.

ISBN 979-11-6395-010-3 94810
ISBN 979-11-6395-009-7 (세트)

머리말

모든 대학의 모든 학생들을 위한 글쓰기와 말하기 교육에 활용할 만한 교재는 존재하기 어려운 것일까? 이 책의 집필은 이러한 질문으로부터 시작되었다. 글쓰기와 말하기 교육은 모든 교육과정에서 필수적인 것이고 대학에서도 마찬가지이다. 고등학교까지는 정해진 교육과정이 있어 말하기와 글쓰기 교육이 체계적으로 이루어지고 있으나 대학 이후의 과정에서는 자율 아닌 자율로 교육이 이루어지고 있다. 각 대학의 사정에 맞게 교재가 편찬이 되고, 교수자의 의지와 역량에 따라 교육내용이 결정된다. 사정이 이렇다보니 대학에서의 글쓰기와 말하기 교육은 최소한의 표준도 없는 상황에서 들쭉날쭉하게 이루어질 수밖에 없었다.

이 책은 이렇듯 혼란스러운 상황에서 대학에서의 글쓰기와 말하기 교육의 표준을 제시하기 위하여 집필되었다. 어떤 대학이든, 어떤 학생이든, 어떤 교수자이든 자유롭게 선택하여 학습을 하되 글쓰기와 말하기의 기초를 확립하고 능력을 신장시키기 위한 토대를 마련하는 것이 이 책의 목적이다. 글쓰기와 말하기 교육에서 필수적인 내용을 선별하여 대학생에 맞게 다시 배치하되 학생의 전공 계열에 따라 내용과 설명을 따로 구성하여 계열에 따른 맞춤형 교육과 학습이 가능하도록 하였다. 또한 글쓰기와 말하기의 핵심 내용을 직관적으로 이해할 수 있는 도식으로 정리하고 학습한 내용을 바로 실전에 활용할 수 있도록 다양한 연습문제로 구성하였다.

20여 년 전부터 글쓰기와 말하기에 대해 지속적인 관심을 가지고 다양한 자료를 준비해 오던 차에 2006년에 〈경계를 넘는 글쓰기〉를 간행하였다. 이후 저자가 소속된 대학의 〈글쓰기와 토론〉 교재의 집필과 개정을 담당하고 강의도 개발하던 중 2013년에는 〈문제해결력을 키우는 이공계 글쓰기〉를 출간하였다. 이 책은 이러한 과정의 연속선상에 있다. 〈경계를 넘는 글쓰기〉는 이론적인 성격이 강하여 수업에 활용하기는 다소 어려움이 있었고, 〈문제해결력을 키우는 이공계 글쓰기〉는 이공계열 학생들을 대상으로 한 것이어서 다른 계열의 학생들에게는 적합하지 않았다. 필자의 소속대학에서 펴낸 교재 역시 다른 대학에서는 활용하는 데 제약이 있었다.

이 책은 체제는 동일하되 서술내용과 연습문제를 달리한 두 권의 책 중 인문사회계열 학생들을 위한 책이다. 글쓰기와 말하기의 핵심적인 내용은 계열에 따라 차이가 없다. 그러나 이론적인 설명의 구체적인 방법과 그것의 적용은 학습자에 맞게 조정될 필요가 있다. 따라서 인문사회계열 학생들에게 익숙한 사고와 지식을 바탕으로 글쓰기와 말하기의 방법을 설명하였다. 그리고 글쓰기와 말하기를 실습하고 적용할 수 있는 연습문제도 인문사회계열 학생들에게 꼭 필요한 내용으로 구성하였다. 모쪼록 이 책이 대학과 계열에 관계없이 자유롭게 활용되어 대학인의 글쓰기와 말하기 능력을 신장시키는 데 기여하길 바란다.

이 책이 세상에 나오기까지 많은 이들의 도움을 받았다. 말과 글을 가르쳐 주신 주변의 모든 분, 글쓰기 이론을 깨우쳐 주신 여러 선생님들, 가르치는 과정이 곧 배우는 과정임을 알게 해 준 모든 학생들의 도움으로 이 책의 내용이 구성되었다. 오랜 기간 동안 준비해 온 것을 책으로 펴낼 기회를 주신 지현구 대표님, 최형필 이사님, 안찬웅 부장님을 비롯한 태학사의 여러 관계자들께 감사의 말씀을 전한다.

2018년 12월

필자 씀

[이 책의 구성과 활용]

이 책은 모두 14장으로 구성되어 있으며, 각 장의 내용은 다음과 같다.

1장	**문제해결과 커뮤니케이션**	문제해결을 위해 가장 중요한 의사소통의 도구인 글쓰기와 말하기에 대한 기초적인 설명과 연습
2장	**글쓰기를 통한 문제해결**	글쓰기 전반에 대한 기초적인 안내와 설명
3장	**주제와 구성**	글의 주제를 선택하고 글의 골격을 짜는 방법에 대한 기초적인 설명과 연습
4장	**단락**	글을 전개하는 가장 중요한 단위인 단락의 전개방법에 대한 설명과 연습
5장	**설명**	실용적인 글에서 꼭 필요한 설명의 방법에 대한 설명과 연습
6장	**논증**	실용적인 글에서 꼭 필요한 논증의 방법에 대한 설명과 연습
7장	**실용문 쓰기**	설명하는 글과 설득하는 글 한편의 글을 완성하는 방법에 대한 설명과 연습
8장	**대학에서의 글쓰기**	대학에서 많이 쓰는 리포트, 실험보고서에 대한 설명과 연습
9장	**사회에서의 글쓰기**	기업과 기관에서 많이 쓰는 자기소개서, 기획서, 사용설명서 등에 대한 설명과 연습
10장	**매체에서의 글쓰기**	이메일과 온라인 게시글 등 최근 들어 중요성이 커진 매체에서의 글쓰기에 대한 설명과 연습
11장	**발표와 면접**	개인적 말하기의 방식인 발표 및 면접에 대한 설명과 연습
12장	**토론과 토의**	집단적 말하기의 방식인 토론과 토의에 대한 설명과 연습
13장	**바른 커뮤니케이션**	바르게 쓰고 말하기 위한 규범과 어법에 대한 설명과 연습
14장	**커뮤니케이션 윤리**	콘텐츠의 활용 및 말하기와 글쓰기와 관련된 윤리에 대한 설명과 연습

각각의 장에서는 이론적인 설명 및 설명을 집약한 도식이 먼저 제시된다. 뒤이어 설명된 이론을 구체적으로 적용할 수 있는 연습문제와 이에 대한 예시답안과 해설을 붙여 학습한 내용을 실질적으로 이해하고 활용할 수 있도록 하였다. 대학의 한 학기 일정에 맞도록 총 14장으로 구성하였는데 7장까지가 글쓰기 및 말하기의 기초에 해당되는 내용이고 8장부터는 그것을 실제적으로 적용할 수 있는 내용이다.

[일러두기]

• 누구를 위한 책인가

이 책은 글쓰기 및 말하기에 어려움을 느끼는 모든 학생들을 위한 책이다. 자신의 전공분야에 맞는 글쓰기 및 말하기의 핵심적인 이론을 친숙한 제재와 설명 방법을 활용하여 학습할 수 있도록 구성하였다. 따라서 각 계열의 모든 학생들 및 졸업생들이 수업에 활용하거나 개인적으로 읽어 글쓰기와 말하기를 익힐 수 있는 책이다.

• 이 책을 시작하려면

이 책으로 공부하기 전에 글쓰기, 토론, 발표 등에 대한 일반적인 학습이 먼저 이루어지면 매우 효과적이지만, 선행학습 없이 이 책만으로도 대학인으로서 갖추어야 할 커뮤니케이션 능력 모두를 학습할 수 있다. 본문은 글쓰기 및 말하기의 기초적인 내용을 각 계열에 맞게 설명하였으며, 글쓰기와 말하기 의 소재 또한 각 계열과 밀접한 관련이 있는 것을 선택했다. 다만 글을 쓰거나 발표와 토론을 하기 위해서는 배경지식이 있어야 하므로 각 주제에 대한 배경지식은 필수적이다. 물론 미리 갖추고 있는 배경지식이 없더라도 사전, 인터넷 검색, 관련 서적과 논문 등을 참조할 수 있다.

• 이 책의 세부구성

모든 장은 3개 내외의 절로 구성되어 있고, 각각의 절은 다시 3개 내외의 더 작은 하위항목으로 구성되어 있다. 각 절의 하위항목은 한두 페이지에 걸쳐 짤막한 설명 및 직관적인 도식으로 핵심적인 내용을 쉽게 파악할 수 있도록 일관되게 구성하였다. 특히 대학생들에게 익숙한 소재의 도표 , 그림 등을 활용하여 이해를 도왔다. 예제는 각 항목별 설명을 재확인하고 적용해 보는 문제로서, 예시 답안 및 해설을 두어 꼼꼼하게 문제를 이해하고 풀어볼 수 있도록 하였다.

〈설명 및 도식〉

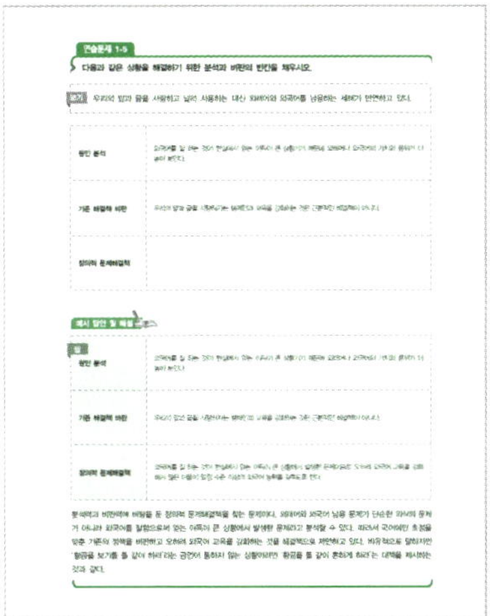
〈연습문제와 해설〉

• **강의 계획**

<table>
<tr><th>주</th><th>장</th><th>주제</th><th>강의 방법</th></tr>
<tr><td>1</td><td>1장</td><td>문제해결과 커뮤니케이션</td><td>오리엔테이션 / 강의</td></tr>
<tr><td>2</td><td>2장</td><td>글쓰기를 통한 문제해결</td><td>강의</td></tr>
<tr><td>3</td><td>3장</td><td>주제와 구성</td><td rowspan="5">강의 및 개인별 과제</td></tr>
<tr><td>4</td><td>4장</td><td>단락</td></tr>
<tr><td>5</td><td>5장</td><td>설명</td></tr>
<tr><td>6</td><td>6장</td><td>논증</td></tr>
<tr><td>7</td><td>7장</td><td>실용문 쓰기</td></tr>
<tr><td>8</td><td colspan="3">중간고사</td></tr>
<tr><td>9</td><td>8장</td><td>대학에서의 글쓰기</td><td rowspan="3">강의 및 개인별 과제</td></tr>
<tr><td>10</td><td>9장</td><td>사회에서의 글쓰기</td></tr>
<tr><td>11</td><td>10장</td><td>매체에서의 글쓰기</td></tr>
<tr><td>12</td><td>11장</td><td>발표와 면접</td><td rowspan="2">강의 및 조별 과제</td></tr>
<tr><td>13</td><td>12장</td><td>토론과 토의</td></tr>
<tr><td>14</td><td>13장</td><td>바른 커뮤니케이션</td><td rowspan="2">강의 및 개인별 과제</td></tr>
<tr><td>15</td><td>14장</td><td>커뮤니케이션 윤리</td></tr>
<tr><td>16</td><td colspan="3">기말고사</td></tr>
</table>

각 장은 한 주씩 강의할 수 있도록 구성하였으나 내용의 경중에 따라 탄력적으로 조정할 수 있다. 특히 3장~7장은 글쓰기의 핵심적인 내용이고 말하기의 기초가 되기도 하므로 교수자의 재량에 따라 더 비중을 두어 강의할 수도 있다. 글쓰기와 말하기의 특성상 이론보다는 실제가 중요하므로 중간고사 와 기말고사는 이론시험 대신 글을 쓰거나 발표와 토론을 해서 평가하는 것으로 대체할 수 있다.

글쓰기 및 말하기의 이론도 중요하지만 더 중요한 것은 직접 글을 쓰거나 말을 할 수 있는 능력을 기르는 것이다. 따라서 매 수업마다 이론과 예시를 통해 설명을 한 후 이를 반영해 글을 쓰거나 발표 및 토론을 하도록 유도하는 것이 좋다. 그리고 수업 후에는 개인별 또는 조별 과제를 부여하여 글쓰기 및 말하기와 관련된 모든 활동을 실제로 해 보도록 유도하는 것이 필요하다.

장별 주차별 과제도 필요하지만 한 학기 수업 전체에 걸쳐 개인별, 조별 프로젝트를 진행하여 글쓰기 및 말하기의 모든 과정을 밟도록 하는 것도 좋다. 이 때 글쓰기 및 말하기는 문제해결을 위한 커뮤니케이션의 방법이므로 해결해야 할 문제를 미리 정한 후 이에 필요한 글과 말을 개인별, 조별로 직접 하도록 한다.

차례

10장 매체에서의 글쓰기

11장 발표와 면접

14장 커뮤니케이션의 윤리

CHAPTER

1

문제해결과 커뮤니케이션

1.1. 문제와 문제해결 | 1.2. 커뮤니케이션의 유형과 과정 | 1.3. 창의적 문제해결력

1.1

문제와 문제해결

▶ **문제** – 해결해야 할 모든 것
▶ **커뮤니케이션** – 문제해결의 도구

문제 – 해결해야 할 모든 것

왜 글을 쓰고 말을 해야 하는가? 글을 쓰고 말을 하기 위해서는, 나아가 좋은 글과 말을 위해서는 이에 대한 분명한 답을 가지고 있어야 한다. 누구나 자의든 타의든 글쓰기와 말하기의 상황에 직면하게 된다. 그러나 '글을 쓰고, 말을 해야만 하는 상황'이 글쓰기와 말하기의 본질적인 이유가 될 수는 없다. 그 본질적인 이유를 찾기 위해 다음과 같은 상황을 먼저 생각해 보자. 다음과 같은 상황에서 좋은 글을 쓸 수 있다면, 적절하게 말할 수 있다면 이 상황을 훨씬 더 잘 타개해 나갈 수 있다.

- 철학적 문제에 대한 물음을 받았다.
- 설문 결과를 활용할 방안에 대한 보고서를 과제로 받았다.
- 조별 과제를 수행하는 도중에 팀워크를 해치는 조원이 있다.
- 취업을 하기 위해서는 자기소개서와 면접이 필요하다.

위와 같은 상황은 모두가 해결해야 할 무엇인가가 있는데 그것을 글과 말로써 해결해야 하는 상황이다. 글을 쓰고 말을 하는 궁극적인 목적이 바로 이러한 문제 상황과 관련이 있다. 누구든 해결해야 하는 문제에 부닥치게 되고, 그 문제를 해결하기 위해서 글과 말을 통해서 해결책을 제시해야 하는데 그때 글과 말이 필요한 것이다. 문제가 생기면 그것을 해결하기 위한 커뮤니케이션이 필요한데 커뮤니케이션의 대표적인 방법이 바로 글과 말이다. 따라서 글과 말은 커뮤니케이션의 도구이며, 글을 쓰고 말을 하는 것은 궁극적으로 문제해결을 목적으로 하는 적극적인 행위이다.

철학적 문제	← 철학적 사유가 담긴 명쾌한 답안	글쓰기
설문 결과 보고서	← 정확한 정보, 치밀한 논증	글쓰기
문제 팀원	← 대화와 타협	말하기
자기소개서, 면접	← 멋진 자기소개서, 유창한 면접	말하기

문제의 해결이 커뮤니케이션의 궁극적인 목적이지만 우리는 '문제'라는 단어를 꽤나 복합적인 의미로 사용한다. 따라서 문제의 유형에 따라 필요한 의사소통의 능력도 달라진다. 우리는 일상에서 다음과 같은 네 가지 유형의 의미로 '문제'라는 단어를 사용한다.

- **Question** : 답을 요구하는 시험, 퀴즈 등의 문제
- **Theme, Issue** : 연구나 토론을 요하는 문제
- **Trouble** : 말썽을 일으켜 해소를 요하는 문제
- **Problem** : 해결을 요하는 가장 포괄적인 문제

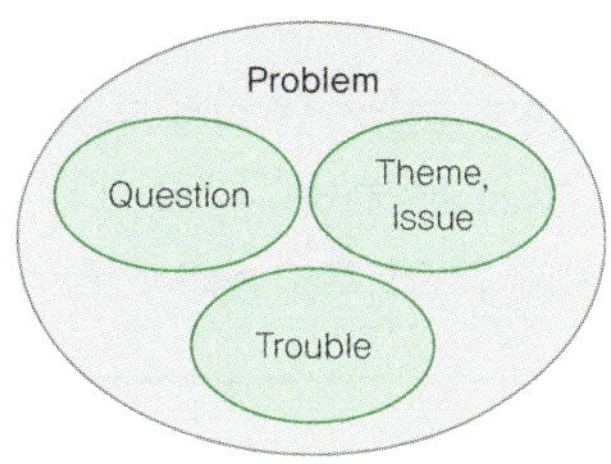

Question으로서의 문제는 학생들이 가장 흔하게 접하는 유형으로서 문제의 요구에 따라 적절하게 답을 하면 된다. 특히 서술식이나 논술식으로 답을 써야 할 경우에는 글쓰기 능력이 요구된다. Theme이나 Issue로서의 문제는 지적이거나 공적인 활동을 할 때 자주 부딪치게 되는 문제이다. 이러한 유형의 문제를 해결하기 위해서는 연구 논문, 보고서, 각종 토론 등이 요구되는데 이 때 고도의 글쓰기 능력 및 말하기 능력이 필요하다. Trouble로서의 문제는 대화와 타협을 통해 문제 요소를 제거함으로써 어떻게든 해소해야 하는 문제인데 이때 효과적인 커뮤니케이션 능력이 필요하다.

이상의 좁은 의미의 문제를 모두 포괄하는 개념은 Problem이다. Problem은 나머지 모든 문제를 포괄하는 문제이고 우리가 '문제'라고 했을 때 보통은 Problem을 뜻한다. 그러나 각각의 문제, 즉 Question, Theme, Issue, Trouble로서의 문제를 명확하게 구별할 수 있다면 그에 맞는 말하기와 글쓰기를 모색할 수 있고 이를 통해 문제를 보다 잘 해결할 수 있다.

연습문제 1-1

다음에 제시되는 상황에서 밑줄 친 각각의 '문제'는 어떤 유형의 문제인지 분류해 보시오.

보기 청소년을 위한 멘토링 프로젝트를 이끌어 가는 김새론 박사는 심각한 ① 문제에 직면했다. 무엇보다도 실험실에서 연구하고자 하는 ② 문제의 방향이 잘 안 잡히는 것이 ③ 문제였다. 이는 실험실의 팀워크가 깨진 ④ 문제에서 시작되었다. 연구에 참여하는 각각의 구성원이 풀고자 하는 ⑤ 문제가 달랐기 때문이다. 모두들 자신이 궁금해 하는 ⑥ 문제가 있는데 그것이 하나로 모아지지 않는다는 것이 ⑦ 문제였다. 더욱이 연구소의 컴퓨터도 자꾸 ⑧ 문제를 일으켜 상황을 더 심각하게 만들었다. 이에 김 박사는 연구실 구성원 모두에게 '우리 연구실의 ⑨ 문제를 타개할 방안은?'이란 ⑩ 문제를 냈다.

예시 답안 및 해설

답

Question : ⑤, ⑩

Theme, Issue : ②, ⑥

Trouble : ④, ⑧

Problem : ①, ③, ⑦, ⑨

①, ③, ⑦, ⑨는 가장 포괄적인 의미의 문제이므로 Problem으로 분류할 수 있다. ②, ⑥은 연구 주제 또는 과제와 관련이 있으므로 Theme으로서의 문제이고 ④, ⑧은 해소해야 하는 문제이므로 Trouble로서의 문제이다. ⑤, ⑩는 물음 형식으로 제시되었으므로 Question 형식의 문제이다.

커뮤니케이션 – 문제해결의 도구

문제 상황은 개인과 집단을 가리지 않고 나타날 수 있다. 만약 개인적인 문제라고 할지라도 그 문제는 집단 전체의 문제와 관련이 있을 수 있다. 따라서 문제 상황을 해결하기 위해서는 개인, 관련 당사자, 집단 구성원 모두의 원활한 의사소통이 필수적이다. 누군가는 문제해결을 위한 자료를 가지고 있을 수 있고, 누군가는 비판적, 논리적 사고력을 가지고 있을 수 있다. 또한 누군가는 이를 종합해 주어진 문제를 해결할 수 있는 해결책을 제시할 수도 있다. 이러한 과정에서 말과 글을 통해서 소통이 이루어지는데 이것이 의사소통, 즉 커뮤니케이션이다.

문제 발생	해결 방법	커뮤니케이션	문제해결
Question	해답 제시	글쓰기	
Theme, Issue	연구와 토론		
Trouble	대화와 타협	말하기	
Problem	해결책 제시		

어떤 유형의 문제이든 효과적인 커뮤니케이션 능력은 문제의 해결을 위해서 필수적이다. 글쓰기, 발표, 토론 등의 커뮤니케이션 능력은 곧 주어진 문제를 해결하기 위한 것이고, 이러한 커뮤니케이션 능력을 활용하여 주어진 문제를 해결할 때 개인이든 집단이든 진정한 행복을 누릴 수 있게 된다.

뛰어난 커뮤니케이션 능력은 오늘날 같은 치열한 경쟁사회에서 필수적인 능력이다. 동일한 목표를 가지고 있는 경쟁자가 수없이 많은 상황에서 문제해결책을 명쾌한 글과 말로 제시하는 커뮤니케이션 능력을 기른다면 남들보다 훨씬 앞서갈 수 있다. 또한 전공분야에서 남들보다 뛰어난 창의력과 능력을 가졌다 하더라도 커뮤니케이션 능력은 한 단계 더 도약하는 데 필수적이다. 그리고 기업이나 기관의 리더가 되기 위해서는 전문적인 지식도 필요하지만 조직의 이념과 방향을 올곧게 제시하고 조직의 구성원들과 원활하게 의사소통을 하는 것이 반드시 필요하다.

커뮤니케이션 능력이 중요하기는 하지만 그것이 단순한 글재주나 말재주를 뜻하는 것은 아니다. 화려한 문체와 능수능란한 언변이 필요하기는 하지만 그것이 궁극적인 목표가 되어서는 안 된다. 글과 말이 의사소통을 위한 것이기 때문에 의사소통을 효율적으로 하는 것은 필요하지만 그것이 궁극적으로 문제해결을 위한 것임을 잊어서는 안 된다. 개인과 집단에게 주어진 문제를 해결하기 위해 의사소통이 필요하고 그 의사소통을 위해 글을 쓰고 발표와 토론을 하는 것임을 잊지 않을 때 진정으로 좋은 글과 말이 이루어질 수 있다

연습문제 1-2

다음과 같은 문제 상황을 해결하기 위한 과정의 빈칸을 채우시오.

대학에서의 마지막 학기를 보내고 있는 변희영은 '영화의 이해'라는 교양 선택과목을 수강하고 있다. 이 강좌의 전반부는 담당교수가 강의를 한 후 서술식 중간시험을 보고, 후반부는 조별 발표를 한 후 보고서를 제출해야 한다. 좋은 성적을 받아야 하는 것은 당연한 목표이고, 이왕이면 이 수업에서 배운 것이 자신의 취업에 보탬이 되기를 기대하고 있다.

문제	좋은 학점을 받기 위해서는? : 서술식 시험을 치러야 한다. 조별 발표를 해야 한다. 보고서를 제출해야 한다. 수업 내용이 취업에 도움이 되도록 하기 위해서는? :
필요한 커뮤니케이션 능력	글쓰기 : 말하기 :
수업 내용의 활용	■ 영화감독의 역할 : 배우, 스태프, 장비를 지휘하는 오케스트라의 지휘자 ■ 나의 자기소개서 :

예시 답안 및 해설

답

문제	좋은 학점을 받기 위해서는? : 서술식 시험을 치러야 한다. 조별 발표를 해야 한다. 보고서를 제출해야 한다. 수업 내용이 취업에 도움이 되도록 하기 위해서는? :자기소개서 및 면접에 활용할 수 있는 방법을 찾아봐야 한다.
필요한 커뮤니케이션 능력	글쓰기 : 서술식 답안, 발표자료, 보고서, 자기소개서 말하기 : 조원과의 소통, 발표, 면접
수업 내용의 활용	■ 영화감독의 역할 : 배우, 스태프, 장비를 지휘하는 오케스트라의 지휘자 ■ 나의 자기소개서 : 내 분야에서 모든 것을 조정하여 이끌어가는 지휘자와 같은 존재로 성장해 나가고자 하는 의지 표명

■ **문제 :** 교양 과목은 인간의 보편적인 문제와 관계된 것이 많기 때문에 여러 방면으로 활용할 수 있다. 특히 대학생의 당면 문제인 진로문제를 해결하는 데 활용해 본다.

■ **필요한 커뮤니케이션 능력 :** 대학 수업에서는 시험, 발표, 보고서 등으로 평가를 하므로 이와 관련된 글쓰기 능력이 중요하다. 또한 발표를 위해서는 조원과 잘 소통을 해야 하고 효과적으로 발표를 해야 한다. 나아가 진로문제를 해결하는 데 도움이 되려면 자기소개서와 면접도 잘 준비할 수 있어야 한다.

■ **수업 내용의 활용 :** 영웅의 일대기는 신화에서 늘 다루어지는 이야기의 구조이다. 따라서 이것을 자기소개서에 활용할 수 있다.

1.2

커뮤니케이션의 유형과 과정

▶ **커뮤니케이션의 유형** – 말과 글
▶ **커뮤니케이션의 과정** – 문제의 발견부터 해결책의 제시까지

커뮤니케이션의 유형 – 말과 글

인간의 대표적인 커뮤니케이션 방법은 말과 글이다. 인간이 다른 동물과 구별되는 특징 중의 하나가 말을 할 수 있다는 것인데 이 말은 인간의 가장 중요한 커뮤니케이션 수단이다. 따라서 일상생활에서의 커뮤니케이션은 말하기가 주를 이룬다. 말에 비해 문자는 매우 늦은 시기에 활용되기 시작하였지만 글을 통한 커뮤니케이션도 매우 중요하다. 일상적인 커뮤니케이션에서는 말하기의 비중이 높지만 공식적인 커뮤니케이션에서는 글쓰기의 비중이 매우 높다. 문제해결을 위한 커뮤니케이션은 공식적으로 이루어지는 경우가 많은데 이때 글쓰기와 말하기 모두가 중요하다. 공식적인 커뮤니케이션의 두 유형에는 다음과 같은 세부적인 항목들이 있다.

글쓰기

리포트, 시험 답안,
자기소개서, 논술문,
연구논문, 보고서
제안서, 홍보문, 안내문

말하기

발표, 토의, 토론

공식적인 활동의 많은 부분은 문서를 기반으로 이루어지기 때문에 공식적인 활동을 할 때 쓰는 글은 매우 다양하다. 대학에서는 실험보고서, 리포트, 시험 답안 등을 써야 한다. 이밖에 취업을 위해서는 자기소개서가 필수이고 논술시험이 있는 경우에는 논술문도 쓰게 된다. 이러한 글은 모두 대학에서의 학습 및 취업과 밀접한 관련을 맺고 있다. 이밖에 연구논문, 보고서 등은 대학이나 기업, 기관 모두에서 매우 흔하게 작성되는 글이다. 또한 기관과 기업의 활동 과정에서 제안서, 홍보문, 안내문 등은 매우 중요하다.

공식적인 커뮤니케이션에서의 말하기는 발표, 토의, 토론 세 가지 형태로 이루어진다. 발표는 개인이나 집단이 일정한 청중을 대상으로 설명이나 주장을 하는 말하기의 한 방법이다. 토의는 동일한 문제의식을 가진 개인이나 집단이 모여 의견을 조율해 통일된 결론을 내기 위한 말하기의 방법이며, 토론은 서로 다른 견해를 가진 개인이나 집단이 모여 자신의 의견을 관철시키기 위한 말하기의 방법이다.

이러한 다양한 글쓰기와 말하기는 정해진 절차에 따라 훈련을 할 때 비로소 완전히 갖춰질 수 있다. 글쓰기와 말하기의 근본적인 목적이 무엇인가에 대해 이해하고, 이 목적을 달성하기 위한 커뮤니케이션의 기본 원리를 알아야 한다. 그리고 이를 바탕으로 여러 분야에 맞는 커뮤니케이션 방법을 익혀나갈 때 비로소 원활한 의사소통을 통한 문제해결이 가능해질 수 있다.

연습문제 1-3

다음은 같은 내용에 대해서 쓴 두 종류의 글을 읽고 비교 대조한 표를 완성하시오.

	친구와의 대화	리포트
내용		
형식		
표현		
효과		

친구와의 대화

갑 : 또 게임 하니? 너 중독 된 거 아냐?
을 : 중독? 좋아하는 거 한다고 다 중독이니? 스트레스도 풀리고 좋잖아.
갑 : 스트레스가 풀려? 안 될 때는 더 짜증나지 않아?
을 : 하지만 이렇게 아이템이 빵빵할 땐 짜증이 날 이유가 없지.
갑 : 하루 사이에 어떻게 이렇게 아이템이 늘었어?
을 : 후후, 다 방법이 있지.
갑 : 비겁하게 돈으로 아이템을 샀구나. 그거 불법인 거 몰라?
을 : 게임의 세계에서 불법이 어딨어. 어쨌든 내가 게임을 지배하면 되는 거 아냐?

리포트

〈온라인 게임의 문제점〉

온라인 게임의 문제점으로는 중독성과 불법성을 들 수 있다. 게임 이용자들은 흥미로 시작을 하게 되지만 어느 순간부터는 게임을 하지 않고는 견디지 못하는 상황에 처하게 된다. 자신의 의지와 상관없이 게임을 할 수밖에 없는 상황이 되었다면 이미 중독이 된 것이다. 이렇게 중독이 되다 보면 불법적인 행위까지 서슴지 않게 될 수도 있다. 게임 아이템을 돈으로 사고파는 것은 물론, 해킹을 통하여 아이템을 탈취하거나 게임을 조작하는 사례까지 나타나고 있다. 더욱이 온라인상에서의 게임이 화근이 되어 현실공간에서까지 폭력을 행사하는 불법이 자행되기도 한다.

예시 답안 및 해설

답	친구와의 대화	리포트
내용	온라인 게임의 폐해에 관한 유사한 내용	
형식	대화	설명문
표현	일상적인 구어체 표현	공식적인 글의 문어체 표현
효과	간단한 의사소통에 효과적	공식적인 설명과 주장을 하기에 효과적

같은 내용의 다른 형식의 글이다. 일상적인 대화는 누구나 나눌 수 있지만 그 내용을 설명문으로 쓰는 것은 훈련이 필요하다. 또한 일상적인 대화에서 쓰는 표현을 설명문에서 그대로 쓸 수 없을 경우가 있으므로 표현도 가려 쓸 수 있어야 한다. 일상에서는 자유로운 형식으로 대화가 가능하지만 공식적인 커뮤니케이션에서는 이에 맞는 형식과 표현을 쓸 수 있어야 한다.

커뮤니케이션의 과정 – 문제의 발견부터 해결책의 제시까지

커뮤니케이션이 효과적으로 이루어지기 위해서는 필요한 과정을 순차적으로 거치는 것이 좋다. 특히 문제해결을 위한 커뮤니케이션은 문제의 발견이 곧 주제로 이어지고 해결책을 찾기 위한 자료의 수집과 정리가 중요하므로 그 순서를 명확히 할 필요가 있다. 문제해결을 위한 커뮤니케이션의 과정은 일반적으로 다음과 같다.

주제의 설정	글쓰기와 말하기의 주제를 정한다.
→ 자료의 수집과 정리	글쓰기와 말하기에 필요한 자료를 수집하고 정리한다.
→ 구성	글이나 말 전체의 구성요소와 순서를 정한다.
→ 전개	글이나 말을 통해 자신의 지식과 사고를 펼친다.
→ 상호작용	질문, 의견 등을 받고 답변을 하거나 글을 수정한다.

주제의 설정 과정은 문제의 발견 과정과 밀접한 관련을 맺는다. 문제가 무엇인지 명쾌하게 정의되면 그것이 글쓰기와 말하기의 주제가 되기 때문이다. 커뮤니케이션의 근본적인 목적이 문제해결이므로 해결해야 할 문제에 따라 주제가 결정된다. 이때 문제는 스스로 발견한 것일 수도 있고 주어진 것일 수도 있는데 이는 문제의 유형에 의해 결정된다.

주제의 선정이 끝나면 이 주제에 적합한 자료를 풍부하게 수집하고 여기에서 꼭 필요한 것을 선별해야 한다. 개인의 지식과 사고는 한계가 있을 수밖에 없다. 따라서 선정한 주제와 관련하여 이전에 제시된 자료와 주장을 풍부하게 모을 필요가 있다. 또한 자신의 주장을 펼치기 위해서는 객관적인 자료가 필요하기 때문에 현실 속의 다양한 자료 속에서 자신의 주장을 뒷받침할 만한 것을 뽑아 적재적소에 활용할 수 있어야 한다.

구성 과정은 주제에 적합한 소주제를 선정하여 이를 적절히 배열하는 과정이다. 지구상의 모든 생물들은 여러 기관들이 유기적인 관계를 맺고 있으며, 인간이 만든 구조물 또한 목적에 적합한 구조를 이루고 있다. 이와 마찬가지로 글이나 말도 적절한 구조를 갖추어야 한다. 논설문이라면 서론 – 본론 – 결론으로 구성되는 것이 일반적이며, 발표를 할 때도 도입 – 본론 – 마무리 등의 구조를 갖추게 된다. 이렇듯 주제에 가장 적합한 구성요소를 정하고 이 구성요소의 순서를 정할 필요가 있다.

전개 과정은 각각의 소주제를 목적에 따라 글로 쓰거나 말을 하는 과정이다. 글이나 말을 구성하는 각 요소들은 각각의 요소들이 독립적이되 서로 관련을 맺으면서 문장으로 전개된다. 글에서는 단락 단위로 전개가 되는데 단락의 요건에 맞게 각 문장들이 유기적인 관계를 맺으면서 주어진 주제에 대해 설명과 주장을 하게 된다. 말에서는 단락과 같은 명시적인 단위는 파악되지 않을 수도 있으나 단락과 유사한 단위를 이루며 역시 설명과 주장을 하게 된다. 따라서 이 단계에서는 구성과 전개가 계속적으로 상호 관련을 맺으며 커뮤니케이션의 핵심적인 활동이 이루어진다.

글이나 말은 소통을 위한 것이므로 마지막에는 상호작용을 거쳐 수정, 보완을 해 나간다. 글쓰기나 말하기는 일회적으로 끝나는 것보다 계속적인 상호작용을 통해 더 발전적으로 이루어지는 것이 좋다. 시험 답안이나 리포트에 대해 피드백이 주어지면 이에 따라 학생은 자신을 더 발전시킬 기회를 가질 수 있다. 발표를 할 때도 질문에 대한 답변이 이루어지면 질문자에게 보다 상세한 정보를 제공할 뿐만 아니라 발표자 스스로도 보완할 것이 무엇인지 파악할 수 있게 된다.

연습문제 1-4

다음에 제시되는 상황에서 글을 써야 한다고 가정할 때 각 과정의 빈칸을 채우시오.

보기 경영학과 4학년 박진영은 '초우량 서비스 기업의 성공비밀'이란 강좌를 수강하며 강의의 제목 그대로 초우량 서비스 기업을 선정해 그 기업의 성공비밀을 밝히라는 기말보고서를 준비하고 있다.

주제의 설정	
자료의 수집과 정리	
구성	
전개	
상호작용	

예시 답안 및 해설

답

주제의 설정	초우량 서비스 기업 ○○전자의 성공 비밀 BIMOL
자료의 수집과 정리	회사의 홈페이지, 홍보 자료, 실적 자료 등을 수집
구성	브랜드(Brand), 혁신(Innovation), 시장지향성(Market-Orientation), 리더십(Leadership)의 네 항목을 대등하게 구성
전개	각 항목을 사례 중심으로 구체적 서술
상호작용	같은 수업을 듣는 동료, 대상 회사의 관계자 등에게 읽힌 후 조언을 구함

기말보고서의 주제는 큰 틀에서 미리 주어지는 경우가 많다. 따라서 이에 맞게 세부 주제를 정한다. 예시 답안에서는 '비밀'에 대략적으로 음을 맞추어 'BIMOL(Brand, Innovation, Market-Orientation, Leadership)의 머리글자를 딴 'BIMOL'을 주제로 하였다. 이 네 가지 항목은 본문을 구성하는 핵심적인 내용이 되므로 이에 필요한 자료를 수집한 후 각 항목이 대등한 관계를 이루도록 구성하여 서술해 나간다. 그리고 이 내용을 관계자에게 확인하면 더 정확하고도 풍부한 보고서를 작성할 수 있을 것이다.

1.3

창의적 문제해결력

▶ **분석력, 비판력** - 문제의 파악과 새로운 문제의 발견 능력

▶ **창의력** - 새로운 문제해결 능력

분석력, 비판력 - 문제의 파악과 새로운 문제의 발견 능력

글을 쓰는 목적이 주어진 문제를 해결하기 위한 것이라면 이를 위해서는 창의적인 문제해결력이 필수이다. 주어진 문제에 대한 맞춤형 답을 글로 제시하되 창의력까지 가미가 되어 있다면 최상의 글이 될 수 있다. 이 창의적인 문제해결력의 바탕을 이루는 것인 바로 분석력과 비판력이다. 분석력은 주어진 문제를 정확하게 꿰뚫어 보는 능력이고 비판력은 그 문제를 둘러싼 기존 해결방법의 문제점을 날카롭게 지적할 수 있는 능력이다.

'세대 간의 갈등'이라는 문제를 해결하기 위해 글을 써야 하는 상황을 가정해 보자.

문제 - 세대 간 갈등이 심각하다

해결책 1	해결책 2
구세대는 신세대를 이해해야 한다.	신세대는 구세대를 존경해야 한다.

↓

창의적 해결책
각 세대 간의 균형적 역할이 중요하다.

세대 간의 갈등은 어느 시대, 어느 사회에서나 늘 있는 문제이다. 그리고 이에 대한 해결책도 많이 제시되었으나 그 해결책이 충분하지 않기 때문에 여전히 문제가 되고 있는 것이다. 이 문제에 대한 분석력이 결여된 해결책은 어느 한쪽의 입장만 일방적으로 대변하는 것일 수 있다. 즉, 젊은 세대는 젊은 세대의 입장만, 나이든 세대는 나이든 세대의 입장만 내세우게 되면 문제의 해결은 기대하기 어렵다.

이 상황에서 필요한 것이 바로 분석력이다. 세대 간의 갈등은 흔히 신-구의 갈등으로만 생각할 수 있다. 그러나 그 갈등의 양상을 꿰뚫어 보면 신세대와 구세대는 상대적인 것일 뿐 절대적으로 정해진 세대가 아님을 파악할 수 있게 된다. 즉, 어느 집단에서는 신세대이지만 다른 집단에서는 구세대일 수도 있는 것이다. 또한 신-구의 두 세대만 있는 것이 아니라 그 중간 세대도 있다는 것도 파악할 수 있다. 신-구세대의 구분이 절대적인 것이 아니므로 세대를 양분하는 것만이 답이 아님을 파악하는 능력도 필요하다. 이렇게 세대 간 갈등의 본질을 분석해 낼 수 있다면 창의적 문제해결책이 제시될 수 있는 길이 열리는 것이다.

이러한 분석이 이루어진 후 비판력이 발휘되어야 한다. 기존에 어느 한 세대만을 일방적으로 비판하며 한 쪽만 옹호하는 것은 근본적인 해결책이 되기 어렵다. 세대 간의 갈등이 어느 한 세대의 일방적인 양보에 의해서 해결되는 것이 아니기 때문이다. 그렇다고 두 세대를 모두 비판하는 것 또한 올바른 해결책이 아니다. 문제해결의 바람직한 방법은 잘못을 지적하거나 하지 말아야 할 것을 제시하는 것보다는 해야 할 것, 또는 할 수 있는 것을 제시하는 것이기 때문이다. 따라서 기존의 단편적인 비판이나 양비론 모두를 비판하고 새로운 해결책을 제시할 수 있어야 진정한 문제해결이 가능하다.

이러한 분석과 비판이 이루어졌다면 다음과 같은 해결책이 가능하다.

창의적 해결책 – 각 세대 간의 균형적 역할이 중요하다.

- 신세대는 구세대를 존경하고 그들로부터 배우는 자세를 가져야 한다.
- 중간세대는 신세대와 구세대를 모두 이해하고 가교 역할을 해야 한다.
- 구세대는 신세대를 이해하고 포용하는 자세를 가져야 한다.

위와 같이 해결책을 제시한다면 모든 세대가 문제해결의 방법을 이해하고 수용할 수 있다. 또한 각각의 역할에 대해 구체적으로 깨닫고 해결을 위해 노력하게 할 수 있으므로 자연스러운 문제의 해결을 유도할 수 있다. 이렇듯 문제의 본질을 꿰뚫어 보고, 기존 해결책의 문제점을 재검토해 볼 수 있는 능력이 있을 때 비로소 창의적인 문제해결이 가능하다.

연습문제 1-5

다음과 같은 상황을 해결하기 위한 분석과 비판의 빈칸을 채우시오.

우리의 말과 글을 사랑하고 널리 사용하는 대신 외래어와 외국어를 남용하는 세태가 만연하고 있다.

원인 분석	외국어를 잘 하는 것이 현실에서 얻는 이득이 큰 상황기기 때문에 외래어나 외국어의 가치와 품위가 더 높아 보인다.
기존 해결책 비판	우리의 말과 글을 사랑하자는 캠페인과 교육을 강화하는 것은 근본적인 해결책이 아니다.
창의적 문제해결책	

예시 답안 및 해설

답	
창의적 문제해결책	외국어를 잘 하는 것이 현실에서 얻는 이득이 큰 상황에서 발생한 문제이므로 오히려 외국어 교육을 강화해서 많은 이들이 일정 수준 이상의 외국어 능력을 갖추도록 한다.

분석력과 비판력에 바탕을 둔 창의적 문제해결책을 찾는 문제이다. 외래어와 외국어 남용 문제가 단순한 의식의 문제가 아니라 외국어를 잘함으로써 얻는 이득이 큰 상황에서 발생한 문제라고 분석할 수 있다. 따라서 국어에만 초점을 맞춘 기존의 정책을 비판하고 오히려 외국어 교육을 강화하는 것을 해결책으로 제안하고 있다. 비유적으로 말하자면 '황금을 보기를 돌 같이 하라'라는 금언이 통하지 않는 상황이라면 '황금을 돌 같이 흔하게 하라'는 대책을 제시하는 것과 같다.

창의력 - 새로운 문제해결 능력

분석과 비판이 문제해결을 위해 매우 중요하기는 하지만 여기서 분석과 비판만으로는 문제를 해결할 수가 없다. 이러한 분석과 비판을 바탕으로 한 창의적인 해결책이 제시되어야 문제의 근본적인 해결을 모색할 수 있다. 창의적인 해결책은 말 그대로 새로운 해결책을 뜻하지만 무조건 새롭다고 해서 창의적인 해결책이 되는 것은 아니다. 분석과 비판이 선행되어 문제에 대한 완전한 이해가 이루어진 후 이전에는 없었던 새로운 해결책이 제시될 때 비로소 창의적인 해결책이라고 할 수 있다. 따라서 창의력은 분석력 및 비판력과 떼려야 뗄 수 없는 관계에 있다.

앞서 제시한 '세대 간의 갈등'이라는 문제를 되새겨 보자. 이 문제에 대한 분석과 기존 해결책에 대한 비판을 통하여 창의적인 해결책은 각 세대 간의 균형적 역할을 강조하는 것이어야 함을 알았다. 각 세대의 균형적 역할을 강조하는 것만으로도 창의적 해결책이라고 할 수 있다. 그런데 이 해결책을 창의적인 글을 통해 제시하는 것이 필요하다.

[해결책 1]

- 제목 : 세대 간 갈등을 해결하기 위한 노력
- 글의 구성
  - 신세대 : 구세대를 존경하고 이들로부터 배우려는 자세를 갖춰야 한다.
  - 중간세대 : 신, 구세대를 모두 이해하고 가교 역할을 해야 한다.
  - 구세대 : 신세대를 이해하고 포용해야 한다.

[해결책 2]

- 제목 : 눈과 다리로 푸는 세대 간의 갈등
- 글의 구성
  - 신세대 : 우러러 보기
  - 낀세대 : 다리 놓기
  - 쉰세대 : 눈높이 맞추기

위에 제시된 [해결책 1]은 분석과 비판을 통해 고안된 해결책을 제시하는 일반적인 글이다. 이러한 제목과 구조로 작성된 글은 세대 간의 역할을 균형적으로 제시했기 때문에 창의적인 해결책이 될 수 있다. 그러나 같은 내용이라 할지라도 더 창의적인 방법으로 제시할 수 있다. [해결책 2]가 그것인데 내용은 [해결책 1]과 전혀 다르지 않다. 그러나 문제의 해결책을 보다 감각적인 방법으로 제시하려고 노력하고 있다. 즉 제목에 '눈'과 '다리'를 포함시켜 독자들의 관심을 끌 수 있도록 하였고, 동음이의어 '다리[橋, 脚]'를 써서 궁금증을 불러일으키도록 하였다. 글은 구성에서는 '신세대, 낀세대, 쉰세대'를 사용함으로써 각 세대 명칭의 운을 맞추는 동시에 세대 간의 특징이 잘 부각되도록 하였다.

이렇듯 창의적인 문제해결은 문제해결의 방법마저도 창의적으로 제시될 때 비로소 가치를 더할 수 있다. 문제의 해결책이 글로 제시되든, 말로 제시되든 독자와 청자의 관심, 감동, 동의를 얻어낼 때 비로소 의사소통의 근본적인 목적을 달성할 수 있는 것이다. 이를 위해서는 좋은 글, 훌륭한 발표와 토론이 필수적이다. 그리고 글과 말은 창의적일수록 효과적이다. 결국 문제에 대한 철저한 이해가 분석력 및 비판력과 결합되고, 그것이 창의적인 글과 말로 제시될 때 효과적인 문제해결을 모색할 수 있다.

연습문제 1-6

다음과 같은 상황을 해결하기 위한 세 글을 비교하시오.

우리의 말과 글을 사랑하고 널리 사용하는 대신 외래어와 외국어를 남용하는 세태가 만연하고 있다.

[해결책 1]

- 제목 : 우리말 파괴, 더 이상은 안 된다
- 글의 구성
  - 외래어 남용 현황
  - 외국어 남용 현황
  - 우리말을 사랑하고 열심히 배우라

[해결책 2]

- 제목 : 외국어 교육 강화를 통한 우리말 사랑
- 글의 구성
  - 외국어의 현실적 가치
  - 외국어 교육의 강화
  - 우리말의 소중함에 대한 재확인

[해결책 3]

- 제목 : 외국어와 우리말 – 황금과 돌의 변주
- 글의 구성
  - 황금 같은 외국어 – 외국어의 가치
  - 황금을 돌 같이 하라 – 외국어 교육의 강화
  - 다시 황금을 찾으라 – 우리말의 소중함에 대한 재확인

예시 답안 및 해설

- **해결책 1 :** 이런 문제와 관련해 흔히 볼 수 있는 내용과 형식의 글이다. 이미 문제로 파악된 상황을 장황하게 다시 쓰는 것은 문제의 해결책을 제시하기에 적합한 방식이 아니다. 또한 우리말 사랑과 교육의 중요성을 반복하는 것은 전혀 창의적인 해결책이라 할 수 없다.
- **해결책 2 :** 우리말의 소중함을 재확인하기 위해서는 외국어 교육을 오히려 강화해야 한다는 다소 파격적인 주장을 담고 있는 글이다. 이러한 주장이 문제에 대한 날카로운 분석과 기존 해결책에 대한 면밀한 비판에 근거한 것이라면 효과적인 해결책이 될 수 있다.
- **해결책 3 :** 해결책 2에서 제시된 내용을 보다 창의적으로 쓰고자 노력한 글이다. '황금을 보기를 돌 같이 하라'는 잘 알려진 금언을 바탕으로 제목을 쓰고 구성에도 활용했다. 같은 내용이라도 창의적인 제목과 구성을 통해 제시한다면 의사소통이 훨씬 더 잘 이루어질 수 있다.

CHAPTER

2

글쓰기를 통한 문제해결

2.1

글쓰기의 목적과 유형

- ▶ **설명** - 전달을 통한 이해
- ▶ **주장** - 논증을 통한 설득
- ▶ **실용문의 목적** -지식과 사고의 공유

설명 - 전달을 통한 이해

글을 쓰는 첫 번째 목적은 지식과 정보를 전달하여 읽는 이를 이해시키는 것이다. 이러한 목적의 글을 설명하는 글, 즉 설명문이라고 한다. 지식과 정보는 공유될 때 더 큰 지식과 정보로 발전할 수 있다. 지식과 정보를 공유할 수 있는 가장 좋은 방법은 글을 통한 의사소통이다. 누군가의 지식과 정보가 글로 표현되면 이를 필요로 하는 많은 이들에게 직접적으로 전달되고 이해되어 또 다른 사람의 지식과 정보가 된다. 인류가 오늘날과 같이 지혜를 축적하여 문명을 발전시킬 수 있었던 것은 글이 있기 때문에 가능했는데 그 글들은 대부분 설명하는 글들이다. 또한 가장 흔히 볼 수 있는 글이 설명하는 글이기도 하다.

다음과 같은 상황을 생각해 보자.

새로운 사실 발견	새로운 제품의 사용법	새로운 경험

수자원 연구소의 정현 박사는 수질오염 해결에 도움을 줄 수 있는 미생물 활용법을 새롭게 발견했다.	스마트폰 생산업체의 개발부에서 근무하는 이덕희 팀장은 새롭게 내장된 기능을 사용자에게 설명해야 한다.	모험을 좋아하는 이형택은 무동력 요트를 타고 홀로 세계 일주를 하며 바다의 수많은 생물들을 관찰했다.

연구자가 열심히 연구할 결과 이제까지 알려지지 않은 새로운 사실을 발견해 냈다면 그것을 세상에 알려야만 비로소 인류가 공유할 수 있는 지식으로 발전할 수 있다. 또한 제품을 개발한 전문가나

생산자는 그 제품에 대해 잘 알고 있지만 소비자는 잘 모르기 때문에 제품을 올바로 사용하기 위해 필요한 정보를 제공해야 한다. 나아가 남들이 하지 못한 경험을 자신만이 했다면 그것을 남들에게 전달할 필요가 있다. 이러한 모든 과정에서 필요한 글이 바로 설명문이다.

그러나 정보의 전달이 설명의 근본적인 목적은 아니다. 설명문의 근본적인 목적은 지식과 사고의 전달을 통한 이해라는 점을 명심할 필요가 있다. 글을 읽는 사람이 스스로의 이해를 통해 자신의 지식과 정보로 만드는 과정이 없다면 설명문은 의미를 찾을 수 없다. 따라서 글을 쓰는 사람이 누구이든 자신의 지식과 사고를 가장 효과적인 방법으로 글을 써서 그 글을 읽는 사람이 손쉽게 전달하고자 하는 바를 이해할 수 있게 하는 것이 설명문의 목적이다.

결국 설명문은 글을 쓰는 이가 자신이 쓰는 글을 통해 글을 읽는 이에게 다가가는 작업이다. 이러한 작업이 효과적으로 이루어지려면 설명문은 일정한 형식과 서술 방법을 따라야 한다. 일반적인 설명문이라면 서론, 본론, 결론의 3단 구성을 취하고 정의, 예시, 비교와 대조, 분류와 구분, 분석, 과정 등의 다양한 서술 방법이 활용되는 이유 또한 이러한 목적을 효과적으로 달성하기 위한 것이다.

연습문제 2-1

다음에 제시되는 상황 중에서 지식과 사고의 전달을 통한 이해가 필요한 상황을 고르시오.

(1) 영화학과 김민성은 편집기를 처음 접하는 후배들을 위해 자신이 알고 있는 에디터 활용법을 정리하고자 한다.
(2) 사학과 박사과정 조규현은 기존의 통설을 부정하며 자신의 주장이 맞음을 구체적인 사료로써 입증했다.
(3) 화학과 조교 이규식은 학기 초에 화학실험보고서를 작성하는 방법에 대해 수강생들에게 상세하게 전달하고자 한다.
(4) 교육학과 교수 윤영실은 효과적인 협동학습법을 교육 관계자들에게 알리고자한다.
(5) 문화콘텐츠학과 학과장 박복규는 시험 중 부정행위가 적발된 학생의 징계 수위를 낮추기 위해 징계의 부당성을 주장했다.

예시 답안 및 해설

답 (1), (3), (4)

(1)은 편집기 활용법을 정리해 전달하고자 하는 것이므로 설명문을 써야 한다. (3)은 보고서 작성법을 전달하고자 하는 것이므로 설명문을 써야 한다. (4)는 새로운 학습법을 알리고자 하는 것이므로 설명문을 써야 한다. 이에 반해 (2)는 주장을 하고 입증을 하는 것이기 때문에 논설문을 써야 한다. (5) 또한 주장을 펼쳐 학교 당국을 설득하고자 하는 것이므로 논설문을 써야 한다.

연습문제 2-2

※ 다음에 제시되는 상황에 알맞은 설명하는 글의 종류를 〈보기〉에서 찾아 쓰시오.

(1) 박물관에 근무하는 학예연구사 이기춘은 측우기의 구조와 용도를 설명하는 글을 쓰고자 한다.
(2) 에어컨 개발부에 근무하는 금순옥은 새로 개발한 에어컨을 소비자들이 쉽고도 안전하게 이용할 수 있도록 돕는 책자를 만들고자 한다.
(3) 이벤트 사업부에 근무하는 이예지는 자신들이 주최하는 행사의 전반적인 내용을 알리는 글을 쓰고자 한다.

보기 답사보고서 사용설명서 홍보문 안내문

예시 답안 및 해설

답 (1) 안내문 (2) 사용설명서 (3) 홍보문

박물관은 전시를 통해 관람객들에게 정보를 제공하고자 하는 곳이므로 전시물에 대한 안내문이 필요하다. 모든 제품에는 제품의 구조, 사용법, 안전을 위한 주의사항 등을 담은 사용설명서가 반드시 포함되어야 한다. 사업에 대해 구체적으로 알리고자 하는 홍보문이 필요하다.

주장 - 논증을 통한 설득

주장을 분명하게 펼쳐 다른 사람을 설득하고 동조하게 하는 것을 목적으로 하는 글을 논설문이라고 한다. 이러한 논설문은 서로 다른 의견을 나누어 문제를 해결하는 데 매우 유용한 글이다. 우리가 사는 사회는 다양한 생각을 가진 사람들의 집합이다. 동일한 문제, 동일한 사안에 대해서 하나의 공통된 의견을 가진다기보다는 서로 다른 의견을 가지고 있을 때가 많다. 이렇게 서로의 의견이 다를 때에는 각자의 의견이 분명히 개진되고 서로의 합의를 통해 더 나은 길을 모색할 필요가 있다. 주장이 옳다면 많은 사람들이 이 주장에 설득이 될 테고, 주장이 옳지 않다면 이에 대한 반론이 이어질 것이다. 논설문은 다음과 같은 다양한 상황에서 필요하다.

논문을 통한 기존 학설의 반박	쟁점에 대한 자신의 주장 입증	신문 사설을 통한 세태 비판
수자원 연구소의 정현 박사는 수질오염 해결하기 위한 기존의 방법에 근본적인 문제가 있음을 밝히고자 한다.	스마트폰 생산업체의 개발부에서 근무하는 이덕희 팀장은 새롭게 내장된 기능이 판매량을 높이는 데 도움이 된다는 사실을 증명해야 한다.	신문사 주필 방진영은 충분한 안전장치 없이 모험에 뛰어들어 자신을 위험에 빠뜨리는 이들의 문제점을 비판하고자 한다.

연구자에게는 설명과 주장이 모두 필요하다. 연구자가 새로운 사실을 알아냈을 때 그 사실에 대해 설명하는 것도 필요하지만, 그 사실을 통해 기존의 학설이 옳지 않음을 주장할 수도 있다. 즉 새로 발견한 사실을 통해 기존의 것은 옳지 않고 자신의 것이 옳음을 입증할 필요가 있다. 또한 서로 다른 의견을 가진 사람들이 모여 더 나은 결론을 도출하기 위해서는 상대방의 주장을 반박하며 자신의 주장이 옳다는 것을 표방할 필요가 있다. 나아가 자신이 옳지 않다고 판단하는 것에 대해 비판을 할 수도 있다. 이러한 상황에서 필요한 것이 바로 논설문이다.

논설문의 근본적인 목적은 타당한 논거를 통해 자신의 주장이 옳다는 것을 입증해 그 글을 읽는 사람들이 자신의 주장에 동조하도록 하는 것이다. 즉, 글로써 상대를 설득해 자신과 같은 생각을 하도록 하는 것이 목적이다. 이러한 과정을 감안하면 논설문은 글을 읽는 이로 하여금 글을 쓰는 이에게 다가오도록 하는 작업이다. 선명한 주장을 펼치고 이를 효과적으로 논증한다면 글을 읽는 사람은 자연스럽게 글 속의 주장에 동조하게 된다. 따라서 논설문의 목적을 달성하기 위해서는 논설문 또한 일정한 형식과 전개 방법을 따른다. 논설문 또한 일반적으로는 서론, 본론, 결론의 3단으로 구성되며 논증을 통해 자신의 주장이 옳다는 것을 입증한다.

연습문제 2-3

다음에 제시되는 상황 중에서 주장을 통한 설득이 필요한 상황을 고르시오.

(1) 철학과 고연석은 레포트를 직접 작성하기보다는 남의 것을 가져다 조금씩 변형해 쓰는 세태를 비판하고자 한다.

(2) 사학과 박사과정 조규백은 자신이 발견한 사료를 상세하게 소개하고자 한다.

(3) 화학과 조교 이규식은 학생들이 제출한 보고서에 대해 문제점을 꼼꼼하게 지적해 개선방향을 제시하고자 한다.

예시 답안 및 해설

답 (1), (3)

(1)은 세태의 문제점을 비판해야 하는 상황인데 비판을 하는 글은 당사자나 그것을 바라보는 사람이 자신과 같은 생각을 가지도록 설득하는 목적으로 쓰게 된다. (3)은 보고서의 문제점을 지적하여 자신이 옳다고 생각하는 방식으로 보고서를 고치게 하는 목적의 글을 쓰는 상황이다. 개선방향을 제시할 때 부분적인 설명이 필요하기는 하지만 궁극적으로는 자신의 생각에 동조하도록 하는 글이므로 설득적인 글을 써야 한다.

연습문제 2-4

※ 다음에 제시되는 상황에 알맞은 설명하는 글의 종류를 <보기>에서 찾아 쓰시오.

(1) 미술관의 신임 관장 이기열은 취임사를 쓰고자 한다.
(2) 사회부 원로기자 이영호는 정부의 복지정책에 대한 신문사 전체의 의견을 밝히고자한다.
(3) 전자공학과 김기식 교수는 자신의 연구결과를 학술지에 게재하고자 한다.

보기 논문 칼럼 사설 연설문

예시 답안 및 해설

답 (1) 연설문, (2) 사설, (3) 논문

(1)의 상황에서는 취임사는 관계자를 앞에 두고 육성으로 하게 되는 경우가 많으므로 연설문을 써야 한다. (2)의 상황에서는 신문사 전체의 의견을 모아 분명하게 주장하는 글인 사설을 써야 한다. (3)의 상황에서는 학술적인 연구결과이므로 논문을 써야 한다.

실용문의 목적 - 지식과 사고의 공유

문학적인 글을 제외한 나머지 글을 실용문이라고 하는데 설명문과 논설문은 실용문을 대표하는 두 가지 유형의 글이다. 실용문은 말 그대로 실용적인 목적을 위해 쓰는 글이지만 문제해결을 위한 글쓰기에서 실용성이 무엇인가 분명히 파악할 필요가 있다. 문제해결을 위한 글쓰기에서 실용적인 글은 지식과 사고의 공유를 목적으로 한다. 설명문은 자신의 지식과 정보를 다른 사람과 공유하는 것이고, 논설문은 자신의 주장을 다른 사람과 공유하는 것이다. 문제해결을 위한 이러한 글쓰기는 결국 같은 문제의식을 가진 사람들이 같은 지식과 정보를 갖거나 같은 의견을 가질 수 있도록 하는 행위이기도 하다. 따라서 설명하는 글은 인류의 지적 자산을 늘려 나가는 과정이고 주장하는 글은 집단의 의견을 조율해 가는 과정이기도 하다.

지식과 정보, 그리고 주장을 구성원들이 공유하기 위해서는 일정한 규약(protocol)이 필요하다. 이는 단순히 내용에만 국한된 규약이 아니라 글의 구성, 전개 방식, 어법과 규범 등 모든 면에 걸친 규약을 의미한다. 그런데 설명하는 글과 주장하는 글은 목적이 다소 다르기는 하지만 공통된 요소가 많다. 설명문과 논설문 모두가 실용문으로 분류되는 이유도 그러하고, 글의 구성도 서론, 본론, 결론의 삼단구성을 취하는 것도 그러하다. 또한 설득하는 글에서도 사실에 대한 설명의 방법이 적극적으로 활용되는 것 또한 두 유형의 글이 일맥상통함을 보여준다. 따라서 글쓰기의 과정, 주제와 구성, 전개

방법 등에 대한 체계적인 학습이 필요하다.

연습문제 2-5

다음에 제시되는 글은 설명하는 글인지, 주장하는 글인지 표시하시오. 또한 밑줄 친 부분이 설명이면 △표를, 주장이면 ▽표를, 주장일 수도 있고 설명일 수도 있으면 ○표를 하시오.

□ 설명하는 글 / □ 주장하는 글

A전자는 올해 2분기 세계 스마트폰 시장의 35%를 점유해 애플에 두 배 가까운 격차로 선두를 달리고 있다. □ A전자 제품들은 기술혁신으로 상당히 진화했고 소송의 영향으로 새로운 디자인을 개발하고 차별화할 수 있는 노하우를 쌓았다고 한다. □ 이제 A전자는 하드웨어 중심의 발 빠른 추종자에서 디자인과 소프트웨어 혁신의 시장 주도자가 돼야 한다. 그러려면 먼저 일사불란함이 아니라 유연하고 창의적인 기업문화와 환경을 만들어나가는 게 필요하다.

예시 답안 및 해설

답

□ 설명하는 글 / ☑ 주장하는 글

△ A전자의 제품들은 기술혁신으로 상당히 진화했고 소송의 영향으로 새로운 디자인을 개발하고 차별화할 수 있는 노하우를 쌓았다고 한다.

▽ 이제 A전자는 하드웨어 중심의 발 빠른 추종자에서 디자인과 소프트웨어 혁신의 시장 주도자가 돼야 한다.

이 글 전체는 A전자가 나아가야 할 길을 제시하는 것이므로 주장하는 글이다. 첫 번째 문장은 사실에 대한 전달이므로 설명에 해당된다. 두 번째 문장은 글쓴이의 주장을 담고 있으므로 주장에 해당된다.

2.2

글쓰기의 과정

▶ **글쓰기 과정** - 문제의 해결을 위한 계단
▶ **자료** - 폭넓은 수집, 체계적인 정리
▶ **구성과 전개** - 효과적으로 글을 쓰기 위한 전략

글쓰기 과정 - 문제의 해결을 위한 계단

글을 쓰는 목적이 문제의 해결을 위한 것이라면 글쓰기의 과정은 문제해결의 과정을 따르는 것이 좋다. 문제를 효과적으로 해결하기 위해서는 적절한 절차를 밟아 나가는 것이 좋은데 글쓰기도 이와 마찬가지이다. 글을 쓰는 과정은 다음과 같이 세분할 수 있다. 이러한 일련의 과정은 글쓰기 훈련 단계에서는 정확하게 지키는 것이 좋다. 그리고 각각의 과정에서는 정해진 규약에 따라 일정한 방법을 적용하는 것이 좋다.

주제의 설정	글의 주제를 정한다.
➔ **자료의 수집과 정리**	글쓰기에 필요한 자료를 수집하고 정리한다.
➔ **구성**	글의 목적과 유형에 맞도록 효과적으로 구성한다.
➔ **전개**	단락의 전개방법에 맞추어 체계적으로 전개한다.
➔ **퇴고**	내용, 구성, 문장, 어문규범 등을 꼼꼼하게 살펴 수정한다.

주제의 설정 과정은 문제에 대한 파악으로부터 시작된다. 문제가 무엇인지 알게 되면 자연스럽게 주제를 확정할 수 있게 된다. 주제가 확정되면 글쓰기에 필요한 자료를 수집하고 정리하는 과정이 뒤따른다. 개인의 지식과 사고만으로는 완성도 높은 글을 쓸 수 없기 때문에 이 과정은 필수적인 과정이라 할 수 있다.

구성과 전개의 과정은 일정한 원리와 방법을 따르는 것이 좋다. 글은 길이와 상관없이 일정한 구조를 갖추게 되어 있으며 글을 이루는 각 요소는 최종적으로 단락 단위로 전개가 된다. 따라서 글의 구성 원리와 단락의 전개방법을 익히면 손쉽게 글을 쓸 수 있게 된다.

연습 문제 2-6

다음에 제시되는 주제로 지정된 유형의 글을 쓴다고 할 때 각 단계의 빈칸에 알맞은 내용을 쓰시오.

보기 글의 유형 : 논설문

주제의 설정	중국의 동북공정
자료의 수집과 정리	
구성	
전개	

예시 답안 및 해설

답

주제의 설정	중국의 동북공정
자료의 수집과 정리	동북공정의 전개과정에 따라 자료를 수집하고 정리한다.
구성	동북공정 이전 - 동북공정의 진행 - 동북공정 이후
전개	설명 중심의 단락 전개

- 자료의 수집과 정리 : 주제가 어느 정도 구체적으로 주어졌으므로 이에 적합한 자료를 수집하고 정리한다. 시간적 순서에 따라 진행된 사안이므로 시간적 순서에 따라 자료를 정리할 수 있다.
- 구성 : 본론의 구성은 시간적 순서를 따르는 것이 좋으므로 '사건 이전 - 사건의 지행 - 사건 이후'의 순으로 구성한다.
- 전개 : 객관적 사실에 대한 전달이 주목적이므로 설명의 방법에 따라 전개한다.

자료 - 폭넓은 수집, 체계적인 정리

문제해결의 과정은 지식과 사고의 축적 과정이기도 하다. 따라서 이전에 해결책이 제시된 것이 있다면 그것을 참조하는 것은 꼭 필요한 일이다. 따라서 기존의 자료들을 가능한 한 폭넓게 수집하는 것이 중요하다. 또한 자신의 주장을 뒷받침하거나 설명의 이해를 돕기 위해 필요한 자료들이 있으면 다양한 방법으로 수집할 필요가 있다. 글쓰기를 위해 필요한 자료는 다음과 같은 세 가지 유형이 있다.

방문 및 탐사 자료	실험 및 관찰 자료	기존의 연구 결과

현장을 직접 방문해 필요한 자료들을 직접 모은다.	원하는 자료를 얻기 위해 직접 실험하거나 관찰한다.	유사한 문제에 대해 다른 기존의 책, 논문, 전자 자료 등을 검색한다.

방문 및 탐사 자료는 글쓴이가 스스로 찾아낸 자료이다. 이전에 잘 알려지지 않은 것에 대해 글을 쓸 경우 필자 스스로가 자료를 찾아내야 하는데 이러한 과정이 창의적인 글을 쓰기 위해 꼭 필요한 과정이다. 실험 및 관찰 자료와 탐사 자료는 일반적으로 이공계열에서 많이 쓰이는 자료이다. 어떠한 가설을 세우고 그 가설을 입증하기 위해서는 구체적인 실험 데이터가 필요하다. 따라서 실험을 설계하여 진행하는 모든 과정에서 자료를 철저하게 수집하고 정리해야 한다.

기존의 연구 결과 중 자신이 쓰고자 하는 글과 관련이 있는 것은 모두 망라해서 정리해야 한다. 오늘날의 연구는 규모도 클 뿐만 아니라 매우 세분화되었기 때문에 한 개인이 모든 연구를 도맡아 할 수는 없다. 따라서 유사한 연구를 하는 다른 연구자의 연구결과를 항상 참조하여야 한다. 더욱이 요즘은 연구결과의 갱신주기가 매우 빠르므로 학술지, 온라인 학술지, 학술대회 자료 등에 항상 접근하여 최신의 자료를 축적할 수 있어야 한다.

수집된 자료는 체계적으로 정리되어야 효과적으로 활용할 수 있다. 자료를 정리하는 방법은 매우 다양하나 시간 순서에 따라 정리를 하거나 소주제별로 정리하는 것이 일반적이다. 다루고자 하는 주제가 시간적 순서에 따라 진행된 것이라면 자료의 수집과 정리 또한 이에 맞게 이루어지는 것이 효과적이다. 반면에 주제가 몇 개의 소주제로 나누어질 수 있다면 각각의 소주제에 따라 다시 자료를 분류하면 좋다. 이는 결국 글의 구성과도 밀접한 관련을 맺게 된다. 글이 시간에 따라 구성된다면 자료 또한 이에 맞게 정리되는 것이 좋고, 글이 몇 개의 소주제로 다시 구성된다면 자료 또한 작은 주제별로 정리되는 것이 좋다.

간접적으로 수집하는 자료는 그 출처가 분명한 자료여야 하며 인용 주석란과 참고문헌란에 정확히 기입할 수 있도록 출처를 잘 밝혀 정리해야 한다. 인터넷상에는 수없이 많은 자료가 떠돌고 있지만 출처가 불분명한 자료는 결코 신뢰해서는 안 된다. 또한 원본이 아닌 가공된 자료이거나 재인용된 자료라면 반드시 원본 자료를 확인해야 한다.

연습문제 2-7

다음에 제시되는 주제로 글을 쓰고자 할 때 적절한 자료의 수집 및 정리 방법을 쓰시오.

주제	명량 해전
자료 수집 방법	□ 실험 및 관찰 □ 방문 및 탐사 □ 기존의 연구 결과
실험 및 관찰 방법	
방문지 또는 탐사지	
기존의 연구 결과	
자료 정리 방법	

예시 답안 및 해설

답

주제	명량 해전
자료 수집 방법	□ 실험 및 관찰 ☑ 방문 및 탐사 ☑ 기존의 연구 결과
실험 및 관찰 방법	해당 사항 없음
방문지 또는 탐사지	울돌목, 현충사, 군사박물관
기존의 연구 결과	• 임진왜란, 이순신 장군 관련 서적 및 논문
자료 정리 방법	• 시기별 정리 : 임진왜란의 전개 과정, 이순신 장군의 해전 • 분야별 정리 : 인물, 전술 및 전략, 환경 등

- **자료 수집 및 방법 :** 역사에 관련된 주제이므로 '실험 및 관찰'은 적절하지 않은 방법이다. 따라서 나머지 두 방법을 효과적으로 활용할 수 있다.
- **방문지 또는 탐사지 :** 역사와 관련된 주제로 글을 쓰기 위해서는 현장 방문 및 탐사가 필수적이다. 여러 후보 가운데 실제 접근하여 필요한 자료를 얻을 수 있는 곳을 찾아본다.
- **기존의 연구 결과 :** 이미 이루어진 연구논문, 저서, 기사 등을 찾아본다. 인터넷 검색을 통해 찾아볼 수 있고 도서관이나 각종 자료실을 활용할 수도 있다.
- **자료 정리 방법 :** 역사와 관련된 주제로 글을 쓸 때는 시기, 분야, 주체 등을 기준으로 자료를 분류할 수 있다.

구성과 전개 - 효과적으로 글을 쓰기 위한 전략

글의 주제가 결정되고 글에 필요한 자료가 수집, 정리되었다고 해서 글을 쉽게 쓸 수 있는 것은 아니다. 자신의 지식과 사고를 각종 자료와 결합하여 글로 써 나가야 하는데 이는 결코 만만치 않은 작업이기 때문이다. 이때 필요한 것이 글을 구성하고 전개하는 방법이다. 글의 내용은 창의적이어야 하지만 글의 형식은 일정한 형식으로 고정되어 있는 경우가 많다. 따라서 이러한 유형의 글은 글의 구조를 어떻게 짤 것인가, 글의 각 부분은 어떻게 전개할 것인가를 미리 정하여 학습을 하면 매우 효과적이다. 글쓰기에서 구성과 전개의 전략은 자동차 생산 과정에 비유할 수 있다.

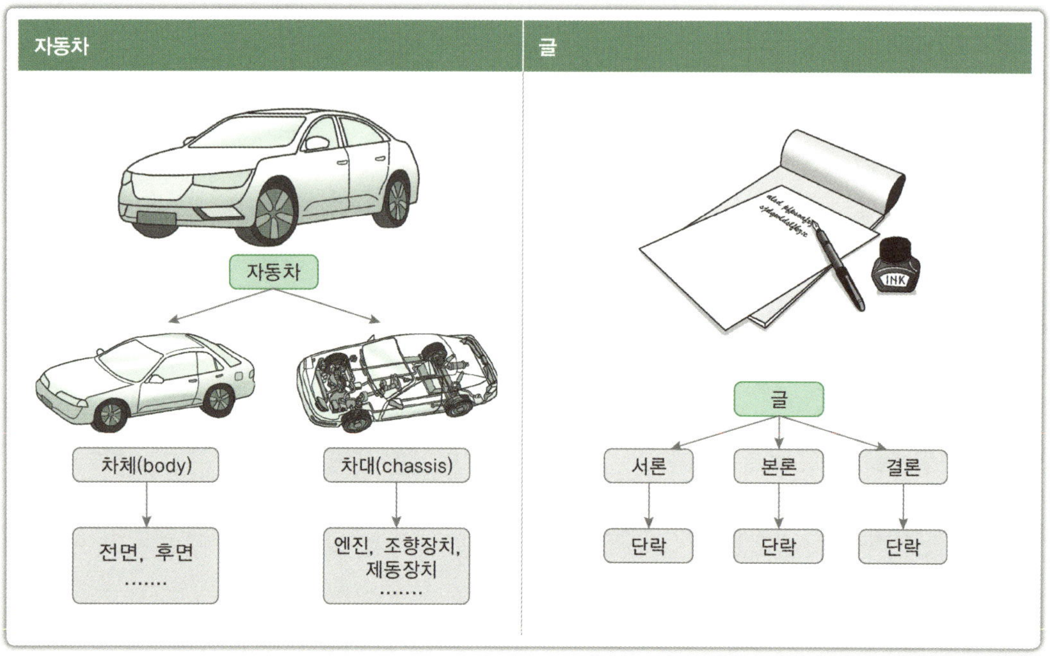

자동차를 생산하고자 한다면 자동차 전체의 구조를 설계하고 각 부분에 필요한 부품을 조달한 후 조립라인에서 조립을 한다. 이러한 일련의 과정은 글을 쓸 때에도 그대로 적용할 수 있다. 즉, 주제에 따라 글 전체의 구조를 설계하고 글을 이루는 각 부분을 전개한 다음 이것을 결합해 나가면 한 편의 완성된 글을 쓸 수 있다.

그런데 자동차를 만드는 방법과 글을 쓰는 방법은 큰 틀에서는 이미 정해져 있다. 자동차를 구성하는 각 부분은 대략적으로 정해져 있고 각 부분을 만드는 데 쓰이는 부품도 정해져 있다. 자동차는 기본적으로 차체와 차대로 구성되어야 하고 차체와 차대는 다시 기능에 따라 세분된다. 따라서 자동차를 생산할 때는 이러한 기본적인 구조 및 세부적인 부분을 제작해 나가는 방법이 대략적으로 정해져 있다. 글 또한 이와 비슷하게 실용문은 서론, 본론, 결론의 삼단 구성을 취한다. 또한 본론의 각 부분을 구성하는 단락은 일정한 형식이 있다. 따라서 기본적인 글의 구성을 알고 단락의 전개방법을 알면 한 편의 완성된 글을 효율적으로 써낼 수 있다.

글의 구성이 사람들의 사고의 흐름과 일치되면 쓰기도 쉽고 읽기도 쉽다. 따라서 글의 일반적인 구성 원리는 우리의 사고 패턴에서 찾을 수 있다. 단락의 전개 양상 또한 마찬가지여서 우리의 사고의 흐름과 단락의 전개가 일치되면 쓰기도 쉽고 읽기도 쉬운 단락을 쓸 수 있다. 따라서 이러한 일반적인 원리를 개별적인 글에 적용하는 훈련을 하면 글을 쉽고도 빠르게 쓸 수 있다.

연습문제 2-8

다음에 제시되는 주제로 글을 쓰고자 할 때 적절한 구성 및 전개 방법을 쓰시오.

주제	스마트폰 혁명 →
구성 방법	☐ 시간의 흐름에 따른 순차적 구성 ☐ 부분에 따른 대등적 구성
전개 방법	☐ 정의 ☐ 예시 ☐ 비교와 대조 ☐ 분류와 구분 ☐ 분석

예시 답안 및 해설

답	
주제	스마트폰 혁명 → 스마트폰 혁명의 전개 과정
구성 방법	☑ 시간의 흐름에 따른 순차적 구성 ☐ 부분에 따른 대등적 구성
전개 방법	☑ 정의 ☑ 예시 ☐ 비교와 대조 ☐ 분류와 구분 ☑ 분석

- **주제** : 여러 주제가 가능하지만 '스마트폰 혁명의 전개 과정'도 무난한 주제이다. 이외에도 다양한 주제를 생각할 수 있으나 구성과 전개가 쉬운 주제를 선택하는 것이 좋다.
- **구성 방법** : 역사와 관련된 주제이므로 시간의 흐름에 따른 순차적 구성이 좋다. 그러나 주제가 달라지면 구성 방법 또한 달라지므로 자신이 정한 주제에 적합한 구성 방법을 스스로 찾아낼 수도 있다.
- **전개 방법** : 설명문에서 쓰는 전개 방법은 어느 정도 정해져 있다. 따라서 정해진 방법 중 주제와 가장 부합되는 전개 방법을 찾으면 된다. 스마트폰에 대해 글을 쓰려면 이에 대한 정의가 반드시 필요하고, 그것의 구체적인 사례도 필요하다. 또한 역사적 전개과정에 대한 분석도 필요하다. 그러나 나머지 전개 방법도 필요에 따라 얼마든지 쓸 수 있다.

2.3

글쓰기의 전략

▶ **이성과 감성** – 머리에 호소하는 글과 가슴에 호소하는 글

▶ **양과 질** – 분량과 깊이의 조절

이성과 감성 – 머리에 호소하는 글과 가슴에 호소하는 글

글은 읽을 사람, 즉 독자를 전제로 하고 쓰게 된다. 따라서 독자의 이해를 구하든, 동조를 구하든 독자의 이성과 감성에 호소할 필요가 있다. 설명문과 논설문 등의 실용문은 기본적으로 독자의 이성에 호소하는 글이다. 특히 지식과 정보의 전달을 통한 이해를 목적으로 하는 설명문은 독자의 이성에 의지하게 된다. 논설문 또한 논리적인 설득을 하는 것이 주목적이므로 독자의 이성적 사고를 의도하고 쓴다. 그러나 실용문이라고 해서 반드시 독자의 이성에만 호소해야 하는 것은 아니다. 설명을 하는 글을 쓰더라도 독자의 감동을 불러일으킬 수 있도록 쓴다면 독자의 이해가 훨씬 더 빠를 수 있다. 자신의 주장에 동조를 꾀하는 논설문의 경우에는 논리적인 설득뿐만 아니라 심리적 자극을 통해서 더 진전된 동조를 구할 수 있다.

다음은 어떤 직책을 맡게 된 상황에서 쓴 취임 소감문이다.

사랑하는 제자 현에게

현아! ○○회 총무 직을 맡게 될지도 모른다는 말을 네게 전하는 순간의 놀란 표정, 아직은 연구와 교육에 몰두해야 할 때가 아니냐는 우려, 하려는 일이 겨우 교수들의 이익을 위한 뒤치다꺼리냐는 볼멘소리 모두를 뒤로 하고 결국은 ○○회 총무 일을 맡게 되었다. 만난 지 여러 해가 지났는데도 불구하고 아직 너와 나 사이에 남아 있는 오해와 불신이 서운하다. 나 또한 '해야 하는가?'와 '할 수 있을까?'에 대한 의구심을 여전히 갖고 있지만 그래도 '너를 위한' 선택이었다고 이해를 구하고 싶다.

현아! 너도 잘 알고 있듯이 대학은 학생들을 위해 존재하는 것이지만 대학이 성립되기 위해서는 가르칠 사람, 그리고 가르치고 배우는 과정이 순조롭게 이루어지도록 돕는 조직이 필요하다. 이 세 주체가 각각의 역할을 다하며 정립(鼎立)할 때 비로소 대학이 이루어질 수 있고, 그래야 흔들림 없이 대학이 발전할 수 있다. 그래서

학생들은 학생회, 교수들은 ○○회로 뭉쳐 각각의 권익 보호를 위해 활동한다. 그리고 본부와 재단이 뭉쳐 행정과 지원을 펴 나간다.

현아! 표면적으로는 ○○회과 교수들의 권익을 위한 조직이지만 ○○회의 역사를 살펴보면 교수들만을 위한 조직은 결코 아니었다. 엄혹한 시절, 부조리한 현실에 대응하기 위해 교수들의 한 목소리가 필요할 때 ○○회가 만들어졌다. 그 이후, 때로는 이 땅의 민주화를 위해, 때로는 학내의 문제를 해결하여 학교의 발전을 도모하기 위해 활동해 왔다. 가깝게는 민주주의 회복을 위한 시국선언이 그러했고, 작년까지 이루어진 캠퍼스 부지 문제 해결을 위한 활동이 그러했다.

현아! 연구하고 가르치는 일에 소홀하게 될 것에 대한 너의 우려에 대해서는 ○○회가 가장 큰 관심을 쏟고 있는 것이 결국 연구와 교육이라고 답을 하고 싶다. ○○회는 교수들의 연구와 교육이 원활하게 이루어질 수 있도록 교육 당국, 재단, 학교 본부를 상대로 요구, 조언, 협력을 해 나간다. 교수들의 복지와 처우개선에 대한 노력도 궁극적으로는 훌륭한 교수들이 우리 대학과 학생들을 위해 헌신할 수 있는 환경을 만들기 위한 노력이기도 하다. 그러니 ○○회의 활동은 열심히 배우고자 하는 학생들의 소망에 부합하는 것이라 할 수 있다.

현아! 모든 오해와 불신은 결국 소통의 부족에서 온다는 것을 다시금 느끼게 되는구나. ○○회의 지난 활동을 되짚어 보니 교수들의 단합과 대외적인 활동에 더 큰 비중을 두었다는 생각이 든다. 정작 매일 얼굴을 마주 대하는 학생들과 함께하는 활동이 적었다는 반성을 하게 된다. 앞으로는 강의실과 실험실뿐만 아니라 어디서든 교수와 학생이 만날 수 있도록 노력할 것을 약속한다. 학생회의 대표는 물론 사안에 따라 의견을 가지고 있는 학생들은 누구든 만나 학교의 발전을 위해 함께 노력했으면 좋겠구나.

현아! 앞으로 2년간은 ○○회를 위해 많은 시간을 쏟아야 하니 자주 못 보게 될 수도 있겠구나. 하지만 ○○회가 학생들을 만나는 자리에서 더 깊고 넓은 대화를 나눌 수 있게 되기를 기대한다.

취임 소감문은 자신이 앞으로 할 일에 대한 설명을 담을 수도 있고, 자신이 해야 한다고 생각하는 것에 대한 주장을 담을 수 있기 때문에 설명문과 논설문의 성격 모두를 띌 수 있다. 따라서 이러한 종류의 글은 기본적으로 이성에 호소하는 글이다. 이 글 역시 자신이 하게 될 일에 대해 설명하고 어떻게 일을 해 나가야 한다고 생각하는가에 대한 주장을 담고 있다. 그런데 이 글은 특이하게도 제자에게 보내는 편지 형식으로 되어 있다. 개인과 개인 사이의 편지글은 감성적인 내용이 담기게 되는데 이 글에서도 감성을 자극하는 요소가 여러 곳에 포함되어 있다. 따라서 원칙적으로는 이성에 호소하는 글이지만 형식과 표현 면에서 감성적인 자극도 꾀하고 있다.

글을 쓰는 목적이 독자와의 소통이라면, 그리고 최종적으로 공유하고 있는 문제의 해결이라면 독자의 이성과 감성 모두를 자극하는 것이 필요하다. 글의 본래적 형식과 내용은 원칙적으로 지켜야 하겠지만 소통의 효과를 높이고 문제해결책을 더 공고히 공유하고자 한다면 이성과 감성 모두를 활용하는 것 또한 필요하다. 이는 설명문과 논설문 등에서뿐만 아니라 홍보문, 안내문 등의 모든 글에서도 그대로 적용될 수 있는 방법이기도 하다.

연습 문제 2-9

다음에 제시되는 글에서 이성적 요소와 감성적 요소를 찾아보자.

내 오람까?

"도사님, 내 오람까?"

연변에서 유학 온 대학원생 은애, 나를 꼭 '도사'라 부른다. 논문을 지도(指導)하는 선생[師]이니 중국어 '도사(導師)'가 맞지만 영 어색하다. 늘 밝고 씩씩하던 학생이었는데 수화기를 통해 들려오는 목소리가 몹시도 풀이 죽어 있다. 힘들게 쓴 논문의 심사를 받아야 하는 처지니 그럴 법도 하다. 아무리 좋은 논문이라도 도사나 심사자에게는 쓴 소리를 듣기 마련이다.

그런데 '내 오람까?'란 말이 예쁘다. 말 그대로를 풀자면 '선생님, 나를 오라 합니까?'이다. 있는 그대로 풀면 어색하지만 전후맥락까지 붙여 풀면 '선생님께서 오라 하시면 바로 갈 준비가 돼 있습니다.'라는 조심스런 물음이다. 보통은 '갈까요?'나 '갈게요.'라고 해야 할 자리에 직접적인 물음이나 의지를 나타내기보다는 상대의 의사를 존중하며 묻는 것이다.

이런 학생이 있는가 하면 다짜고짜 연구실 문을 열고 들어와 채점의 정확성을 믿지 못하겠으니 채점 결과를 보여 달라는 학생도 있다. 쓴 웃음을 지으며 보여주고 설명해 줄 수밖에 없다. 이런 학생을 길러낸 것도 선생들이다. 휴대전화 번호를 어떻게 알았는지 전화를 걸어서는 자식의 학점을 올려 주지 않으면 찾아오겠다는 학부모도 있다. 차근차근 안정을 시키는 수밖에 없다. 이것도 우리 교육의 현 주소다.

"옵소. 데깍 보기쇼."

'와라.'보다는 좀 더 높이는 사투리 '옵소.'로 답을 한다. 고향을 떠나 5년 넘게 애쓴 끝에 곧 박사님이 될 터이니 그렇게 높여도 될 듯하다. 노심초사가 길어지기 전에 정감이 넘치는 그들의 표현대로 '빨리 봅시다.'라고 답을 한다. 자신보다는 남을 앞자리에 두는 겸허한 인문학자를 빨리 만나고 싶은 생각에서다.

예시 답안 및 해설

제자의 사투리 표현을 통해 제자에 대한 사랑과 존중의 뜻을 담는 동시에 세태에 대한 비판도 겸하고 있는 글이다. 제자에 대한 사랑과 존중의 뜻은 감성에 호소하는 부분이다. 이에 비해 사투리의 특이한 표현에 대한 설명, 학생과 학부모의 무례한 태도에 대한 비판 등은 이성에 호소하는 부분이다. 이 글은 설명문과 논설문 어디에도 들지 않는 수필 형식이지만 이성과 감성에 대한 호소를 적절히 담아 독자에게 다가가고자 했음을 알 수 있다.

양과 질 – 넓이와 깊이의 조절

글의 분량은 필자가 임의대로 조정할 수도 있으나 대개는 일정하게 정해진다. 의뢰를 받고 쓰는 원고라면 지면의 제한 때문에 글의 길이를 일정하게 맞추어야 한다. 길이의 조절이 자유로운 글일지라도 독자를 고려해 적절한 길이로 조절해야 한다. 이러한 길이의 조절 또한 의사소통의 원칙을 고려해 이루어진다. 주어진 주제에 대해서 필요한 만큼의 글, 그리고 충분한 만큼의 글이 독자에게 제시될 때 원활한 의사소통이 이루어지고 문제의 해결도 꾀할 수 있게 된다.

글의 분량은 주제와 밀접한 관련을 맺는다. 지면이 충분하다면, 분량의 조절이 자유롭다면 글의 주제를 다소 폭넓게 잡을 수 있다. 반면에 짧은 길이의 글을 써야 한다면 주제는 가능한 한 좁혀야 밀도 높은 글을 쓸 수 있다. 그런데 주제가 이미 정해져 있다면 주제의 폭을 넓히고 좁히는 것으로써 글의 길이를 조절할 수 없다. 이 경우에는 글의 깊이를 달리함으로써 길이를 조절하게 된다. '한글의 제자 원리'를 주제로 하는 다음과 같은 사례를 살펴보자.

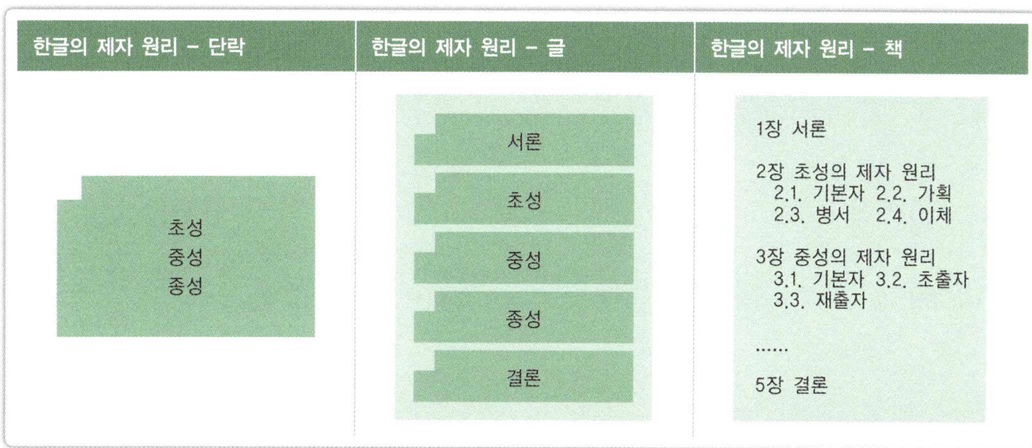

글의 주제가 '한글의 제자 원리'로 주어졌을 때 이 주제에 대해 짧게는 한 단락으로, 길게는 책 한 권으로 쓸 수 있다. 이렇듯 글의 분량은 상황에 따라 얼마든지 조절이 가능하지만 주제는 항상 일관되게 유지되어야 한다. 글의 길이가 길어진다고 해서 '한글의 우수성'이나 '한글의 소중함' 등이 덧붙여서는 안 된다. 마찬가지로 한 권의 책으로 엮이더라도 한글의 제자 원리에 대해 자세하게 쓸 수는 있지만 다른 내용을 덧붙여서는 안 된다.

결국 글의 분량은 주어진 주제 내에서 내용의 깊이를 조절함으로써 정해지게 된다. 글의 분량이 짧다면 극히 압축적인 내용으로 주어진 주제에 대해 써야 한다. 글의 길이가 다소 길어질 수 있다면 주어진 주제의 하위주제가 각각의 단락으로 전개될 수 있고, 책 한 권 분량으로 써야 한다면 하위주제가 각각의 장으로 구성될 수 있다. 이렇게 글의 길이가 길어질수록 전달하고자 하는 정보나 주장하고자 하는 내용이 상세해지게 된다. 이렇듯 주제의 넓이를 조정하거나 주어진 주제 내에서 깊이를 조정함으로써 글의 분량을 조절할 때 문제해결을 위한 의사소통이 효율적으로 이루어질 수 있다.

연습 문제 2-10

다음에 제시되는 주제에 대해 넓이와 깊이를 달리함으로써 글의 길이를 조절해 보시오.

주제	스마트폰
넓이 조절	
깊이 조절	

예시 답안 및 해설

답

주제	스마트폰
넓이 조절	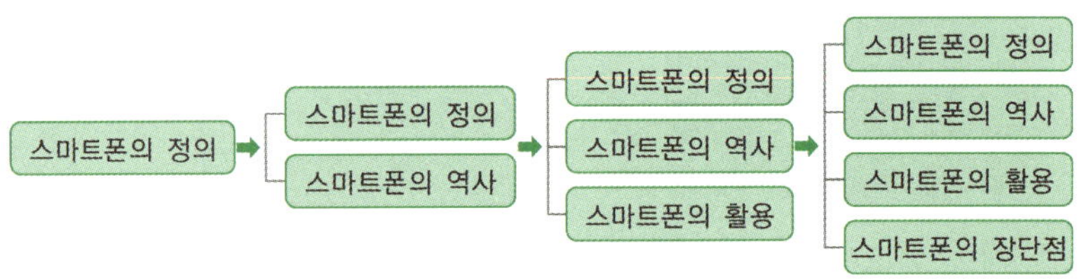
깊이 조절	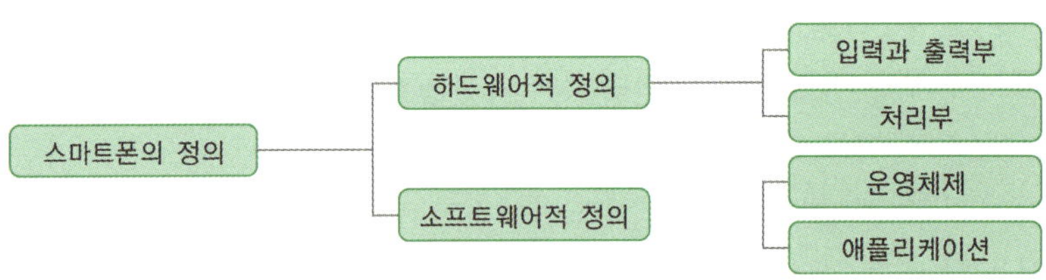

- **넓이 조절 :** 주어진 주제가 '스마트폰'이므로 이와 관련이 있는 소주제라면 얼마든지 추가해서 분량을 늘려나갈 수 있다. 답안의 '정의, 역사, 활용, 장단점' 모두가 스마트폰과 관련을 맺을 수 있으므로 차례대로 추가함으로써 글의 넓이가 넓어지고 자연스럽게 길이도 길어진다.
- **깊이 조절 :** 주어진 주제 '스마트폰'을 '스마트 폰의 정의'로 다시 한정을 했다면 이 주제를 점점 깊이 있게 다룸으로써 분량을 늘려나갈 수 있다. 스마트 폰의 정의를 '하드웨어'와 '소프트웨어'로 나누고 각각을 다시 하위 부분으로 나누게 되면 주제에 대한 깊이가 점점 깊어지고 이에 따라 글의 길이도 길어진다.

CHAPTER

3

주제와 구성

3.1. 주제와 제목 정하기 | 3.2. 글의 구성 | 3.3. 개요

3.1

주제와 제목 정하기

▶ **주제와 제목** – 글의 핵심과 얼굴
▶ **주제 정하기** – 선택과 집중의 원리
▶ **제목 정하기** – 추리기, 뽑기, 빗대기

주제와 제목 – 글의 핵심과 얼굴

주제는 글을 쓸 때 중심이 되는 문제로 정의된다. 즉 글을 쓸 때 무엇에 대해 쓸 것인가란 문제에서의 '무엇'에 해당된다. 한 편의 완성된 글에는 여러 가지 내용이 담길 수 있지만 이 내용 중 가장 핵심적인 것이 주제이다. 한 편의 글 속에는 비록 여러 개의 소주제가 포함될 수 있지만 각각의 소주제는 글 전체의 주제와 관련을 맺고 있는 것이므로 글의 주제는 소주제를 종합한 것인 동시에 소주제를 모두 포괄할 수 있는 것이기도 하다. 따라서 글에는 가장 핵심적인 하나의 주제가 있어야 하고 나머지 주제는 그 핵심 주제에 포함되는 주제이어야 한다.

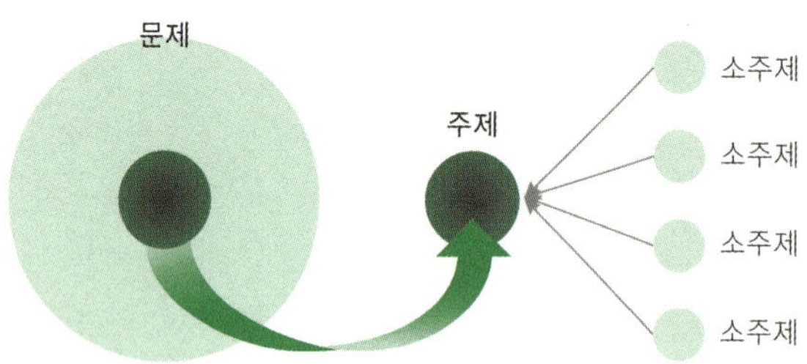

글을 쓸 때 가장 먼저 해야 하는 작업이 이 주제를 분명하게 정하는 것이다. 주제는 글 전체의 내용과 형식, 구성과 전개를 정하는 핵심적인 요소이다. 따라서 주어진 주제이든 자신이 선택한 주제이든 주제를 명확하게 정하는 작업이 선행되어야 한다. 문제해결을 위한 글쓰기에서도 가장 먼저 해야 하는 것이 주제를 설정하는 일이다. 문제는 매우 포괄적인 개념이고 다소 추상적인 개념이어서 문제 전체와 씨름을 해서는 글을 제대로 써 나갈 수 없다. 문제를 구성하는 가장 핵심적인 요소가 무엇인가를 찾아내고 그것을 구체화하여 글로 전개해 나가야만 문제의 해결책이 효과적으로 서술될 수 있다. 글의 주제는 바로 이 핵심적인 요소를 구체화하여 설정한다.

주제는 미리 주어지는 경우도 있고 필자가 스스로 찾아내야 하는 경우도 있다. 평가와 선발을 위해 주로 쓰이는 해답을 요구하는 문제의 경우에는 글쓰기의 주제가 명확하게 제시된다. 따라서 문제에서 요구한 주제를 명확하게 파악하여 글을 쓰면 된다. 반면에 스스로 문제를 파악하여 글을 쓰는 능동적 글쓰기는 자신의 힘으로 주제를 발견하거나 개발하여 써야 한다. 이 경우에는 문제 상황에 대한 파악이 우선되어야 하고 그 문제를 해결하기 위한 핵심적인 요소가 무엇인가를 스스로 발견할 수 있어야 한다. 다음의 사례를 통해 주제를 정하는 방법을 알아보자.

유형	문제/논제/과업		주제
대학의 중간고사	피아제의 인지발달 기제에 대해 서술하시오.	→	피아제의 인지발달 기제
대학의 기말보고서	마케팅과 테크놀로지가 만나서 이룬 혁신 사례를 바탕으로 융합의 필요성에 대해 논하시오.	→	사례를 통해 본 융합의 필요성
연구 논문	다문화 사회의 교육	→	다문화 사회의 소설 교육 방법
신문 투고 칼럼	공교육의 정상화	→	사교육 억제와 공교육의 정상화의 균형

대학에서의 시험이나 기말보고서는 위와 같이 주제가 명시되므로 그 주제를 명확하게 파악하여 글을 쓰면 된다. 글을 쓰는 이에 따라 다소간의 융통성은 있지만 정해진 주제를 분명히 따라야만 한다. 전문 연구자나 필자의 경우에는 자신의 분야에 따라 스스로 글의 주제를 정할 수 있다. 이때는 필자가 문제해결 방법을 가장 잘 알고 있는 경우이므로 자신의 선택에 따라 얼마든지 주제를 달리할 수 있다. 물론 학술지의 기획이나 언론사의 요구에 따라 작성하게 될 때도 있으므로 기획과 요구에 따라 주제를 정하기도 한다.

제목은 글의 맨 앞머리에 놓여서 글의 내용을 대표하거나 내용의 핵심을 보이는 부분이다. 어떤 글이든 제목이 가장 앞에 놓이게 되므로 제목은 글의 얼굴과 같은 역할을 한다. 제목을 쓰는 방법은 매우 다양하지만 글 전체의 내용을 압축하거나 글에서 핵심적인 부분을 뽑아내는 경우가 가장 많다. 또한 글의 주제나 내용과 관련된 비유적인 제목으로써 독자들의 관심을 유발하기도 한다. 어떤 방법으로 쓰든 제목은 글의 주제를 선명하게 드러내되 독자의 관심을 끌 수 있는 것이어야 한다.

연습문제 3-1

다음과 같은 문제 상황을 해결하기 위한 글을 쓴다고 할 때 다양한 유형의 글에 적합한 주제를 구체적으로 쓰시오.

• 문제 상황 : 심각한 이념 갈등이 우리 사회의 건전한 발전을 막고 있다.

대학생의 기말보고서	
학자의 연구 논문	
학자의 신문 투고 칼럼	
신문의 사설	

예시 답안 및 해설

답

대학생의 기말보고서	인터넷상에 나타난 이념 갈등 양상
학자의 연구 논문	보혁 갈등의 근원과 전개 과정에 대한 연구
학자의 신문 투고 칼럼	참된 보수와 진짜 진보가 필요하다.
신문의 사설	심각한 이념 갈등, 이대로는 안 된다

- **대학생의 기말보고서 :** 대학생의 기말보고서는 그 깊이가 상대적으로 얕을 수밖에 없다. 따라서 현황과 이에 따른 문제점 전망 정도의 주제를 설정할 수 있다.
- **학자의 연구 논문 :** 연구자의 논문은 사태에 대한 단순한 비판이 아닌 그것을 근본적으로 해결하기 위한 방향을 제시할 수 있어야 한다. 근원적인 문제와 그것의 진행과정까지 깊이 있게 다룰 수 있는 주제를 선정할 수 있다.
- **학자의 신문 투고 칼럼 :** 신문의 독자는 특정 분야의 전문가가 아닌 일반인이기 때문에 일반인의 눈높이에 맞추어서 자신의 전문적인 지식과 연구결과를 담을 수 있는 글을 칼럼으로 써야 한다. 일반인들이 보수와 진보 간의 갈등을 이해하고 이를 해결하기 위한 방안을 제시하는 주제를 설정할 수 있다.
- **신문의 사설 :** 신문의 사설은 신문사 전체의 확실한 주장을 담을 수 있어야 한다. 따라서 현실의 문제점을 명확하게 지적하고 이의 해결을 제시하는 주제를 설정할 수 있다.

주제 정하기 – 선택과 집중

글의 주제가 주어졌다고 하더라도 막상 글을 쓰려면 막막하게 느껴질 때가 많다. 글의 중심이 되는 문제가 무엇인지 파악을 했을지라도 자신의 글에 담을 핵심적인 내용을 아직 확정하지 못했기 때문이다. 주제는 다소 추상적으로 제시되는 경우가 많으므로 그 주제에서 어떤 부분을 선택하고 집중할 것인가를 결정해야 한다. 이는 아래와 같은 경복궁의 향원정 사진을 통해서 이해할 수 있다.

글쓰기의 주제는 ❶처럼 다소 포괄적이고 추상적으로 주어진다. 이 사진에 향원정이 포함되어 있기는 하지만 향원정은 지나치게 작고 주위의 풍경이 차지하는 비중이 높기 때문에 선택과 집중이 필요하다. 이 때 ❷와 같이 향원정이 포함 안 된 엉뚱한 곳을 선택한 사진이나 ❸과 같이 향원정에 집중을 하지 않은 사진은 향원정 사진이라 할 수 없다. 그렇다고 ❹와 같이 오로지 향원정에만 집중하면 향원정의 아름다움이 부각되지 않을 수 있다. 따라서 ❺와 같이 향원정에 집중을 하되 향원정의 아름다움이 잘 부각되도록 하면 좋은 사진을 얻을 수 있다.

이러한 원리를 '텔레비전'이란 글쓰기의 주제에 적용해 보자.

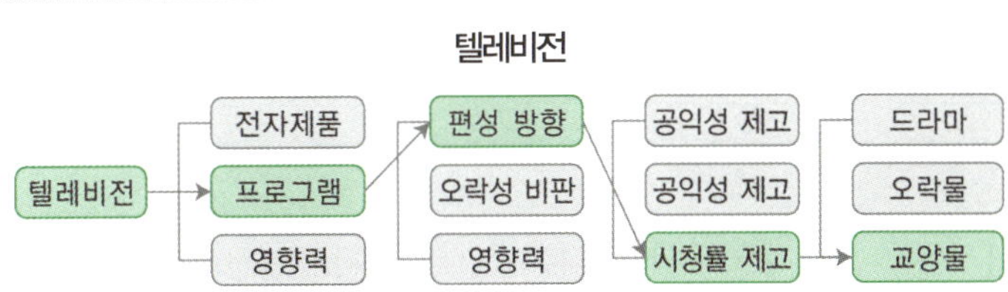

텔레비전
➔ 텔레비전의 프로그램
➔ 텔레비전 프로그램의 편성 방향
➔ 시청률 제고를 위한 텔레비전 프로그램의 편성 방향
➔ 교양물의 시청률 제고를 위한 텔레비전 프로그램의 편성 방향

'텔레비전'이란 주제는 매우 큰 주제이기 때문에 이 주제를 가지고 바로 글을 쓰기가 어렵다. 따라서 이 주제에서 선택과 집중을 해야만 한 편의 글로 써 낼 수 있다. 그런데 텔레비전은 여러 단계를 걸쳐 세분할 수 있고 세분화한 각각의 단계 모두가 '텔레비전'이라는 큰 주제의 하위 주제가 된다. 각 단계의 주제는 서로 가주제와 참주제의 관계를 맺는다. 즉 상위의 주제는 가주제가 되고, 하위의 주제는 참주제가 된다. 글을 쓰기 위해 필요한 것은 참주제이므로 주어진 주제를 점차 세분하고 좁혀서 참주제를 정해야만 비로소 글을 써 나갈 수 있다.

이러한 과정에서 필요한 것이 바로 선택과 집중이다. 가주제는 몇 개의 하위 주제로 나눌 수 있는데 이 중에 하나를 선택하면 그것이 참주제가 된다. 만약 주제를 더 세분하고 싶으면 참주제를 다시 나눌 수 있는데 이렇게 되면 기존의 참주제는 가주제가 된다. 이러한 과정을 거쳐 일단 참주제가 결정되면 다른 요소는 모두 배제하고 정해진 참주제에만 집중을 해야 한다. 이렇게 선택과 집중이 잘 이루어져야만 선명한 주제로 명쾌한 글을 쓸 수 있다.

가주제와 참주제의 관계는 글을 구성해 나가는 단계에서도 매우 유용하다. '텔레비전의 편성 방향'을 참주제로 결정했다면 '공익성 제고를 위한 편성 방안, 공정성 제고를 위한 편성 방안, 시청률 제고를 위한 편성 방안'이 글을 이루는 하위 요소가 된다. 또한 '시청률 제고를 위한 '텔레비전의 편성 방향'을 참주제로 정하면 '드라마의 편성 방향, 오락물의 편성 방향, 교양물의 편성 방안' 이 이 글을 이루는 하위 요소가 된다. 이렇듯 참주제와 가주제의 관계를 글을 구성하는 방법에도 활용할 수 있으므로 주어진 주제에 대해 적절히 선택과 집중을 할 필요가 있다.

텔레비전의 편성 방안	시청률 제고를 위한 편성 방안
…………	…………
공익성 제고를 위한 편성 방안	드라마의 편성 방안
공정성 제고를 위한 편성 방안	오락물의 편성 방안
시청률 제고를 위한 편성 방안	교양물의 편성 방안
…………	…………

선택과 집중의 과정에서 효율적으로 활용할 수 있는 것이 자유연상(브레인스토밍, Brain Storming)이다. 글쓰기에서의 자유연상은 글의 주제와 구조를 정하기 위해 머릿속에서 떠오르는 것을 자유롭게 기록하고 발전시켜 나가는 과정을 뜻한다. 이 방법은 스스로 주제를 정할 때 더 유용하지만 주어진 주제에서 참주제를 정할 때도 효과적으로 활용될 수 있다. 즉, 특정 주제와 관련해서 떠오르는 것들을 자유롭게 적거나 이야기 해 본 후 그중에서 적절한 것을 선택하고 그것에 집중을 해 나가면 참주제를 결정할 수 있다.

연습문제 3-2

다음의 주제에 대해 글을 쓴다고 가정하고 포괄적인 주제부터 구체적인 주제까지 참주제와 가주제의 관계가 성립하도록 차례대로 쓰시오.

■ 에티켓

→

→

→

→

■ 이념 갈등

→

→

→

→

예시 답안 및 해설

답

■ **에티켓**

→ 에티켓의 중요성

→ 네티켓(인터넷 상의 에티켓)의 중요성

→ 네티켓 확립을 위한 방안

→ 에티켓의 중요성을 활용한 네티켓 확립 방안

■ **이념 갈등**

→ 이념의 정의와 속성

→ 보수적 이념과 진보적 이념의 정의와 속성

→ 보수와 진보의 이념 갈등

→ 보수와 진보의 이념 갈등 해소를 위한 방안

'에티켓'과 '이념 갈등'은 매우 포괄적인 주제이므로 이 주제를 점차 좁혀나갈 수 있다. 에티켓은 일상생활에서 필요한 예절인데 이것을 점차 인터넷 상의 에티켓인 네티켓으로 좁혀서 참주제를 정하고 있다. 이념 갈등은 매우 다양한 주제를 설정할 수 있는데 예시 답안에서는 보수와 진보의 갈등 양상에 초점을 맞춰 점차 좁혀 나가고 있다.

제목 정하기 – 추리기, 뽑기, 빗대기

글의 제목은 글의 맨 앞에 놓이기 때문에 읽는 이의 관심을 끄는 동시에 글의 내용에 대한 대략적으로 안내하는 역할을 한다. 이처럼 중요한 역할을 하는 글의 제목은 글의 주제를 정하는 것만큼 어렵다. 제목을 정하는 방법은 여러 가지가 있으나 독자의 관심을 유도하는 동시에 글의 내용에 대해 암시하는 기능을 할 수 있는 제목은 추리기, 뽑기, 빗대기와 같은 세 가지 방법으로 작성할 수 있다.

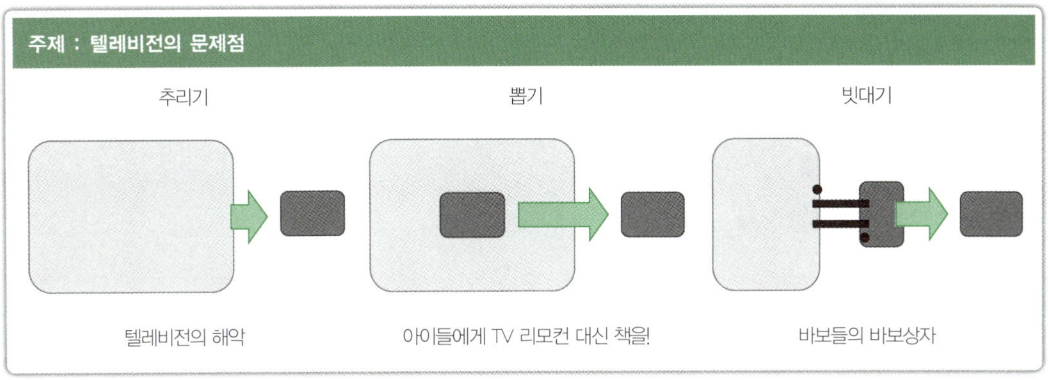

위에 제시된 것은 모두 텔레비전의 문제점을 지적하는 글의 제목인데 서로 다른 방법으로 지어진 것이다. 첫 번째 방법인 '추리기'는 글 전체의 내용을 집약한 핵심적인 단어나 구 제목을 쓰는 방법이다. 학술적인 글이나 공적인 성격이 강한 글은 대개 이러한 방식으로 제목을 쓴다. 이러한 방식의 제목은 글을 읽는 사람들이 글 전체의 내용을 미리 파악하고 읽을 수 있다는 장점이 있다.

두 번째 방법인 '뽑기'는 글 전체의 주제를 가장 선명하게 드러낼 수 있는 단어, 구, 문장을 글의 제목으로 삼는 방법이다. 이 방식은 신문의 사설이나 각종 연설문과 같이 주장을 담은 글에서 글쓴이의 주장을 선명하게 부각시키는 장점이 있다. 반면에 글의 전체적인 내용보다는 인상적인 부분만을 강조하기 때문에 글의 주제나 구체적인 내용을 정확하게 제시하지 못할 수도 있다.

세 번째 방법인 '빗대기'는 비슷한 속성을 가진 다른 사물이나 개념에 빗대어 제목을 쓰는 방식이다. 주제와 다소 다른 범주에 속해 있지만 주제를 쉽게 연상할 수 있는 사물이나 개념을 끌어들여 제목을 쓰는 것이다. 예시의 제목은 TV를 지나치게 많이 보면 보는 사람마저 바보가 될 수 있다는 것에 착안해 TV를 바보상자에 빗대어 쓴 것이다. 이 방식은 학술적인 글이나 공식적인 글에는 적합하지 않을 수 있으나 글쓴이의 개성을 드러내며 읽는 사람들로 하여금 글에 관심을 가지게 할 수 있다.

연습문제 3-3

다음의 그림을 바탕으로 글을 쓴다고 가정하고 적절한 제목을 세 가지 유형으로 쓰시오.

[인터넷]

추리기	
뽑기	
빗대기	

예시 답안 및 해설

답	
추리기	인터넷의 발달과 가족의 해체
뽑기	가족을 부활시키려면 인터넷을 없애라
빗대기	끊어지기 쉬운 거미줄에 엮인 가족

제시된 만평은 가족 모두가 인터넷에 빠져 있는 상황이다. 얼굴을 마주대하면서 친밀감을 느낄 수 있는 상황인데도 가족마저 인터넷으로 연결되어 있는 상황을 비판적으로 보여주고 있다.

- 추리기 : 인터넷의 발달과 가족의 해체 : 인터넷이 발달되면서 가장 친밀한 관계인 가족마저 해체된 상황을 압축적으로 제시하는 제목이다.
- 뽑기 : 가족을 부활시키려면 인터넷을 없애라 : 인터넷의 발달로 해체된 가족을 부활시키기 위한 가장 핵심적인 방법이 인터넷을 없애는 것이라면 이 주장을 뽑아 제목으로 쓸 수 있다.
- 빗대기 : 인터넷은 일종의 그물망(net)이고 만평에도 거미줄이 그려져 있으므로 가족의 연결 관계를 거미줄에 빗댈 수 있다. 또한 끊어지기 쉬운 거미줄의 특성에 착안해 비유적인 제목을 붙였다.

3.2

글의 구성

▶ **구성의 원리** - 핵심과 주변
▶ **구성의 유형** - '줄줄이'와 '나란히'

구성의 원리 - 핵심과 주변

세상에 존재하는 사물이나 인간이 만든 구조물은 일정한 내적인 구조를 가지고 있다. 이러한 내적 구조는 사물이나 구조물이 제 기능을 다하도록 하는데 꼭 필요한 것이기도 하다. 사물이나 구조물뿐만 아니라 인간의 사고체계도 마찬가지이고, 인간의 지식과 사고를 담은 글도 마찬가지이다. 사물과 구조물, 그리고 글의 구조를 비교해 보면 다음과 같다.

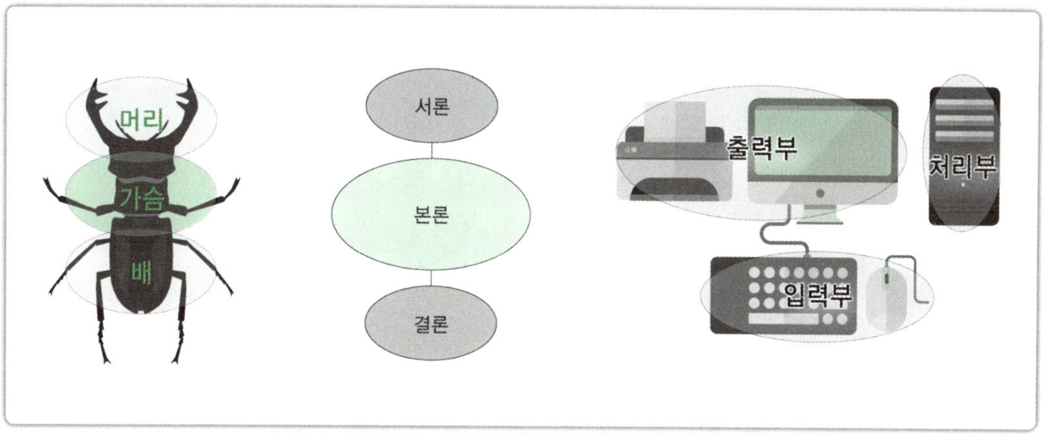

곤충은 '머리 - 가슴 - 배'의 구조로 되어 있어서 각 부분이 독립적이고도 유기적인 기능을 한다. 컴퓨터 또한 마찬가지여서 입력부의 정보를 처리부에서 처리한 후 출력부로 내보낸다. 각각은 부분은 일정한 단위이기도 하지만 전체를 이루는 한 부분으로서 상호 유기적인 관련을 맺으면서 역할을 수행해 낸다.

설명문과 논설문 등의 실용문은 대부분 '서론 - 본론 - 결론'의 세 부분으로 구성이 된다. 어떤 글이든 맨 앞에는 글 전체를 이끄는 머리 부분이 놓이는데 이 부분을 논설문이나 설명문 등의 실용문에서는 서론이라 한다. 그리고 맨 뒤에는 글을 마무리하는 꼬리 부분이 놓이는데 이 부분을 실용문에서는 결론이라고 한다. 이 두 부분은 어떤 형식이든 반드시 필요한 부분이지만 그리 길지 않은 글이라면 글의 앞과 뒤에 한 단락씩만 써도 그 역할을 다할 수 있다. 따라서 이 부분은 필수적으로 넣기만 하면 되므로 글을 구성할 때 따로 고민할 필요는 없다.

결국 글을 구성할 때 고민해야 하는 부분은 몸통에 해당하는 본론 부분이다. 구성의 핵심은 본론을 몇 개의 요소로 어떻게 배치할 것인가인데 본론을 구성할 때는 구성의 일반적인 원리를 적용하면 매우 효과적이다. 즉, 본론의 각 요소를 대등한 자격으로 나열하거나 순차적으로 연결해 가는 방식으로 본론을 구성할 수 있다.

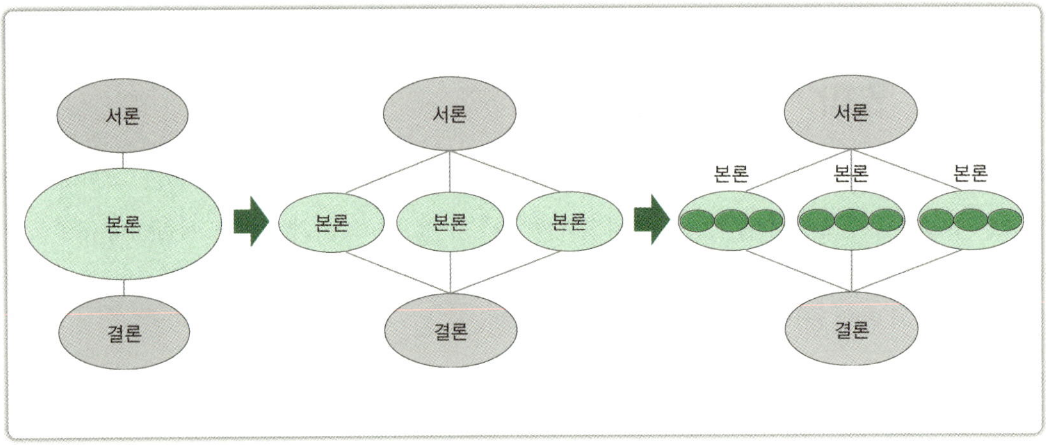

위의 그림에서 알 수 있듯이 대부분의 실용문은 세 부분으로 구성이 되고 본론이 가장 중요한 역할을 한다. 짧은 글이라면 각각이 한 단락이 될 수도 있지만 그렇더라도 본론이 가장 중요하다. 만약 글의 길이가 더 길어진다면 본론이 몇 개의 부분으로 나누어지게 되고, 이보다 더 길어진다면 각각의 부분이 다시 더 나누어진다. 이처럼 글은 일정한 위계의 구성을 갖추어야 한다.

연습문제 3-4

다음에 제시되는 주제로 글을 점점 확대하여 쓸 때 빈칸을 알맞게 채우시오.

주제 : 노사문제 해결을 위한 노력

보기

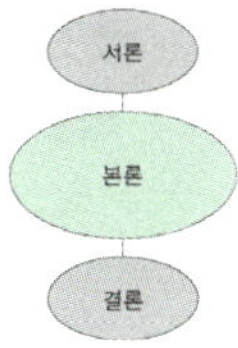

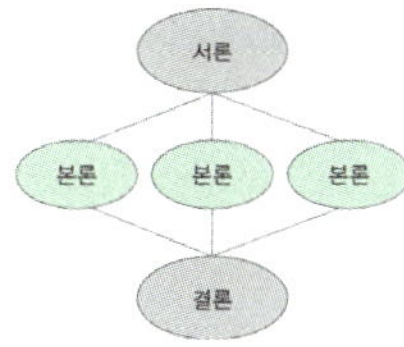

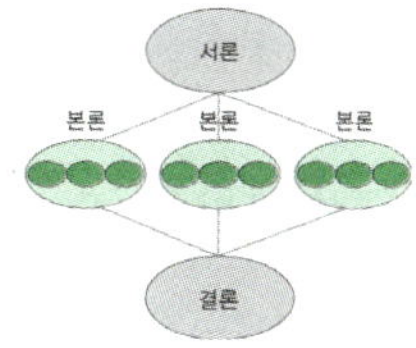

본론 – 관계자 모두의 노력이 필요하다.	본론 1 - 노사 양측의 노력이 필요하다. 본론 2 - ① ____________ 본론 3 - ② ____________ 본론 4 - 국민의 올바른 이해가 필요하다.	본론 1 - 노사 양측의 노력이 필요하다. 본론 1.1. - 노동자 측의 노력 본론 1.2. – ③ ____________ 본론 2 - ④ ____________ 본론 2.1 - 노사관계법 개정 본론 2.2. – 노사갈등의 중재 본론 3 - ⑤ ____________ 본론 3.1. – 균형 잡힌 보도 본론 3.2. – 대안의 제시 본론 4 - 국민의 올바른 이해가 필요하다. 본론 4.1. – ⑥ ____________ 본론 4.2. – ⑦ ____________

예시 답안 및 해설

답

본론 – 관계자 모두의 노력이 필요하다.	본론 1 - 노사 양측의 노력이 필요하다. 본론 2 - ① 정부의 안정적 역할이 필요하다 본론 3 - ② 언론의 정확한 보도가 필요하다. 본론 4 - 국민의 올바른 이해가 필요하다.	본론 1 - 노사 양측의 노력이 필요하다. 본론 1.1. - 노동자 측의 노력 본론 1.2. – ③ 사용자 측의 노력 본론 2 - ④ 정부의 안정적 역할이 필요하다 본론 2.1 - 노사관계법 개정 본론 2.2. – 노사갈등의 중재 본론 3 - ⑤ 언론의 정확한 보도가 필요하다. 본론 3.1. – 균형 잡힌 보도 본론 3.2. – 대안의 제시 본론 4 - 국민의 올바른 이해가 필요하다. 본론 4.1. – ⑥ 노동권에 대한 이해 본론 4.2. – ⑦ 집회, 결사의 자유에 대한 이해

노사문제의 관련자로서 '노동자, 사용자, 정부, 언론'이 있고 여기에 국민이 추가될 수 있으므로 ①과 ④에는 정부, ②와 ⑤에는 언론의 노력이 포함되어야 한다. '노사관계'는 노동자와 사용자의 관계이므로 ③에는 사용자에 대한 내용이 포함되어야 한다. 국민은 노사관계에 대한 헌법적, 법률적 이해가 필요할 수 있으므로 ⑥과 ⑦에는 이에 대한 내용이 포함될 수 있다.

구성의 유형 - '줄줄이'와 '나란히'

글의 구성은 본론의 각 요소를 대등한 자격으로 나열하거나 순차적으로 연결해 가는 것을 생각해 볼 수 있는데 이러한 방식은 우리의 사고과정과 일치되기 때문에 매우 효과적이다. 즉, 어떤 사안에 대해 몇 개의 부분으로 나누어서 생각하거나 각각의 부분의 연쇄적으로 생각하는 경우가 많은데 이러한 사고의 유형이 글에 반영되면 독자와 필자의 의사소통이 매우 편해질 수 있다. 이러한 구성방법은 건전지의 연결 방법과도 일맥상통한다.

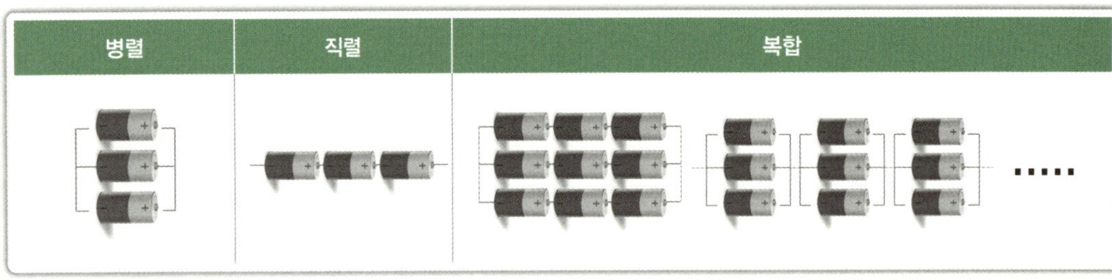

건전지를 효율적으로 사용하기 위해서는 목적에 따라 병렬과 직렬을 선택해서 사용해야 하고 보다 다양한 목적을 위해서는 병렬과 직렬을 복합적으로 사용해야 한다. 이와 마찬가지로 글의 본론을 구성할 때도 직렬과 병렬 어느 한 쪽만을 선택하거나 두 가지를 복합적으로 사용해 글 전체의 구조가 일목요연하게 보이도록 할 수 있다. 글의 길이가 짧을 때는 직렬 또는 병렬 중 한 가지 방식만 활용해 글을 구성할 수 있다. 그러나 글의 길이가 길어질 경우에는 두 가지 방식이 복합적으로 사용될 수 있다. 어떠한 방식을 사용하든 글의 구조는 명확하게 보이도록 해야 한다.

이상의 세 가지 구성 방법은 주제의 성격에 따라 다양하게 활용될 수 있다. 시간의 흐름을 따르는 사건, 정해진 단계 또는 과정을 밟는 일, 인과관계를 이루는 사건 등은 직렬식 구성을 따르는 것이 효과적이다. 직렬식 구성의 예를 보이면 다음과 같다.

직렬식 구성의 유형

- [시간의 흐름]

과거 — 현재 — 미래

예) 애니메이션의 역사

과거
2차원 애니메이션의 시대 — 현재
3차원 애니메이션의 시대 — 과거
실사(實寫)와 애니메이션의 통합 시대

봄 — 여름 — 가을 — 겨울

예) 프로야구의 한해살이

스프링캠프 — 페넌트레이스 — 포스트시즌 — 스토브리그

• [과정]

단계1 — 단계2 — 단계3 — …… — 단계n

예) 벤처기업의 몰락

연구 및 개발 투자 소홀 — 기술 경쟁력 격감 — 시장 지배 실패 — 신규 투자 중단 — 로비 및 검은 거래 — 몰락

첫 번째 예는 직렬식 구성의 전형적인 예이다. 과거-현재-미래의 시간적 흐름은 절대적인 순서이므로 이에 따라 글을 구성하면 글을 쓰는 이와 읽는 이 모두가 쉽게 글에 접근할 수 있다. 또한 봄-여름-가을-겨울과 같이 시간의 흐름에 따라 순환하는 대상도 직렬식 구성에 적합하다. 두 번째 예는 과정에 따른 직렬식 구성의 예이다. 각각의 단계는 시간의 길이가 일정하지 않을 수도 있지만 이 순서가 바뀌는 일은 없다. 따라서 그 순서에 따라 글을 구성해 나가면 이해하기에 매우 쉬운 글이 된다. 경우에 따라서는 각 단계가 인과관계를 이룰 수 있는데 이 경우에도 직렬식 구성이 적합하다.

대등한 요소끼리 공간적 배치를 보이거나 부분, 부류 등이 대등한 관계를 맺을 경우에는 병렬식 구성이 적합하다. 병렬식 구성의 예를 보이면 다음과 같다.

병렬식 구성의 유형

• 지역

예) 지역별 애니메이션

1지역	일본식 애니메이션
2지역	미국식 애니메이션
……	한국식 애니메이션
n지역	기타

• 부분

예) 애니메이션에 대한 세대별 반응

1부분	아동 : 몰입
2부분	청소년 : 마니아
……	청·장년 : 추억
n부분	노년 : 거부

• 부류

예) 애니메이션을 보는 이유

1부류	흥미
2부류	상상력 자극
……	……
n부류	화려함

첫 번째 예처럼 대등한 속성을 가진 것이 지리적으로 다른 분포를 보일 경우 병렬식 배치는 매우 효과적이다. 두 번째와 세 번째는 대등한 자격을 가진 부분 또는 부류가 서로 다른 속성을 보이는 경우로서 이때에도 병렬식 배치가 사용될 수 있다. 병렬식 구성을 할 때는 각각의 요소가 동일한 층위에서 동일한 가치를 가진 것이어야 한다.

글의 내용이 길어질 때는 여러 가지 배치 방식이 혼용된 복합식 배치도 가능하다. 즉, 직렬-직렬, 직렬-병렬, 병렬-직렬, 병렬-병렬 등 주제의 성격에 따라 다양한 구성방식을 사용할 수 있다. 각각의 예를 보이면 다음과 같다.

복합식 구성의 유형

- 직렬 — 직렬

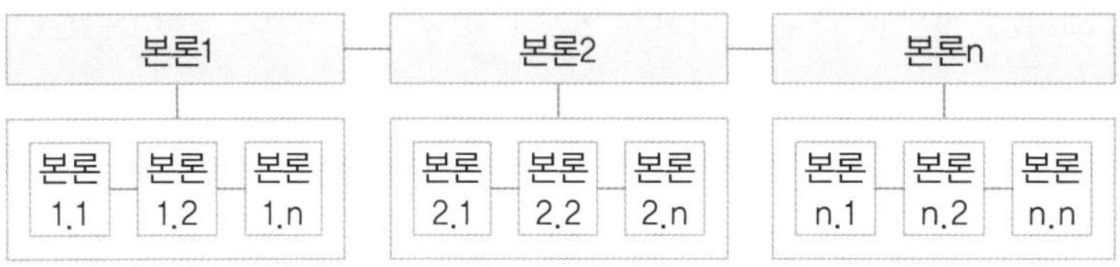

예) 애니메이션의 변천

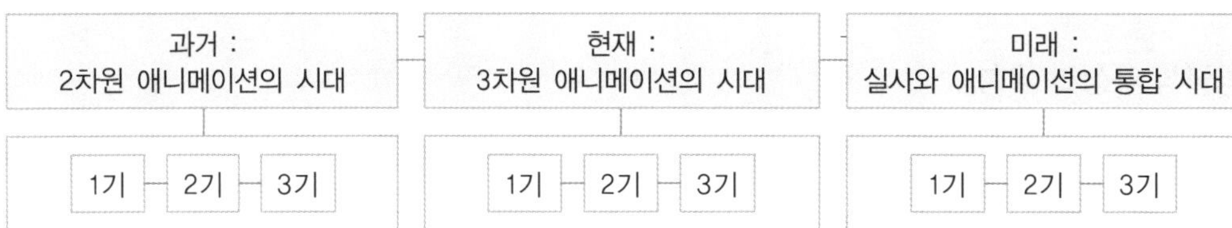

- [직렬-병렬]

예) 대중가요의 흐름

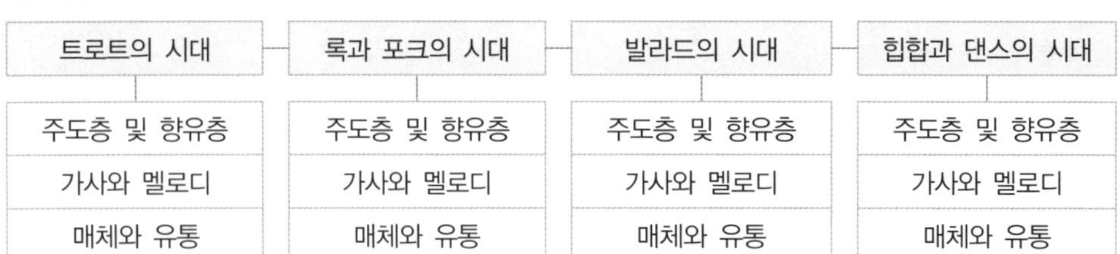

• [병렬-직렬]

본론1	본론1.1	본론1.2	본론1.3
본론2	본론2.1	본론2.2	본론3.3
본론3	본론3.1	본론3.2	본론3.3

예) 국가대표 축구팀의 강화 방안

선수 역량 극대화	선수 선발 합리화	훈련의 과학화	실전 능력 극대화
행정 역량 극대화	전문 행정가 영입	체계적 훈련 지원	실질적 경기 지원
팬들의 관심 및 지지	생활축구에의 관심	국내리그에의 관심	국제경기에 대한 관심

• [병렬-병렬]

본론1	본론1.1
	본론1.2
	본론1.3
본론2	본론2.1
	본론2.2
	본론2.3
본론n	본론n.1
	본론n.2
	본론n.3

예) 벤처기업의 특성별 발전 전략

지식 기반 벤처	지식의 개발 및 축적
	지식의 운용을 통한 수익 창출
	이익의 환원 및 공유
기술 기반 벤처	기술의 개발 및 축적
	기술의 운용을 통한 수익 창출
	이익의 환원 및 공유
인력 기반 벤처	인력의 확보 및 교육
	인력의 운용을 통한 수익 창출
	이익의 환원 및 공유
자본 기반 벤처	자본의 확보 및 증대
	자본의 운용을 통한 수익 창출
	이익의 환원 및 공유

첫 번째 예는 직렬로 구성된 각각의 요소를 다시 직렬시킨 것이다. 이러한 방식은 시간의 흐름에 따라 사건을 나누고 각각의 사건을 더 세분할 때 활용할 수 있다. 두 번째 예는 직렬로 구성된 각각의 요소를 다시 병렬시킨 것이다. 즉 글 전체는 시간의 흐름에 따라 구성하되 각각의 요소를 대등한 가치를 가지는 몇 개의 부분으로 다시 나누어 살펴보는 방식이다. 이러한 구성은 병렬-직렬로 바꿀 수도 있다. 즉, 세 가지 요소를 병렬시킨 뒤 각각의 요소를 시간적 흐름에 따라 다시 나누어 구성할 수도 있다. 이것은 결국 세 번째 방식과 같은 방식이 된다. 따라서 병렬-직렬을 같이 사용하는 경우에는 주제의 성격에 따라서 우선순위를 정할 수 있다. 마지막 예는 병렬을 병렬시킨 예로서 대등한 요소로써 글 전체를 구성한 후 각각의 요소를 다시 병렬시킨 것이다.

이상에서 살펴본 구성의 유형은 필요에 따라 선택적으로 활용할 수 있고, 선택해야 하는 것들이다. 즉 이러한 유형은 절대적인 것이 아니며 가장 많이 사용하면서도 편리하게 활용할 수 있는 예를 제시한 것뿐이다. 따라서 필요에 따라 적절히 활용하되 더 창의적으로 발전시킬 수 있어야 한다.

연습문제 3-5

다음에 제시되는 각각의 주제로 글을 쓴다면 어떤 구성을 택할 것인지 표시하시오.

	짧은 글		긴 글			
(1) 자연재해의 종류	☐ 직렬	☐ 병렬	☐ 직렬–직렬	☐ 직렬–병렬	☐ 병렬–병렬	☐ 병렬–직렬
(2) 주택 공급량 변화	☐ 직렬	☐ 병렬	☐ 직렬–직렬	☐ 직렬–병렬	☐ 병렬–병렬	☐ 병렬–직렬

예시 답안 및 해설

답	짧은 글		긴 글			
(1) 자연재해의 종류	☐ 직렬	☑ 병렬	☐ 직렬–직렬	☑ 직렬–병렬	☐ 병렬–병렬	☑ 병렬–직렬
(2) 주택 공급량 변화	☑ 직렬	☐ 병렬	☑ 직렬–직렬	☑ 직렬–병렬	☐ 병렬–병렬	☑ 병렬–직렬

(1) 원자로의 종류 : 자연재해의 종류를 분류하는 것이므로 대등적인 것이 나열되는 병렬구조가 적합하다. 보다 긴 글로 쓴다면 종류별, 시기별 두 가지 기준으로 배열할 수 있으므로 직렬–병렬 구조나 병렬–직렬 구조도 가능하다.

(2) 주기율표의 역사 : 시간의 흐름에 따라 서술하는 것이므로 직렬구조가 적합하다. 또한 각 시기를 세분하여 긴 글로 쓴다면 직렬–직렬구조도 가능하다. 나아가 시기와 지역의 두 가지 기준을 적용한다면 직렬–병렬 구조나 병렬–직렬 구조도 가능하다.

연습문제 3-6

다음에 제시되는 주제로 글을 구성하고자 할 때 본론 구조의 빈칸에 알맞은 내용을 쓰시오.

대중가요

① 한국 대중가요의 발전 과정

② 대중가요 비판

예시 답안 및 해설

답

① 한국 대중가요의 발전 과정

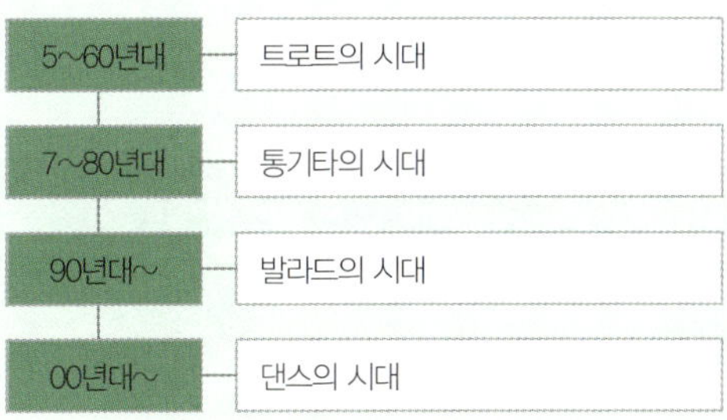

② 대중가요 비판

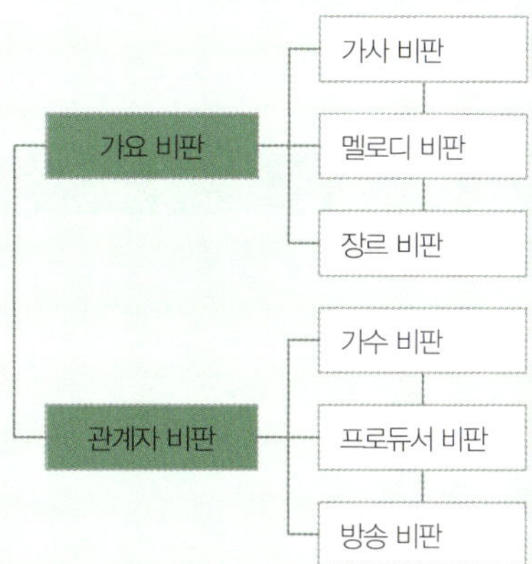

- **한국 대중가요의 발전 과정 :** 역사적인 흐름에 따른 서술이 이루어져야 하므로 직렬식 구성이 적합하다. 일단 시기를 나눈 후 각 시기에 이름을 붙여 주고 여기에 구체적인 내용을 썼다. 직렬식 전개를 할 때는 시기를 명확히 나누는 작업과 각 시기에 적절한 이름을 붙이는 작업이 필요하다.
- **대중가요 비판 :** 비판의 대상을 가요 자체와 관계자로 나누고 각각의 항목을 다시 세분하여 병렬-병렬구조를 택했다. 각각의 항목을 분류할 때는 명확한 기준이 있어야 하고 분류된 항목끼리는 겹치지 않아야 한다.

3.3

개요

▶ **개요의 필요성** – 글쓰기의 마지막 이정표
▶ **개요의 유형** – 간략하거나, 혹은 상세하거나

개요의 필요성 – 글쓰기의 마지막 이정표

글을 집필하기 위해 글의 내용과 형식에 관련된 세세한 내용을 적은 것을 개요라고 한다. 글의 구성은 글 전체의 뼈대를 보인 것일 뿐 글을 쓰기 위한 구체적인 내용과 방법을 모두 밝힌 것은 아니다. 숙련된 필자라면 글의 구성에 대한 메모만으로도 한 편의 완성된 글을 쓸 수 있지만 훈련 단계에서는 내용과 형식에 대한 세세한 계획이 필요하다.

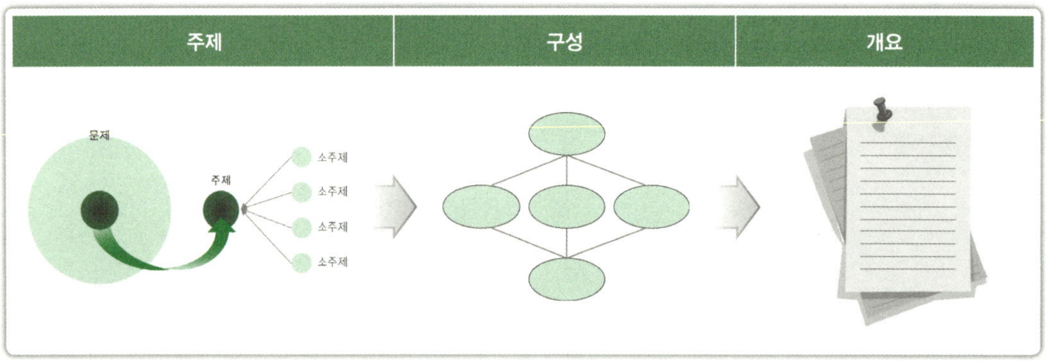

개요에는 글을 집필하기 위한 모든 항목에 대한 구체적인 정보가 포함되는 것이 좋다. 특히 주제와 제목은 글 전체의 길잡이 역할을 하므로 명시적으로 기록한다. 그리고 글의 각 구성요소를 차례대로 쓰고 그 요소를 글로 발전시킬 수 있는 재료까지도 상세하게 기록한다. 이 개요에는 문제의 발견과 주제의 설정, 구성 과정에서 고려한 모든 내용이 상세하게 기록되기 때문이 이 개요만 있으면 글을 손쉽게 써 나갈 수 있다. 구체적으로 필요한 요소를 모두 갖추어 개요를 쓰면 다음과 같다.

개요의 필수 요소

- 제목 :
- 주제 :
- 글의 구성과 세부 내용

1. 서론

2. 텔레비전은 아이들의 능동적 사고 저해

3. 텔레비전은 아이들의 창의적 사고를 막는다.

4. 책을 통한 능동적, 창의적 사고 배양

5. 결론

- 제목 : 텔레비전의 해악
- 주제 : 텔레비전의 해악을 극복하기 위한 방안 모색
- 글의 구성과 세부 내용

1. 서론
   - 아이들이 텔레비전에 대한 지나친 몰입
   - 텔레비전의 해악 파악과 극복 방안 모색
2. 텔레비전은 아이들의 능동적 사고 저해
   - 텔레비전의 수동성
   - 텔레비전이 아이들의 능동적 사고에 미치는 해악의 사례
3. 텔레비전은 아이들의 창의적 사고를 막는다.
   - 텔레비전의 획일성
   - 텔레비전이 아이들의 창의적 사고에 미치는 해악의 사례
4. 책을 통한 능동적, 창의적 사고 배양
   - 책을 통해 익힐 수 있는 능동적 사고
   - 책을 통해 익힐 수 있는 창의적 사고
5. 결론
   - 요약
   - 덧붙임

개요의 첫머리에는 제목과 주제를 분명하게 쓴다. 제목과 주제는 서로 밀접한 관련을 맺고 있는 것으로서 이를 개요의 첫머리에 놓고 글을 쓰게 되면 글의 주제에서 벗어나지 않아 통일성 있는 글을 쓸 수 있다. 따라서 개요의 첫머리에 놓이는 주제는 가능한 한 분명하게 써야 하고 제목도 주제를 잘 드러낼 수 있도록 정해야 한다. 주제와 제목은 글 전체를 이끌어 가는 이정표의 역할을 하므로 글을 쓰는 과정에서도 항상 참조해야 한다.

제목과 주제에 이어서 글의 구성과 세부 내용을 상세하게 밝힌다. 예시된 개요는 본론이 세 부분이고 본론 1, 2는 대등한 관계를 맺고 있고, 본론 3은 본론 1, 2 모두와 연계를 맺으며 전개되고 있다.

이와 같은 글의 구조를 도식화할 때는 이와 같이 입체적으로 나타낼 수 있으나 개요를 작성할 때는 순차적으로 쓸 수밖에 없다. 따라서 이러한 구조를 염두에 두고 그 구조가 개요에 잘 드러나도록 써야 한다.

서론은 일반적으로 도입과 문제제기로 구성되므로 도입과 문제제기의 내용을 간단하게 쓴다. 특히 문제제기는 본론의 핵심적인 내용이 잘 담기도록 쓴다. 본론에는 각 부분의 화제 및 이를 뒷받침하기 위한 내용을 상세하게 쓴다. 특히 화제가 선명해야 각각의 본론을 통일성 있게 쓸 수 있으므로 화제를 명확히 쓴다. 뒷받침 부분에는 본론을 전개하는 데 필요한 세세한 정보를 쓴다. 마지막으로 결론에는 본론의 내용을 요약하고 남은 문제 등을 밝힌다.

연습문제 3-7

다음에 제시되는 개요의 빈 줄에 알맞은 내용을 쓰시오.

- 제목 : 시험 부정행위 근절을 위하여
- 주제 : 시험 중에 저질러지는 부정행위를 근본적으로 없앨 수 있는 방안에 대해 알아본다.
- 글의 구성과 세부 내용

1. 서론
   - 부정행위가 만연한 세태
   - 부정행위의 양상, 원인, 해결책 제시

2. ______________________________
   - 천리안 형 : 남의 답안이 곧 내 답안
   - 돋보기 형 : 철저한 페이퍼 작성에 온힘을 쏟는다.
   - 바꿔치기 형 : 좋은 점수를 위해서면 페이스오프도 가능하다.

3. ______________________________
   - 준비 부족
   - 윤리 결여
   - 관리 소홀

4. 부정행위를 근절하기 위한 대책
   - ______________________________
   - ______________________________
   - ______________________________

5. 결론
   - 부정행위는 '결여'에서 비롯되는 것이므로 '충족'될 수 있도록 노력해야 한다.
   - 부정행위로 순간의 만족을 얻을 수는 있으나 결국 모두에게 피해가 될 수 있다.

예시 답안 및 해설

답

- 제목 : 시험 부정행위 근절을 위하여
- 주제 : 시험 중에 저질러지는 부정행위를 근본적으로 없앨 수 있는 방안에 대해 알아본다.
- 글의 구성과 세부 내용

1. 서론
   - 부정행위가 만연한 세태
   - 부정행위가 나타나는 양상, 원인, 해결책 제시

2. 부정행위의 양상
   - 천리안 형 : 남의 답안이 곧 내 답안
   - 돋보기 형 : 철저한 페이퍼 작성에 온힘을 쏟는다.
   - 바꿔치기 형 : 좋은 점수를 위해서면 페이스오프도 가능하다.

3. 부정행위가 나타나는 원인
   - 준비 부족
   - 윤리 결여
   - 관리 소홀

4. 부정행위를 근절하기 위한 대책
   - **준비 철저 : 시험에 대비해 철저하게 준비해야 한다.**
   - **윤리 확립 : 부정행위는 범죄이자 비윤리적인 행위임을 명심해야 한다.**
   - **관리 철저 : 학교 당국은 부정행위를 막기 위해 시험 관리를 철저히 해야 한다.**

5. 결론
   - 부정행위는 '결여'에서 비롯되는 것이므로 '충족'될 수 있도록 노력해야 한다.
   - 부정행위로 순간의 만족을 얻을 수는 있으나 결국 모두에게 피해가 될 수 있다.

이 글은 부정행위의 양상, 원인, 대책을 제시하는 것을 목적으로 한다. 따라서 이에 대한 글을 작성하는 데 꼭 필요한 정보를 차례로 제공하는 개요를 작성할 수 있어야 한다. 글 전체의 구성상 '양상, 원인, 대책''이 꼭 필요하므로 2와 3에는 이에 맞는 소주제를 썼다. 그리고 4에는 부정행위를 막기 위한 대책을 구체적으로 썼다. 자신의 의도나 지식에 따라 내용을 가감할 수 있다.

개요의 유형 – 간략하거나, 혹은 상세하거나

개요에 포함될 항목이나 순서는 이미 정해져 있다. 개요를 작성할 때 제목, 주제 등은 빠질 수 없는 요소이므로 어떤 형식으로 작성하든 같은 방식으로 써야 한다. 그러나 글의 구성과 세부 내용은 상황 및 의도에 따라 다양한 방법을 활용할 수 있다. 개요의 유형은 히 세부적인 내용을 얼마나 자세하게 쓰는가에 따라 다음과 같은 세 가지 유형으로 나뉠 수 있다.

화제 개요	문장 개요	복합 개요
• 제목 :	• 제목 :	• 제목 :
• 주제 : ← 화제	• 주제 : ← 문장	• 주제 : ← 문장
• 글의 구성과 세부 내용	• 글의 구성과 세부 내용	• 글의 구성과 세부 내용
1. ← 화제	1. ← 문장	1. ← 화제 ← 문장
2. ← 화제	2. ← 문장	2. ← 화제 ← 문장
3. ← 화제	3. ← 문장	3. ← 화제 ← 문장
4. ← 화제	4. ← 문장	4. ← 화제 ← 문장
5. ← 화제	5. ← 문장	5. ← 화제 ← 문장

화제 개요는 세부 내용을 단어나 구 형식의 짤막한 화제로 쓴 것이고, 문장 개요는 세부 내용을 다소 긴 완전한 문장으로 쓴 것이다. 복합 개요는 화제 개요와 문장 개요의 장점만을 취해 화제와 문장을 섞어서 쓴 것이다. 각각의 형식으로 쓴 개요의 일부를 보이면 다음과 같다.

화제 개요	문장 개요
• 제목 : 텔레비전의 해악 • 주제 : 텔레비전의 해악을 극복하기 위한 방안 모색 • 글의 구성과 세부 내용 1. 서론 - 아이들이 텔레비전에 대한 지나친 몰입 - 텔레비전의 해악 파악과 극복 방안 모색 2. 텔레비전은 아이들의 능동적 사고 저해 - 텔레비전의 수동성 - 텔레비전이 아이들의 능동적 사고에 미치는 해악의 사례 (이하 생략)	• 제목 : 텔레비전의 해악 • 주제 : 텔레비전이 아이들에게 미치는 악영향을 파악하여 독서를 통해 이를 극복할 수 있는 방안을 모색해야 한다. • 글의 구성과 세부 내용 1. 서론 - 아이들이 텔레비전에 대한 지나친 몰입 - 텔레비전이 아이들의 사고에 미치는 해악을 구체적으로 파악하여 독서를 통해 극복할 수 있는 방안을 모색해야 한다. 2. 텔레비전은 아이들로 하여금 능동적 사고를 하지 못하게 하는 문제가 있다. - 텔레비전은 음성과 영상을 시청자가 손쉽게 수용하도록 하는 특성이 있다. - 텔레비전을 많이 시청하는 아이들은 다양한 상황에서 수동성을 보인다. (이하 생략)

화제 개요는 글의 세부 내용을 단어나 짤막한 구로 쓰기 때문에 개요를 작성하는 데는 시간이 많이 걸리지 않는다. 그러나 집필할 때는 각각의 화제를 모두 문장으로 써야 하므로 집필하는 데는 시간이 많이 걸린다. 문장 개요는 글의 세부 내용을 모두 문장으로 쓰기 때문에 개요를 작성하는 데는 시간이 많이 걸린다. 그러나 개요의 각 문장을 적절히 연결하는 것만으로도 한 편의 완성된 글을 쓸 수 있으므로 글을 쓰는 데는 시간이 많이 걸리지 않는 장점이 있다.

복합 개요

- 제목 : 텔레비전의 해악
- 주제 : 텔레비전이 아이들에게 미치는 악영향을 파악하여 독서를 통해 이를 극복할 수 있는 방안을 모색해야 한다.
- 글의 구성과 세부 내용

1. 서론
   - 아이들이 텔레비전에 대한 지나친 몰입
   - 텔레비전이 아이들의 사고에 미치는 해악을 구체적으로 파악하여 독서를 통해 극복할 수 있는 방안을 모색해야 한다.
2. 텔레비전은 아이들로 하여금 능동적 사고를 하지 못하게 하는 문제가 있다.
   - 텔레비전의 수동성
   - 텔레비전이 아이들의 능동적 사고에 미치는 해악의 사례

(이하 생략)

화제 개요와 문장 개요의 장점만을 취한 것이 바로 복합 개요이다. 복합 개요는 글을 구성하는 핵심적인 부분은 문장으로 쓰고 상대적으로 중요도가 떨어지는 부분은 화제만으로 간단하게 쓴 개요이다. 글에서 주제, 서론의 문제제기, 각 단락의 화제문 등은 매우 중요하다. 따라서 이러한 부분은 완전한 문장으로 써서 집필할 때 혼란을 겪지 않고 빠른 시간 내에 쓸 수 있도록 한다. 반면에 서론의 도입부, 각 단락의 뒷받침문 등은 상대적으로 중요성이 덜하므로 이러한 부분은 간단하게 화제만을 써 준다. 이렇듯 복합개요는 개요 작성 및 집필의 시간을 줄이면서도 글에서 꼭 필요한 부분은 정확하게 쓸 수 있게 해 준다는 장점이 있다.

연습문제 3-8

다음에 제시되는 주제 및 개요의 유형에 맞도록 빈칸에 알맞은 내용을 써서 개요를 완성하시오.

- 제목 : 넷폭은 가라
- 주제 : 온라인상에서의 무례한 행동을 줄이기 위한 방안이 필요하다.
- 글의 구성과 세부 내용

1. 서론
   - 오늘날 사이버공간은 현대인에게 필수적인 공간이 되었다.
   - 사이버공간에서의 에티켓을 지키지 않는 사람들이 문제가 된다.
   - 사이버공간에서 무례한 행동을 하는 '넷폭'을 없애기 위한 방안에 대해 알아본다.

2. ______________________________
- 악플은 대표적인 언어폭력 사례이다.
- 허위, 과장, 왜곡된 정보 유포 등의 행위도 네트워크상의 폭력 행위이다.
- ______________________________

3. '넷폭'을 없애기 위한 자정적인 방안이 필요하다.
- 네티즌 스스로가 실제 공간에서도 에티켓을 지키려는 자세가 필요하다.
- 네티즌 스스로가 네트워크상에서도 에티켓을 지키려는 자세가 필요하다.

4. ______________________________
- 포털, 게시판 등의 관리자는 관리, 감독을 강화해야 한다.
- 법의 테두리를 벗어난 네트워크상의 폭력은 철저히 처벌되어야 한다.

5. 결론
- 부정한 행위를 일삼는 넷폭은 적극적으로 없애려는 노력이 필요하다.
- 사이버공간 또한 모두가 행복한 공간이 될 수 있도록 노력해야 한다.

예시 답안 및 해설

답

- 제목 : 넷폭은 가라
- 주제 : 온라인상에서의 무례한 행동을 줄이기 위한 방안이 필요하다.
- 글의 구성과 세부 내용

1. 서론
- 오늘날 사이버공간은 현대인에게 필수적인 공간이 되었다.
- 사이버공간에서의 에티켓을 지키지 않는 사람들이 문제가 된다.
- 사이버공간에서 무례한 행동을 하는 '넷폭'을 없애기 위한 방안에 대해 알아본다.

2. 넷폭의 부적절한 행위
- 악플은 대표적인 언어폭력 사례이다.
- 허위, 과장, 왜곡된 정보 유포 등의 행위도 네트워크상의 폭력 행위이다.
- **네트워크상의 폭력이 실제 공간의 폭력으로 이어지는 사례도 있다.**

3. '넷폭'을 없애기 위한 자정적인 방안이 필요하다.
- 네티즌 스스로가 실제 공간에서도 에티켓을 지키려는 자세가 필요하다.
- 네티즌 스스로가 네트워크상에서도 에티켓을 지키려는 자세가 필요하다.

4. **넷폭 문제의 해결 방안**
- 포털, 게시판 등의 관리자는 관리, 감독을 강화해야 한다.
- 법의 테두리를 벗어난 네트워크상의 폭력은 철저히 처벌되어야 한다.

5. 결론
- 부정한 행위를 일삼는 넷폭은 적극적으로 없애려는 노력이 필요하다.
- 사이버공간 또한 모두가 행복한 공간이 될 수 있도록 노력해야 한다.

이 글은 '실태 – 원인 – 해결책'을 제시하는 전형적인 글이다. 2 전체는 넷폭의 실태로 묶을 수 있고 그 하위에 넷폭의 부적절한 행위 하나를 추가할 수 있다. 4는 해결방안이 적절하다.

CHAPTER

4

단 락

4.1

단락의 기초

▶ **단락의 개념** – 사고의 덩어리와 서술의 단위
▶ **단락의 구조** –화제문과 뒷받침문
▶ **단락의 전개** – 화제문과 뒷받침문의 변주

단락의 개념 – 사고의 덩어리와 서술의 단위

글은 일정한 단위로 전개하는 것이 쓰는 사람이나 읽는 사람 모두에게 편리하다. 쓰는 사람은 자신의 생각을 일정한 단위로 나누어서 전개할 수 있고, 읽는 사람은 일정한 단위로 글을 끊어서 이해할 수 있다. 글에서의 이러한 단위를 단락이라고 한다. 단락은 내용을 기준으로 토막 낸 글의 구성단위로 정의된다. 글은 하나의 통일된 주제를 바탕으로 쓰이지만 이 주제는 다시 몇 개의 작은 주제, 즉 화제로 세분된다. 따라서 글은 몇 개의 화제가 모여 구성되는데 이 화제를 기준으로 토막 낸 글의 단위가 단락이다. 글을 쓸 때는 이 화제에 따라 관련된 문장을 차례로 쓰게 된다. 따라서 단락은 글을 구성하는 기본 단위이자 몇 개의 문장이 모인 집합으로 파악할 수 있다.

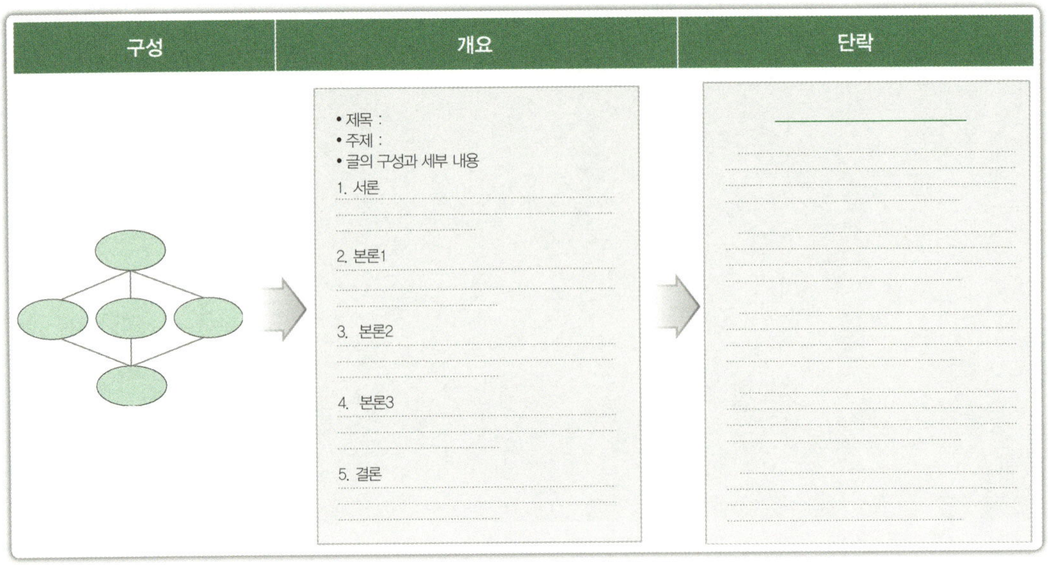

단락은 글의 구성이나 개요 단계에서부터 염두에 둔 것이기도 하다. 구성 단계에서는 글을 구성하는 각각의 요소를 결정했고, 개요 작성 단계에서는 이 요소의 구체적인 내용을 확정했다. 뒤이어 집필을 할 때는 구성과 개요의 단위에 따라 글을 쓰면 되는데 그 단위가 바로 단락이다. 글을 집필할 때는 화제가 바뀌게 되면 행을 바꾼 후 첫 문장을 들여 쓴다. 따라서 인쇄된 글을 읽을 때는 이러한 외형적 특성에 따라 단락이 바뀌었음을 확인하면 된다. 반면에 글을 쓸 때는 행 바꿈과 들여쓰기를 분명히 해서 단락이 바뀌었음을 나타내야 한다.

그러나 단락은 이러한 외형으로 파악되는 물리적 단위가 아니라 화제의 전환에 따라 구성되는 논리적 단위임을 명심해야 한다. 구성과 개요에 따라 필요한 단락의 수를 결정해야 하고, 각각의 단락은 대체적으로 비슷한 분량이 되도록 전개해야 한다. 필자의 임의대로 아무데서나 단락을 나눈다고 해서 그것이 온전한 단락이 되는 것은 아니다. 구성과 개요의 단계에서 결정한 대로 정해진 화제에 따라 꼭 필요한 곳에서 나누어야 한다. 그리고 단락의 전개 방법에 따라 체계적으로 전개해 나가야 한다.

연습문제 4-1

다음에 제시되는 글의 문제점을 지적한 후 단락을 재구성하는 방법의 빈 줄을 채우시오.

문제점	
세부 정보	잊힐 권리, ____________, 잊힐 권리에 대한 공감, ____________, 문제해결의 어려움, ________
포괄적인 정보	
해결 방법	______개의 단락으로 재구성한다.

'잊혀질 권리', 아니 어법에 맞게 쓰면 '잊힐 권리'는 2010년대에 들어 새로운 화두가 되었다. 세상을 떠난 사람이 남은 사람들의 기억에서 사라지기를 바란다는 의미가 아니다. 어떤 개인이 원하지 않는 정보가 온라인상에서 계속 검색되는 것을 막아 달라는 요청에서 나온 것이다.

누구나 잊고 싶은 기억이 있고, 이미 해결한 부끄러운 과거가 있을 수 있다. 그러나 시간이 지난 뒤에도 검색어 하나만 입력하면 누구나 그 기억과 과거를 볼 수 있다면 그리 상쾌한 기분은 아닐 것이다.

실제로 이와 관련해 소송까지 벌어져 세계적인 검색포털 구글은 이 문제를 처리할 가이드라인을 만드는 작업에 착수했다. 검색 결과의 시의성과 연관성을 높이는 방향으로 방법을 모색하고 있지만 그마저 쉬운 일은 아니다.

누군가는 잊히기를 원하겠지만 누군가는 어디엔가 남아 있어 검색이 가능하기를 바라는 정보에 대해 임의적으로 손을 대는 것이 바람직한가는 여전히 문제로 남아 있다.

예시 답안 및 해설

답

문제점	제시되는 정보에 비해 단락의 수가 너무 많다.
세부 정보	잊힐 권리, 잊힐 권리의 의미, 잊힐 권리에 대한 공감, 문제해결을 위한 노력, 문제해결의 어려움, 남은 문제
포괄적인 정보	'잊힐 권리'에 대한 논란
해결 방법	1 개의 단락으로 재구성한다.

주어진 글은 '잊힐 권리'에 대한 것이다. 이 주제는 한 단락으로 쓸 수도 있고, 한 편의 글로도 완성을 할 수가 있다. 그런데 주어진 글의 길이를 보면 한 단락 정도로 쓰는 게 좋다. 따라서 글 전체를 묶을 수 있는 포괄적인 정보 '잊힐 권리'를 부각시켜 한 단락으로 정리하는 것이 좋다.

단락의 구조 - 화제문과 뒷받침문

단락은 4~5문장으로 500자가 넘지 않게 구성되어 비교적 짧지만 분명한 구조를 가지고 있다. 단락은 화제를 기준으로 나누어지는 단위이므로 화제가 가장 분명하게 드러나도록 써야 단락의 구실을 다할 수 있기 때문이다. 따라서 단락은 화제와 관련이 있는 몇 개의 문장으로 구성되는데 단락을 구성하는 문장은 크게 화제문과 뒷받침문 두 가지 유형으로 나눌 수 있다. 화제문은 단락의 화제를 압축해서 선명하게 드러내는 문장이고 뒷받침문은 이 화제문을 보다 자세하게 풀어나가는 문장이다. 결국 단락을 전개한다는 것은 최선의 화제문을 쓰고 이를 가장 효율적으로 뒷받침할 수 있는 뒷받침문을 쓰는 것이라 할 수 있다.

단락 내에서 가장 중요한 역할을 하는 문장은 화제문이다. 독자들은 화제문을 통하여 단락의 화제를 파악하고 단락 전체의 내용을 요약적으로 이해한다. 따라서 화제문을 어디에 두느냐에 따라 단락의 유형이 결정되는데 화제문의 위치에 따라 단락은 다음과 같은 세 유형으로 나눌 수 있다.

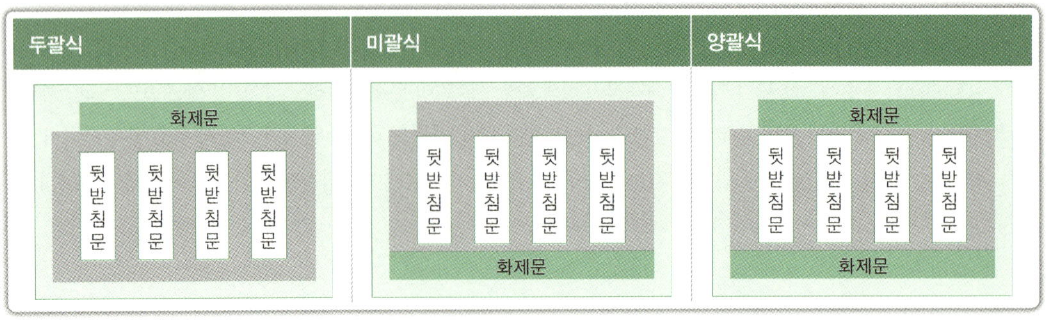

두괄식 단락은 아래의 예문에서 알 수 있듯이 단락의 맨 앞에 화제문이 있기 때문에 단락의 화제 및 단락 전체의 내용을 미리 파악한 후 구체적인 내용을 뒷받침문에서 확인할 수 있다는 장점이 있다. 따라서 설명문이나 논설문에서 가장 흔하게 쓰이면서도 효과적인 단락의 유형이다.

> **음식점의 이름에는 고객에게 좋은 이미지를 심어 주어 더 많은 손님을 끌려는 업주의 전략이 숨어 있다.** 영어의 치킨(chicken)은 닭고기이지만 우리나라의 치킨은 닭튀김이다. 우리나라에서 닭튀김이 인기를 끌기 시작한 것은 1980년대 중반쯤 '켄터키 프라이드치킨'이 한국에 들어온 때이다. 지금 이 가게의 이름은 '케이에프시'(KFC)이다. '튀김 음식은 건강에 좋지 않다'는 얘기가 나돌던 1990년대에 튀김 음식의 인상을 조금이라도 덜 주기 위해 '프라이드'를 간판에서 지우려 한 결과이다. 1990년대 후반 한국에 등장한 '패밀리 레스토랑'은 '가족 손님을 위해 다양하고 싼 요리를 갖춘 식당'임을 내세우기 위해 '패밀리'를 앞세워 홍보했던 이 식당의 주 고객층은 가족이 아닌 대학생이나 젊은 직장인으로 바뀌었다. '패밀리 레스토랑'을 찾아 아이들을 위해 기꺼이 지갑을 열었던 부모들의 인식이 바뀌었기 때문이라는 게 업계의 분석이다. '패밀리'를 앞세우면 자녀 손잡고 오는 부모들이 많을 것이고, '프라이드'를 간판에서 지우면 튀김의 부정적 인식을 덜 수 있다고 판단하는 게 업자들이다.

미괄식은 아래의 예문에서 알 수 있듯이 단락의 맨 마지막에 화제문을 쓰는 유형이다. 이런 유형의 단락은 끝까지 읽어야 화제 및 단락 전체의 내용을 파악할 수 있다. 그러나 치밀한 논증의 과정을 거쳐 단락의 화제를 마지막에 인상 깊게 제시할 수 있는 장점이 있다.

> '오뎅'은 지금도 '방송 부적합 용어'로 분류되어 있다. 청취자 사연에 자주 나오는 '오뎅'은 '어묵' 따위로 바꾸어 전하는 게 방송과 신문을 비롯한 언론매체의 불문율이다. 국립국어원은 '오뎅'을 '꼬치/꼬치안주'로 순화하라고 권고하고 있다. 표준국어대사전은 '(오뎅은 바르지 않으니) 어묵'으로 쓰라고 한다. 왠지 석연찮은 구석이 없지 않다. 일본어 찌꺼기를 솎아내는 일에는 찬성하지만, '오뎅'은 그냥 '오뎅'으로 인정해야 하지 않을까. 생선살 등을 으깨어 조미료를 넣고 버무려 만든 건 어묵이지만, 다시마와 무, 파 따위를 넣고 끓여낸 일본 음식은 '오뎅'이기 때문이다. '오뎅'이 순화 대상이면 일본 나가사키가 원산지인 '짬뽕'(チャンポン)도 그래야 한다. 피자와 햄버거, 스파게티와 케밥은 음식 이름일 뿐이다. 짬뽕과 한 식구인 '짜장면'이 복권되었다. **언어 현실을 반영해 표준어를 결정하는 원칙이 '오뎅'에도 미쳐 '오뎅'도 표준어로서 인정받기를 기대해 본다.**

양괄식은 단락의 처음과 마지막에 화제문을 쓰는 방식인데 단락의 앞부분에서 화제를 확인하고 단락의 마지막 부분에서 화제를 재확인할 수 있다는 장점이 있다. 그러나 비슷한 내용의 문장을 두 번 써야 하기 때문에 경제성이 떨어지므로 그리 자주 쓰는 방식은 아니다. 이밖에 단락의 중간에 화제문을 쓰거나 화제문을 쓰지 않는 경우도 있으나 모두 정상적인 방식이 아니므로 피해야 한다.

연습문제 4-2

다음에 제시되는 단락에서 화제문을 찾고 각각의 효율성에 대한 평가의 빈칸을 채우시오.

• 미괄식

화제문	
장점	
단점	

1980년 5월 미국의 한 여론조사 기관이 연말 대통령 선거를 앞두고 낙태를 허용할 것인지와 관련해 설문조사를 실시한 일이 있었다. 질문을 '낙태를 금지하는 헌법 개정에 찬성하십니까?'라고 던지자, 찬성한 사람은 29퍼센트에 지나지 않았다. 그런데 똑같은 사람들에게 '태아의 생명을 보호하는 헌법 개정을 찬성하십니까?'라고 바꾸어 물었더니 찬성률은 50퍼센트로 올라갔다. 사람들은 기여입학제에 대해 찬성할까, 반대할까? 2007년 4월, 한 방송사 시사프로그램 제작팀이 학부모들을 대상으로 아무런 전제조건 없이 기여입학제에 대한 찬반 의견을 물었더니 찬성이 29.4퍼센트, 반대가 66퍼센트였다. 그런데 기여입학 인원은 정원 외로 뽑고 거기서 나온 재정은 장학금을 비롯해 학생을 위해서만 쓴다는 조건을 달아 다시 찬반을 물었더니 찬성이 64.2퍼센트, 반대가 28.9퍼센트였다. 이처럼 어떻게 질문하느냐에 따라 여론조사의 결과는 얼마든지 달라질 수 있다.

예시 답안 및 해설

답	
화제문	어떻게 질문하느냐에 따라 여론조사의 결과는 얼마든지 달라질 수 있다.
장점	개별적인 사실들을 미리 확인하고 난 후에 단락 전체의 화제를 파악할 수 있다.
단점	끝까지 읽어야만 단락의 화제를 파악할 수 있다.

미괄식 단락의 화제문은 단락의 맨 끝에 놓이는 것이 보통인데 이 단락도 단락의 마지막 문장이 화제문이다. 미괄식 단락은 끝까지 읽어야만 단락의 화제를 파악할 수 있는 단점이 있지만 글의 말미에서 화제를 선명하게 파악할 수 있는 장점도 있다.

▶ 단락의 전개 - 화제문과 뒷받침문의 변주

단락은 화제문과 뒷받침문으로 구성되지만 당연히 더 중요한 문장은 화제문이다. 따라서 화제문의 위치뿐만 아니라 화제문의 길이에 대해서도 고려를 해야 한다. 결국 단락의 전개는 화제문을 어느 정도의 길이로 어디에 배치할 것인가부터 결정한다. 화제문이 결정되면 뒷받침문의 이를 구체화하면 되므로 화제문을 쓰는 것이 결국 단락 전체를 쓰는 것의 성패를 결정한다고 할 수 있다.

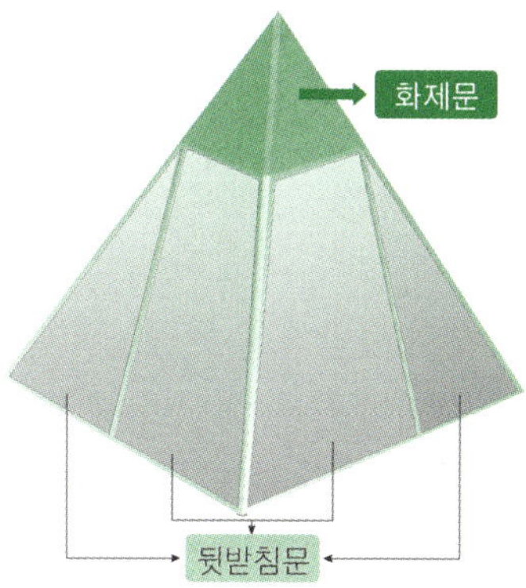

악기는 재료와 소리를 만들어 내는 방법에 따라 현악기, 관악기, 타악기로 분류된다. 현악기는 다양한 재료로 만든 줄을 뜯거나 마찰시켜 소리를 만들어 내는 악기로서 바이올린, 기타 등의 악기가 있다. 그리고 드물지만 채로 줄을 쳐서 소리를 내는 현악기도 있다. 관악기는 금속 · 나무 · 대 등의 관을 입으로 불어서 관 속의 공기를 진동시켜 소리를 내는 악기로서 리드를 쓰지 않는 플루트와 리드를 쓰는 클라리넷 등이 여기에 속한다. 타악기는 각종 재료를 두드려서 소리를 내는 악기로서 손이나 채로 치는 북, 재료끼리 서로 부딪치는 캐스터네츠 등이 있다.

화제문은 단락을 구성하는 문장 중의 하나지만 내용적으로는 단락 전체를 대표할 수 있는 문장이다. 따라서 단락 전체의 내용이 압축적으로 담겨 있어야 한다. 위에 제시된 단락의 화제는 '악기의 분류'인데 화제문인 첫 번째 문장에 이것이 분명히 드러나 있다. 나머지 문장은 각각의 악기에 대해 구체적으로 설명을 하고 있는데 이 문장의 내용을 종합하면 화제문과 일치하게 된다. 따라서 단락을 전개할 때는 화제를 가장 선명하게 드러낼 수 있는 화제문을 먼저 쓰고 이를 뒷받침해 나가는 것이 효과적이다.

화제문은 화제 및 단락 전체를 고려해 꼭 필요한 내용을 담되 적당한 길이가 되도록 써야 한다. (1)과 같이 화제문을 지나치게 추상적인 내용으로 짧게 쓰면 단락의 화제를 파악하기 어려울 뿐만 아니라 뒷받침해야 할 내용이 너무 많아지기 때문에 적절하지 않다. 반면에 (3)과 같이 너무 자세하고도 긴 화제문을 쓰게 되면 단락의 화제를 쉽게 파악하기 어려울 수 있다. 또한 화제문에 너무 자세한 내용을 썼기 때문에 뒷받침문에 쓸 내용이 없어질 수도 있다. 따라서 단락의 화제문은 (2)와 같이 뒷받침문까지 고려해 단락의 화제를 일목요연하게 파악할 수 있는 내용을 적당한 길이로 쓰는 것이 좋다.

(1) 악기는 세 가지로 분류된다.	(2) 악기는 재료와 소리를 만들어 내는 방법에 따라 현악기, 관악기, 타악기로 분류된다.	(3) 악기는 재료와 소리를 만들어 내는 방법에 따라 줄을 뜯거나 마찰시켜서 소리를 내는 현악기, 관을 입으로 불어 관 속의 공기를 진동시켜 소리를 내는 관악기, 재료를 두드리거나 서로 부딪쳐 소리를 내는 타악기로 분류된다.

뒷받침문은 화제문과의 관계를 고려하며 화제 및 화제문을 충분히 뒷받침할 수 있도록 쓴다. 모든 뒷받침문은 화제 및 화제문과 관련을 맺으며 화제를 충분히 구체화해야 한다. 또한 화제문과 뒷받침문은 원활한 연결 관계를 가져야 하며 뒷받침문끼리도 밀접한 관련을 맺을 수 있도록 써야 한다.

연습문제 4-3

다음에 제시되는 화제로 단락을 전개하고자 할 때 각각 세 단계의 화제문을 완성하시오.

• 저작권

짧은 화제문	
중간 화제문	
긴 화제문	

예시 답안 및 해설

답

짧은 화제문	저작권은 저작자의 권리를 뜻한다.
중간 화제문	저작권은 인간의 사상 또는 감정을 표현한 각종 창작물인 저작물에 대한 배타적이고도 독점적 권리를 뜻한다.
긴 화제문	저작권은 인간의 사상 또는 감정을 표현한 각종 창작물인 문학, 음악, 미술, 컴퓨터 프로그램 등과 이를 변형한 2차적 저작물과 편집저작물에 대한 배타적이고도 독점적 권리를 뜻한다.

세 가지 화제문은 길이가 길어질수록 보다 많은 정보를 제공하고 있다. 즉, 길게 쓰면 쓸수록 구체적인 내용을 담을 수 있다. 화제문을 쓸 때는 세 가지 층위를 모두 고려하여 중간 층위 정도의 화제문을 쓸 수 있도록 노력해야 한다.

연습문제 4-4

다음에 제시되는 화제문을 뒷받침하기에 적절한 뒷받침문을 3~5문장씩 쓰시오.

• 카메라에 따른 사용자의 유형

화제문	필름 카메라 사용자를 스나이퍼에 비유한다면 디지털 카메라 사용자는 연발총을 쏘는 이등병에 비유할 수 있다.
뒷받침문	

예시 답안 및 해설

답	
화제문	필름 카메라 사용자를 스나이퍼에 비유한다면 디지털 카메라 사용자는 따발총을 쏘는 이등병에 비유할 수 있다.
뒷받침문	필름 카메라는 찍은 필름을 현상하고 인화한 후에야 결과물을 확인할 수 있다.
	필름의 가격이 비싸고 현상과 인화에도 비용이 많이 든다.
	원샷 원킬을 노리는 스나이퍼처럼 가능하면 적은 컷으로 최상의 사진을 얻기 위해 노력한다.
	디지털 카메라는 화면상으로 결과물을 바로 확인할 수 있다.
	저장매체도 비싸지 않아 많은 사진을 값싸게 저장하고 확인할 수 있다.
	물량으로 상대를 제압하려는 연발총 사수처럼 가능하면 많은 사진을 찍은 후 좋은 사진을 고른다.

화제문은 필름 카메라와 디지털 카메라의 사용자 유형을 대비하고 있다. 따라서 각각의 특징이 잘 드러나도록 순차적으로 뒷받침문을 쓴다. 내용상 대조의 단락이므로 양쪽의 각 항목이 대등한 관계를 이루도록 쓰는 것이 좋다.

4.2

단락의 요건

- ▶ **1단락 1화제** - 단 하나의 이야기
- ▶ **단락의 통일성** - 집중의 원리
- ▶ **단락의 긴밀성** - 결합의 원리
- ▶ **단락의 완결성** - 마감의 원리

1단락 1화제 - 단 하나의 이야기

단락의 요건 중에 무엇보다도 중요한 것은 한 단락에는 하나의 화제만 있어야 한다는 것이다. 이것은 단락의 요건이기 이전에 단락의 성립과 관련된 근본적인 속성이기도 하다. 단락은 통일된 하나의 이야기, 즉 하나의 화제를 기준으로 토막 낸 글의 단위이다. 따라서 화제가 달라질 때마다 새로운 단락이 구성되어야 한다. 그리고 각각의 화제는 독립된 요소이므로 각각의 화제를 서술해 나가는 각 단락은 내적으로 독립된 구성체여야 한다. 이러한 속성을 이해하기 위해 다음과 같은 예를 보자.

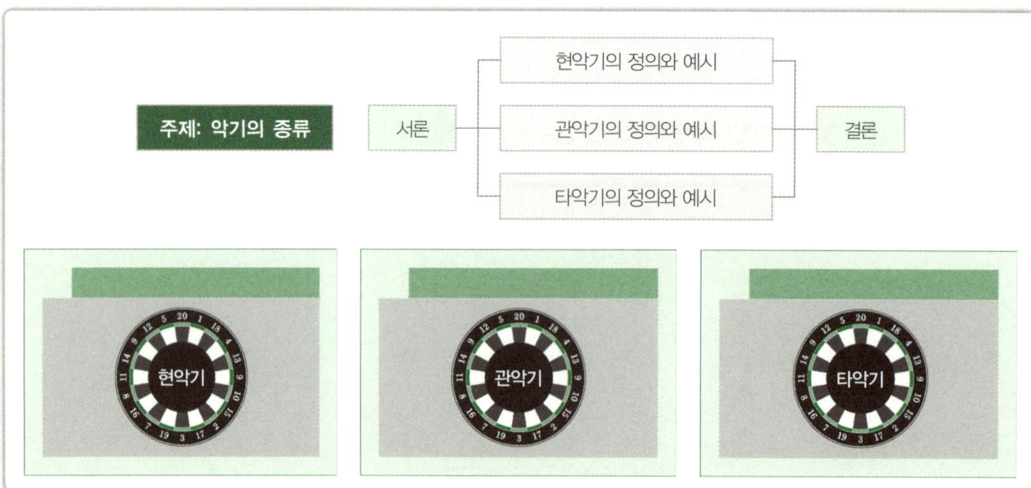

'악기의 종류'를 주제로 위와 같은 구성의 글을 쓰고자 할 때 짧은 길이의 글이라면 '현악기, 관악기, 타악기가 각각 하나의 단락을 구성하는 화제가 된다. 본론을 구성하는 세 화제는 '악기의 종류'를 주제로 쓴 글의 하위 요소이지만 각각은 독립적인 요소이기도 하다. 따라서 각각의 단락은 1단락 1화제란 원칙을 철저히 지켜 서술되어야 한다. 즉, 악기의 종류 중 현악기에 대해 서술하는 단락에서는 오로지 현악기에 대해서만 서술해야지 다른 내용이 끼어들어서는 안 된다.

1단락 1화제의 속성은 단락의 요건 중 가장 중요한 요건인 통일성의 바탕이 된다. 여러 문장의 집합이 하나의 단락이 되기 위해서는 내용상 동일한 화제에 대한 것이어야 한다. 각각의 단락이 독립된 요소라는 속성은 긴밀성의 바탕이 된다. 여러 문장의 집합이 하나의 단락을 구성하기 위해서는 긴밀한 관계를 맺어야 한다. 각각의 문장이 내용상 하나의 화제에 대한 것이어야 할 뿐만 아니라 형식상으로도 서로 잘 엮여 있어야 하나의 단락이 될 수 있다. 그리고 각각의 단락은 독립된 단락이기 때문에 주어진 화제에 대해서 충분하게 서술해야 한다. 원칙상 하나의 화제는 하나의 단락에서만 서술되는 것이기 때문에 그 단락에서 필요한 내용을 충분히 서술해야 한다.

연습문제 4-5

다음에 제시되는 글의 주요 화제를 찾아 몇 개의 단락으로 써야 하는지 쓰시오.

주요 화제	
적정 단락 수	

"자네는 주사위 놀이를 하는 신을 믿고, 나는 완벽한 법칙을 믿는다네." 아인슈타인은 1926년 친구 막스 보른에게 이렇게 썼다. 위대한 물리학자 아인슈타인은 죽을 때까지 원자의 영역에서는 우연을 피해갈 수 없다는 젊은 동료들의 인식에 반기를 들었다. 그러나 아인슈타인도 소립자들이 우리가 일상에서 경험하는 것과는 다른 물리학 법칙을 따른다는 사실을 무시할 수는 없었다. 일상에서 실감할 수 없는 소립자 세계의 특징의 하나는 스핀, 즉 자전하는 성질이다. 측정 시에 전자가 그의 상태를 바꾸는 것이다. 이것이 바로 양자역학의 특징이다. 우리는 상태를 변화시키지 않고 무엇인가를 연구하는 것에 익숙해져 있다. 와이셔츠 깃을 쟀을 때 42cm가 나오면 목둘레를 재어도 같은 치수가 나온다. 그러나 양자의 세계에서는 다르다. 양자의 세계에서는 측정이 시스템에 개입한다. 그리하여 전자의 스핀을 확인하는 것은 목둘레를 재는 것보다는 오히려 주식을 사고파는 것과 비슷하다. 투자자들이 주식을 사고팔면 주가가 변한다. 마찬가지로 물리학자들은 그들이 알아내고자 하는 입자에 영향을 끼친다. 그래서 두 경우 모두 자기 연관성이 개입되는 것이다. 양자이론에서의 우연은 일상에서의 우연과는 구별된다. 일상에서 우리는 무지로 인해 우연을 경험한다. 그곳에서의 문제는 우리가 현실을 알기 위해 노력을 기울이지 않거나 노력을 기울일 수가 없다는 것이다. 이 경우 더 많은 지식을 가지면 일상의 우연을

훨씬 잘 제어할 수 있다. 그러나 원자의 세계에서 그런 전략은 통하지 않는다. 여기서는 우연이 우리의 무지에 근거하는 것이 아니라 바로 자연 법칙에 근거하기 때문이다.

예시 답안 및 해설

답	
주요 화제	• 법칙에 대한 아인슈타인의 신념 • 소립자의 비법칙성에 대한 아인슈타인의 인식 • 소립자 세계의 특징 • 양자론의 우연과 일상의 우연
적정 단락 수	3~5단락

제시된 글은 형식상 한 단락으로 되어 있으나 내용상으로 여러 가지의 화제가 포함되어 있다. 답안에 정리된 화제는 주요 화제를 뽑은 것이다. 이 화제를 바탕으로 별도의 단락을 구성하는 것이 바람직하다. 경우에 따라서는 화제를 더 세분하거나 두 세 개의 화제를 묶어 한 단락으로 쓸 수도 있다. 이때에는 화제를 보다 추상화하여 하나의 화제로 묶일 수 있도록 해야 한다.

단락의 통일성 - 집중의 원리

1단락 1화제의 요건은 단락의 통일성과 가장 밀접한 관련이 있다. 따라서 통일성은 단락의 요건 중 가장 중요한데 이는 단락 내의 모든 문장은 주어진 화제와 관련이 있어야 한다는 속성이다. 이 속성은 단락의 존재 이유에 따른 것이기 때문에 다른 어떤 요건에 앞서 지켜져야 하는 요건이다. 따라서 단락의 화제문은 말 그대로 화제에 대해 가장 분명하고도 정확하게 서술하는 문장이어야 한다. 뒷받침문 또한 화제문을 구체화하면서 주어진 화제와 밀접한 관련을 맺도록 써야 한다.

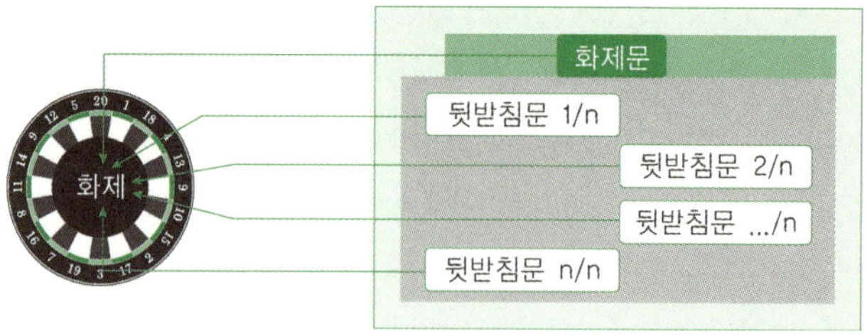

남의 떡이 커 보인다는 속담은 자신이 달리는 차선의 속도가 느리다고 생각하는 운전자에게도 적용이 된다. 운전자의 시선은 늘 앞을 향하게 되어 있어 자신이 추월한 차는 시야에서도 사라지고 기억에서도 사라진다. 반면에 자신을 추월한 차는 계속 시야에 남아 있어 심리적으로 이런 착각을 느끼게 된다. 또한 다른 차선과 비교해서 막히는 구간과 뚫리는 구간의 물리적 길이가 같더라도 이런 착각이 나타난다. 뚫리는 구간은 빨리 달리기 때문에 그 거리가 짧게 느껴지지만 막히는 구간은 느리게 달리기 때문에 그 거리가 길게 느껴진다. 실제로는 같거나 더 큰 떡을 들고 있으면서 남의 떡을 탐내는 이나 적어도 다른 차선과 같은 속도를 보이는 차선을 운행하는 운전자나 별반 다를 게 없는 것이다.

위에 제시된 단락에서 화제는 '운전자들이 자신의 차선이 느리다고 생각하는 이유'이고 첫 번째 문장이 화제문이다. 화제문은 심리적, 물리적 이유 두 가지를 들었으며 뒷받침문은 심리적 이유와 물리적 이유를 차례로 서술하고 있다. 또한 두 가지 이유가 맞물려 이러한 착각을 일으키게 됨을 밝히고 있다. 이처럼 화제문이 화제와 정확하게 일치하고 뒷받침문도 화제 및 화제문과 밀접한 관련을 맺게 전개하면 단락의 통일성을 지킬 수 있다.

반면에 단락의 통일성이 지켜지지 않는 유형은 크게 두 가지로 나눌 수 있다. 첫 번째 유형은 주어진 화제에서 출발을 했지만 서술해 가는 과정에서 점차 엉뚱한 화제로 빠지는 유형이고, 두 번째 유형은 전체적으로는 통일성을 지키고 있지만 부분적으로 통일성을 깨뜨리는 유형이다.

남의 떡이 커 보인다는 속담은 자신이 달리는 차선의 속도가 느리다고 생각하는 운전자에게도 적용이 된다. 운전자의 시선은 늘 앞을 향하게 되어 있어 자신이 추월한 차는 시야에서도 사라지고 기억에서도 사라진다. 반면에 자신을 추월한 차는 계속 시야에 남아 있어 심리적으로 이런 착각을 느끼게 된다. <u>이렇듯 속담은 여러 사안에 두루 적용될 수 있다는 점에서 가치를 찾을 수 있다. 특정 상황에서 누군가에 의해서 비유적으로 쓰이기 시작한 말이 공감을 얻은 후 속담으로 자리잡은 것을 감안하면 이해가 안 되는 바도 아니다. 따라서 조급한 운전자라면 이런 속담을 떠올리면서 여유를 찾아보는 것도 좋을 것이다.</u>

남의 떡이 커 보인다는 속담은 자신이 달리는 차선의 속도가 느리다고 생각하는 운전자에게도 적용이 된다. 운전자의 시선은 늘 앞을 향하게 되어 있어 자신이 추월한 차는 시야에서도 사라지고 기억에서도 사라진다. 반면에 자신을 추월한 차는 계속 시야에 남아 있어 심리적으로 이런 착각을 느끼게 된다. <u>양보의 미덕은 운전에서도 발휘되어야 원하지 않는 사고를 막을 수 있다.</u> 또한 다른 차선과 비교해서 막히는 구간과 뚫리는 구간의 물리적 길이가 같더라도 이런 착각이 나타난다. 뚫리는 구간은 빨리 달리기 때문에 그 거리가 짧게 느껴지지만 막히는 구간은 느리게 달리기 때문에 그 거리가 길게 느껴진다. <u>차선을 이리저리 바꾸다 보면 사고를 당하거나 유발할 수 있다는 점에 유의해야 한다.</u> 물리적으로는 같은 상황일지라도 심리적으로는 더 느리게 생각하는 것이다. <u>이래서 속담은 보편적인 진리를 담고 있음을 다시금 확인할 수 있다.</u>

위의 두 단락은 앞에서 제시한 단락과 같은 화제의 단락이다. 그런데 왼쪽의 단락은 밑줄 친 부분부터는 엉뚱한 내용으로 넘어가고 있다. 단락 전체의 내용은 운행과 관련된 운전자의 심리인데 어느 순간 속담에 대한 이야기로 넘어가고 있다. 오른쪽 단락에서 밑줄 친 부분은 앞뒤의 문장과는 관련이 있을지 모르나 단락 전체의 화제와는 거리가 멀다. 따라서 이러한 삭제해야 단락의 통일성을 유지할 수 있다. 마지막 문장 또한 속담에 대한 이야기이기는 하지만 운전자의 심리와는 관련이 없으므로 삭제해야 단락의 통일성이 유지될 수 있다.

연습문제 4-6

다음에 제시되는 화제에 대해 전개된 단락에서 통일성을 해치는 부분에 밑줄을 그으시오.

(1) 사이버 망명

사이버 망명이 유행처럼 번지고 있는 현실은 서글픔을 넘어 공포로 다가온다. 망명은 정치적인 박해를 피하기 위하여 외국으로 몸을 옮기는 것을 뜻하니 당연히 실제 공간에서만 일어날 수 있는 일이다. 그런데 가상공간에서도 이와 유사한 망명이 이루어지고 있다. 이메일, 블로그, SNS 등의 인터넷 서비스의 사용무대를 국내법의 효력이 미치지 못하는 해외 서버로 옮기는 이들이 많아지고 있는 것일까? 이것이 서글픈 이유는 자유로워야 할 인터넷 공간이 우리나라에서는 자유로운 공간이 아님을 보여주는 사례이기 때문이다. 나아가 국가권력이 사이버상의 개인의 행위에 대해 통제와 감시를 넘어 처벌까지 할지 모른다는 두려움이 현실이 되어가고 있는 증거이기도 하다. 그러나 진정 이럴 줄 몰랐던가? 국가기관까지 댓글을 조작하며 선거에 개입한 것에 이미 면죄부를 주었다. 막을 수 있을 때 막지 못하고 방치했다가 결국 그것이 무기가 되어 돌아온 현실을 만든 것은 바로 우리들이기도 하다.

(2) 대중의 관심

대중들의 관심을 오로지 대중문화에만 집중시키는 행태는 근절되어야 한다. 대중들이 대중문화에 관심을 가지는 것은 당연하다. 그러나 최근의 티아라 사태와 관련된 보도는 뭔가 잘못되어도 한참 잘못되었다. 티아라가 당대 최고의 걸그룹은 아닐지라도 인기가 높은 것은 사실이고 멤버 중 하나가 탈퇴했다는 소식도 중요한 소식일 수 있다. 그러나 멤버 하나가 탈퇴한 것이 그렇게 중요한 일일까? 티아라가 나라를 구한 것도 아니고 탈퇴한 멤버가 유관순 열사급도 아닌데 연일 뉴스의 첫머리에 나온다. 나는 티아라의 멤버가 누구인지도 모른다. 티아라가 무슨 노래를 불렀는지도 모른다. 나뿐만 아니라 나이 든 세대 모두에게 티아라는 그저 넘쳐나는 걸그룹 중 하나일 뿐이다. 티아라 사건에 대해서는 잘 모르지만 원만하게 해결되었으면 하는 바람이다.

예시 답안 및 해설

답

(1) 사이버 망명

사이버 망명이 유행처럼 번지고 있는 현실은 서글픔을 넘어 공포로 다가온다. 망명은 정치적인 박해를 피하기 위하여 외국으로 몸을 옮기는 것을 뜻하니 당연히 실제 공간에서만 일어날 수 있는 일이다. 그런데 가상공간에서도 이와 유사한 망명이 이루어지고 있다. 이메일, 블로그, SNS 등의 인터넷 서비스의 사용무대를 국내법의 효력이 미치지 못하는 해외 서버로 옮기는 이들이 많아지고 있는 것일까? 이것이 서글픈 이유는 자유로워야 할 인터넷 공간이 우리나라에서는 자유로운 공간이 아님을 보여주는 사례이기 때문이다. 나아가 국가권력이 사이버상의 개인의 행위에 대해 통제와 감시를 넘어 처벌까지 할지 모른다는 두려움이 현실이 되어가고 있는 증거이기도 하다. 그러나 진정 이럴 줄 몰랐던가? 국가기관까지 댓글을 조작하며 선거에 개입한 것에 이미 면죄부를 주었다. 막을 수 있을 때 막지 못하고 방치했다가 결국 그것이 무기가 되어 돌아온 현실을 만든 것은 바로 우리들이기도 하다.

(2) 대중의 관심

대중들의 관심을 오로지 대중문화에만 집중시키는 행태는 근절되어야 한다. 대중들이 대중문화에 관심을 가지는 것은 당연하다. 그러나 최근의 티아라 사태와 관련된 보도는 뭔가 잘못되어도 한참 잘못되었다. 티아라가 당대 최고의 걸그룹은 아닐지라도 인기가 높은 것은 사실이고 멤버 중 하나가 탈퇴했다는 소식도 중요한 소식 일 수 있다. 그러나 멤버 하나가 탈퇴한 것이 그렇게 중요한 일일까? 티아라가 나라를 구한 것도 아니고 탈퇴한 멤버가 유관순 열사급도 아닌데 연일 뉴스의 첫머리에 나온다. 나는 티아라의 멤버가 누구인지도 모른다. 티아라가 무슨 노래를 불렀는지도 모른다. 나뿐만 아니라 나이 든 세대 모두에게 티아라는 그저 넘쳐나는 걸그룹 중 하나일 뿐이다. 티아라 사건에 대해서는 잘 모르지만 원만하게 해결되었으면 하는 바람이다.

(1)은 사이버 망명이 이루어지고 있는 현실에 대한 서글픔과 두려움을 화제로 한 단락이다. 그런데 밑줄 친 부분은 이러한 문제를 초래한 원인에 대한 내용이므로 통일성을 깨뜨리고 있다. (2)는 대중들의 관심을 대중문화에만 집중시키는 문제점을 지적하는 단락이다. 그런데 밑줄 친 부분은 개인적인 관심 정도와 바람을 서술하고 있으므로 단락의 통일성을 깨뜨리고 있다.

단락의 긴밀성 - 결합의 원리

단락 내의 모든 문장이 화제와 관련이 있다고 하더라도 그것이 효과적으로 전달되기 위해서는 다른 장치가 필요하다. 즉 단락을 구성하는 각 문장이 유기적으로 결합되어야 한다. 단락은 화제문과 뒷받침문으로 구성되는데 화제문은 추상적, 포괄적이어야 하고 뒷받침문은 구체적, 개별적이어야 한다. 또한 뒷받침문끼리는 각각의 문장이 긴밀한 관련성이 있도록 써야 한다. 각각의 뒷받침문이 대등한 관계를 맺을 수도 있고, 순차적인 관계를 맺을 수도 있으며, 인과적인 관계를 맺을 수도 있다. 따라서 이러한 관계가 분명하게 드러나도록 뒷받침문을 써야 한다.

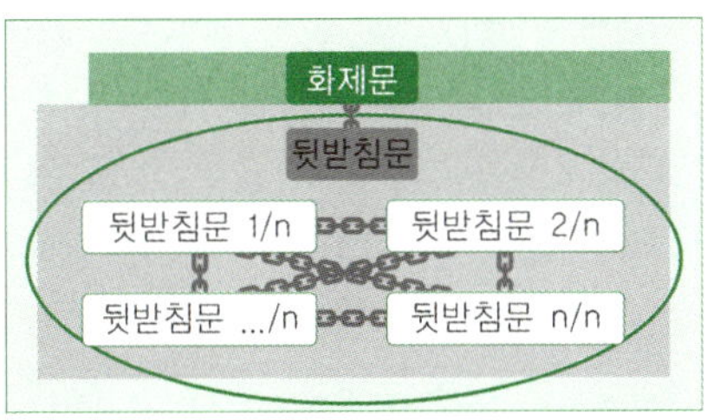

달력이 없어도 달력 기능을 한다는 점에서 음력은 매우 과학적이고도 매력적인 역법이다. 해를 똑바로 쳐다볼 수도 없지만 쳐다본들 세월 가는 것을 가늠할 수 없다. 그러나 밤하늘의 달을 보면 오늘이 며칠쯤인가를 금세 파악할 수 있다. 인쇄된 달력이 없으면 양력은 아무 소용이 없는데 음력은 밤하늘에 늘 달력을 걸어놓은 형국이니 얼마나 과학적이고 매력적인가? 음력 생일이 양력으로는 들쭉날쭉한 것이 불만일 수도 있다. 그러나 이것은 음력 자체의 잘못이 아니라 양력과 음력을 같이 쓰기 때문에 나타난 문제일 뿐이다. 양력 생일은 달력에 동그라미를 쳐 놓아야 하지만 음력 생일은 하늘의 달 모양을 기억해 두었다가 열두 달 뒤 같은 모양이 되는 날을 찾으면 되지 않는가.

위에 제시된 단락의 화제는 음력의 과학성과 매력인데 화제문과 뒷받침문의 통일성이 잘 유지되고 있다. 이렇게 통일성이 잘 유지되는 이유 중 하나는 각각의 문장이 긴밀하게 결합되어 있기 때문이다. 즉 화제로 주어진 음력에 대해서 서술하고자 한다면 양력과의 대비가 필수적인데 단락 전체에서 양력과 음력을 대비하면서 각각의 문장이 긴밀하게 결합되어 있다. 또한 적절한 접속어와 지시어를 사용해 모든 문장이 서로 관련이 있음을 보이고 있다. 이처럼 단락 내의 모든 문장이 서로 관련을 맺도록 내용을 쓰고, 이것을 적절한 접속어로 결합시키면 단락의 긴밀성을 유지할 수 있다. 또한 적절한 지시어 또한 단락의 긴밀성을 높이는 데 도움이 된다.

비록 형식적으로는 한 단락을 이룰지라도 문장과 문장이 서로 밀접하게 관련을 맺지 못하면 단락의 긴밀성이 깨어진다.

달력이 없어도 달력 기능을 한다는 점에서 음력은 매우 과학적이고도 매력적인 역법이다. 해를 똑바로 쳐다볼 수도 없다. 해를 쳐다봐도 세월 가는 것을 가늠할 수 없다. 밤하늘의 달은 모양이 늘 변한다. 달의 모양을 보면 날짜를 대략적으로 파악할 수 있다. 음력은 밤하늘에 달력을 걸어놓은 것이나 마찬가지다. 누군가가 음력으로 생일을 챙기면 불편해 하는 사람이 많다. 양력으로는 생일이 들쭉날쭉하기 때문이다. 음력의 잘못이 아니라 양력과 음력을 같이 쓰는 것이 문제이다. 양력은 달력에 동그라미를 쳐야 생일을 기억할 수 있다. 음력은 달의 모양을 기억해 두었다가 열두 달 후에 같은 모양이 되는 날을 찾으면 생일을 기억할 수 있다.

위의 단락의 화제문은 모두 화제 및 화제와 관련을 맺고 있다. 그러나 각각의 문장은 정해진 정보만 담고 있을 뿐 앞뒤의 문장과 어떤 관련을 맺고 있는지 파악하기가 어렵다. 각각의 문장을 적절한 접속어나 지시어로 결합시키면 단락의 긴밀성이 높아져 독자가 그 내용을 훨씬 더 쉽게 파악할 수 있다.

연습문제 4-7

다음에 제시되는 단락의 긴밀성을 보완하여 다시 쓰시오.

옛날에는 집을 지을 때 목수와 미장이의 역할이 중요했다. 지금도 집을 지을 때 목수와 미장이는 꼭 필요하다. 요즘은 철골로 기둥을 세우고 시멘트로 마감을 하는 경우가 많다. 최종적인 마감을 뜻하는 인테리어 일도 목수가 해야 할 일이 많다. 미장이는 벽, 천장, 바닥 등의 위치를 가리지 않고 흙, 회, 시멘트 등의 재료를 가리지 않고 어디든 바른다. 목수는 나무를 사용하는 모든 일을 한다. 특히 집짓기와 같이 큰 목공일을 하는 사람을 대목이라 부른다. 기둥이나 보 등을 나무로 만들 때 대목의 역할은 매우 중요하다. 예전에는 주로 나무와 회, 흙 등을 이용해 집을 지었다.

예시 답안 및 해설

답 예나 지금이나 집을 지을 때 목수와 미장이는 꼭 필요하다. 예전에는 주로 나무와 회, 흙 등을 주로 이용해 집을 지었는데 이때 기초적인 작업은 주로 목수가 담당했다. 특히 집짓기와 같이 큰 목공일을 하는 사람을 대목이라 부르는데 기둥이나 보 등을 나무로 만들 때 이들은 중요한 역할을 했다. 하지만 최종적인 마감 작업은 회나 흙으로 하는데 이때 미장이의 역할이 중요하다. 요즘은 철골로 기둥을 세우고 시멘트로 마감을 하는 경우가 많다. 따라서 미장이는 벽, 천장, 바닥 등의 위치를 가리지 않고 흙, 회, 시멘트 등의 재료를 가리지 않고 어디든 바르는 역할을 한다. 그렇더라도 여전히 목수는 최종적인 마감을 뜻하는 인테리어 일을 비롯하여 나무를 사용하는 모든 일을 한다.

단락의 첫 두 문장은 서로 관련이 깊어 한 문장으로 결합시켜 화제문으로 썼다. 뒷받침문장도 서로 관련이 있는 것끼리 묶어 논리적 관계를 분명하게 밝혀 주는 것이 좋으므로 과거와 현재로 나누어 서술했다. 또한 적절한 지시어와 연결부사를 사용하여 앞뒤 문장과의 관계를 분명하게 해 주었다. 그 결과 담겨 있는 정보는 이전 단락과 비슷하지만 이렇게 문장 간의 긴밀성을 높여 그 의미가 잘 전달되도록 하였다.

단락의 완결성 - 마감의 원리

단락이 그 역할을 다하기 위해서는 완결성도 매우 중요하다. 단락의 완결성은, 필요한 내용을 충분히 서술하여 주어진 화제를 한 단락 내에서 완결시켜야 한다는 속성이다. 글을 구성하는 각각의 단락은 독립적이기 때문에 주어진 화제에 대해 필요한 정보를 한 단락 내에서 모두 제공해야 한다. 그런데 글을 보다 상세하게 쓰고자 한다면 한 단락의 화제는 글 전체의 주제가 될 수도 있고, 책 한 권의 주제가 될 수도 있다. 따라서 길이가 제한된 단락에서 완결성을 완벽하게 유지하기는 어렵다.

단락의 완결성을 지키기 위해서는 몇 가지 방법이 필요하다. 단락의 완결성을 유지하기 위한 첫 번째 방법은 분류와 구분을 효과적으로 활용하는 것이다. 즉, 일정한 기준을 적용하여 주어진 화제를 몇 개의 부분으로 나누어 서술하면 단락의 완결성을 유지할 수 있다.

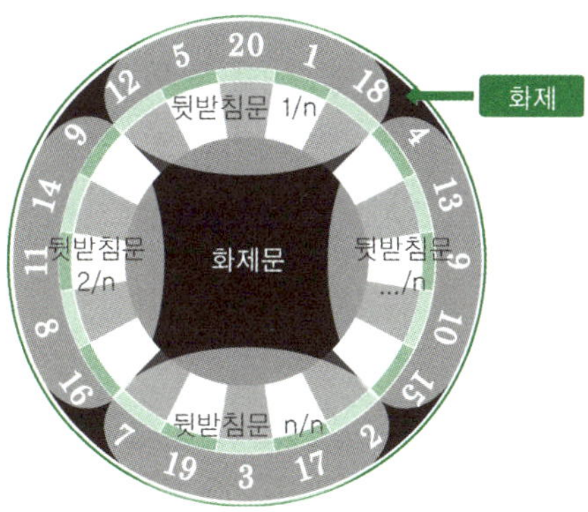

영화를 유심히 살펴보면 장르를 불문하고 비과학적인 요소가 매우 많이 발견된다. 가장 과학적이어야 할 공상과학 영화는 오히려 비과학 덩어리이다. 설사 사람의 손에서 광선무기가 발사될 수 있다고 치더라도 발사된 광선을 눈으로 보고 피하는 것은 있을 수 없다. 액션 영화에서도 비과학적인 요소는 얼마든지 발견된다. 아무리 총알이 빗발쳐도 주인공은 총알이 피해간다. 조연은 한 발만 맞아도 바로 꺼꾸러지는 데 반해 주인공은 여러 발을 맞고 쓰러진 후 오랫동안 할 말을 다 하고 죽는다. 멜로 영화도 마찬가지여서 타이타닉의 주인공은 차가운 바다에 빠져 40분 이상을 버틴다. 코미디 영화는 또 어떤가? 등장인물은 하늘에서 거꾸로 떨어져도 땅에 머리를 박고 있을지언정 특별히 다친 데는 없다. 굳이 엄밀한 과학성을 드러내야 하는 상황이 아니라면 영화에서는 적당히 비과학적인 요소를 섞어 재미를 더하는 것이다.

위에 제시된 단락은 '영화에 나타나는 비과학성'을 화제로 삼은 것인데 이 화제는 예를 들어 설명하기에 적합하다. 그런데 예를 아무리 많이 들더라도 단락의 완결성을 유지하기는 어렵다. 이러한 문제를 해결하기 위해 이 단락에서는 영화를 장르별로 나누어 예를 들고 있다. 이렇게 적절하게 분류를 한 후 예를 들면 어느 정도의 완결성을 기할 수 있다.

단락의 완결성을 유지하기 위한 두 번째 방법은 중요한 항목을 적절히 뽑아 서술하는 것이다. 짧은 단락 내에서 모든 것을 다 서술할 수는 없더라도 가장 중요한 것을 순서대로 서술하거나 주요한 것 몇 가지를 뽑아서 서술하면 어느 정도의 완결성을 유지할 수 있다.

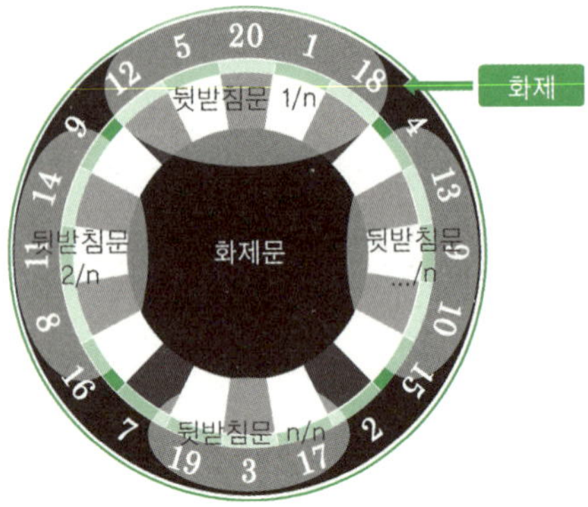

우리의 고유 식품인 된장에는 여러 가지 효능이 있다. 된장의 가장 두드러진 효능으로는 항암효과를 들 수 있다. 발효식품은 보통 항암효과가 있지만 된장은 그중에서도 탁월한 효능이 있어 암 예방 15개 수칙 중에 된장국을 먹으라는 항목이 들어 있을 정도이다. 항산화 효과 또한 된장의 효과이다. 된장 내에는 지질류의 산화를 막는 항산화 물질이 포함되어 있어 우리 몸의 노화를 막는 효능이 있다. 고혈압 완화와 간 기능 강화에도 된장은 효능이 있다. 된장 내의 아미노산은 혈압을 저하시키며 콜레스테롤을 제거해 줌으로써 혈관을 탄력 있게 해 준다. 또한 해독 작용도 뛰어나 간의 해독 및 간 기능 개선에 도움을 준다.

위의 단락은 된장의 효능에 관한 것인데 된장의 효능 중 대표적인 것 몇 가지를 예로 들어 서술하고 있다. 된장의 모든 효능을 예로 들 수 없다면 이처럼 중요한 것부터 차례로 드는 것이 단락의 완결성을 유지할 수 있는 방법이다.

이상의 두 가지 방법이 적절하게 활용되지 않으면 단락의 완결성이 깨어진다. 분류가 적절하게 이루어지지 않거나, 분류는 적절히 했으나 서술하는 단계에서 빠뜨리면 단락의 완결성이 깨어진다. 또한 대표적인 사례를 들어야 하는데 중요도가 높은 사례를 빠뜨리면 단락의 완결성이 깨어질 수 있다.

연습문제 4-8

다음에 제시되는 화제에 대해 전개된 단락의 완결성이 유지되도록 빈 줄에 알맞은 문장을 쓰시오.

- 내부고발자

조직 내부에서 저질러지는 부정, 부패, 비리 등을 시정하고자 책임자나 감사부서에 폭로하는 사람을 뜻하는 내부고발자는 영어로는 '휘슬블로어(whistle-blower)' 또는 '딥스로트(deep throat)라 불린다. 휘슬블로어는 말 그대로 호루라기를 부는 사람이란 뜻이다. ……………………………………………………………………………. 딥스로트는 워터게이트 사건의 정보제공자의 암호명이었다. …………………………………………………………………………………………………….

…………………………………………………………………………………………….

예시 답안 및 해설

답 **조직 내부에서 저질러지는 부정, 부패, 비리 등을 시정하고자 책임자나 감사부서에 폭로하는 사람을 뜻하는 내부고발자는 영어로는 '휘슬블로어(whistle-blower)' 또는 '딥스로트(deep throat)라 불린다.** 휘슬블로어는 말 그대로 호루라기를 부는 사람이란 뜻이다. 운동 경기에서 반칙이 일어날 경우 심판이 호루라기를 불어 반칙이 있음을 알리는 것처럼 호루라기를 불어 문제를 알리는 사람을 뜻한다. 딥스로트는 워터게이트 사건의 정보제공자의 암호명이었다. 본래는 1970년대에 인기를 끌었던 포르노영화 〈딥스로트〉에서 따온 것이었는데 워터게이트 사건이 영화화 되면서 이 암호명이 사용되어 딥스로트가 내부고발자를 뜻하는 일반 명사로 굳어졌다.

주어진 단락은 내부고발자의 영어 단어 유래에 관한 것이다. 화제문에 이미 두 가지 용어가 제시되어 있으므로 뒷받침 문도 반드시 두 용어에 대한 내용을 모두 포함해야 한다. 빈칸에 각각의 유래를 찾아서 구체적으로 기입하면 단락의 완결성을 유지할 수 있다.

4.3

단락과 글

▶ **내용단락과 형식단락** - 진짜 단락과 진짜를 위한 단락
▶ **단락의 연결** - 퍼즐 맞추기

내용단락과 형식단락 - 진짜 단락과 진짜를 위한 단락

단락은 문장의 집합이자 글을 이루는 기본 단위이다. 따라서 각각의 단락은 서로 결합되어 글로 발전되어야 비로소 한 편의 글이 완성될 수 있다. 그렇기 때문에 각각의 단락은 단락의 요건에 맞춰 충실하게 작성을 하되 글 전체로 전개해 나갈 것을 염두에 두어야 한다. 단락은 하나의 화제를 중심으로 하여 구성된 독립된 구성요소이지만 각각의 단락이 유기적인 관계를 맺도록 해야 비로소 한 편의 글이 완성된다.

앞서 다룬 단락의 전개는 기본적으로 본론을 이루는 각 단락을 대상으로 한 것이다. 그러나 한 편의 글을 완성하기 위해서는 두 종류의 단락에 대한 이해가 필요하다. 설명문이나 논설문 등의 실용문은 일반적으로 서론 - 본론 - 결론의 3단 구성을 취한다. 긴 글에서는 서론과 결론도 여러 단락이 될 수 있지만 짧은 글에서는 서론과 결론은 한 단락으로 쓰는 것이 보통이다. 이때 서론과 결론은 글을 열고 닫는 기능을 하는 형식단락이 되고, 본론은 주제와 관련된 핵심적인 내용을 서술하는 내용단락이 된다.

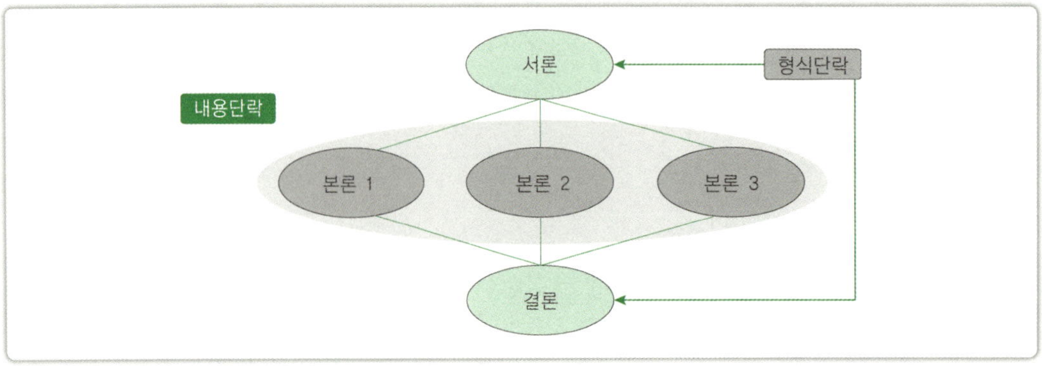

형식단락과 내용단락은 전개하는 방법에서도 차이가 난다. 형식단락인 서론은 글의 맨 앞에 놓여 독자로 하여금 글의 주제에 자연스럽게 몰입하도록 하고, 본론에서 다룰 내용을 안내하는 역할을 한다. 또 다른 형식단락인 결론은 본론에서 다룬 내용을 요약, 정리하는 역할을 한다. 따라서 이러한 형식단락은 그 역할을 충실히 다할 수 있도록 일정한 형식에 따라서 쓴다. 내용단락인 본론은 말 그대로 주어진 주제에 대한 본격적인 내용을 다루는 부분이다. 이 부분은 화제의 성격에 따라 다양한 단락의 전개 방법을 활용할 수 있다.

형식단락과 내용단락은 단락의 구조 면에서도 차이가 난다. 서론은 도입과 문제제기로 구성되는데 도입부는 독자로 하여금 글 전체의 주제로 자연스럽게 접근할 수 있도록 유도하며, 문제제기부는 본론에서 논의할 화제를 구체적으로 제시하는 역할을 한다. 본론은 일반적인 단락의 구조인 화제문과 뒷받침문으로 구성되어 서론의 문제제기 부분에서 제기된 화제에 대해 순차적으로 전개해 나간다. 마지막으로 결론은 요약부와 덧붙임으로 구성되는데 요약부에서는 서론에서 제기되고 본론에서 전개된 화제를 요약하고 글을 마무리하는 역할을 하며, 덧붙임 부분에는 글의 마무리를 위해 필요한 내용을 덧붙이거나 여운을 남긴다.

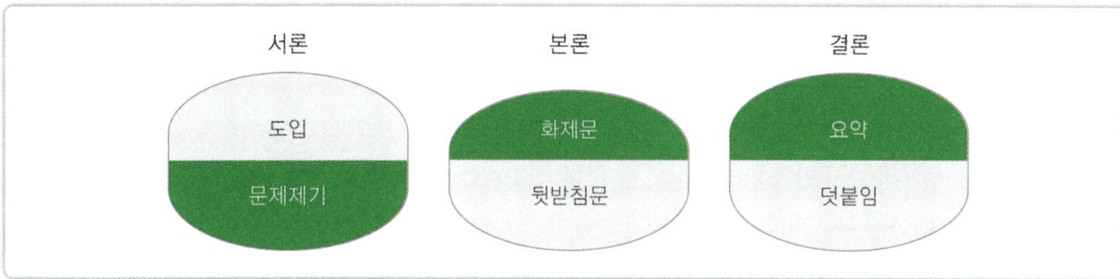

연습문제 4-9

다음은 한 편의 완성된 글을 단락 단위로 나누어 순서 없이 나열한 것이다. 지시에 따라 각각의 단락을 분류하시오.

내용단락		형식단락	A, C
본론		서론	
본론의 순서		결론	
글 전체의 순서			

[A] 질량 보존의 법칙은 틀렸다. 이백여 년 전에 라부아지에에 의해 이미 주창된 법칙이 틀렸다는 것은 아니다. 그렇다고 반응계의 에너지 증감에 의해 극히 작지만 질량의 변화가 있다는 아인슈타인의 설명에 기대려는 것도 아니다. '질량(質量)'을 '질(質)'과 '양(量)'으로 나누어 보려는 태도, 그래서 질량보존의 법칙을 '질 = 양'이라고 보는 시각이 틀렸다는 것이다. 특히 '질'은 '양'으로 측정될 수 있고, '양'을 늘리는 것이 바로 '질'을 높이는 것이라 여기는 믿음이 틀렸다는 것이다.

[B] 저들은 말할 것이다. 이런 양적인 지표 말고 과연 객관적인 지표가 있을 수 있겠냐고, 그리고 상당수의 지표는 결국 양이 아닌 질과 밀접한 관련을 맺고 있는 것이라고. 그 말이 틀린 것은 아니다. 표면적 객관성을 유지하기 위해서는 양적 지표밖에 없고, 소위 공신력이 있는 기관에서도 결국은 이와 비슷한 양적 지표를 우선적으로 쓸 수밖에 없을 것이다. 그러나 지표의 옳고 그름을 논하기 전에 먼저 물어야 할 것이 있다. 그들이 표방한 '독자, 수험생, 학부모, 대학, 기업 등에 다양하고 정확한 정보'를 요구한 적이 있었냐고, 그런 정보를 임의대로 만들 자격을 부여한 적이 있었냐고.

[C] 언론사의 숫자놀음에 대학이 휘둘리는 안타까운 현실 속에 우리가 놓여있다. 저들에게 숫자놀음 끝내라고 하는 것도 방법이고, 할 수만 있다면 더 객관적인 지표로 똑바로 평가하라고 하는 것도 방법이다. 그러나 결국 선택은 우리의 몫이다. 저들이 뭐라고 떠들든 우리가 관심을 가지지 않으면 된다. 숫자에 얽매여 허비하는 시간을 참교육에 대한 고민에 쏟는다면 대학은 훨씬 더 발전할 수 있을 것이다.

[D] 이 사태를 해결하는 방법은 단 하나이다. 저들에게 질량보존의 법칙을 다시 가르쳐 질량보존의 법칙에 대한 오해를 푸는 것이다. '양'이 '질'로 보존되는 것이 아니라 '양'과 '질'은 별개라고, '질량'과 '질'은 극히 다르니 측정하는 방법부터 다시 만들라고. 나아가 수치 몇 개로 대학을 좌지우지 하려 하지 말라고.

[E] 수많은 비난에도 불구하고 너도나도 '대학평가 놀이'를 하고 있고, 대학은 이 평가에 일희일비하며 놀아나고 있다. 대학을 평가할 의무를 지운 적도, 자격도 준 적이 없는데 이들은 자칭 '공정하고 객관적인 기준'으로 대학들의 줄을 세우고 있다. 그러나 그 기준이라는 것이 '-수(數), -율(率), -비(費), -금(金), -액(額)'으로 끝나는, 철저하게 양을 측정하는 것일 뿐이다. 나머지 기준은 '신입사원으로 뽑고 싶은 대학'과 같은 지극히 자의적인 것이어서 어떻게 반영하는지도 의심스럽다. 문제는 이러한 기준에 의해 모든 대학들이 '좋은 대학'과 '나쁜 대학'으로 양분된다는 것, 게다가 우리 사회의 지독한 줄 세우기 관행에 의해 10위권 안에 드는 대학이 아니면 모두 '나쁜 대학'으로 전락하고 만다는 것이다. '좋음'과 '나쁨'은 단순히 양적인 잣대에 의해 정해지는 것이 아닌데 철저하게 양적인 잣대에 의해 10여 개의 대학을 제외하면 대부분의 대학이 나쁜 대학의 불명예를 안게 된다.

[F] 그러나 안타깝게도 저들의 이 놀이는 그칠 기미가 보이지 않는다. 아무도 원하지 않았지만 이미 순위가 정해져 발표된 마당에 각 대학은 민감해질 수밖에 없어 진정한 의미의 '좋은 대학'을 만들려 노력하기보다는 양적 지표에 맞추려는 노력을 기울일 수밖에 없다. 학생과 기업 또한 순위에 얽매여 지원과 채용에 영향을 받을 수밖에 없고 그것이 '입학하고 싶은 대학, 신입사원으로 뽑고 싶은 대학'을 매기는 순환지표가 될 수밖에 없다. 그리고 저들의 숫자놀음에 따라 대학의 악순환은 지속된다.

예시 답안 및 해설

답 내용단락	B, D, E, F	형식단락	A, C
본론	B, D, E, F	서론	A
본론의 순서	E - B - F - D	결론	C
글 전체의 순서	A - E - B - F - D - C		

주어진 글은 언론사에 의해 행해지는 대학 평가의 문제점을 비판하고 있는 사설이다. 사설은 서론, 본론, 결론의 구조로 되어 있기 때문에 먼저 서론과 결론을 찾아본다. 서론과 결론은 문제에서 이미 주어져 있다. 서론 (A)는 질량보존의 법칙에 대한 언급으로 글의 도입을 삼고 있다. 결론 (C)는 신문사와 대학에 당부를 하면서 글을 끝맺고 있다. 나머지는 본론인데 언론사에 의해 행해지는 대학 평가의 문제를 하나하나 짚어보면서 문제점을 제시하고 있다. (E)에서는 언론사의 평가에 놀아나는 현실을, (B)에서는 양적 지표로 모든 것을 결정짓는 평가의 문제점을, (F)에서는 대학평가에 의한 악순환을, (D)에서는 문제에 대한 해결책을 제시하고 있다. 논리적 흐름과 연결어를 고려하면 본론의 순서도 정할 수 있다.

단락의 연결 - 퍼즐 맞추기

형식단락인 서론과 결론, 그리고 내용단락인 본론은 각각의 역할을 하며 최종적으로는 한 편의 글로 구성된다. 이렇게 한 편의 글로 구성될 때는 각각의 단락이 주어진 역할을 충실히 할 수 있도록 해야 한다. 뿐만 아니라 내용면에서도 서로 긴밀한 연결 관계를 맺도록 해야 한다. 앞서 '악기의 종류'라는 주제에 대해서 '현악기, 관악기, 타악기'라는 본론의 소주제가 가능함을 살펴보았다. 이를 바탕으로 한 편의 글을 전개한다고 할 때 아래와 같은 도식을 참조할 수 있다.

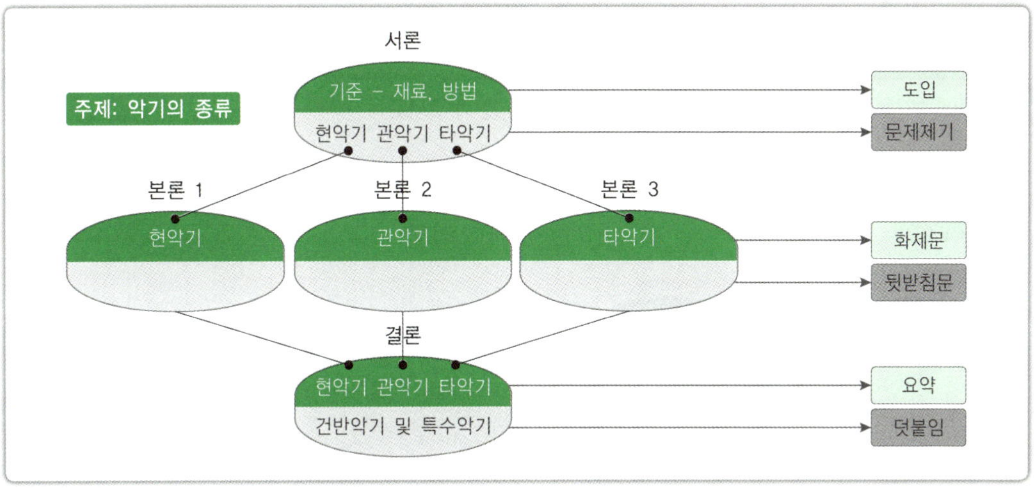

위의 도식을 보면 서론의 도입 부분에서는 재료와 방법이 분류의 기준이 될 수 있고 이에 따라 문제제기에서는 '현악기, 관악기, 타악기' 세 가지 화제로 서술할 것을 예고하고 있다. 이에 따라 본론에서는 각각의 화제에 대해 단락을 나누어 각각을 독립적으로 서술하게 된다. 결론은 요약과 덧붙임 두 부분으로 구성되어 있는데 요약 부분은 본론의 내용을 요약적으로 제시하고, 덧붙임 부분에서는 건반악기 및 특수 악기 등 글을 마무리하는 데 필요한 내용을 추가적으로 쓴다. 이상과 같이 한 편의 완성된 글을 쓸 때는 형식단락인 서론과 결론이 글을 여닫는 역할을 분명히 하도록 하고 내용단락인 본론이 주어진 주제에 대해 분명히 서술할 수 있도록 써야 한다.

한 편의 완성된 글을 쓸 때도 단락의 요건과 유사한 요건이 요구된다. 단락은 주어진 화제에 대해 통일성, 긴밀성, 완결성을 갖추어야 하는데 이때의 화제를 주제로 확대하면 글 전체에서도 통일성, 긴밀성, 완결성이 요구되는 것이다. 글 전체의 통일성은 글을 구성하는 모든 단락이 주제와 관련이 있어야 한다는 속성이다. 위에 제시된 예와 같이 본론의 모든 단락이 주제인 '악기의 종류'와 관련을 맺고, 서론과 결론도 본론을 적절하게 열고 닫으면 글의 통일성이 유지될 수 있다.

글 전체의 긴밀성은 글을 구성하는 모든 단락이 서로 긴밀한 관련성을 맺어야 한다는 속성이다. 먼저 요구되는 것은 형식단락과 내용단락의 긴밀성이다. 형식단락인 서론이 본론을 적절히 이끌어내고, 본론의 논의가 결론에서 잘 마무리될 때 형식단락과 내용단락의 긴밀성이 유지될 수 있다. 내용단락인 본론의 각 단락 또한 서로 긴밀한 관련을 맺어야 한다. 위의 예에서 서론은 본론의 내용을 적절히 예고하고 있으며, 본론은 서론에서 예고된 바에 따라 세 가지 화제가 대등하게 배열되었다. 또한 결론에서 세 가지 화제를 적절히 요약하고 있으므로 긴밀성이 잘 유지되었다.

글 전체의 완결성은 주어진 주제에 대해 각 단락에서 충분히 서술해야 한다는 속성이다. 글 전체의 완결성을 유지하기 위해서는 글의 구성 및 서론이 매우 중요하다. 짧은 글에서 주어진 주제와 관련된 모든 것을 완전히 설명하기는 어렵다. 따라서 글을 구성하는 단계에서 주어진 주제와 관련하여 꼭 필요한 것만 선정하여 본론의 구성 요소를 정해야 한다. 그리고 서론의 문제제기 부분에서 본론에서 다룬 화제를 분명하게 제시하고 이 화제를 본론에서 충실하게 서술하면 글의 완결성을 유지할 수 있다.

연습문제 4-10

다음에 제시되는 한 편의 완성된 글을 분석해 빈칸을 채우시오.

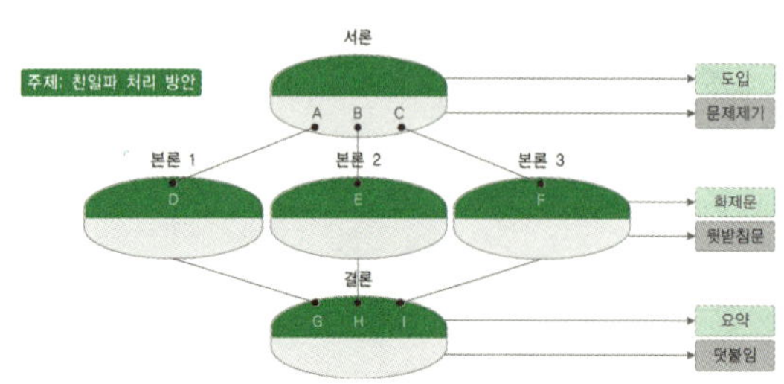

[서론 -도입/문제제기]

[A], [B], [C] ______________________

[본론 - 단락 전개]

[D] ______________________

[E] ______________________

[F] ______________________

[결론 - 요약]

[G], [H], [I] ______________________

최근 몇몇 국회의원들이 면밀한 조사와 검토 끝에 친일파 명단을 새로이 발표한 일이 있었다. 일제의 식민통치에서 벗어난 지 반세기가 넘었음에도 불구하고 아직도 친일파 명단을 발표하고 그들의 처벌을 놓고 논쟁을 벌이는 것이 시대에 뒤떨어진 듯한 느낌을 지울 수가 없다. 그런데 이러한 논쟁의 근원에는 친일파에 대한 명확한 개념규정을 하지 못하고 그 개념규정에 따른 분류와 처벌을 제대로 하지 못한 것이 자리 잡고 있다. 친일파 문제에 대한 감정적 대응을 자제하고 이들에 대한 올바른 처리를 통해 소모적 논쟁을 불식시키는 일은 여전히 중요한 일이다. 따라서 이 글에서는 친일파에 대한 분명한 정의를 바탕으로 친일파를 분류하고 이 분류에 따라 이들을 차등적으로 처벌할 구체적 방안에 대해서 알아보고자 한다.

'친일파'는 일제 식민지 시대에 일본에 협력해 우리의 독립을 방해하고 일제의 식민 통치에 도움을 주었던 모든 사람을 일컫는 말이다. 일제는 식민 통치를 효율적으로 하기 위해서 일본인뿐만 아니라 한국인들을 동원해 한국의 식민지화를 공고히 하려 했다. 이 과정에서 한국인을 관료로 뽑아 식민 통치의 꼭두각시로 만들기도 하였으며 친일적인 상인과 기업인을 내세워 우리의 자원과 노동력을 수탈하기도 하였다. 또한 한국 지식인들을 회유하거나 협박하여 식민 통치를 정당화하는 이념을 창출해 내거나 한국인들을 세뇌하도록 하였다. 이렇듯 일제의 식민 통치를 돕고 우리의 독립의지를 짓밟아 버린 모든 행위가 친일 행위이며 이러한 행위를 자행한 사람이 친일파인 것이다.

이런 친일 행위를 한 모든 사람들이 친일파이기는 하지만 친일행위의 동기와 자발성 여부에 따라 친일파를 다양하게 분류할 수 있다. 친일파 중에는 자발적으로 나서서 일본인보다 더 적극적으로 우리나라의 식민지화를 위해 광분하던 사람도 있었다. 또한 일제의 식민정책에 저항할 수 있는 위치에 있지만 침묵으로 일관해 일제의 식민정책에 묵시적으로 동조한 사람도 있었고 일제에 저항할 아무런 힘도 없어 생명의 위협을 느껴 어쩔 수 없이 일제가 강요하는 행위를 해 결과적으로 친일 행위를 한 사람도 있었다. 이러한 경우를 종합하면 친일파는, 친일 정책에 대한 자발성 여부에 따라 '자발적 친일파, 묵시적 친일파, 강압에 의한 친일파'로 분류할 수 있다.

친일파에 대한 처벌은 이상의 분류를 감안하여 차등적으로 이루어져야 한다. 자발적 친일파들은 일제에 적극적으로 동조해 권력과 부를 누려온 사람들이므로 그들의 부와 권력을 박탈해야 하는 것은 당연하다. 또한 그들의 정신은 친일사상으로 완전히 오염되어 있으므로 사상적으로 단죄하고, 참회의 마음을 그들 속에 깊이 심어주어 사상적 오염물을 완전히 제거해야 한다. 묵시적 친일파들은 참회의 계기를 먼저 만들어 주고 각각의 분야에 백의종군해 자신들이 역사 발전에 미친 악영향을 극복해 내기 위한 봉사활동을 적극적으로 유도해야 한다. 강압에 의한 친일파들은 어쩔 수 없는 상황에서 친일을 한 것이므로 물리적 처벌 대신 일제에 대한 공포감을 씻고 자신의 행위에 대한 반성을 통해 사회발전을 위해 매진할 수 있도록 해야 한다.

병의 근원이 몸속에 남아 있을지라도 병은 치유된 것처럼 보일 수 있다. 우리의 역사에서 일제시대는 중병을 앓았던 시기였기 때문에 그 시대의 중병을 치료하려고 무던히도 애써왔다. 그러나 아직도 친일잔재는 청산이 되지 않았고 그 핵심인 친일파 처리 문제는 결론이 나지 않았다. 이 문제를 해결하는 지름길은 친일파에 대한 정의와 분류에서 시작되어야 한다. 이상에서 친일파의 정의와 분류를 하고 이에 따른 차등적인 처벌 방안을 제시했다. 이제 남은 과제는 이 방안에 따라 철저하게 처벌하여 남은 병의 근원마저 송두리째 뽑아 버리는 일일 것이다.

예시 답안 및 해설

답

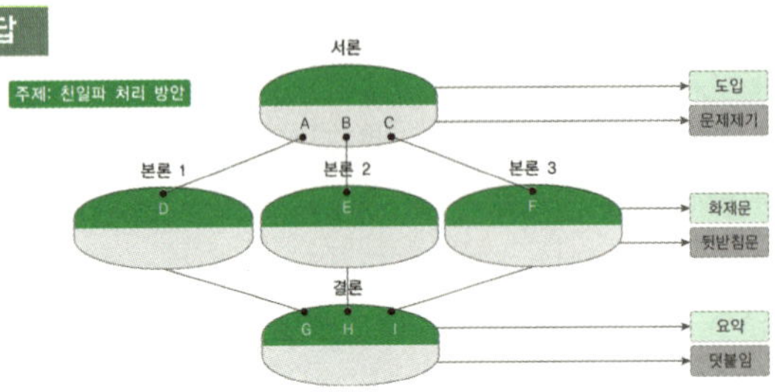

[서론 - 도입/문제제기]

[A], [B], [C] 친일파의 정의, 분류, 처리 방안

[본론 - 단락 전개]

[D] 친일파의 정의

[E] 동기와 자발성에 따른 친일파의 분류

[F] 친일파의 차등적 처리 방안

[결론 - 요약/덧붙임]

[G], [H], [I] 친일파의 정의 분류, 처리방안

제시된 글은 친일파 처리 문제를 다루고 있는데 글 전체가 세 가지 요소 즉, 친일파의 정의, 분류, 처리 방안에 대해서 집중적으로 논하고 있다. 이를 위하여 서론의 도입부 뒤에서 이 세 가지 문제를 제기하고 본론에서는 이 세 가지 문제를 차례로 서술해 나가고 있다. 또한 결론에서는 본론의 내용을 요약하고 덧붙이는 내용을 써 글을 마무리하고 있다. 글 전체의 주제에 맞게 본론의 화제를 정한 후 이것을 문제제기부에서 제시하고 본론에서 차례로 서술해 나가고 있는 매우 정연한 글이다. 글이 반드시 이러한 구조를 가질 필요는 없겠지만 글 전체를 어떻게 전개해 나가는가에 대해서는 좋은 참고가 되는 글이다.

CHAPTER

5

설 명

5.1. 설명의 기초 | 5.2. 설명의 실제

5.1

설명의 기초

▶ **설명의 목적** – 전달과 이해
▶ **설명의 유형** – 정의부터 인과까지

설명의 목적 – 전달과 이해

우리가 일상에서 접하는 글의 종류는 매우 다양하지만 모든 글의 목적은 감동, 이해, 설득의 세 가지로 단순화할 수 있다. 이는 같은 주제, 같은 소재로도 세 가지 목적을 충족시킬 수 있는 다양한 글을 쓸 수 있음을 뜻하기도 한다. 다음과 같은 네 종류의 글을 비교해 보자.

(1) 현실

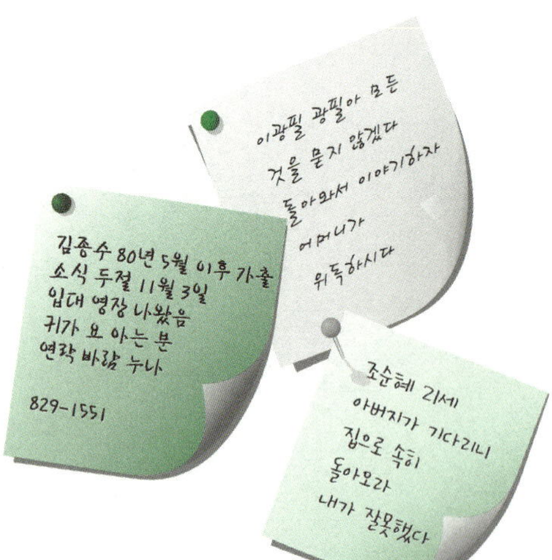

(2) 표현과 감동

심인(尋人)

황지우

김종수 80년 5월 이후 가출
소식 두절 11월 3일 입대 영장 나왔음
귀가 요 아는 분 연락 바람 누나
829-1551

이광필 광필아 모든 것을 묻지 않겠다
돌아와서 이야기하자
어머니가 위독하시다

조순혜 21세 아버지가
기다리니 집으로 속히 돌아오라
내가 잘못했다

나는 쭈그리고 앉아
똥을 눈다.

(3) 전달과 이해

실종된 가족을 찾는 수많은 사연은 80년 광주의 아픔을 잘 말해 준다. '김종수 80년 5월 이후 가출 소식 두절 11월 3일 입대 영장 나왔음 귀가 요 아는 분 연락 바람 누나 829-1551'라는 사연에서, 살아 있다면 어엿한 장정으로 군에 입대할 동생에 대한 안타까운 마음을 읽을 수 있다. '이광필 광필아 모든 것을 묻지 않겠다. 돌아와서 이야기하자. 어머니가 위독하시다'라는 사연에서는 시대의 아픔을 애써 외면하며 가족의 문제로 돌리고자 하는 마음을 읽을 수 있다. '조순혜 21세 아버지가 기다리니 집으로 속히 돌아오라. 내가 잘못했다'라는 사연에서는 사랑하는 딸을 지켜주지 못한 자책감에 시달리며 그리움을 자신에 대한 책망으로 대신하는 아버지의 마음을 읽을 수 있다. 사연도 제각각이지만 이 모두는 80년 광주에 살았던 우리 부모형제들의 아픔을 고스란히 전해준다.

(4) 주장과 설득

80년 광주에서 가족을 잃은 이들의 아픔을 치유하는 길은 그들이 사건의 본질을 제대로 이해하게 하는 데서 시작해야 한다. '김종수 80년 5월 이후 가출 소식 두절 11월 3일 입대 영장 나왔음 귀가 요. 누나'라는 사연을 보면 실종자의 누나는 자신의 동생을 죽게 한 것이 독재자의 군대였다는 사실을 외면한 채 동생을 군대에 보내지 못하는 것을 안타까워하고 있다. '이광필 광필아 모든 것을 묻지 않겠다. 돌아와서 이야기하자. 어머니가 위독하시다'는 사연은 마치 '광필이'가 문제인 것처럼 쓰며 모든 것을 용서하겠다고 말하고 있다. 또한 '조순혜 21세 아버지가 기다리니 집으로 속히 돌아오라. 내가 잘못했다'라는 사연은 딸이 실종된 것이 마치 아버지의 잘못인 양 말하고 있다. 이러한 사례들에서, 이들은 그 아픔이 독재 권력에 의해 초래되었다는 것을 모르고 있음을 알 수 있다. 자신들이 겪은 아픔이 외적인 요인에 의해 초래된 것을 모르다면 이들은 자신들을 자책하며 살 수밖에 없고 결과적으로 그들의 아픔은 치유될 수 없다. 이들의 아픔이 치유되기 위해서는 자신들을 향한 자책의 화살을 무자비한 독재 권력에 돌릴 수 있도록 이들에게 80년 광주민주화운동의 본질을 제대로 알려야만 한다.

제시된 네 종류의 글은 모두 동일한 주제 및 소재 하에 쓰였다. (1)은 사람을 찾기 위한 현실적 목적을 담고 있는데 일상에서는 흔히 볼 수 있지만 본격적인 글쓰기의 영역으로는 취급되지는 않는다. (2)는 문학작품의 하나인 시로서 내용상 (1)과 거의 같으나 시의 형식으로 구성하고 마지막 연을 덧붙임으로써 감동을 유발하고 있다. (3)은 설명문으로서 (1)의 사례를 통해 이들의 아픔을 전달해 이해를 구하고 있다. (4)는 논설문으로서 역시 (1)의 사례를 들어 주장을 통한 설득을 꾀하고 있다.

(3)의 설명문과 (4)의 논설문은 실용문으로 분류를 하는데 말 그대로 우리의 일상에서 실용적인 목적으로 가장 많이 쓰거나 보는 글이기도 하다. 두 유형의 실용문 중에서 훨씬 더 많이 쓰이는 글은 설명문이다. 즉, 우리의 삶에서 전달해야 할 각종 지식, 정보 등을 글로 써야 하는 경우가 많은데 이 때 쓰는 글이 설명문이다. 뿐만 아니라 논설문 또한 설명의 방법을 함께 써야 효과적이므로 설명문은 논설문을 쓰는 데 꼭 필요한 것이기도 하다.

연습문제 5-1

다음에 제시되는 글을 분석하여 빈칸을 채우시오.

헌재는 인터넷 실명제 시행 이후 불법 게시물이 의미 있게 감소하지 않았고 오히려 이용자들이 국외 사이트로 도피한 점, 국내외 사업자 간 역차별 문제가 발생한 점 등을 고려하면 실명제가 공익을 달성한다고 보기 어렵다고 판단했다. 실제로 실명제 적용을 받지 않는 소셜네트워크서비스(SNS) 같은 새로운 통신수단의 등장으로 인터넷의 입지가 미약해진데다, 실명제를 피해 누리꾼들이 국외 사이트로 몰려감으로써 인터넷 실명제는 사실상 무용지물로 전락했다. 일부 국외 사이트들은 세계적으로 전례가 없고 본사 방침에 배치된다는 이유로 인터넷 실명제 적용을 실질적으로 거부하기까지 했다. 또 본인 인증 과정에서 개인정보가 대량 유출되는 일이 잦고, 외국인들은 본인 인증 자체가 불가능해 국내 사이트에 게시물 게재가 원천적으로 차단되는 폐단도 있었다.

화제	인터넷 실명제의 폐단
설명 vs. 논증	← 설명적 요소 → 논증적 요소 10 9 8 7 6 5 4 3 2 1 1 2 3 4 5 6 7 8 9 10

예시 답안 및 해설

답 화제	인터넷 실명제의 폐단
설명 vs. 논증	← 설명적 요소 → 논증적 요소 10 9 8 7 6 5 4 3 2 1 1 2 3 4 5 6 7 8 9 10

제시된 글의 화제는 인터넷 실명제의 폐단인데 여기에는 설명적 요소와 논증적 요소가 모두 포함되어 있다. 헌재의 판단에 관련된 보도는 객관적인 사실에 대한 전달이므로 설명적 요소에 가깝다. 그런데 '~전락했다', '~폐단도 있었다'는 필자의 판단도 약간 개입되어 있다. 따라서 전체적으로는 설명적 요소가 강하지만 약간은 논증적 요소도 포함되어 있음을 알 수 있다.

설명의 유형 - 정의부터 인과까지

실용문에서 가장 많이 쓰이는 단락의 전개 방식이 설명인 만큼 설명의 방법은 매우 다양하다. 단락의 전개에 사용되는 설명의 유형은 다음과 같다.

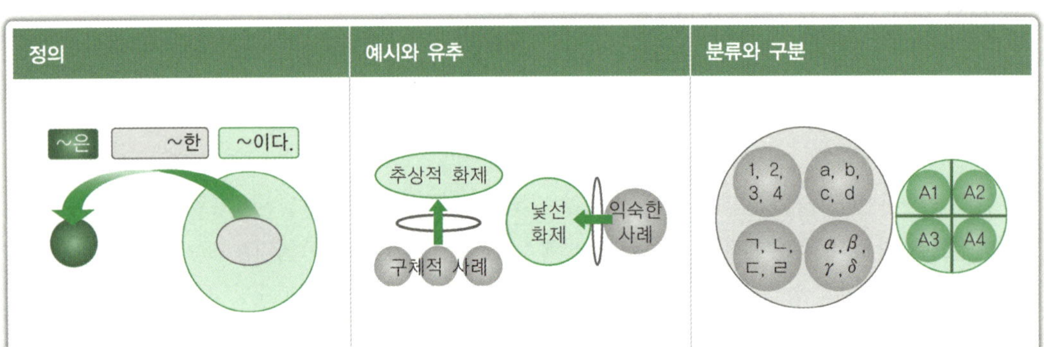

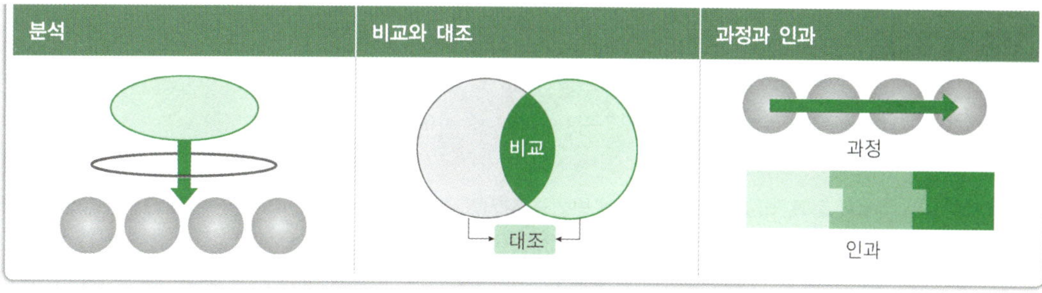

정의는 사물과 개념의 의미와 범위를 정해주는 방법인데 서론이나 글의 첫머리에 활용하면 글 전체의 내용이 명확해진다. 예시는 추상적인 화제를 이해하기 쉽게 설명하기 위해 구체적인 예를 들어 설명하는 방식이다. 분류와 구분은 주어진 화제에 질서를 부여하여 몇 개의 부분으로 나누어 설명하는 방법이다. 분석은 유기적으로 결합된 화제를 몇 그것을 이루는 작은 부분으로 나누어 설명하는 방식이다. 비교와 대조는 공통점 및 차이점에 초점을 맞추어 화제를 설명하는 방식이다. 과정은 순서가 있는 화제에 대해 순차적으로 설명하는 방식이고, 인과는 원인과 결과를 이루고 있는 화제에 대해 역시 순차적으로 설명하는 방식이다.

이러한 다양한 설명의 방식도 단락의 전개에 활용하는 것이므로 이 방법을 적용할 때는 결국 단락을 어떻게 전개할 것인가에 관심을 가져야 한다. 앞에서도 살펴보았듯이 단락은 주어진 화제에 대해 화제문과 뒷받침문으로 전개해 나간다. 그리고 이때 중요한 것이 화제문을 어떻게 쓸 것인가이다. 따라서 각각의 설명 방법에 최적인 화제문을 작성하고 이를 구체화하는 뒷받침문을 쓰게 되면 효과적인 설명 단락을 전개할 수 있다.

연습문제 5-2

다음에 제시되는 글에 사용된 설명의 방법을 모두 표시하시오.

보기 □ 정의 □ 예시 □ 분류와 구분 □ 비교와 대조 □ 분석 □ 과정

중간기술은 과거의 원시적인 기술보다는 훨씬 우수하지만 선진국의 거대 기술(super technology)에 비하면 소박한 기술이다. 대단위 자본을 기반으로 대량의 제품을 생산하는 거대 기술과 달리, 중간기술은 현지의 재료와 적은 자본, 비교적 간단한 기술을 활용하여 그 지역의 사람들에 의해 이루어지는 소규모의 생산 활동을 지향하는 기술이다. 따라서 중간기술은 훨씬 값싸고 제약이 적은 기술이며, 기술이 사용되는 과정에서 인간이 소외되지 않고 노동을 통해 기쁨과 보람을 느낄 수 있는 '인간의 얼굴을 한 기술'인 것이다. 그런데 중간기술이라는 용어는 자칫 기술적으로 미완의 단계를 의미하거나 첨단 기술보다 열등하다는 느낌을 줄 수 있다. 이후 중간기술보다는 적정기술이라는 용어가 더 많이 쓰이게 되었다.

예시 답안 및 해설

답 ☑ 정의 ☐ 예시 ☐ 분류와 구분 ☑ 비교와 대조 ☐ 분석 ☑ 과정

다음에 제시되는 것에서 정의, 비교와 대조, 과정의 방법을 확인할 수 있다. 제시된 단락에는 여러 가지 단락의 전개방식이 활용되었으나 실제로 단락을 쓸 때는 한 단락에 하나의 설명 방법만 쓰는 것이 좋다.

- **정의 :** 중간기술은 과거의 원시적인 기술보다는 훨씬 우수하지만 선진국의 거대 기술(super technology)에 비하면 소박한 기술이다.
- **비교와 대조 :** 대단위 자본을 기반으로 대량의 제품을 생산하는 거대 기술과 달리, 중간기술은 현지의 재료와 적은 자본, 비교적 간단한 기술을 활용하여 그 지역의 사람들에 의해 이루어지는 소규모의 생산 활동을 지향하는 기술이다.
- **분류와 구분 :** 중간기술이라는 용어는 자칫 기술적으로 미완의 단계를 의미하거나 첨단 기술보다 열등하다는 느낌을 줄 수 있다. 이후 중간기술보다는 적정기술이라는 용어가 더 많이 쓰이게 되었다.

5.2

설명의 실제

- **정의** – 의미와 범위의 규정
- **예시와 유추** – 알기 쉬운 사례와 빗댄 예
- **비교와 대조** – 공통점과 차이점의 부각
- **분류와 구분, 분석** – 나누어 쓰기
- **과정과 인과** – 순차적 쓰기

정의 – 의미와 범위의 규정

정의란 어떤 사물이나 개념에 대하여 자신이 의도하고 있는 의미와 범위를 규정하는 설명 방식이다. 어떤 개념이나 사물이 가진 본질적인 속성, 또는 가장 중요한 속성 등을 알기 쉽게 풀이하면 이것이 정의의 방법을 사용한 설명이 된다. 정의는 서론이나 각 구성요소의 앞부분에 자주 사용된다. 서론에서 어떤 사물이나 개념에 대해 의미와 범위를 분명하게 규정하면 글쓴이와 읽는 이 모두 그 의미와 범위에 의거해 글을 쓰고 이해할 수 있다. 또한 각 구성요소의 앞부분에도 정의를 적절하게 사용하면 개념과 범위의 혼동이 없어져 글이 명료하게 된다.

정의

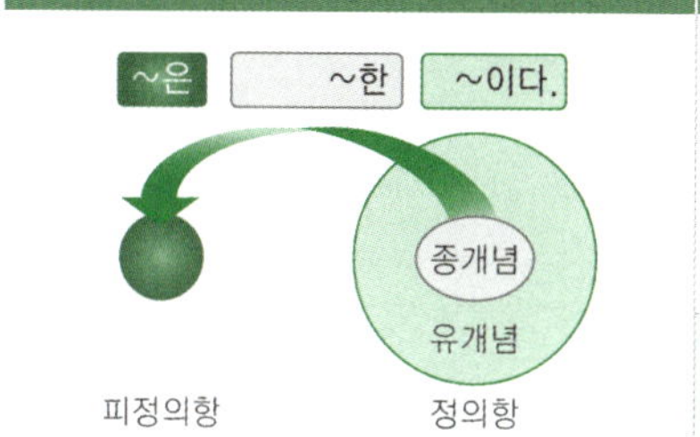

정의문		
원소는	더 이상 분해되거나 변환 또는 합성될 수 없는	물질이다
	종개념	유개념
피정의항	정의항	

정의문은 피정의항과 정의항으로 구성되고 정의항은 다시 종개념과 유개념으로 구성된다. 정의되어야 할 대상은 피정의항이 되고 이에 대해 정의하는 부분은 정의항이 된다. 유개념은 정의되어야 할 대상이 속한 바로 위의 개념이고 종개념은 정의되어야 할 대상이 가진 고유의 속성으로서 유개념의 여러 원소 중에서 정의되어야 할 대상과 다른 대상이 구별되는 속성이다. 정의를 할 때는 반드시 이러한 형식으로 해야 한다.

한 단락을 정의의 방법으로 전개하고자 할 경우에는 화제문을 정의하는 문장으로 쓰면 된다. 뒷받침문은 정의항의 내용, 특히 종차에 대해 자세히 서술하면 된다.

정의의 방법을 활용한 단락 전개

여행은 일정한 기간 동안 다른 고장이나 외국에 다녀오는 행위를 뜻한다. 사람들은 대개 일정한 거주지에서 생활한다. 그런데 자신의 거주지나 생활권 밖에서 일을 해야 할 경우가 생기는데 이렇게 일을 위해 일정 기간 다른 고장이나 외국에 다녀오는 것을 여행이라고 한다. 또한 다른 지역의 풍경과 문화를 체험하기 위해 다녀오는 것도 일종의 여행이고, 휴식을 위해 집을 떠나 다른 곳에 머무르다 오는 것도 여행이다.

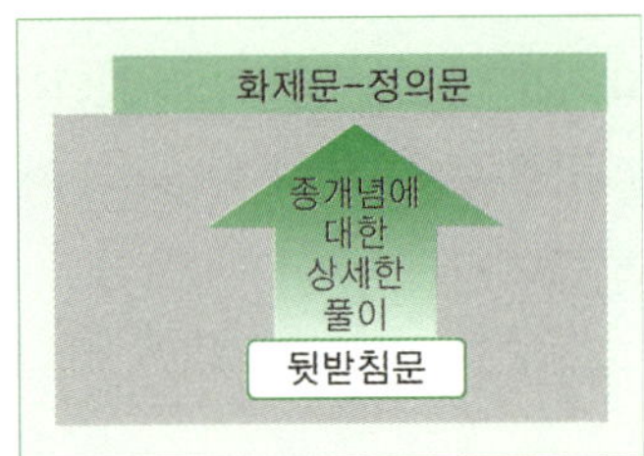

위의 단락에서 첫 문장은 화제문인데 '여행'을 피정의항으로 하고 나머지를 정의항으로 하여 정의문 형식으로 썼다. 뒷받침문은 일, 체험, 휴식 등의 목적을 위하여 다른 곳에 다녀오는 행위를 구체적으로 풀어서 썼다. '일, 체험, 휴식' 등은 '여행'의 예시로 볼 수도 있고 구분으로 볼 수도 있기 때문에 이 단락은 부분적으로 예시와 구분의 방법이 사용되었다고 볼 수도 있다. 그러나 단락의 핵심적인 문장인 화제문이 정의문으로 구성되었기 때문에 전체적으로는 정의의 방법으로 전개되었다.

연습문제 5-3

다음에 제시되는 화제와 정의를 바탕으로 400자 내외의 정의 단락을 완성하시오.

- 하이브리드 기법

정의 이질적인 요소를 서로 섞어 기능을 향상시키고 용도를 다양화하는 방법

예시 답안 및 해설

답 **하이브리드는 이질적인 요소를 서로 한데 모아 기기의 기능을 향상시키거나 한 기기가 다양한 기능을 수행할 수 있도록 하는 기법이다.** 특정 기기나 기술은 본래 한 가지 기능을 담당하도록 설계되거나 개발된다. 그런데 서로 다른 기술이 한데 모이면 상호보완적인 역할을 할 수가 있다. 전기 엔진과 휘발유 엔진이 결합된 하이브리드 자동차의 경우 평상시에는 조용한 전기 엔진으로 달리다가 큰 힘이 필요한 상황에서는 휘발유 엔진이 작동되어 효율적인 운행이 가능하도록 한 것과 같은 방식이다. 또한 서로 다른 기술이 하나의 기기에 합쳐지면 하나의 기기로 여러 가지 일을 할 수 있다. 본래 통화 용도로만 쓰이는 휴대용 전화기에 카메라나 MP3 기능을 함께 넣어 통화는 물론 사진을 찍고 음악도 들을 수 있게 하는 방식이다.

첫 번째 문장은 화제문으로서 정의문을 쓰는 방법에 따라 썼다. 정의문에서 하이브리드 기법을 기능을 향상시키기 위한 것과, 다양한 기능을 수행하기 위한 것으로 나누어 정의했으므로 뒷받침문도 두 부분으로 나누어 구체적으로 풀어 쓰고 있다. 자동차나 휴대폰은 하이브리드 기술의 대표적인 사례이다. 정의의 방법으로 단락을 전개하더라도 필요에 따라 다른 설명 방법을 병행하면 설명 효과를 더 높일 수 있다.

예시와 유추 - 알기 쉬운 예와 빗댄 예

예시는 추상적 개념을 구체적으로 이해시키기 위해 예를 들어 설명하는 방식이고 유추는 다소 생소한 사물이나 개념에 대해 익숙한 사례에 빗대 설명하는 방식이다. 설명해야 할 대상이 어렵거나 낯선 것이면 그것을 쉽고도 익숙하게 설명할 필요가 있는데 그 때 활용할 수 있는 설명의 방법이 바로 예시와 유추이다. 예시나 유추 모두 사례를 든다는 점에서 공통점이 있다.

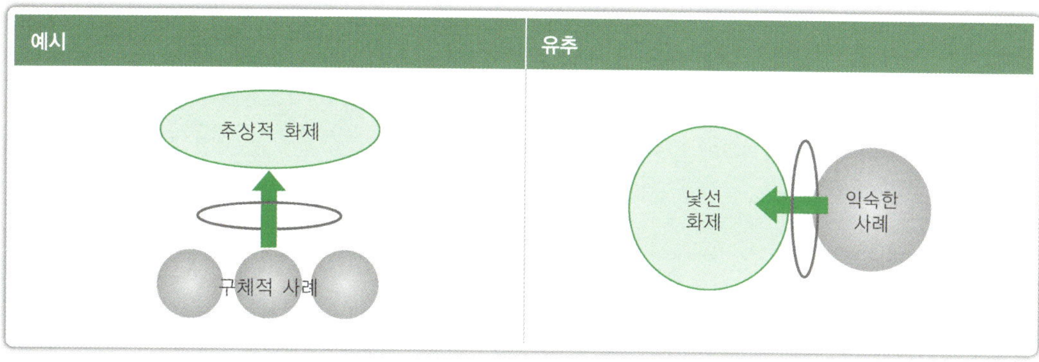

예시는 알기 쉽게 설명하는 대표적인 방법이기 때문에 설명의 방법 중에 매우 활용도가 높다. 특히 본론의 단락을 전개할 때 매우 유용하다. 유추 또한 알기 쉽게 설명하는 방법이어서 유용하게 활용할 수 있으나 논문과 같은 학술적인 글에는 적당하지 않을 수도 있다.

예시의 방법으로 단락을 전개할 때는 화제문은 다소 추상적이고 일반적인 내용으로 쓰고 뒷받침문에서 구체적인 사례를 들면 된다.

예시의 방법을 활용한 단락 전개

일상이 무료하게 느껴지는 이들에게 여행은 새로운 활력소가 될 수 있다. 세상에서 가장 멋진 해변에서 일하는 어부일지라도 그곳이 일터이고 집이면 늘 같은 곳에서 같은 것만 보아야 하고 결국 무료함에 빠질 수 있다. 이때 집을 떠나 정신없이 바쁜 도시의 일상을 체험하게 된다면, 오래된 문화 유적을 관람하게 된다면 일상의 무료함을 잊을 수 있을 것이다. 또한 자신의 터전을 잠시 떠나 울창한 숲속에서 휴식과 충전을 하고 온다면 자신의 삶에 새로운 힘을 얻을 수 있을 것이다.

위의 단락에서는 여행이 새로운 활력소가 될 수 있음을 설명하고 있는데 멋진 해변에서 일하는 어부를 예로 들고 있다. 이는 대표적인 사례를 하나 뽑아서 설명하는 방식이다. 이 외에도 사례를 몇 개로 나누어 설명하는 예시 방법도 있다. 즉 '일상이 무료하게 느껴지는 이들'을 '너무 바빠서 일상이 무료하게 느껴지는 이들, 너무 한가해서 일상이 무료하게 느껴지는 이들, 너무 반복적이어서 일상이 무료하게 느껴지는 이들' 등으로 분류한 후 각각을 예시로 들 수도 있다.

유추의 방법으로 단락을 전개하는 것은 예시의 방법으로 단락을 전개하는 것과 크게 다르지 않다. 즉 화제문은 다소 추상적이고 일반적인 내용으로 쓰되 빗댈 사례를 제시한다. 그리고 뒷받침문에서는 화제와 빗댈 사례의 유사성을 중심으로 구체적으로 설명해 나간다.

유추의 방법을 활용한 단락 전개

현명한 사람에게 여행은 몸에 좋은 약이 될 수 있다. 몸에 상처가 났을 때, 장기의 어딘가에 문제가 있을 때 우리는 약을 먹어 치료한다. 마찬가지로 주변의 사람들로부터 상처를 받았을 때, 반복되는 일로 심신이 피로해졌을 때 짧은 여행은 효과 좋은 치료제가 된다. 일상을 벗어난 다른 공간에서 먹고, 마시고, 자는 것만으로도 큰 힘을 얻을 수 있다. 우리 몸의 장기적인 건강을 유지하고자 할 때 우리는 보약을 먹는다. 할 수만 있다면 장기간의 긴 여행은 보약과도 같은 역할을 할 수 있다. 기후가 좋은 곳, 좋은 온천수가 있는 곳, 편안히 쉴 수 있는 시설이 있는 곳에 긴 시간 머무를 수 있다면 약해진 심신이 회복되는 것은 물론 일상에 복귀해서 새롭게 일할 힘도 축적할 수 있다.

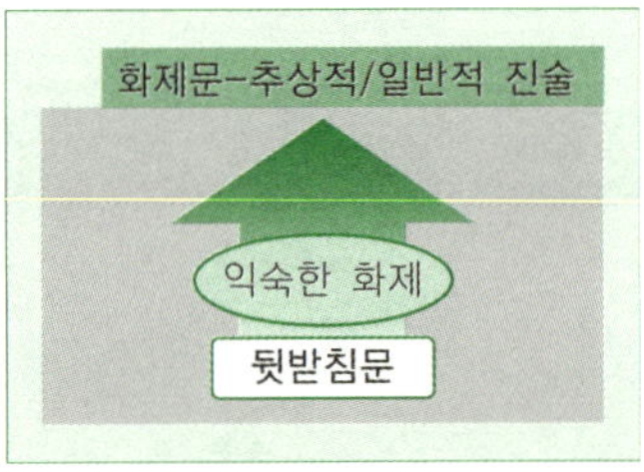

위의 단락에서는 여행을 치료약에 빗대어 설명하고 있다. 여행도 익숙한 화제이기는 하지만 그 효능에 대해서 잘 모를 수 있다. 따라서 일상에서 흔히 경험하는 치료약 및 보약의 사례를 들어 여행의 효능을 설명하고 있는 것이다.

연습문제 5-4

다음에 제시되는 화제와 사례를 바탕으로 예시 단락을 완성하시오.

• 하이브리드 기기의 사례

사례	휴대폰, 하이브리드 자동차

예시 답안 및 해설

답 **이질적인 요소가 한데 모여 보다 향상된 기능이나 다양한 기능을 수행하는 하이브리드 사례는 일상에서 많이 찾아볼 수 있다.** 휴대폰은 말 그대로 휴대용 전화기이므로 본래 이동시에도 통화를 편리하게 할 수 있도록 개발되었다. 또한 카메라는 사진을 찍기 위한 것, MP3 플레이어는 음악을 듣기 위한 것이었다. 그런데 카메라와 MP3 플레이어를 휴대폰에 장착을 하게 되면 휴대폰은 단순히 통화 기능만 수행하는 것이 아니라 카메라와 MP3 플레이어의 기능 모두를 수행할 수 있게 된다. 자동차 엔진은 주로 화석연료를 쓴다. 전기로 작동되는 모터도 있지만 전선으로 전기를 공급받거나 충분한 배터리가 필요해서 자동차에 쓰기에는 부적당하다. 그러나 기술이 발달함에 따라 화석연료와 배터리에 충전된 전기를 에너지원으로 하는 자동차 엔진이 개발되었다. 그 결과 적은 힘으로 조용히 달릴 수 있을 때는 전기로 달리고 큰 힘이 필요할 때는 화석연료로 달릴 수 있게 되어 에너지 효율을 높이는 동시에 소음과 대기오염을 줄일 수 있게 되었다.

화제문은 하이브리드 기기의 사례를 다소 추상적으로 썼다. 뒷받침문에서는 문제에 제시된 휴대폰과 하이브리드 자동차 둘로 나누어 구체적인 예를 들고 있다.

연습문제 5-5

다음에 제시되는 화제와 사례를 바탕으로 유추 단락을 완성하시오.

• 하이브리드 기술의 실패

유추 사례	2인 3각(두 사람이 발 하나씩을 묶은 후 달리는 놀이)

예시 답안 및 해설

답 **하나의 제품에 둘 이상의 기능을 담은 하이브리드 기술이 실패하게 되는 사례는 2인 3각 놀이에 비유될 수 있다.** 학교 운동회에서 빠지지 않는 종목 중에 하나가 두 사람이 발 하나씩을 묶은 후 달리는 놀이인 2인 3각이다. 두 사람이 달리는 것이니 한 사람이 달리는 것보다 나을 것이라 생각할 수 있으나 실제로는 그렇지 못하다. 두 사람의 발이 한데 묶여 있다 보니 오히려 빨리 달릴 수 없듯이 여러 기능이 한데 묶여 오히려 속도가 느려진다면 하이브리드 기술을 적용할 이유가 없다. 또한 한데 묶인 두 발이 서로 다른 뇌의 통제를 받기 때문에 박자가 맞지 않아 두 사람이 넘어지기도 한다. 이와 마찬가지로 여러 기능이 하나의 목표를 향해 효과적이고도 빠르게 작동하도록 설계되지 않으면 오히려 안 하느니만 못한 하이브리드 기술이 되어 버린다.

화제문은 하이브리드 기술의 실패 사례를 2인 3각에 빗댈 수 있다고 썼다. 뒷받침문에서는 2인 3각의 문제점을 속도가 더 느려지거나 서로 간섭을 일으키는 구체적으로 들고 하이브리도 이와 같은 문제를 일으키면 실패하게 된다고 구체화하고 있다.

비교와 대조 – 공통점과 차이점의 부각

비교는 둘 이상의 대상들 간에 존재하는 유사점을, 대조는 그 차이점을 드러내어 대상의 본질을 밝히고자 하는 설명 방식이다. 비교와 대조를 위해서는 두 대상이 공유하고 있는 공통점이 있어야 한다. 공통성이 없는 것을 비교하는 것이나, 모든 것이 다른데 대조하는 것은 의미가 없기 때문이다. 이런 이유로 비교와 대조는 확연히 구분되어 쓰이기보다는 같이 사용되는 경우가 많다. 비교와 대조를 하기 위해서 무엇보다도 중요한 것은 기준이다. 기준이 일정하게 제시된 후 그에 따라 일관되게 비교와 대조가 이루어져야 설명이 효과적으로 진행될 수 있기 때문이다.

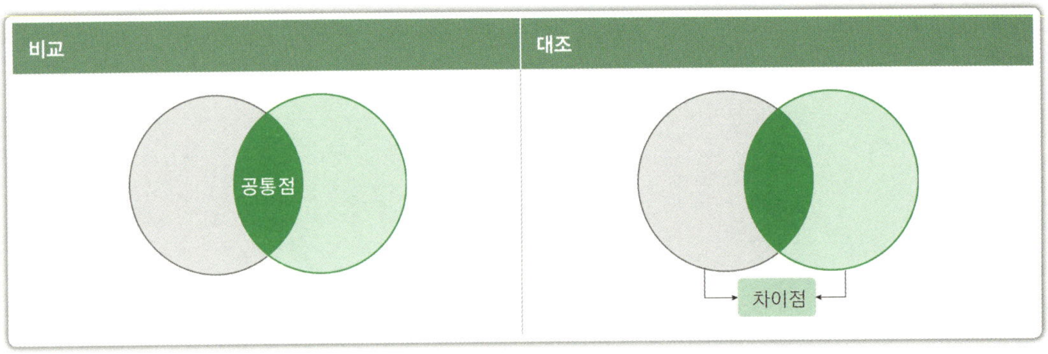

비교와 대조의 방법으로 단락을 전개할 때는 기준을 먼저 세운 후 그 기준에 따른 핵심적 공통점과 차이점을 화제문으로 제시한 뒤 이를 뒷받침해 나간다. 비교와 대조는 글의 본론을 전개할 때 매우 자주 쓰인다. 문제해결을 위한 글쓰기에서는 상반된 입장에 대해 면밀히 검토해야 경우가 많이 있는데 이 때 적절한 기준을 세워 비교와 대조를 할 수 있다.

비교와 대조의 방법을 활용한 단락 전개

여행, 출가, 가출은 모두 집을 떠난다는 공통점이 있지만 목적과 결과에서는 차이가 있다. 다른 곳을 다녀오는 여행, 종교에 귀의하기 위한 출가, 그리고 가정에 대한 불만으로 인한 가출 모두 일단 집을 나서게 된다. 그러나 여행은 삶의 활력을 얻고자 하는 것이므로 그 길이나 거리와 관계없이 반드시 돌아온다는 점에서 다른 것과 구별된다. 출가는 절이나 수도원 등 종교시설에 머물며 수행을 목적으로 하는 것이기 때문에 파계를 하지 않는 한 집으로 다시 돌아오는 일은 드물다. 가출 또한 가정이 싫어서 떠나는 것이므로 가정의 문제가 해결이 되거나, 다른 곳에서 더 만족스러운 삶을 찾지 못하게 되기 전까지는 돌아오지 않는다.

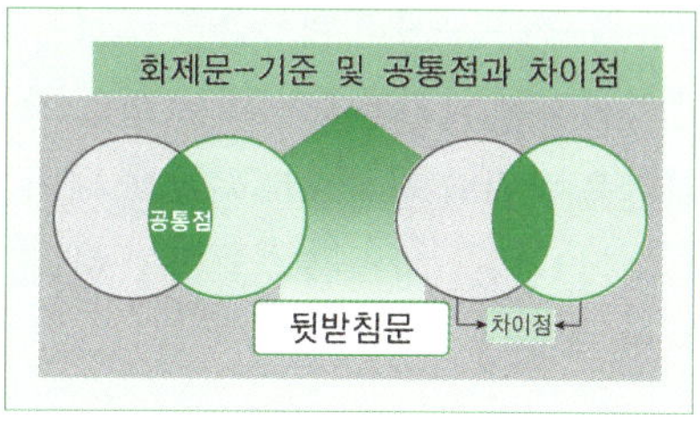

위의 단락에서 여행, 출가, 가출은 집을 떠난다는 점에서 공통점이 있으므로 비교와 대조의 대상이 될 수 있다. 공통점에도 불구하고 차이가 있기 때문에 다른 이름으로 불리는 것인데 그것을 기준으로 잡아 차이점을 강조할 수 있다. 이 단락에서는 목적과 결과를 기준으로 하여 차이점을 밝히고 있다.

연습문제 5-6

다음에 제시되는 화제와 기준을 활용해 비교와 대조의 방법으로 단락을 완성하시오.

• 붓과 펜

기준 재료 - 붓(부드러운 재료), 펜(딱딱한 재료)

....

....

....

....

예시 답안 및 해설

답 **동서양을 대표하는 필기구인 붓과 펜은 재료 면에서 차이가 나고 그 결과 글씨체도 차이가 난다.** 모든 필기구는 종이나 천 등에 흔적을 남겨야 한다. 이를 위해 잉크나 먹과 같은 액성 재료와 이를 머금었다가 다시 흔적을 남기는 도구가 필요하다. 서양에서는 펜에 잉크를 묻혀 글씨를 썼고 동양에서는 붓에 먹을 묻혀 글씨를 썼다. 동양에서는 부드러운 짐승의 깃털을 나무로 만든 둥근 대에 끼워 사용했다. 서양에서는 새의 깃털을 깎아 사용하다가 후대에는 금속으로 펜촉을 만들어 펜대에 끼워 사용했다. 이러한 특성 때문에 글씨체도 달라진다. 펜으로 쓴 글씨는 가늘고 날카로운 것을 특징으로 하는 데 비해 붓으로 쓴 글씨는 다소 두껍고 부드러운 것을 특징으로 한다.

화제문은 주어진 기준 및 이에 따른 차이점을 엮어서 썼다. 뒷받침문 재료의 차이와 재료에 따른 글씨체의 차이를 구체적으로 밝혔다.

분류와 구분, 분석 - 나누어 쓰기

분류와 구분은 여러 대상들을 일정한 원리에 따라 나누어 대상들 상호간의 관계나 각 대상이 전체에서 차지하는 위치를 드러내는 설명 방식이다. 분류와 구분은 본래 서로 구별되는 방식으로서 상위의 집합을 하위의 집합으로 나누어 나가는 방식을 구분이라 하고 하위의 원소나 집합을 상위의 집합으로 묶어 나가는 방식을 분류라고 한다. 그러나 글쓰기에서는 이 두 가지를 명확하게 구별하지 않아도 무방하다.

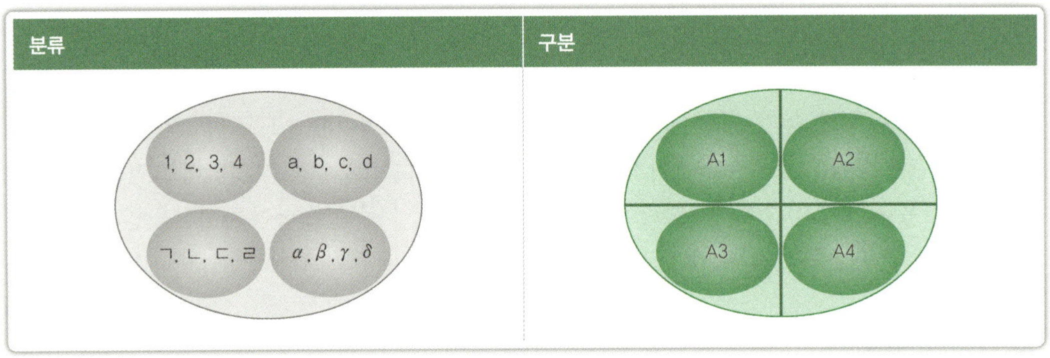

분류와 구분을 적절히 하기 위해서는 그 기준이 분명하게 제시되어야 한다. 분류나 구분의 대상이 전체를 위하여 기능하는 유기체인 경우에는 각각의 구성 부분으로 나누거나 묶어야 한다. 또한 분류나 구분의 대상이 특정한 구조를 갖지 않는 혼합체일 경우에는 각각의 공통성을 중심으로 나누거나 묶어 나가야 한다. 단락을 전개할 때는 분류와 구분의 기준과 그에 따라 나누어진 항목을 중심으로 화제문을 쓰고 이 기준에 따라 나누어지거나 묶인 내용을 차례로 서술해 주면 된다.

분류와 구분의 방법을 활용한 단락 전개

여행의 유형은 그 목적에 따라 견문형, 음식형, 구매형, 안식형으로 나눌 수 있다. 여행을 통해 얻을 수 있는 것은 수없이 많지만 주된 목적이 무엇이냐에 따라 여행지의 선택과 방법이 달라질 수밖에 없다. 새로운 것을 보고 듣기를 좋아하는 견문형은 문화유적지나 뛰어난 자연경관을 선택하게 된다. 그러나 말 그대로 먹고 마시는 것을 즐기는 음식형 음식문화가 발달한 곳이나 식재료가 풍부한 산지를 찾게 된다. 충분한 재력을 가지고 있는 이들 중 물건을 사들이는 것 자체에서 기쁨을 느끼는 구매형은 최고, 최대의 쇼핑이 가능한 곳을 찾게 된다. 이와 달리 몸과 마음의 평안을 추구하는 안식형은 사람들이 적고 다른 무엇에도 방해를 받지 조용한 곳을 찾아 간다.

위의 단락을 보면 목적에 따라 여행을 네 가지 유형으로 나누었다. 화제문은 분류의 기준과 분류된 항목을 엮어서 썼고 뒷받침문은 각각의 유형에 대해 목적과 여행의 행태를 구체적으로 설명하고 있다. 이렇게 분류와 구분으로 전개되는 단락은 기준이 분명하게 제시되고 그에 따른 항목이 순차적으로 전개되면 매우 효과적이다.

분석 또한 대상을 나누어 설명하는 방식이지만 나누는 대상과 그 방법에서는 차이가 난다. 분석의 대상은 하나의 개체 또는 통일체이고 이를 나눌 때는 유기체적 관계를 고려한다. 즉 분석은 유기체적 특징을 가진 대상을 특정한 관점에 따라 나누어 그 내용을 드러내어 밝히는 설명 방식이다. 따라서 분류와 구분에 의한 각 항목은 상위항목과 집단 및 개념의 크기에만 차이가 있을 뿐 독립적인 지위를 가질 수 있으나 분석에 의한 각 항목은 상위 항목의 일부로서의 지위만 갖는다.

예를 들어 시계를 용도에 따라 '벽걸이 시계, 탁상 시계, 손목 시계' 등으로 나누는 것은 각각의 시계가 독립적인 지위를 가질 수 있으므로 이 방법은 분류나 구분이다. 반면에 시계를 기능에 따라 '동력부, 작동부, 표시부' 등으로 나누면 더 이상 시계로서는 기능을 할 수 없으므로 이 방법은 분석이다.

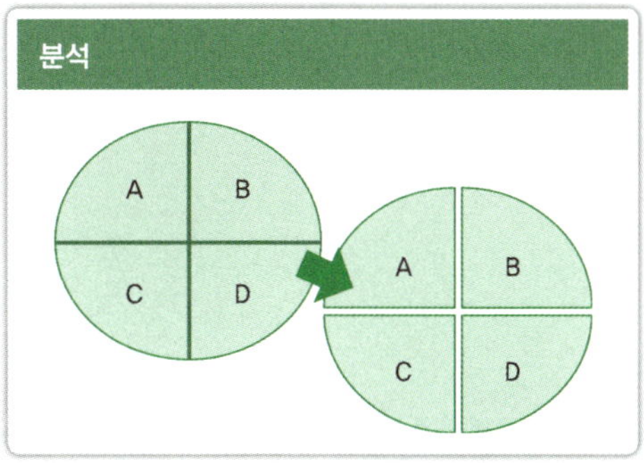

각 단락을 분석의 방법으로 전개하고자 할 때에는 시간, 개념, 물리적 구조, 기능, 인과관계 등을 명확히 제시하는 내용으로 화제문을 작성하고 이 기준에 따라 차례로 서술하면 된다.

분석의 방법을 활용한 단락 전개

진정으로 멋진 여행을 만들고자 한다면 시간, 공간, 사람의 세 박자가 잘 맞아야 한다. 일상이 아무리 바쁘고 힘들더라도 여행 하는 시간만은 여유로워야 한다. 시간이 많으면 많은 대로, 적으면 적은 대로 여유 있게 일정을 잡아야만 여행을 즐길 수 있다. 여행지 또한 보고 듣고 즐기기에 충분한 곳이어야 한다. 새로움이 없는 공간, 기쁨을 주지 못하는 공간이라면 굳이 여행을 가야 할 이유가 없다. 사람 또한 빼 놓을 수 없다. 진정으로 마음에 맞는 사람과 동행을 하든가 현지에서 멋진 친구를 사귀지 못한다면 참된 여행을 이루기 어렵다. 어느 하나만 충족되어도 여행이라 할 수 있지만 진정으로 멋진 여행은 모두가 조화를 이뤄야 한다.

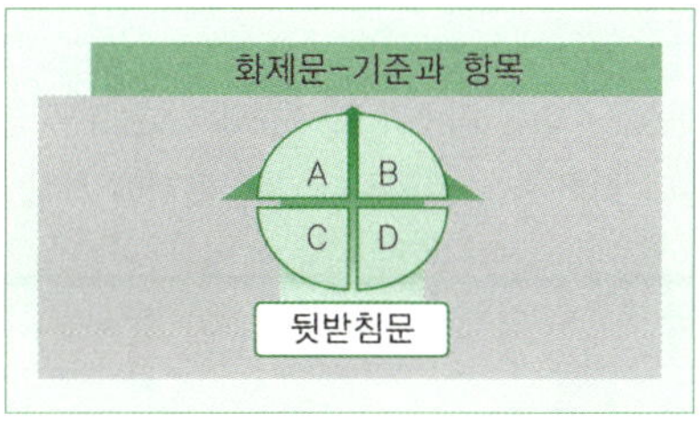

위의 단락은 멋진 여행을 위해 필요한 세 가지 요소에 대해 쓰고 있다. 멋진 여행을 위해 시간, 공간, 사람의 조건을 제시하는 것은 분류와 구분의 방식일 수도 있다. 그러나 '진정으로 멋진 여행'을 완성하기 위해서는 세 가지 모두가 조화를 이루어야 하므로 각각의 항목은 진정으로 멋진 여행이라는 유기체를 이루는 부분이라 할 수 있다. 또한 어느 하나만으로는 진정한 여행을 이룰 수 없으므로 세 항목은 떼려야 뗄 수 없는 관계이다. 이렇게 전체와의 유기적 관계 하에 설명을 전개하는 방식을 분석이라 한다.

연습문제 5-7

다음에 제시되는 화제와 기준을 활용해 정해진 방식으로 단락을 완성하시오.

• 문자 / 분류와 구분

기준	뜻과 소리를 나타내는 방법 → 회화문자, 표의문자, 표음문자

예시 답안 및 해설

답 문자는 뜻과 소리를 나타내는 방법에 따라 회화문자, 표의문자, 표음문자로 나눌 수 있다. 회화문자는 말 그대로 그림으로써 전달하고자 하는 내용을 나타내는 문자이다. 그림을 통해 대략적인 의미와 맥락은 전달할 수 있으나 그림이 담고 있는 말소리가 무엇인지를 알아낼 방법은 없다. 표의문자는 단어의 뜻을 약속된 기호로 표시하는 문자를 뜻한다. 한자가 대표적인 예인데 글자를 통해 그 의미를 파악할 수 있고 각각의 글자에 약속된 소리가 있으므로 말소리가 무엇인지도 알아낼 수 있다. 표음문자는 전달하고자 하는 말의 소리를 그대로 표시하는 문자이다. 알파벳이나 한글이 대표적인 예로서 표기를 보면 말소리를 바로 파악할 수 있고 그것을 통해 의미도 파악할 수 있는 문자이다.

화제문은 주어진 기준과 이 기준에 따른 분류 항목을 엮어서 썼다. 뒷받침문은 각각의 분류 항목에 대해 전개해 나가면 되는데 회화문자, 표의문자, 표음문자에 대해 구체화시켰다. 또한 예시를 함께 사용하여 이해를 돕고 있다.

연습문제 5-8

다음에 제시되는 화제와 기준을 활용해 정해진 방식으로 단락을 완성하시오.

• 오케스트라의 연주 비평

기준	구성 악기 → 관악기, 현악기, 타악기

예시 답안 및 해설

답 최근 내한 연주회를 가진 독일 오케스트라의 연주는 관악기, 현악기, 타악기의 각 파트 모두가 최악이라고 하지 않을 수 없다. 관현악이란 말에서 알 수 있듯이 오케스트라 편성의 가장 중요한 두 파트는 관악과 현악이다. 그런데 어찌된 이유인지 관악 파트의 편성이 지극히 빈약했다. 곡에 따라서 편성이 달라지는 것이 당연한데 이번 내한 연주에서는 최소의 인원이 필요한 레퍼토리에 맞춰 파트를 구성했다. 그러다 보니 말러의 교향곡을 연주할 때는 여기저기 빈자리가 느껴질 수밖에 없었다. 현악 파트는 또 어떠한가? 편성은 제대로 되어 있지만 관행과는 전혀 다른 배치를 함으로써 정돈되지 않은 소리를 쏟아냈다. 상대적으로 비중이 낮지만 이 오케스트라의 장점은 타악기 주자의 전문성이었는데 그마저도 객원 연주자로 자리를 채워 조화는 전혀 기대할 수 없었다.

화제문은 오케스트라를 악기 편성에 따라 세 부분으로 나누었다. 각각의 파트는 오케스트라를 구성하는 데 꼭 필요하므로 분석의 방법으로 구성된 단락이다. 뒷받침문에서는 각각의 파트에 대한 비판을 구체적으로 하고 있다.

과정과 인과 – 순차적 쓰기

순차적으로 전개되는 대상에 대해 설명할 때 효과적인 방식은 과정과 인과이다. 과정은 순서가 있는 대상에 대해 설명할 때 효과적인 방식이다. 과정의 방법을 통해 설명할 수 있는 대상은 일정한 시간적 순서에 따라 진행되는 일이나 일정하지는 않지만 정해진 단계를 거쳐 일어나는 사건이다. 자연현상이든 인간의 인위적인 작업이든 순차적으로 진행되는 일이 많다. 이러한 일을 효과적으로 설명하려면 그것을 잘 관찰해 몇 개의 단계로 나눈 후 차례대로 설명하면 효과적이다. 따라서 이때에도 각각의 단계를 나누기 위한 기준이 필요하다. 인과는 둘 이상의 각 단계가 원인과 결과의 관계를 맺을 때 쓸 수 있는 설명의 방식이다. 순서만을 강조할 경우에는 과정과 크게 다를 바 없으나 단순한 순서보다는 원인과 결과에 초점을 맞춘다는 점에서 인과는 과정과 차이가 있다.

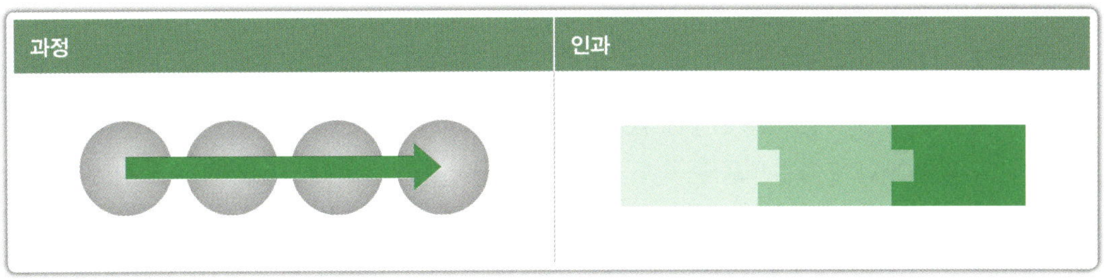

과정의 방법을 활용해서 단락을 전개할 때에는 단계를 나누는 기준과 함께 각각의 단계를 밝혀 화제문을 쓴다. 그리고 뒷받침문에서는 각각의 단계를 상세하게 풀어서 설명하면 된다.

과정의 방법을 활용한 단락 전개

기억에 남을 멋진 여행을 완성하려면 전, 중, 후의 3박자가 잘 맞아야 한다. 여행을 가기 전 꼼꼼한 준비는 필수다. 여행지에 대한 각종 정보는 물론 필요한 준비물을 철저히 챙겨야만 즐거운 여행을 기대할 수 있다. 여행 중에는 보고, 듣고, 만나고, 즐기는 모든 일에 최선을 다해야 한다. 어느 하나라도 소홀하다면 완전한 여행이 아니다. 여행에서 돌아와서는 여행을 추억을 잘 정리하고 그것을 일상의 활력으로 돌려야 한다. 물론 새로운 여행을 계획하는 것 또한 삶의 활력이 될 것이다.

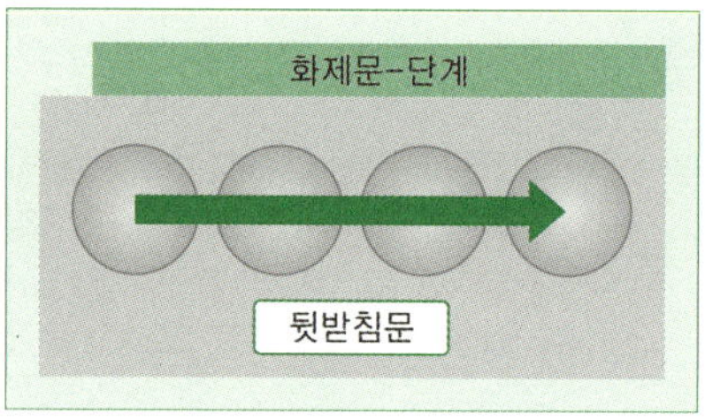

위의 단락은 멋진 여행을 위해 필요한 것을 순서대로 밝히고 있다. 화제문에서는 단계를 제시하고 뒷받침문에서는 각각의 단계에 대한 구체적인 설명을 하고 있다. 마지막에는 또 다른 여행에 대한 준비에 대해 서술함으로써 순환구조를 이룰 수 있도록 하였다.

인과의 방법을 활용해서 단락을 전개할 때는 각 요소들의 순서와 인과관계를 명확하게 밝혀주는 화제문을 쓴다. 뒷받침문은 각각의 과정에 대해 구체화하되 원인과 결과의 관계가 명확하게 드러나도록 설명한다.

인과의 방법을 활용한 단락 전개

숙소 문제로 내내 씨름해야 했던 이번 여행의 끔찍한 경험은 남의 말을 무조건 믿어버리는 내 '팔랑귀'로부터 시작되었다. 애초의 계획은 중국이었으나 그 비용이면 비수기의 유럽을 멋지게 다녀올 수 있다는 친구의 말을 무작정 믿고 유럽으로 목적지를 바꾸었다. 비수기란 말만 믿고 숙소도 예약하지 않은 채 막상 도착해 보니 값싸고 좋은 숙소는 모두 동이 난 상태였다. 울며 겨자 먹기로 비싸고 나쁜 숙소를 전전하다 보니 예산의 전부를 숙소에 쏟아 부어야 했다. 돈이 없는 것도 문제였지만 숙소가 목적지에서 멀리 떨어져 있어 보고 싶은 것을 마음대로 볼 수도 없었다. 숙소 때문에 몸과 마음이 지쳐 돌아갈 날만 기다리는 여행객에게 유럽은 어떤 자비도 베풀지 않았다.

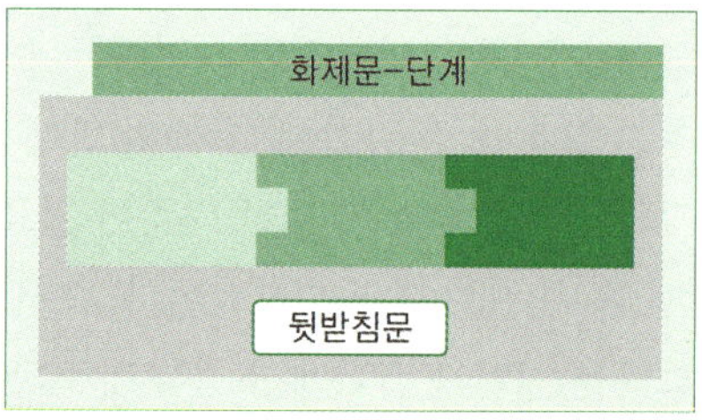

위의 단락은 끔찍한 여행이 될 수밖에 없었던 원인을 밝히고 있다. 숙소와 관련된 나쁜 추억을 순서대로 쓰고 있기 때문에 과정으로 볼 수도 있다. 그러나 각각의 과정이 원인과 결과의 관계를 맺고 있기 때문에 단순한 과정이 아닌 인과의 방법으로 단락을 전개하고 있다.

연습문제 5-9

다음에 제시되는 화제와 단계를 활용해 과정의 방법으로 단락을 완성하시오.

• 오케스트라의 연주 순서

단계	서곡 – (소품) – 협주곡 – (소품) – 교향곡 – 앙코르 곡

예시 답안 및 해설

답	오케스트라의 연주 순서는 성문화된 것은 아니지만 서곡, 협주곡, 교향곡의 순서로 이루어진다. 서곡은 말 그대로 맨 처음으로 연주하는 곡이니 연주회의 시작을 알리는 것이기도 하다. 서곡이 끝나고 난 후 뒤에 편성되는 중요한 순서는 독주 악기 하나와 오케스트라가 같이 연주하는 협주곡이다. 협주곡 뒤에는 오케스트라의 연주 역량을 극대화해서 보여주는 교향곡이 자리를 잡는다. 물론 이러한 순서 중간에 오케스트라 및 관객의 특성에 맞춰 몇 개의 소품을 사이에 편성하기도 한다. 연주회가 끝난 후 몇 곡의 앙코르 곡이 이어지기도 하는데 앙코르 곡은 당연히 연주의 맨 뒤에 편성된다.

예시 답안은 오케스트라의 연주 순서를 밝히고 있는데 반드시 편성되는 세 가지 레퍼토리의 순서를 중심으로 설명하고 있다. 화제문에서는 이 순서를 제시하고 뒷받침문에서는 각각의 순서에 대한 구체적인 설명을 하고 있다. 부수적으로 편성되는 레퍼토리에 대해서도 쓰고 있지만 전체적으로는 각각의 순서를 중심으로 서술하고 있다.

연습문제 5-10

다음에 제시되는 화제와 단계를 활용해 인과의 방법으로 단락을 완성하시오.

• 시향 정기 연주회 불협화음의 원인

단계	신임 시장 취임과 지휘자 교체 – 악장의 반발과 사직 – 현악 파트 붕괴 – 관악 파트 붕괴

예시 답안 및 해설

답 이번 시향의 정기 연주회에서 나타난 불협화음은 악기의 불협화음이 아닌 사람의 불협화음이어서 더 슬프다. 신임 시장은 취임하자마자 시향의 지휘자를 능력도 없는 자기 사람으로 바꾸었다. 이에 맞서던 제1바이올린 수석, 즉 악장은 결국 시향을 떠나고 말았다. 악장이 떠난 현악 파트가 제대로 된 화음을 낼 것을 기대할 수가 없었다. 현악 파트가 무너지니 가뜩이나 큰 에너지가 필요한 관악 파트는 힘에 부치는지 소위 '삑사리'를 남발했다. 소리는 악기가 내지만 그것을 연주하는 것은 사람이라는 점에서 인적 불협화음이 가슴이 아플 따름이다.

예시문은 '시장 교체 → 지휘자 교체 → 악장 사임 → 현악 파트 붕괴 → 관악 파트 붕괴'의 순으로 서술하고 있기 때문에 과정으로 볼 수도 있다. 그러나 각각의 과정이 원인과 결과의 관계를 맺고 있기 때문에 단순한 과정이 아닌 인과의 방법으로 단락을 전개하고 있다. 화제문은 사태의 원인에 대해 썼고 뒷받침문은 사태의 전개과정을 인과관계를 중심으로 구체화하였다.

CHAPTER

6

논 증

6.1. 논증의 기초 | 6.2. 논증의 실제

6.1

논증의 기초

▶ **논증의 목적** - 주장과 설득

▶ **논증의 유형** - 귀납과 연역, 그리고 변증

논증의 목적 - 주장과 설득

글을 통한 의사소통의 중요한 목적 중 하나는 글을 읽는 이로 하여금 자신의 주장에 동조하도록 하는 것이다. 이처럼 어떤 주장을 내세우고 그 주장을 뒷받침할 논거를 적절히 대어 주장의 옳음을 증명하는 서술방법을 논증이라 한다. 글쓴이는 자신과 다른 의견을 가지고 있거나 특별한 의견을 가지지 않은 이를 대상으로 논증을 통하여 자신의 주장에 동조하도록 변화시킬 수 있다.

논증은 설명과 함께 실용문을 대표하는데 이해와 설득을 꾀한다는 점에서 차이가 있기도 하지만 유사한 점도 많다. 논증을 통하여 자신의 주장을 관철시키려면 타당한 논거가 매우 중요한데 이 논거의 제시는 주로 설명의 방법으로 서술된다. 따라서 논증을 효과적으로 하기 위해서는 설명과 적절히 결합되어야 한다.

(1) 설명

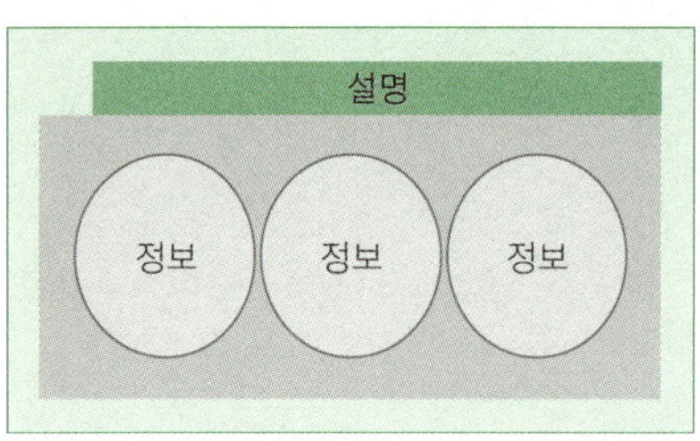

거대한 석상으로 유명한 이스터 섬의 신비를 풀기 위해 많은 이론이 제기되었다. 섬 주변의 여러 흔적들을 외계인이 방문한 흔적 또는 태평양으로 가라앉아버린 문명의 흔적이고 섬에 흩어져 있는 석상은 이들의 작품이라는 주장은 제기하기는 손쉽지만 확실한 증거를 대기도 어렵고 믿기는 더더욱 어렵

(2) 논증

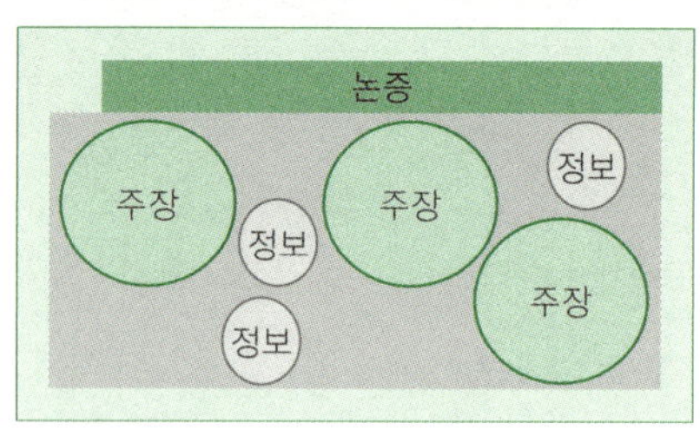

인구의 증가와 종교의식에 대한 집착이 환경을 파괴해 결국 이스터 섬은 종말을 맞게 됐다. 기원후 600년 무렵에 소수의 폴리네시아 인들이 이곳에 정착해 1550년경에는 7000명에 이르는 거대 사회로 성장했다. 이 과정에서 무성하던 삼림이 벌채되어 목재와 땔감으로 사용되었다. 또한 종교적 의식의

다. 노르웨이의 고고학자 하이어달은 남아메리카 제국 사람들이 이곳에 건너와 문명을 건설하고 석상을 만들어오다가 또 다른 정착민과 전쟁을 벌이다 멸망했다고 주장했지만 그리 많은 지지를 얻지 못했다. 최근에 제기된 가장 믿을 만한 이론은 기원후 500년경에 폴리네시아인들이 이곳에 정착한 이후 인구 7000명에 이르는 고도의 사회를 건설하고 거대한 석상을 제작하는 과정에서 환경을 파괴하여 결국 멸망에 이르렀다는 이론이다.

하나로 거대한 석상을 만들기 위해 이들은 큰 돌을 필요로 했다. 이들에게는 수레를 끌 동물이 없었기 때문에 나무 둥치를 롤러로 삼아 사람의 힘으로 섬을 가로질러 돌을 운반했다. 석상을 운반하기 위해 수없이 많은 나무가 베어졌고 결국은 섬 전체의 나무가 사라지게 되었다. 결국 사람들은 집을 지을 나무조차 없어 동굴이나 갈대로 만든 집에서 원시적인 생활을 하게 되었고 석상들은 만들다 만 채 방치되었다.

위에 제시된 두 단락의 화제는 설명으로 전개할 수도 있고, 논증으로 전개할 수도 있다. 만약 (1)이 '거대한 석상으로 유명한 이스터 섬의 신비를 풀기 위해 많은 이론이 제기되었다.'는 문장을 통해 이론이 많다는 사실을 밝히고자 하는 것이라면 이 단락을 논증으로 전개할 수도 있다. 반면에 (2)가 '인구의 증가와 종교의식에 대한 집착이 환경을 파괴해 결국 이스터 섬은 종말을 맞게 됐다.'는 문장을 통해 이스터 섬이 종말을 맞게 된 과정을 이해시키고자 하는 것이라면 이 단락을 설명의 방법으로 전개할 수도 있다. 그러나 (1)은 여러 이론들을 소개하여 이해시키는 데 초점을 맞추고 있고, (2)는 원인에 대한 주장을 펼치고 있다는 점에서 그 목적이 다르다.

그런데 논증을 하더라도 설명은 필수적이다. 자신의 주장이 옳다는 것을 증명하기 위해서는 다양한 정보를 동원해야 하는데 이 때 설명의 방법이 활용된다. 따라서 설명과 논증은 근본적으로 다른 종류의 글이라기보다는 글의 목적이 어디에 놓여 있느냐에 따라 차이가 있는 글로 보는 것이 타당하다.

연습문제 6-1

다음에 제시되는 글을 분석하여 빈칸을 완성하시오.

(1) 화제	
서술 방법	

멸종된 네안데르탈인과 현생 인류 호모 사피엔스는 유전적으로 전혀 다른 특성을 갖고 있으며 아마도 서로 다른 종(種)이었을 것이라는데 학자들의 의견이 강한 합치를 보였다. 최근 뉴욕대학에서 사흘간 열린 네안데르탈인에 관한 심포지엄에 참석한 학자들은 지난 1856년 독일 네안데르 계곡(네안데르탈)에서 인류 화석이 처음 발견된 이래 지금까지 계속돼 온 의문, 즉 오랜 옛날 한 조상에서 퍼져 나와 유사한 특성을 공유하는 두 영장류가 교배를 했을 가능성 여부에 논의의 초점을 맞췄다.

(2) 화제	
서술 방법	

논의의 핵심은 오늘날 유럽인에게 네안데르탈인의 유전자가 남아 있느냐 하는 것. 이 문제는 종(種)의 정의를 내리는 것부터가 쉽지 않다는 본질적인 논란을 일으켰다. 종의 전통적 의미는 생식 측면에서 다른 무리로부터 고립돼 내부적으로만 교배하는 무리를 뜻한다. 이런 맥락에서 볼 때 포유동물의 이종교배는 매우 드물며 기껏해야 암말과 수탕나귀 사이에서 태어나 생식력이 없는 노새 정도를 들 수 있을 뿐이다.

(3) 화제	
서술 방법	

네안데르탈인과 호모사피엔스는 다른 종으로 보아야 한다. 현생 인류의 조상이 15만년 전 아프리카에서 유럽으로 건너와 남아있던 원시인류를 몰아냈다는 학설에 따르면 네안데르탈인보다도 유사성이 적은 종과 현생 인류도 교배해 잡종을 낳을 수 있다. 반면 인류의 유전자 패턴과 네안데르탈인 및 초기 현생 인류의 화석에서 채취한 DNA 분석 결과 두 종 사이의 교배 증거를 보이지 않는다. 현생 인류 화석에서 추출한 미토콘드리아 DNA를 분석한 결과 네안데르탈인의 유전자가 호모 사피엔스에 의미 있는 정도로 기여하지는 않았으며 기여도가 기껏해야 1% 미만이었을 것으로 추정되는데 이를 통해 이 두 종은 "생물학적으로 서로 다른 종"이라는 결론을 내릴 수 있다.

예시 답안 및 해설

답(1) 화제	네안데르탈인과 호모사피엔스에 대한 학자들의 합치된 견해
서술 방법	설명

답(2) 화제	네안데르탈인과 호모사피엔스에 대한 논의의 핵심
서술 방법	설명

답(3) 화제	네안데르탈인과 호모사피엔스는 서로 다른 종
서술 방법	논증

(1) 기사의 앞머리에 해당되는 부분인데 특정 사안에 대해 학자들이 합치된 견해를 보였다는 내용을 밝히고 있으므로 설명에 해당된다.

(2) 네안데르탈인과 호모사피엔스를 둘러싼 논쟁의 핵심이 무엇인지 서술하고 있으므로 설명에 해당된다.

(3) 네안데르탈인과 호모사피엔스는 다른 종이라는 것을 여러 증거를 통해 밝히고 있으므로 논증에 해당된다.

논증의 유형 - 귀납과 연역, 그리고 변증

논증은 주장을 어떤 방식에 따라 입증하느냐에 따라 몇 가지 유형으로 나눌 수 있다. 논증에서 핵심은 주장이지만 주장만으로는 그것이 옳다는 것을 입증할 수 없다. 따라서 논증을 할 때는 주장을 선명하게 제시하고 이를 입증할 만한 타당한 근거를 들어 단락을 전개한다. 논증에서 타당한 근거를 들어 자신의 주장이 옳다는 것을 입증하는 과정을 추론이라고 한다. 추론의 과정에서는 이미 옳다고 알려진 것을 적절한 방법으로 배치하거나, 옳다는 것을 입증할 만한 권위를 가진 사람의 견해를 인용하는데 이러한 다양한 논거를 들어 자신의 주장을 입증하기 위해서는 고도의 기술이 필요하다. 추론의 방법에 따라 논증의 유형은 다음과 같이 구분될 수 있다.

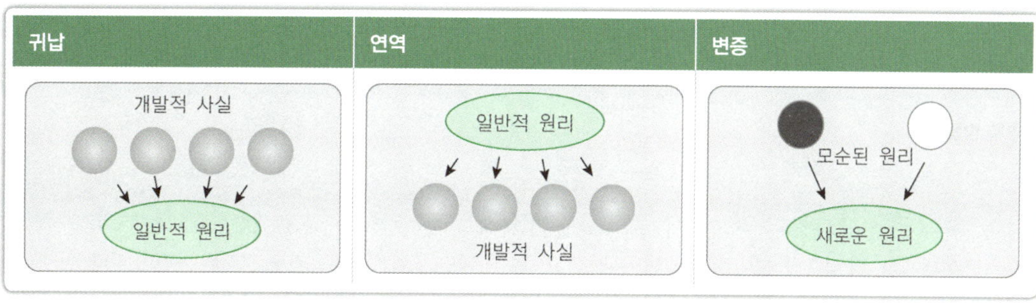

개별적인 사실을 먼저 진술하고 이를 종합하여 일반적인 원리를 도출해 내어 주장을 펼친다면 이는 귀납적 추론에 해당된다. 반대로 일반적인 원리를 먼저 제시하고 이에 대해서 개별적인 사실들에 대해 주장을 펼쳐 나간다면 이는 연역적 추론에 해당된다. 대부분의 논증은 이러한 두 가지 추론 방식을 사용한다. 때에 따라서는 모순된 원리들을 제시하고 이를 바탕으로 새로운 원리를 도출해 내기도 하는데 이는 변증법적 추론이라고 해당된다.

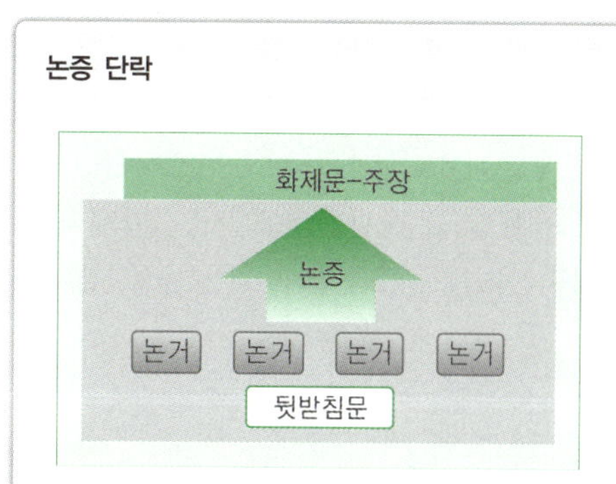

논증의 방법으로 단락을 전개할 때도 단락의 전개와 관련된 일반적인 원칙이 잘 지켜져야 한다. 논증의 방법으로 단락을 전개할 때는 주장과 핵심논거를 분명히 드러내어 화제문을 써야 한다. 그리고 타당한 논거를 들되 다양한 추론 방법을 활용하여 뒷받침을 해 나가야 한다.

연습문제 6-2

다음에 제시되는 글을 분석해 빈칸을 채우시오.

(1) 우리 눈은 정말로 보고 싶은 것만 보고 보기 싫은 것에는 눈을 질끈 감는다. 감각기관으로 들어오는 정보들을 고스란히 받아들이는 것이 아니라 제 입맛에 맞는 것만 골라서 편식하는 것은 뇌의 보편적인 특성으로, 다른 감각도 마찬가지다. 그러니까 엄마의 잔소리를 코앞에서 흘려듣는 십대 아이의 귀에 달린 엄청난 필터링 능력은 '일부러' 그러는 것이 아니라, 무의식적으로 일어나는 자연스러운 결과일 수 있다는 것이다. 그러니 눈앞에서 딴전 피우는 애들의 귀에, 아니 뇌에 소리를 흘려넣고 싶다면 일단은 그들의 귀에 달콤한 말로 먼저 시작하는 것이 그나마 효과가 있다. 그러니 눈앞에 뻔히 보이는 고릴라를 보지 못했던 사람은 '눈이 삐거나' 얼빠진 사람이 아니라, 하기 싫은 숙제를 슬쩍 미뤄버리는 아이처럼 주의집중하지 않는 시각적 정보는 은근슬쩍 뭉개버리는 지극히 자연스러운 뇌를 가진 결과이다.

주장			
논거			
추론 방법	□ 귀납	□ 연역	□ 변증

(2) 절대음감, 더 정확하게는 절대음고는 유전적 요인도 있지만 조기음악교육과도 밀접한 관련이 있다. 한때 일부 유전학자들은 절대음고 비율이 동아시아에서 높게 나타나는 데 주목했다. 하지만 후속 연구들에서 이 역시 조기 음악교육과 연관이 있다. 일본 니가타대학의 미야자키 겐이치 교수는 2012년 〈미국음향학회지〉에 보고한 논문에서 연구 대상인 일본 학생들의 절대음고는 30%인 데 비해 폴란드 학생들은 7%에 불과하다고 밝혔다. 하지만 일본 학생들은 폴란드 학생들보다 평균 2년 일찍 피아노와 노래 공부를 시작했으며, 조기교육을 받은 비율도 일본은 94%인 데 비해 폴란드는 72%였다. 미야자키는 도쿄의 야마하음악학원에 다니는 아이들을 대상으로 한 다른 연구에서 7살이 절대음고 향상의 임계치임도 밝혀냈다. 그는 한 나라의 절대음고 비율이 피아노 보급률과 비례한다는 사실도 발표했다.

주장			
논거			
추론 방법	□ 귀납	□ 연역	□ 변증

예시 답안 및 해설

답(1)	
주장	사람의 눈은 보고 싶은 것만 보고 보기 싫은 것은 보지 않는다.
논거	엄마의 잔소리를 흘려듣는 아이
추론 방법	☐ 귀납 ☑ 연역 ☐ 변증

답(2)	
주장	절대음고의 비율은 조기교육과 밀접한 관련이 있다.
논거	음악 공부 시작 시기, 조기교육 비율
추론 방법	☑ 귀납 ☐ 연역 ☐ 변증

(1)에서는 핵심적인 주장이 맨 앞에 제시되어 있다. 단락의 첫머리에서 일반적인 원칙을 진술하고 뒷받침문에서 이를 개별적인 사례에 적용했으므로 연역적인 단락 전개이다.

(2)에서는 핵심적인 주장이 맨 뒤에 제시되어 있다. 개별적인 사례를 먼저 제시한 후 이를 종합하여 일반적인 진술을 하였으므로 귀납적인 단락 전개이다.

6.2

논증의 실제

- ▶ **명제** - 명료한 주장
- ▶ **추론** - 논증의 과정
- ▶ **논증을 통한 단락의 전개** - 주장과 논증의 변주

명제 - 명료한 주장

논증에서의 핵심은 주장이다. 따라서 논증의 방식으로 글을 쓸 때는 주장을 선명하게 부각시켜야 한다. 따라서 논증을 할 때의 주장은 명제의 형식으로 제시된다. 명제는 참과 거짓을 구별할 수 있는 진술을 뜻하는데 명제에는 다음과 같은 세 가지 유형이 있다.

사실명제	가치명제	정책명제
사실 ~은 ~이다	가치 ~은 ~하다	당위 ~해야 한다
• 사실 또는 사실이라고 믿는 것에 대한 진술 • 학술적인 글에서 주로 사용	• 자신의 가치 판단에 대한 진술 • 학술적인 글 이외의 글에서 많이 사용	• 자신의 의견에 대한 강력한 진술 • 요구, 동의, 동참 등을 요구하는 글에서 많이 사용

첫 번째 명제와 같이 사실에 대해서 있는 그대로를 말하는 명제를 '사실명제'라고 한다. 이는 어떠한 사안이 진실이라고 알려져 있거나 필자가 진실이라고 믿는 것 자체에 대해 있는 그대로 쓰는 명제이다. 이 명제가 사실인지 아닌지는 실제로 실제의 자료를 검토해 보면 된다. 이렇게 객관적인 증거로써 참과 거짓을 밝힐 수 있는 사안에 대한 진술을 사실명제라고 한다.

두 번째 명제와 같이 어떤 사실에 대해 가치 판단을 내리는 명제를 '가치명제'라고 한다. 이는 어떠한 사안에 대해 필자가 나름대로의 기준을 가지고 판단을 내린 후 그 판단을 그대로 쓰는 명제이다. 그 사안의 의의를 말하든, 옳고 그름을 말하든 가치에 대한 판단이 들어간 경우는 모두 가치명제가 된다. 이 명제의 옳고 그름을 밝히기 위해서도 여러 사실들을 나열할 수 있다.

세 번째 명제와 같이 어떤 사실에 대해 강하게 의견을 피력해 동의나 동참을 요구하는 명제를 '정책명제'라고 한다. 어떤 사안에 대한 판단이 내려지면 필자는 판단을 내리는 것에 그치는 것이 아니라 다른 사람에게 알려 같이 문제를 해결하는 것을 시도할 수 있다. 이렇듯 적극적으로 행동을 유발하고자 하는 명제가 정책명제이다. 이 명제가 옳다는 것을 밝히기 위해서는 이러한 행동을 해야 하는 당위성들을 적절히 선택해 나열해야 한다.

동일한 사안이라도 주장은 위의 세 가지 유형으로 모두 쓸 수가 있다.

진화론	
사실명제	진화를 사실로서 확신시킨 것은 다윈이다.
가치명제	다윈의 진화론은 인류의 역사를 바꿀 만한 중요한 이론이다.
정책명제	진화론 수립 과정에 월러스가 한 역할은 재조명을 받아야 한다.

이와 같은 세 가지 유형 중 사실명제는 학술적인 글에서 주장을 피력할 때 많이 사용된다. 가치명제나 정책명제는 학술적인 글보다는 독자에게 자신의 의견을 피력하여 설득하거나 동참을 요구하는 글에 많이 사용된다. 그런데 사실명제와 가치명제는 종종 구별이 명확하지 않을 때가 있다. '다윈의 진화론은 인류의 역사를 바꿀 만한 중요한 이론이다'라는 진술이 중요성에 대한 판단에 초점을 맞춘 것이라면 이는 가치명제이다. 그런데 중요한 이론이란 것에 많은 사람들이 동의하고 있어 상식적으로 알려진 점에 초점을 맞춘 것이라면 사실명제일 수도 있다.

연습문제 6-3

다음에 제시되는 화제에 대해 논증의 방법으로 단락을 전개한다고 할 때 적절한 화제문을 쓰시오.

• 표현의 자유

사실명제	
가치명제	
정책명제	

예시 답안 및 해설

답	
사실명제	표현의 자유는 민주주의 사회의 기본권이다.
가치명제	민주주의 사회에서 표현의 자유는 매우 중요하다.
정책명제	건강한 민주주의 사회를 위해 표현의 자유는 지켜져야 한다.

사실명제는 있는 그대로의 객관적인 사실에 대한 진술이다. 제시된 답안은 신문 보도에 나옴직한 내용으로서 사실명제의 전형이다. 가치명제는 어떤 사안에 대한 자신의 판단을 담고 있는 진술이다. 원자력 발전의 비용이 적게 든다는 주장에 대해 자신의 판단을 드러내고 있으므로 가치명제에 해당된다. 정책명제는 어떤 사안에 대한 당위성에 대한 진술이다. 원자력 발전의 지속 여부에 대해 어떻게 해야 하는가에 대한 주장을 담고 있으므로 정책명제이다. 이상의 세 명제는 내용과 형식상 구별을 할 수 있지만 실제로 글을 쓸 때는 그 경계가 불분명할 수 있다. 특히 사실명제와 가치명제의 경계가 불분명할 수 있다. 따라서 주장이 어떤 형식의 명제로 제시되는가보다 이것을 어떻게 논증해 나갈 것인가가 논증 단락에서는 더 중요하다.

추론 - 논증의 과정

논증의 방법으로 글을 쓸 때 먼저 드러나는 것은 주장이지만 주장보다 더 중요한 것은 논거이다. 논증의 방법으로 글을 쓰기 위해서는 주장이 옳다는 것을 증명해야 하는데 주장이 옳다는 것을 증명할 수 있는 타당한 근거를 논거라고 한다. 즉 사실에 대해 말한 것이든, 가치판단을 내린 것이든, 당위성에 대해 말한 것이든 읽는 사람이 이 명제에 동의하게 하는 타당한 여러 사실이 논거가 된다.주장은 누구나 쉽게 펼칠 수 있으나 그 주장이 옳다는 것을 입증하기는 어려우므로 논증에서는 논거가 더 중요할 수 있다.

주장을 제시하고 적절한 논거로써 이 주장이 옳다는 결론을 내리기까지는 몇 단계의 과정을 거쳐야 하는데 이 과정을 추론이라고 한다. 추론의 방법으로는 귀납법, 연역법, 변증법이 있다. 귀납법은 구체적인 사실을 나열한 후 이를 종합해 결론을 유도해 내는 추론 방식이다. 연역법은 일반적인 법칙을 먼저 제시한 후 이를 구체적인 문제에 제시하여 결론을 내리는 추론 방식이다. 변증법은 모순되는 원리들을 제시한 후 양자를 초월하여 결론을 내리는 방식이다.

귀납적 추론

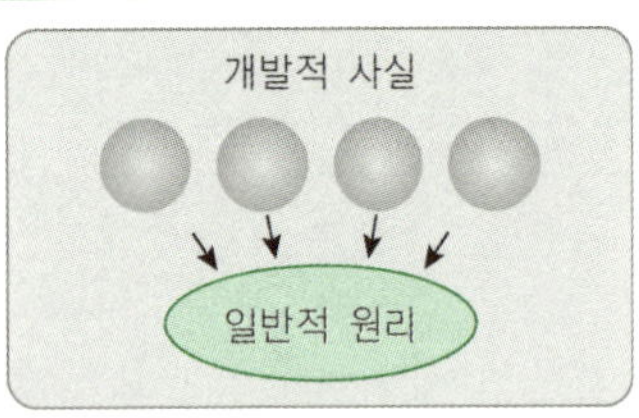

화제 : 표현의 자유가 악용되고 있다.

- 전직 대통령을 심각하게 모독하는 글이 게시판에 지속적으로 올라오고 있다.
- 특정 지역을 차별하는 글이 반복적으로 쓰이고 있다.
- 여성을 혐오하거나 폄훼하는 글이 아무렇지도 않게 게시판에 쓰이고 있다.

↓

• 특정 사이트에서는 표현의 자유가 악용되고 있다.

연역적 추론

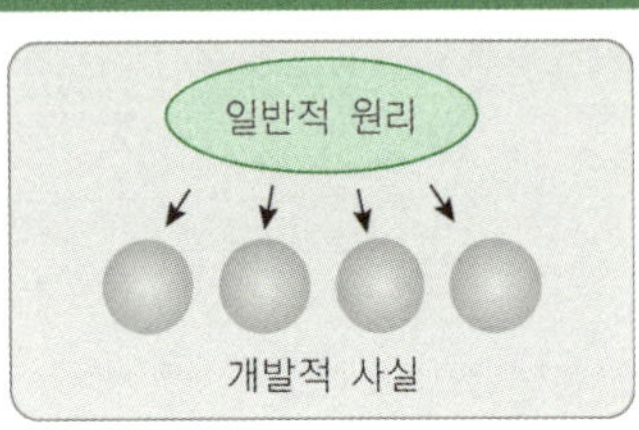

화제 : 표현의 자유가 악용되면 큰 피해를 유발할 수 있다.

• 표현의 자유가 악용되면 큰 피해를 유발할 수 있다.

↓

- 댓글을 쓰는 것은 자유지만 무분별한 댓글로 인해 연예인이 자살을 하기도 한다.
- 기업이나 단체에 대한 불만을 표현한 글이 막대한 피해를 끼치기도 한다.
- 기밀 사항을 개인이 무심코 올리게 되면 이적행위가 될 수 있다.

변증법적 추론

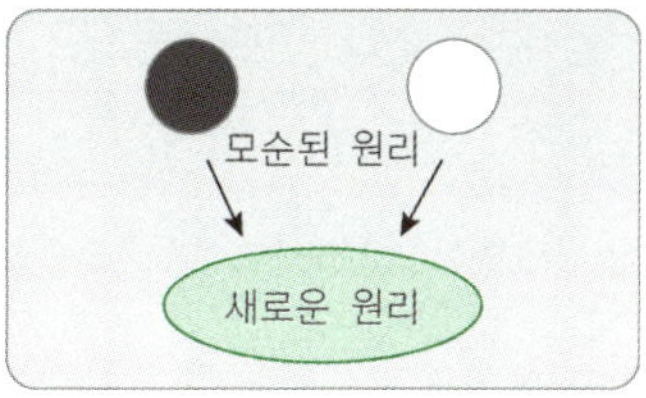

화제 : 표현의 자유는 자발적 규제를 통해 더 완벽하게 보장할 수 있다.

- 표현의 자유는 민주주의 사회의 기본적인 권리이므로 반드시 지켜져야 한다.
- 표현의 자유가 남용되면 타인이나 조직의 권리가 침해될 수 있다.

↓

- 타인이나 조직의 권리 침해를 막기 위해 표현의 자유를 억압하면 민주주의의 근간이 무너질 수 있다.
- 스스로의 규제에 따라 표현의 내용과 방법을 조정하는 것은 표현의 자유를 억압하는 것은 아니다

↓

• 자발적 규제를 통해 표현의 자유를 더 완벽하게 보장할 수 있다.

첫 번째 예의 핵심적인 주장은 '표현의 자유의 악용'인데 이러한 주장이 타당하다는 것을 밝히기 위해 세 가지의 구체적인 예를 들었다. 이렇듯 개별적인 사안을 먼저 제시한 후 이를 일반화시키는 것을 귀납적 추론이라고 한다. 두 번째 예의 핵심적인 주장은 '표현의 자유의 악용에 따른 영향'인데 일반적인 사실을 먼저 제시한 후 이것을 개별적인 사례에 적용하고 있다. 이처럼 일반적인 원리를 바탕으로 개별적인 사실에 대해 주장을 확대해 나가는 것을 연역적 추론이라고 한다. 세 번째 예의 핵심적인 주장은 '자발적 규제를 통한 표현의 자유의 보장'이다. 이러한 주장을 펼치기 위해 먼저 상반된 두 가지 사실을 차례로 제시한 후 양자를 종합하여 발전적인 견해를 제시하고 있으므로 변증법적 추론에 해당된다.

귀납적 추론은 실험과 관찰을 통해 어떤 결론을 내리고자 할 때 많이 쓰인다. 반면에 연역적 추론은 원칙을 견지하면서 그 원칙을 개별적인 사안에 적용해 나가고자 할 때 많이 쓰인다. 어떠한 방법을 쓰든 개별적인 사례와 일반화된 원칙들이 모두 필요하므로 이들을 적절하게 배치하여 주장을 뒷받침하면 된다. 변증법적 추론은 모순되는 원리 속에서 더 중요하고도 새로운 원리를 제시해 나가는 고급스런 추론 방식이므로 이에 적절한 주장에 대해서는 매우 효과적이다.

연습문제 6-4

다음에 제시되는 추론의 과정을 완성하시오.

(1) 귀납적 추론	화제 : 악성 댓글에 대한 대책 필요

- 악성 댓글로 인해 자살하는 연예인이 있다.
- ....
- 신문기사에 대한 건설적인 토론보다는 악성 댓글이 많아 여론 형성이 제대로 되지 않는다.
- ....

↓

• 악성 댓글의 폐해를 막기 위한 제도적 장치가 필요하다.

(2) 연역적 추론	화제 : 프로그래머 스스로가 정품 소프트웨어를 사용하라

- 프로그래머가 자신이 개발한 소프트웨어의 저작권을 주장하려면 스스로가 정품 소프트웨어를 사용해야 한다.

↓

– 남의 권리를 보장해 줄 때 스스로의 권리도 주장할 수 있다.
– ....
– ....
– 다른 사람이 개발한 소스코드가 공개된 것이 아니라면 반드시 허락을 받거나 대가를 지불해야 한다.

예시 답안 및 해설

답

(1) 귀납적 추론	화제 : 악성 댓글에 대한 대책 필요

– 악성 댓글로 인해 자살하는 연예인이 있다.
– 학생들 사이에서 악성 댓글로 왕따를 시킨다.
– 신문기사에 대한 건설적인 토론보다는 악성 댓글이 많아 여론 형성이 제대로 되지 않는다.
– 포털 관리자는 방문자 수를 늘리기 위해 악성 댓글을 방치하는 일이 많다.

↓

- 악성 댓글의 폐해를 막기 위한 제도적 장치가 필요하다.

(2) 연역적 추론	화제 : 프로그래머 스스로가 정품 소프트웨어를 사용하라

- 프로그래머가 자신이 개발한 소프트웨어의 저작권을 주장하려면 스스로가 정품 소프트웨어를 사용해야 한다.

↓

– 남의 권리를 보장해 줄 때 스스로의 권리도 주장할 수 있다.
– 프로그래머들도 무심코 정당한 대가를 지불하지 않은 개발도구를 쓰기도 한다.
– 무심코 사용하고 있는 이러한 개발도구들은 다른 프로그래머의 노력에 의해서 만들어진 것이다.
– 다른 사람이 개발한 소스코드가 공개된 것이 아니라면 반드시 허락을 받거나 대가를 지불해야 한다.

(1)의 귀납적 추론의 결론은 악성 댓글의 폐해를 막기 위한 제도적 장치의 필요성이다. 이러한 주장을 펼치기 위해서는 악성 댓글로 인한 문제점이 제시되어야 한다. 예시 답안의 두 가지 사안은 다른 것과 대등한 지위의 것으로서 악성 댓글로 인한 문제점을 구체적으로 제시하고 있다.

(2)의 연역적 추론에서는 먼저 프로그래머 스스로가 정품 소프트웨어를 사용해야 한다고 주장하고 있다. 이 주장을 뒷받침하기 위해 예시 답안에서는 프로그래머들이 무심코 소프트웨어를 무단으로 사용하는 사례와 이의 문제점을 지적하고 있다.

논증을 통한 단락의 전개 - 주장과 논증의 변주

논증은 주장을 펼치는 글 전체를 구성할 때 매우 유용하다. 논증의 방법으로 글 전체를 구성할 때는 핵심 주장을 담은 단락을 앞에 배치한 후 논거 단락을 뒤에 배치하여 주장을 뒷받침한다. 또한 제기될 반론에 대한 논박을 이어서 배치하여 주장의 정당성을 강화한다. 한 단락을 논증의 방법으로 전개하고자 할 경우에는 주장과 핵심논거를 결합하여 화제문을 쓰고 뒷받침문에서 논거를 들어 주장을 입증한다.

논증을 통한 글의 전개

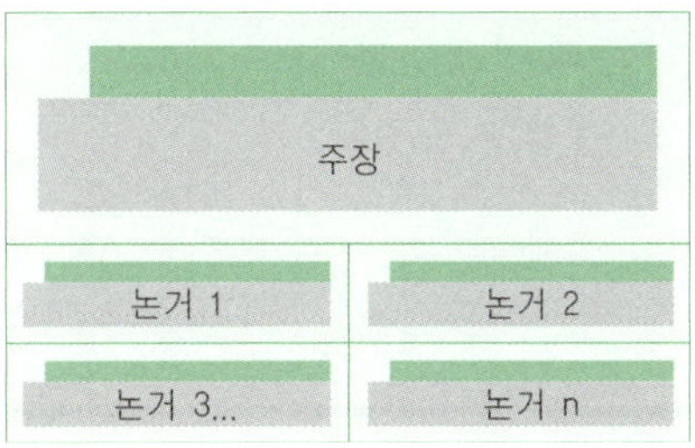

논증을 통한 단락의 전개

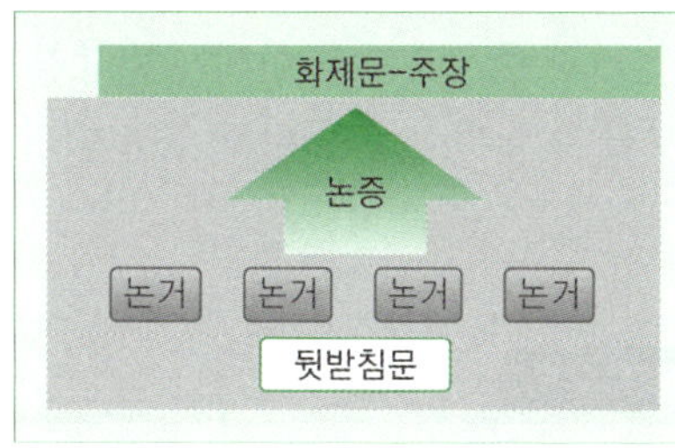

논증의 방법으로 단락을 전개할 화제문은 주장이 분명히 드러나게 써야 하고 여기에 핵심논거나 세부 논거를 일반화하여 결합시키면 좋다. 뒷받침문장은 화제문에 드러난 주장을 입증하기에 적절한 논거들을 중심으로 쓰면 되는데 이때 적절한 추론 방식을 적용할 수 있다. 주장을 뒷받침하는 논거는 대개 설명의 방식으로 전개되므로 여러 가지 설명의 방식을 적절히 원용할 수 있다. 논증의 방법으로 한 단락을 전개한 예는 다음과 같다.

귀납적 추론에 의한 단락 전개

사람의 외모나 장애에 대한 비아냥은 결코 정당화될 수 없음에도 불구하고 독재정권의 고문으로 몸이 불편해진 전직대통령을 모독하는 글이 끊임없이 올라오고 있는 인터넷 사이트가 있다. 이 사이트에서는 개인뿐 아니라 특정 지역을 그 지역의 음식에 빗대 차별하는 글도 오히려 자랑스럽게 올라오고 있다. 뿐만 아니라 이 세상의 반을 차지하고 있는 여성에 대한 노골적인 혐오와 비하의 글도 끊이지 않고 있다. 인터넷은 누구에게나 표현의 자유가 보장되는 공간이다. **그러나 이러한 사례에 비추어 보면 이 사이트는 표현의 자유를 악용하는 것이라 볼 수밖에 없다.**

연역적 추론에 의한 단락 전개

표현의 자유가 악용되면 개인이나 집단 모두 큰 피해를 입게 된다. 연예인은 공인이기 이전에 개인인데 이들의 인격을 모독하는 무분별한 댓글이 끊이지 않는다. 그 결과 극단적인 선택을 하는 사례도 종종 발견된다. 기업이나 기관에 대한 불만을 표현하는 것도 표현의 자유에 해당되지만 때와 장소를 가리지 않을 경우 기업이나 기관이 막대한 피해를 입을 수 있다. 또한 개인이 가지고 있는 정보는 개인 스스로가 자유롭게 활용할 수 있는 것이 원칙이지만 그것이 기밀이라면 상황은 다르다. 표현의 자유를 이유로 기밀을 마음대로 떠벌릴 경우 그것은 이적행위가 될 수도 있다.

귀납적 추론에 의해 전개된 단락에서의 핵심적인 주장은 '표현의 자유의 악용'인데 이는 핵심적인 논거와 함께 화제문을 이루고 있다. 그리고 뒷받침문은 모두 이를 증명할 구체적인 사례들이다. 연역적 추론에 의해 전개된 단락에서의 핵심적인 주장은 '표현의 자유의 악용에 의한 피해'인데 이것이 화제문에 명확하게 나타나 있다. 그리고 뒷받침문은 그 악영향이 나타나는 사례들이다.

이상의 단락들은 논증의 방법을 이용하여 효과적으로 단락을 전개하고 있으나 실제로 단락을 쓸 때는 명제, 논거, 추론 등의 용어에 크게 얽매일 필요가 없다. 이러한 개념과 활용 방안은 매우 유용하기는 하지만 절대적인 것은 아니다. 어떠한 추론 방법으로 논거를 들어 어떠한 명제를 증명했는가가 중요한 것이 아니라 어떻게 효과적으로 주장을 뒷받침하고 있는가가 중요하다.

따라서 논증의 방법으로 단락을 전개할 때는 핵심주장과 핵심논거를 적절히 결합해 명료한 화제문을 먼저 쓰고 이를 차분히 뒷받침하면 된다. 명제에 대한 이해는 주장을 명확하게 하는 데 필요할 뿐이고, 논거와 추론에 대한 이해는 뒷받침을 철저하게 하는 데 필요할 뿐이다. 그리고 경우에 따라서는 다양한 설명 방식을 쓸 수도 있고 여러 추론 방법을 섞어 쓸 수도 있다.

연습문제 6-5

다음에 제시되는 화제와 추론 방법에 따라 논증 단락을 완성하시오.

(1) 귀납적 추론	**화제 : 악성 댓글에 대한 대책 필요**
.... 쓴 사람은 장난으로 썼을지 모르지만 당사자에게는 엄청난 상처가 될 수 있다. 학생들 사이에서도 댓글로 왕따를 시키는 일이 많이 있다. .... 인터넷상의 기사에도 악성 댓글이 많이 달려 문제가 된다. 악성 댓글이 달리다 보면 기사 자체에 대한 관심보다는 댓글에 대한 상호비방이 이어져 기사가 올바로 전달되지 않는다. 이렇듯 악성 댓글로 인해 여러 가지 문제가 발생하는 데도 관리를 맡은 포털 업체는 두 손을 놓고 있는 실정이다. .... 악성 댓글로 인한 문제는 이용자 스스로의 자정 작용이나 포털 업체의 자발적인 노력을 기대하기 어려운 실정이다. 따라서	

(2) 연역적 추론	**화제 : 망각의 긍정적인 면**
망각은 말 그대로 무언가가 기억에서 사라진다는 뜻이다. .... 그러나 사라지는 존재가 나쁜 것이라면 말은 달라진다. .... 머릿속의 기억도 마찬가지이다. 지식과 정보라면 많을수록 좋지만 무엇인가 나쁜 기억이라면 그것이 머릿속에 오래 남아 있으면 있을수록 불쾌하거나 불안한 상태가 지속될 수밖에 없다.	

예시 답안 및 해설

답 (1) 최근 들어 악성 댓글로 상처를 받은 연예인들의 자살 소식을 심심찮게 접하게 된다. 쓴 사람은 장난으로 썼을지 모르지만 당사자에게는 엄청난 상처가 될 수 있다. 학생들 사이에서도 댓글로 왕따를 시키는 일이 많이 있다. 댓글로 욕을 하거나 비방하는 내용을 써서 소외를 당하게 하는 일이 많은데 이로 인해 교내 왕따 문제가 더 심각해지고 있다. 인터넷상의 기사에도 악성 댓글이 많이 달려 문제가 된다. 악성 댓글이 달리다 보면 기사 자체에 대한 관심보다는 댓글에 대한 상호비방이 이어져 기사가 올바로 전달되지 않는다. 이렇듯 악성 댓글로 인해 여러 가지 문제가 발생하는 데도 관리를 맡은 포털 업체는 두 손을 놓고 있는 실정이다. 악성 댓글이든 뭐든 이로 인해 방문자가 많이 생기면 자신들에게 이익이기 때문이다. 악성 댓글로 인한 문제는 이용자 스스로의 자정 작용이나 포털 업체의 자발적인 노력을 기대하기 어려운 실정이다. 따라서 악성 댓글로 인한 막대한 피해를 막기 위한 대책이 절실하게 필요하다.

(2) 망각은 말 그대로 무언가가 기억에서 사라진다는 뜻이다. 사라지는 것은 있던 것이 없어지는 것이니 그리 반길 만한 일은 아니다. 그러나 사라지는 존재가 나쁜 것이라면 말은 달라진다. 나쁜 것이 사라지는 것이 좋은 상태를 보장하는 것은 아니지만 적어도 계속적으로 나빠질 것은 없는 상황이 된다. 머릿속의 기억도 마찬가지이다. 지식과 정보라면 많을수록 좋지만 무엇인가 나쁜 기억이라면 그것이 머릿속에 오래 남아 있으면 있을수록 불쾌하거나 불안한 상태가 지속될 수밖에 없다. 따라서 나쁜 기억의 머릿속에서 지우는 망각은 오히려 득이 될 수 있다.

(1)에서 예시 답안의 앞부분은 개별적인 사례를 나열하고 있다. 각각 악성 댓글로 인한 연예인 자살, 학교에서의 왕따, 포털의 관리 문제 등이 그것인데 이러한 개별적인 사례를 바탕으로 악성 댓글의 폐해를 막기 위한 대책의 필요성을 제시하고 있다. 개별적인 사례와 이를 일반화한 주장이 잘 조화를 이루도록 단락이 전개되었다.

(2)에서 '사라지는 것'에 대한 일반론을 먼저 이야기하고 있다. 사라지는 것은 나쁘지만 그것을 기억 속의 나쁜 것으로 한정해 점차 좁혀나가면서 최종적으로는 망각이 득이 될 수 있음을 주장하고 있다. 이렇듯 일반적인 원칙을 개별적인 사례에 적용해 나가면서 자신의 주장을 뒷받침하는 단락이 되었다.

CHAPTER

7

실용문 쓰기

7.1

서론과 결론

▶ **서론과 결론의 역할** - 글의 시작과 끝
▶ **서론** - 깔때기와 이정표
▶ **결론** - 정리와 여운

서론과 결론의 역할 - 글의 시작과 끝

실용문은 필요에 따라 글의 길이가 결정이 되고, 글의 길이에 따라 단락의 수도 결정이 된다. 그런데 어떤 실용문이든 반드시 서론, 본론, 결론의 3단 구성을 갖추어야 한다. 실용문이 3단 구성을 갖추어야 하는 것은 본론은 물론 서론과 결론이 독자적인 역할을 가지고 있기 때문이다. 글의 핵심적인 내용을 담고 있는 부분인 본론은 내용단락이라 하고, 본론을 이끌고 마무리하는 부분인 서론과 결론은 형식단락이라고 한다.

실용문에서 본론에 핵심적인 내용이 담겨 있더라도 본론만으로는 온전한 글을 이룰 수 없다. 글쓴이와 독자가 글을 통해서 자연스럽게 소통을 하기 위해서는 본론에서 다룰 주제로 독자를 자연스럽게 유도할 필요가 있다. 또한 본론의 내용을 종합하고 본론에서 다루지 못했지만 덧붙여야 할 내용을 제시할 필요가 있다. 이처럼 서론과 결론은 글의 맨 앞과 맨 뒤에 놓여서 본론을 더 부각시키는 역할을 한다. 따라서 서론과 결론을 형식단락이라고 한다고 해서 말 그대로 형식적인 역할만을 하는 것이 아니라 글을 구성하는 핵심적인 역할을 한다고 할 수 있다. 서론과 결론의 역할은 다음과 같은 예를 통해서 확인할 수 있다.

물은 중력에 의해 위에서 아래로 흐른다. 이는 거스를 수 없는 자연의 순리이며, 물은 그 의지와 상관없이 아래로 향할 뿐이다. 과거에서 현재로 이어지는 시간의 흐름 역시 거스를 수 없는 자연의 순리이다. 그러나 시간의 흐름 속에서 이루어낸 인간의 삶의 과정인 역사는 물의 무조건적인 흐름과는 다르다. 그 역사에는 역사를 만들어낸 주인공이 있으며 그 주인공의 의지에 의해 흐름이 바뀌기도 하고 속도가 달라지기도 하는 것이다. 그 주인공은 한 시대를 풍미한 영웅일 수도 있고 역사에 이름을 남기지는 못했지만 묵묵히 자신의 역할을 다했던 민중일 수도 있다. 이 글에서는 역사의 도도한 흐름을 만들어낸 민중에 초점을 맞추어 그들이 각 분야에서 역사의 흐름을 어떻게 주도했는가에 대해서 논하고자 한다.

[본론 생략]

이상에서 살펴보았듯이 역사의 도도한 물줄기는 그 물줄기의 각 부분을 이루는 민중들에 의해 그 흐름이 결정되었고, 따라서 역사의 주인은 당연히 역사 그 자체인 민중들이다. 당대의 정치가 민중의 자유와 권리를 억압했을 때 자유와 권리의 쟁취를 위한 민중의 거대한 흐름은 억압의 둑을 허물어뜨렸다. 민중은 신성한 노동에 의하여 경제를 발전시켰으며 건강한 창조력으로 문화를 발전시켰다. 비록 이들의 거대한 흐름에 편승한 몇몇 영웅들이 역사에 이름을 남겼지만 오히려 이 영웅은 민중의 거대한 흐름에 휩쓸린 존재에 불과했고 역사의 참주인은 민중이었던 것이다.

위에 제시된 글은 본론이 생략이 되어 있다. 그러나 서론만으로도 본론의 내용을 헤아려 볼 수 있고 결론만으로도 본론의 내용을 되새겨 볼 수 있다. 서론의 마지막 부분에 본론에서 다룰 화제와 그 순서가 예고되었고, 결론의 첫머리에 본론의 내용이 집약되었다. 서론과 결론은 형식단락이기는 하지만 이처럼 실용문을 구성하는 핵심적인 역할을 한다.

연습문제 7-1

다음에 제시되는 서론과 결론을 보고 글의 개요를 완성하시오.

온실에서 자란 화초가 밖에 나왔을 경우 오래 견디지 못함을 우리는 잘 알고 있다. 양식용으로 들여온 황소개구리가 늪지와 연못의 생태계를 장악한 사실 또한 우리에게 익숙한 일이다. 이것은 비록 자연계의 일이긴 하지만 우리 문화산업계에도 그대로 적용될 수 있는 일이기도 하다. 국내 문화산업 보호라는 명분하에 우리의 문화를 온실 속에 가두고 그 속에서 기득권을 유지하려는 사람들이 있다. 그러나 모든 것이 개방되고 있는 시점에서 언젠가는 우리 땅에 들어오게 될 거대한 문화 황소개구리에 준비하지 않을 수 없는 것이 현실이다. 따라서 이 글에서는 폐쇄주의자들의 견해를 비판하고 우리의 문화산업을 지키면서 외국문화를 개방하고 나아가 우리의 문화가 세계의 문화시장으로 뻗어나갈 수 있는 방법에 대해 모색하고자 한다.

[본론 생략]

위기는 또 다른 도약을 위한 기회이다. 지금의 문화시장 개방 압력은 우리 문화산업계가 직면한 문제임에 틀림없다. 그러나 그러한 위기 속에서 폐쇄론자들의 주장처럼 움츠러들기만 한다면 결국엔 우리 문화는 경쟁력을 잃은 채 소멸하고 말 것이다. 이러한 상황이 예상된다면 점진적으로 문화시장을 개방하여 우리의 적응력도 높이는 동시에 보다 적극적으로 외국 문화의 장점들을 받아들이는 노력이 필요한 때이다. 우리의 문화적

잠재력에 외국 문화의 장점까지 부가된다면 오히려 우리의 문화가 세계문화를 주도하고, 우리의 문화상품이 세계를 제패하게 될 수도 있을 것이다. 지금의 우리에게 진정으로 필요한 것은 문을 굳게 닫을 빗장이 아닌 세계로 향한 문을 활짝 열 수 있는 자신감이다.

주제	
글의 구성	본론 1. 본론 2. 본론 3.

예시 답안 및 해설

답		
	주제	외국문화 개방에 따른 대책
	글의 구성	본론 1. 폐쇄주의 비판 본론 2. 외국문화 개방 방안 본론 3. 우리 문화의 세계화 방안

서론의 앞부분은 주제로 자연스럽게 인도하는 부분인데 이 부분을 통해 이 글의 주제가 외국문화 개방과 관련이 있음을 파악할 수 있다. 서론의 마지막 부분에는 본론에서 다룬 내용과 순서가 제시되어 있으므로 본론의 구성을 파악할 수 있다. 그리고 결론의 두 번째 문장에서 본론의 내용을 재확인할 수 있다.

서론 쓰기 - 깔때기와 이정표

실용문의 맨 앞에는 항상 서론이 놓이게 되는데 이 서론은 글의 머리와도 같은 중요한 역할을 한다. 서론보다 더 앞에 놓이는 글의 제목이 독자의 관심을 유발하는 동시에 글의 주제를 대략적으로 제시할 수 있지만 글 전체의 주제와 구성을 구체적으로 제시할 수는 없다. 따라서 글의 첫머리에 놓이는 서론을 통하여 독자의 관심을 유지하며 글의 주제와 서술 방향을 상세하게 제시할 필요가 있다. 이를 위하여 서론은 도입부와 문제제기부로 구성되는데 두 부분의 역할은 각각 깔때기와 이정표에 비유될 수 있다.

서론의 구조

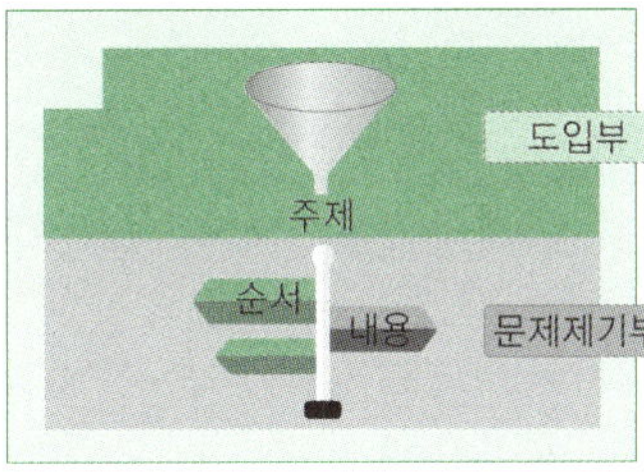

최근 몇몇 국회의원들이 면밀한 조사와 검토 끝에 친일파 명단을 새로이 발표한 일이 있었다. 일제의 식민통치에서 벗어난 지 반세기가 넘었음에도 불구하고 아직도 친일파 명단을 발표하고 그들의 처벌을 놓고 논쟁을 벌이는 것이 시대에 뒤떨어진 듯한 느낌을 지울 수가 없다. 그런데 이러한 논쟁의 근원에는 친일파에 대한 명확한 개념규정을 하지 못하고 그 개념규정에 따른 분류와 처벌을 제대로 하지 못한 것이 자리 잡고 있다. 친일파 문제에 대한 감정적 대응을 자제하고 이들에 대한 올바른 처리를 통해 소모적 논쟁을 불식시키는 일은 여전히 중요한 일이다. 따라서 이 글에서는 친일파에 대한 분명한 정의를 바탕으로 친일파를 분류하고 이 분류에 따라 이들을 차등적으로 처벌할 구체적 방안에 대해서 알아보고자 한다.

서론의 앞부분은 깔때기처럼 주제에 쉽게, 그리고 정확하게 몰입할 수 있도록 해 주는 부분이다. 도입부에서는 글을 쓰게 된 동기, 글을 쓰는 목적, 논제의 중요성과 필요성 등을 서술하여 읽는 이로 하여금 자연스럽게 문제에 몰입할 수 있도록 유도한다. 또한 이 부분에는 글을 읽는 이가 흥미를 가질 수 있는 내용을 배치하여 문제에 관심을 가지도록 유도한다. 서론의 뒷부분은 이정표처럼 글에서 서술하고자 하는 주제가 무엇이며, 그 주제가 어떤 구조의 어떤 순서로 서술될 것인가를 밝혀주는 부분이다. 주어진 주제가 몇 부분으로 나뉘어서 서술될 것이며, 각 부분은 어떤 순서로 나열될 것인지를 제시해 주는 부분이기도 하다. 독자는 이 부분을 통해 글의 주제와 구조를 대략적으로 파악하고 편안하게 본론의 논의로 접근할 수 있다.

도입부를 쓰는 방법은 구체화, 일반화, 유추의 세 가지로 나눌 수 있다. 구체화에 의한 도입부는 주어진 주제보다 포괄적인 문제나 내용에서 출발하여 주어진 문제로 접근하도록 유도하는 방법으로 쓴 도입부이다. 즉 어떠한 문제가 있다면 그 문제를 둘러싼 보다 상위의 개념, 포괄적인 문제, 원론적인 내용을 먼저 제시하고 그 문제 중에서 특히 중요하다고 생각되는 주제로 접근하는 방식이다.

구체화 – 좁히기

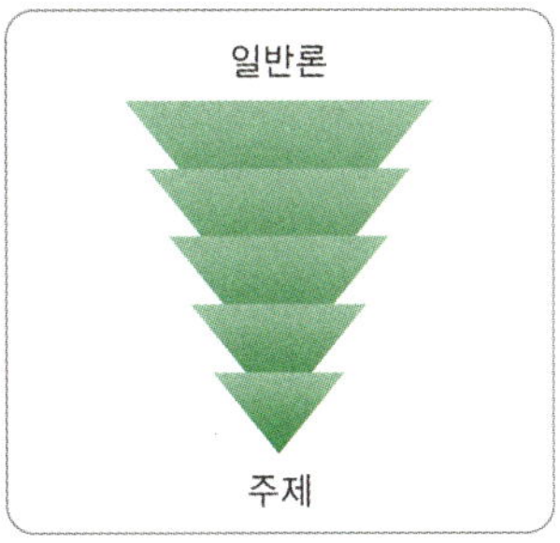

사회적 동물인 인간은 늘 누군가와 관계를 맺고 살 수밖에 없다. 그리고 어떤 관계든 관계가 맺어지면 원만한 관계를 유지하기 위해 신경 써야 할 것이 한두 가지가 아니다. 특히 사람을 사귈 때의 마음가짐이나 몸가짐을 에티켓이라 하여 매우 중시한다. 이 에티켓은 비단 얼굴을 맞대는 관계에서만 필요한 것은 아닌 듯하다. 요즘 들어 사이버 공간에서의 만남이 활발해지고 그 사이에서 다툼과 상처가 발생하는 것을 보면 특히 그렇다. 이러한 문제는 하루가 다르게 발달해 가는 사이버 세계의 만남을 예절이 따라가지 못해 발생한 것이다. 어떻게 하면 네트워크상에서의 에티켓, 즉 네티켓을 정립할 것인가에 대한 고민은 더 이상 미룰 수 없는 상황이 되었다.

위의 예시에서는 '사회적 관계 → 에티켓의 필요성 → 네트워크상의 관계 → 네티켓의 필요성'의 순서로 점차 주제를 좁혀 나가고 있다. 이처럼 일반적인 문제를 먼저 제시하고 점차 글에서 쓰고자 하는 주제로 좁혀 나가면 독자는 글의 주제로 자연스럽게 접근할 수 있게 된다.

일반화에 의한 도입부는 주어진 문제를 구성하는 보다 구체적인 내용에서 출발하여 이를 일반화한 문제로 접근하도록 유도하는 방법으로 쓴다. 론에서 다루고자 하는 문제가 있다면 그 문제를 이루는 하위 요소에 대해 먼저 서술한 후 이것을 종합해 본론의 주제로 접근해 가는 방식으로 서론을 쓰면 효과적이다.

일반화 – 넓히기

남이 글을 올리면 악착같이 따라다니며 험한 소리를 지껄여 대는 사람을 뜻하는 '악플러', 인터넷 게시판이 온통 자기 것인 양 자신의 글만 올리는 행위를 뜻하는 '도배', 도대체 무슨 말인지 알 수 없는 단어와 표기를 써 대는 외계인 '햏자'들……. 한때의 경향으로만 보기에는 도가 너무 지나치고 이 때문에 피해를 보는 사람도 속출하고 있다. 사이버 공간 자체의 논리와 정화작용을 기대해 볼 수도 있지만 그것도 요원한 것처럼 보인다. 아무리 사이버 공간이라지만 결국 현실 공간의 논리와 예절이 개입할 수밖에 없는 것인가? 그렇다면 현실 공간의 논리와 예절을 어떻게 변형하여 사이버 공간에 반영할 것인가 생각해 보자.

위의 예시에서는 '악플러, 도배, 햏자'의 사례 제시 → 사이버 공간의 문제 → 네티켓의 필요성'의 순서로 점차 주제를 넓혀 나가고 있다. 이처럼 개별적인 문제가 먼저 제시되면 독자들은 앞으로 전개될 글의 내용을 쉽게 파악하는 동시에 글의 주제로 자연스럽게 접근할 수 있게 된다.

유추에 의한 도입부는 다루고자 하는 주제와 밀접한 관련을 가지면서 많은 사람들에게 잘 알려진 개념, 사건, 일화 등을 소개하면서 주제에 접근하는 방법으로 쓴 도입부이다. 글에서 다루고자 하는 주제와는 다른 범주의 것이지만 주제와 유사성이 있는 사안을 먼저 제시한 뒤 자연스럽게 주제로 연결해 가는 방식이다.

유추 – 빗대기

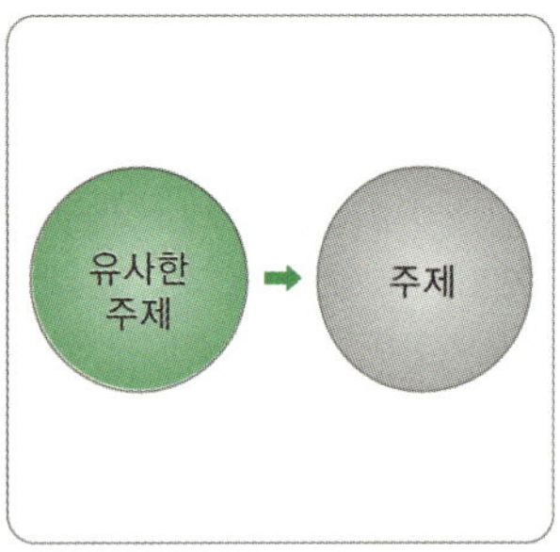

사람들은 가면을 쓰면 용감해진다. 가면 뒤에 숨은 나는 감춰지고 자신은 쓰고 있는 가면으로 사람들에게 비춰지기 때문이다. 계급장을 떼면 군인들은 용감해진다. 상대의 본래 계급이 무엇이든 계급장을 떼고 나면 동등해지기 때문이다. 사이버 공간에는 가면을 쓰고 계급장을 뗀 사람들이 넘쳐난다. 자신의 얼굴이 드러나지 않는 사이버 공간은 아이디 하나로 자신을 얼마든지 속일 수가 있다. 상대 또한 얼굴이 보이지 않기 때문에 상대가 누구이든 내 마음대로 대할 수도 있다. 이러한 익명의 공간이 사이버 공간의 장점이기도 하지만 이로 인해 수많은 폐해가 나타나고 있다. 점차 영향력이 커져 가는 사이버 공간에서의 에티켓, 즉 네티켓의 확립이 절실한 시점이다. 그 구체적인 내용과 방법은 무엇인가?

위의 예시에서는 '가면을 쓴 사람과 계급장을 뗀 군인 → 용감해지는 행동과 대등한 관계 → 네트워크상의 익명성으로 인한 문제 → 네티켓의 필요성'의 순서로 주제에 접근하고 있다. 가면과 계급장은 언뜻 보기에는 주제와 관련이 없어 보이지만 익명성을 특징으로 하는 네트워크상의 관계에 빗대어 글의 주제로 쉽사리 접근할 수 있도록 하였다.

독자의 관심을 끌기 위해서 서론의 도입부가 중요하지만 서론이 있어야 하는 궁극적인 이유는 문제제기에 있다. 즉 글의 주제, 구성 등을 명확히 밝히는 부분이 있어야 서론이 제 역할을 다할 수 있는데 그런 역할을 하는 것이 문제제기 부분이다. 따라서 서론을 쓸 때 문제제기부는 반드시 있어야 하며 가능한 한 명확하게 써야 한다. 글에서 다루는 문제가 무엇인지, 글이 어떻게 전개될 것인지 반드시 써 주어야만 독자가 불안해하지 않는다. 그리고 가능한 한 명시적으로 써야만 독자가 주제와 글의 구성을 정확하게 파악할 수 있다.

설명문과 논설문 등의 실용문을 쓸 때는 다른 어떤 종류의 글보다 문제제기 문장을 정확하게 써 주어야 한다. 문제제기 문장은 글의 종류에 따라 문장의 형식이 어느 정도 결정된다. 즉 설명을 주로 하는 글이라면 '…설명하고자 한다, …서술하고자 한다' 등으로 끝맺을 수 있고 논증을 주로 하는 글이라면 '…논하고자 한다, …고찰하고자 한다, …입증하고자 한다' 등으로 끝맺을 수 있다. 또한 문제의 중요성과 필요성을 제시하면서 문장을 끝맺을 수도 있다.

그러나 반드시 이러한 형식을 따를 필요는 없다. 학술 논문인 경우에는 형식이 대개 정해져 있으므로 위와 같이 문제제기를 한다고 해서 시비를 삼을 사람이 없지만 창의적인 글이 요구될 때는 위와 같은 문제제기가 자칫하면 천편일률적으로 느껴질 수도 있다. 이럴 경우에는 다소 표현을 달리 해서 문제제기를 할 수 있다.

연습문제 7-2

다음에 제시되는 서론에서 도입부의 서술방식을 쓰고 문제제기부를 찾아 주제를 추출하시오.

(1) 개인이든 국가든 불행했던 과거는 빨리 청산하는 것이 바람직하다. 우리 근현대사에서 가장 불행했던 시기인 일제 치하 35년의 잔재도 가능하면 빨리 청산되어야 하는 것은 당연하다. 그러나 아직도 우리 사회에서는 일제의 잔재가 많이 남아 있어 그것의 청산이 늘 문제가 되고 있다. 그중에서도 가장 심각한 문제가 인적 청산, 즉 친일파 청산 문제이다. 친일 행위가 부끄러운 행위이며 그러한 행위를 한 인사는 마땅히 처벌되어야 한다는 데에는 공감하는 데 비하여 친일파 색출과 처벌은 현재까지도 문제가 되고 있는 것이다. 그런데 이러한 논쟁의 근원에는 친일파에 대한 명확한 개념규정을 하지 못하고 그 개념규정에 따른 분류와 처벌을 제대로 하지 못한 것이 자리 잡고 있다. 따라서 이 글에서는 친일파에 대한 분명한 정의를 바탕으로 친일파를 분류하여 이들을 차등적으로 처벌할 구체적 방안에 대해서 알아보고자 한다.

도입부의 서술 방식	
문제제기부	
글의 주제	

(2) 카드 빚에 허덕이면서도 명품을 마구 사들이는 이들, 연구와 개발보다는 빌린 돈으로 정치권에 뇌물을 대고 사주의 배만 불리는 기업, 정치논리에 휩쓸려 전혀 경제적이지 않은 경제정책을 펴는 정부의 모습을 보면서 우리는 경제 위기를 예감하고 있다. 혹독했던 IMF의 기억을 모두 잊었는지 가계, 기업, 정부 모두 이전 시기의 모습으로 돌아가고 있는 것이다. 모든 경제 주체가 이러한 모습을 보인다면 우리 경제가 또다시 송두리째 흔들리지 않으리라는 보장을 할 수가 없다. 지난 시절의 과오는 다가올 시기의 위기를 극복할 수 있는 좋은 교과서가 된다. 따라서 지난 경제 위기의 원인을 분석해 보고 이에 따라 대책을 마련하는 것은 다가올 우리 경제의 위기를 막는 중요한 방책이 될 것이다.

도입부의 서술 방식	
문제제기부	
글의 주제	

(3) 땅거미가 질 무렵은 낮인가 밤인가? 지친 몸을 편히 쉬게 할 집을 찾아들어가는 농부에게는 땅거미가 질 무렵은 밤일 테지만, 시간 가는 줄 모르고 놀이에 열중해 있는 아이에게는 낮일 것이다. 동이 틀 무렵은 밤인가 낮인가? 소풍날 아침의 초등학생에게는 훤한 대낮이지만, 일하기 싫은 농부에게는 한밤중으로 보일 것이다. 모든 일이 다 이렇다. 같은 대상을 두고도 어느 쪽에서 어떻게 바라보느냐에 따라 얼마든지 달라 보이는 것이다. 예술과 외설을 둘러 싼 논쟁도 어느 쪽에 서서 무엇을 바라보느냐의 문제이다. 예술 영화에서 어두컴컴한 침실 장면만 찾는 사람에게는 모든 것이 외설이고, 온통 살색에 신음으로만 가득 찬 영화에서 인간과 인생의 아름다움을 찾는 사람에게는 모든 것이 예술이다. 그런데 왜 서로 반대쪽에 서서 서로를 욕하기만 하는 것인가? 이 싸움에서 우리는 어디에 서야 하는 것인가?

도입부의 서술 방식	
문제제기부	
글의 주제	

예시 답안 및 해설

답(1) 도입부의 서술 방식	구체화
문제제기부	따라서 이 글에서는 친일파에 대한 분명한 정의를 바탕으로 친일파를 분류하여 이들을 차등적으로 처벌할 구체적 방안에 대해서 알아보고자 한다
글의 주제	친일파 처리 방안

답(2) 도입부의 서술 방식	일반화
문제제기부	따라서 지난 경제 위기의 원인을 분석해 보고 이에 따라 대책을 마련하는 것은 다가올 우리 경제의 위기를 막는 중요한 방책이 될 것이다
글의 주제	과거의 경험을 통한 경제 위기의 대처 방안

답(3) 도입부의 서술 방식	유추
문제제기부	그런데 왜 서로 반대쪽에 서서 서로를 욕하기만 하는 것인가? 이 싸움에서 우리는 어디에 서야 하는 것인가?
글의 주제	예술과 외설 논쟁

(1)은 불행한 과거의 청산 문제에서 출발해 점차 친일파 청산 문제로 좁히고 있으므로 구체화에 의한 도입 방식이다. 서론의 마지막 부분이 문제제기 문장인데 여기에서 주제를 찾을 수 있다.

(2)는 경제 위기를 예감케 하는 다양한 행태를 구체적으로 제기하다가 이를 점차 경제 위기 전반으로 넓혀나가고 있으므로 일반화에 의한 도입 방식이다. 서론의 마지막 부분이 문제제기 문장인데 여기에서 주제를 찾을 수 있다.

(3)은 땅거미가 질 무렵의 농부와 아이에 대한 내용으로 시작했다가 점차 동일한 사안에 대한 다른 시각 문제를 거쳐 예술과 외설 논쟁으로 접근하고 있으므로 유추에 의한 도입 방식이다. 문제제기 문장은 마지막 두 문장인데 여기에서 주제를 찾을 수 있다.

결론 쓰기 - 정리와 여운

결론은 한 편의 글에서 가장 마지막에 놓이는 구성요소로서 본론에서 논의된 내용을 종합하고 정리하여 글을 끝맺는 구실을 하는 부분이다. 그리고 본론의 논의와 관련하여 덧붙이고자 하는 내용, 남은 문제 등을 추가하여 글의 완결성을 높이는 구실을 하는 부분이기도 하다.

결론을 쓸 때는 먼저 본론의 내용을 요약하고 필요한 내용을 몇 가지 덧붙인다. 요약을 할 때는 본론에서 서술된 내용을 나열할 수도 있지만 각 내용들을 종합해 보다 추상적인 문장으로 종합할 수도 있다. 또한 본론에서 논의된 핵심적인 내용을 다시금 반복하여 읽는 이에게 강한 인상을 남길 수도 있다. 나아가 여러 가지 이유로 본론에서 다루지 못한 내용이 있을 수 있는데 이에 대해 짤막하게 언급하거나 더 해결해야 할 문제를 제시할 수도 있다. 다음의 결론은 앞에서 제시한 서론과 짝을 이루는 결론이다.

결론의 구조

병의 근원이 몸속에 남아 있을지라도 병은 치유된 것처럼 보일 수 있다. 우리의 역사에서 일제시대는 중병을 앓았던 시기였기 때문에 그 시대의 중병을 치료하려고 무던히도 애써왔다. 그러나 아직도 친일잔재는 청산이 되지 않았고 그 핵심인 친일파 처리 문제는 결론이 나지 않았다. 이 문제를 해결하는 지름길은 친일파에 대한 정의와 분류에서 시작되어야 한다. 이상에서 친일파의 정의와 분류를 하고 이에 따른 차등적인 처벌 방안을 제시했다. 이제 남은 과제는 이 방안에 따라 철저하게 처벌하여 남은 병의 근원마저 송두리째 뽑아 버리는 일일 것이다.

결론의 앞부분에서는 본론에서 언급되었을 '친일파의 정의, 분류, 차등적 처벌 방안'을 요약하고 있다. 이러한 요약에 앞서 몸의 병과 역사의 병을 언급하고 있는데 이는 본론에서 결론으로 전환하며 호흡을 가다듬는 역할을 하기도 하고, 여운을 남기는 역할을 하기도 한다. 결론의 뒷부분은 남은 과제에 대해 제시하고 있다. 여기에서도 역시 결론의 첫 부분에 썼던 병을 다시 언급하며 여운을 남기고 앞으로 해야 할 일을 제시하고 있다.

결론을 쓸 때 주의해야 할 점 중의 하나가 '결론'이란 단어에 현혹되어 논의의 핵심을 결론 부분에 써서는 안 된다는 것이다. 마무리는 어디까지나 어떤 일이 거의 끝날 무렵 끝맺음을 하는 것을 의미한다. 즉 마무리 단계에서 뭔가 중요한 일을 새로 시작할 수는 없는 것이다. 따라서 글을 쓸 때에도 주어진 문제에 대한 논증과 설명은 본론에서 모두 이루어져야 한다. 어떤 글이 논증적인 글일지라도 그 논증의 '결론'은 본론의 마지막에서 내려져야 하고 결론에서는 본론의 내용 전체를 종합해야 한다.

연습문제 7-3

다음에 제시되는 서론에 맞춰 결론을 완성하시오.

(1) 개인이든 국가든 불행했던 과거는 빨리 청산하는 것이 바람직하다. 우리 근현대사에서 가장 불행했던 시기인 일제 치하 35년의 잔재도 가능하면 빨리 청산되어야 하는 것은 당연하다. 그러나 아직도 우리 사회에서는 일제의 잔재가 많이 남아 있어 그것의 청산이 늘 문제가 되고 있다. 그중에서도 가장 심각한 문제가 인적 청산, 즉 친일파 청산 문제이다. 친일 행위가 부끄러운 행위이며 그러한 행위를 한 인사는 마땅히 처벌되어야 한다는 데에는 공감하는 데 비하여 친일파 색출과 처벌은 현재까지도 문제가 되고 있는 것이다. 그런데 이러한 논쟁의 근원에는 친일파에 대한 명확한 개념규정을 하지 못하고 그 개념규정에 따른 분류와 처벌을 제대로 하지 못한 것이 자리 잡고 있다. 따라서 이 글에서는 친일파에 대한 분명한 정의를 바탕으로 친일파를 분류하여 이들을 차등적으로 처벌할 구체적 방안에 대해서 알아보고자 한다.

결론	

(2) 카드 빚에 허덕이면서도 명품을 마구 사들이는 이들, 연구와 개발보다는 빌린 돈으로 정치권에 뇌물을 대고 사주의 배만 불리는 기업, 정치논리에 휩쓸려 전혀 경제적이지 않은 경제정책을 펴는 정부의 모습을 보면서 우리는 경제 위기를 예감하고 있다. 혹독했던 IMF의 기억을 모두 잊었는지 가계, 기업, 정부 모두 이전 시기의 모습으로 돌아가고 있는 것이다. 모든 경제 주체가 이러한 모습을 보인다면 우리 경제가 또다시 송두리째 흔들리지 않으리라는 보장을 할 수가 없다. 지난 시절의 과오는 다가올 시기의 위기를 극복할 수 있는 좋은 교과서가 된다. 따라서 지난 경제 위기의 원인을 분석해 보고 이에 따라 대책을 마련하는 것은 다가올 우리 경제의 위기를 막는 중요한 방책이 될 것이다.

결론	

(3) 땅거미가 질 무렵은 낮인가 밤인가? 지친 몸을 편히 쉬게 할 집을 찾아들어가는 농부에게는 땅거미가 질 무렵은 밤일 테지만, 시간 가는 줄 모르고 놀이에 열중해 있는 아이에게는 낮일 것이다. 동이 틀 무렵은 밤인가 낮인가? 소풍날 아침의 초등학생에게는 훤한 대낮이지만, 일하기 싫은 농부에게는 한밤중으로 보일 것이다. 모든 일이 다 이렇다. 같은 대상을 두고도 어느 쪽에서 어떻게 바라보느냐에 따라 얼마든지 달라 보이는 것이다. 예술과 외설을 둘러 싼 논쟁도 어느 쪽에 서서 무엇을 바라보느냐의 문제이다. 예술 영화에서 어두컴컴한 침실 장면만 찾는 사람에게는 모든 것이 외설이고, 온통 살색에 신음으로만 가득 찬 영화에서 인간과 인생의 아름다움을 찾는 사람에게는 모든 것이 예술이다. 그런데 왜 서로 반대쪽에 서서 서로를 욕하기만 하는 것인가? 이 싸움에서 우리는 어디에 서야 하는 것인가?

결론	

예시 답안 및 해설

답 (1) 문제가 무엇인지 정확하게 정의되지 않으면 문제의 해결을 기대하기 어렵다. 친일파 청산이란 문제에서도 역시 가장 먼저 해야 할 것은 친일파의 정의다. 친일파의 정의가 명확하게 내려지면 친일의 정도에 따른 분류와 각각의 차등적인 처벌도 가능해진다. 우리 민족에게 해를 끼치고 일본의 식민 통치에 도움을 준 모든 이들을 적절히 분류하고 이들에 대한 구체적인 처벌 방안이 제시될 수 있을 때 비로소 완전한 친일 청산을 기대할 수 있다. 친일은 과거의 일이지만 그것의 청산은 현재의 일인 동시에 새로운 역사를 펼쳐 나가기 위한 미래의 일이기도 하다.

(2) 경제의 세 주체인 가계, 기업, 정부는 결코 서로 분리되어 있는 존재가 아니다. 빚을 내어 흥청망청 쓰는 가계 구성원이 다니는 기업이 흥할 리가 없다. 또한 그러한 가계와 기업으로부터 세금을 걷어서 국정을 운영해야 할 국가 또한 건전할 수가 없다. 결국 지난 시기의 위기는 세 주체가 서로의 역할을 망각한 채 유기적인 노력을 하지 못한 데서 비롯된 것이었다. 그것이 분명하다면 다가올 경제 위기의 대처 방안 또한 명확하다. 건전한 주체의 유기적인 노력만이 다가올 경제 위기를 막아낼 수 있을 것이다. 우리는 지금 과거의 전철(前轍)을 밟아 공도동망(共倒同亡)할 것인가, 과거를 반면교사(反面教師)로 삼아 공생(共生)의 길을 모색할 것인가의 선택의 기로에 서 있다.

(3) 예술성이 높은 영화든 외설에 가까운 영화든 영화는 앞으로도 계속 만들어질 것이다. 그리고 영화를 둘러 싼 예술과 외설 논쟁도 끝이 없을 것이다. 따라서 영화를 없애는 것도, 이와 관련된 논쟁을 없애는 것도 불가능하다. 상황이 이렇다면 영화의 생산이 아닌 소비 쪽에 우리의 초점을 맞출 필요가 있다. 소비의 주체가 예술과 외설에 대한 분명한 기준이 있다면, 그리고 그 기준에 따른 판단에 의지해 영화를 소비한다면 문제가 될 것은 없다. 성직자처럼 고매한 인격의 소유자가 아닌, 그렇다고 음란과 퇴폐에 빠진 성도착자가 아닌 보통의 사람들이라면 자신이 좋아하는 영화를 마음껏 즐길 권리가 있다.

(1)에서는 문제의 해결을 위한 정의, 분류, 차등적 해결방안을 본론의 문제와 연계하면서 글 전체의 내용을 요약하고 있다. 그리고 현재뿐만 아니라 미래의 일까지 제시함으로써 여운을 남기고 있다.

(2)에서는 지난 경제 위기 때 경제의 각 주체가 어떤 문제점을 보였는지를 요약적으로 제시하면서 이를 통해 앞으로의 대처 방안을 요약해서 제시하고 있다. 그리고 한자성어를 사용해 올바른 선택을 강조하고 있다.

(3)에서는 영화의 예술과 외설 논쟁에서 결국 중요한 것은 영화 소비자의 관점임을 강조하면서 글 전체의 내용을 종합하고 있다. 그리고 영화는 보통 사람들의 건전한 상식 하에 누구나 즐길 수 있어야 함을 강조하면서 끝맺고 있다.

7.2

설명하는 글

▶ **설명문** - 전달을 통한 이해
▶ **설명하는 글의 실제** - 교과서부터 설명서까지

설명문 - 전달을 통한 이해

인류 문명의 원천인 지식과 정보는 어떤 방식으로든 보존이 되어야 축적되고 발전될 수 있다. 문자의 발명은 지식과 정보의 축적에 결정적인 역할을 하게 되었고, 점차 인류의 지혜가 발달되면서 설명하는 글의 내용과 형식이 자리 잡게 되었다. 설명하는 글은 기본적으로는 지식과 정보의 전달을 목적으로 한다. 글을 통해 전달된 지식과 정보는 글을 읽는 이의 이해를 도모하게 되어 결과적으로는 지식과 정보가 공유된다. 그리고 이렇게 축적된 지식과 정보는 또 다른 지식과 정보로 발전되어 다시 글을 통해 전달되고 그 결과 지식과 정보의 확대 재생산과 순환이 이루어지게 된다.

설명하는 글의 성공 여부는 지식과 정보가 얼마나 효과적으로 전달되고 이해되었는가에 달려 있다. 설명하는 글의 근본적인 목적이 전달을 통한 이해이므로 가장 효과적인 전달의 방법을 택하여 독자가 손쉽게 이해할 수 있도록 써야 한다. 이를 위해서는 내용과 형식 모든 것이 중요하다. 내용 면에서 일차적으로 중요한 것은 글을 쓰는 이가 설명하는 대상에 대해 얼마나 많은 지식과 정보를 가지고 있는가이다. 양질의 지식과 정보일수록 글의 내용이 알차게 채워질 수 있고, 그 결과 정해진 분량에 더 많은 지식을 전달할 수 있다. 지식과 정보의 양뿐만 아니라 정리 또한 중요하다. 아무리 지식과 정보의 양이 많고 가치가 높더라도 그것이 글속에 체계적으로 담기지 않으면 전달과 이해의 효과가 높지 않다. 따라서 글의 구성과 전개 방법 모두에 대한 고민도 함께 필요하다.

설명하는 글, 즉 설명문은 가장 일반적인 실용문이므로 실용문의 구성과 전개 방식이 전형적으로 드러나는 글이기도 하다. 다음의 예시를 통해서 설명문의 구성과 전개를 파악해 보도록 하자.

언어와 사고의 관계

'닭이 먼저인가, 달걀이 먼저인가?'의 문제는 닭과 달걀의 선후관계에 대한 생물학적 물음의 형식을 띠고 있지만 실제로는 생물 이외의 다른 분야에서 더 많이 논의되기도 한다. 언어와 관련해서도 이러한 선후 논쟁이 가능하다. 인간의 중요한 특질 중 하나인 언어는 사고와 떼려야 뗄 수 없는 관계에 있다. 그렇다면 언어가 있어야 사고가 가능한가, 사고가 가능해야 언어가 있을 수 있는가의 문제가 대두된다. 언어와 사고와의 관계는 오랜 세월 동안 논쟁이 되어 왔는데 양자 간의 대립적 주장은 여전히 흥미롭다.

언어가 사고를 지배한다는 주장은, 언어가 사고보다 우위에 있으며, 언어가 사고를 유도하고 지배한다고 본다. 예를 들어 번개, 연기, 불빛, 파도 등은 보통 사물로 간주되는데 이런 자연현상을 모두 동사로 표현하는 언어 사용자들은 이것들을 사물이 아닌 동작으로만 이해한다는 것이다. 또한 파랑과 초록 계열의 색에 대한 이름이 많은 언어 사용자들은 이 계열의 색을 잘 구분하지만 그렇지 않은 사용자들은 색을 잘 구분하지 못한다는 실험도 있다. 그러나 언어의 우위를 지지하는 주장은 많지 않고 그마저도 너무 강한 주장이어서 지지보다는 비판을 많이 받는다.

사고가 언어를 지배한다는 주장은, 사고가 언어보다 우위에 있어서 언어가 사고에 의존한다고 본다. 예를 들어 아이들도 성인들이 쓰는 '더 크다, 더 많다' 등의 말을 따라할 수는 있지만 크기와 양에 대한 사고력이 충분히 성장하기 전까지는 이러한 표현을 정확하게 구사하지 못한다. 또한 대부분의 사람들이 '저리이리'가 아닌 '이리저리'와 같은 표현을 쓰는 것도 자기중심적인 인간의 사고가 언어에 반영된 결과로 본다. 그러나 이 주장 또한 인간의 인지와 사회발달을 증진시키는 언어의 역할을 과소평가했다는 점에서 비판을 받는다.

이후 언어와 사고의 관계는 상호의존적인 관계로 보아야 한다는 주장이 제기되었다. 언어와 사고의 관계는, 언어가 사고에 영향을 미치는 동시에 사고가 언어에 영향을 미치며 끊임없이 주고받는 관계로 파악한다. 아동의 성장 과정 초기에는 언어와 사고가 독립적이고 별개이지만 성장이 진행될수록 사고가 점차 언어화되고 그 언어가 사고를 요구하면서 결국에는 상호 연결되고 의존하게 된다고 본다. 언어가 발달하면 할수록 정교한 사고가 가능하고, 논리적이고 합리적인 사고가 발달하면 발달할수록 언어도 이에 맞게 발전한다는 점에서 이러한 절충적인 시각이 지지를 받고 있다.

아이들에게 흔히 하게 되는 '엄마가 좋은가, 아빠가 좋은가?'는 매우 어리석은 질문이다. 엄마 아빠가 모두 있어야 자신이 있을 수 있고 모두를 사랑해야 화목한 가정을 이룰 수 있는데 굳이 어느 하나를 선택하라는 질문은 어리석을 수밖에 없다. 언어와 사고와의 관계에 대한 질문도 마찬가지일 수 있다. 언어와 사고가 상호의존적이어서 언어가 사고를 발전시키고, 사고가 언어를 발전시키는 순환적 구조를 띄고 있다면 양자를 조화롭게 활용하는 것이 더 중요할 수가 있다. 지금 이 순간 무언가 사고하고 있다면 사고를 가능하게 한 언어에 감사하라. 지금 이 순간 말을 하고 있다면 앵무새가 아닌 사람으로서 말하는 것을 가능하게 한 사고에 감사하라.

윗글의 제목은 글 전체의 주제와 내용을 간명하게 보여준다. 또한 글 전체의 구성은 주어진 주제에 대해 가장 효과적인 방법으로 구성이 되어 있다. 즉, 서론과 결론을 제외한 본론은 세 단락으로 이루어졌는데 앞의 두 단락은 각각 언어와 사고가 우위에 있다는 주장을 설명하고 있다. 본론의 마지막 단락은 앞의 두 단락의 내용을 종합해 언어와 사고를 상호의존적 관계로 보아야 함을 설명하고 있다. 이처럼 설명문은 서론과 본론이 분명히 갖추어져야 하고 본론도 명쾌한 구조를 갖춰야 한다.

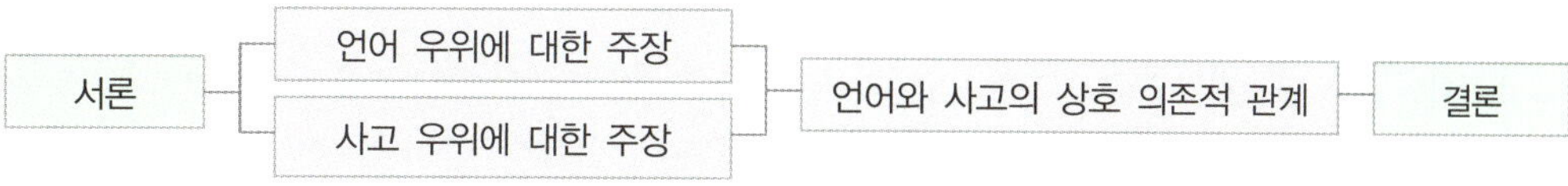

첫 단락은 서론인데 도입과 문제제기가 분명히 갖추어져 있다. 도입부는 닭과 달걀의 선후관계에 대한 논쟁으로부터 점차 언어와 사고와의 관계로 좁혀가는 구체화의 방법으로 썼다. '그렇다면' 이하가 문제제기에 해당되는데 본론의 각 부분에 대한 예고를 하는 것은 물론 흥미까지 불러일으키도록 작성되었다. 본론의 각 단락은 단락의 전개방법에 따라 작성되었다. 세 단락 모두 첫머리에 화제문을 제시한 후 이를 구체적으로 풀어나가는 뒷받침문을 썼다. 또한 독자의 이해를 돕기 위해서 단락의 전개방법 중 예시의 방법을 사용하였다. 이처럼 설명의 효과를 높이기 위해 제목의 선정부터 단락의 전개에 이르는 모든 과정에서 글쓰기의 전략이 효과적으로 사용되어야 한다.

연습문제 7-4

다음에 제시되는 설명문을 분석하여 빈칸을 채우시오.

휴대전화와 커피에 대한 단상

[1] 휴대전화를 새것으로 바꾸면 여러분은 뭐가 제일 불편하던가요? 아마도 전에 쓰던 전화기에 들어 있던 전화번호를 새 전화기에 옮기는 것이 제일 불편할 것입니다. 그런데 요즘에는 일일이 입력하는 수고 없이 이전 전화기의 정보를 새 전화기에 그대로 옮기는 방법이 개발되었으니 이 불편은 금방 해소될 수 있을 것 같습니다. 그렇다면 다른 회사의 전화기를 사게 됐을 때는 뭐가 제일 불편하던가요? 아마도 문자 메시지를 보낼 때 자판의 배열이나 글자를 입력하는 방법이 달라 가장 큰 불편을 느낄 것입니다. 이런 불편을 느낄 때마다 왜 이런 거 하나 통일을 못 시켜 우리를 이토록 불편하게 하는가에 대해 불평을 했을 것입니다.

[2] 당분간 이 불편은 해소될 것 같지 않습니다. '천지인'이나 '나랏글'처럼 세종대왕이 똥겨준 방법으로 입력체계를 만든 것도 있고, 처음부터 써 오던 것을 그대로 고수한 것도 있고, 사용료를 따로 물고 싶지 않아 나름대로 개발해서 쓰는 것도 있습니다. 어느 것이든 자신들의 입력체계가 가장 합리적이라며 나름대로의 증거도 제시하고 있습니다. 이 문제는 휴대전화 제작사들의 장삿속과 맞물려 있기 때문에 입력체계의 효율성만으로는 결론이 나지 않을 것입니다. 결국 이 틈바구니에서 애꿎은 사용자들만 불편을 감수할 수밖에 없고 이 때문에 불만은 더 늘어날 것 같습니다.

[3] 이런 불만을 말과 글에 그대로 적용해 볼까요? '그 겨울날 이른 아침에 바람 속을 거닐다가' 무엇인가 따뜻한 것이 마시고 싶어 찻집에 들어갔다고 합시다? 다음의 차림표 중에서 뭘 마실까요? '커피, 컾이, 컵히, 겊피, 컾히, 컵희, 겊희…….' 당연히 '커피'를 마셔야겠지요. 하지만 안타깝게도 다른 모든 표기도 '커피'와 같은 발음이 나기 때문에 누군가가 다르게 쓰겠다고 우기면 말릴 방법이 없습니다. 다음은 또 어떨까요? '커휘, 코이, 코-이, 고이, 코피, 카페, 까페, 까훼……' 발음에 민감한 사람들, 외국물을 많이 먹은 사람들은 또 이렇게 쓰고 발음해야 한다고 우길지도 모르는데 이 역시 말릴 방법이 없습니다. 결국 '컵에 담긴 피(컵피)'를 마시는 사람이나 '코에서 나는 피(코피)'를 마시는 사람만 씁쓸한 느낌을 지울 수가 없겠죠.

[4] 이처럼 '커피'를 제각각으로 읽고 쓴다면 여러분은 무슨 요구를 하게 될까요? 한 가지 마실 거리에 그토록 많은 표기와 발음이 있으면 헷갈리니 제발 하나로 통일하라고 할 것입니다. 뿐만 아니라 어떤 표기가 가장 좋을 것인가에 대한 의견도 이야기할 것입니다. '컵피'와 '코피'는 끔찍하니까 쓰지 않는 것이 좋겠고, '컵히, 컵피, 컵희' 등은 뭔가 겹쳐 쓰는 듯한 느낌이 있으니까 바람직하지 않고, 신토불이 음료가 아니더라도 한 나라의 이름으로 통일하는 것이 좋으니까 '코이, 카페' 등은 버리는 것이 좋겠고, '커휘, 까훼'등은 이빨로 입술을 깨물어 발음해야 하니 역겨워서 싫고…….

[5] 이렇듯 우리는 가장 적당한 것 하나로 통일하는 것이 바람직하다고 생각합니다. 휴대전화의 문자 입력체계는 가장 편리하고 빠른 것 하나면 정하는 것이 좋다고 생각합니다. 저마다의 이유가 있겠지만 음식의 이름이든 사물의 이름이든 하나의 표기로 통일하고 한 가지로만 발음하는 것이 좋다고 생각합니다. 물론 '통일' 그 자체가 좋아서 그런 것은 아닙니다. 통일이 되어 있어야 가장 빠르게 말하고 쓸 수 있으며, 듣고 읽을 수 있고, 그 결과로 가장 효과적으로 의사소통을 할 수 있기 때문입니다. 이렇게 가장 적당한 것으로 통일하도록 요구하는 것이 '우리'이고 '나'는 이 '우리' 속에 속해 있습니다.

[6] 어문규범에는 '나'의 이러한 요구가 고스란히 담겨 있습니다. 쓰기 쉽고 읽기 쉬우며, 발음하기 쉽고 듣기 쉬운 표기와 발음에 대한 요구가 담겨 있습니다. 가장 짧은 시간에 가장 많은 정보를 전달하여 가장 효과적으로 의사소통을 할 수 있도록 해 달라는 요구가 담겨 있습니다. 엄지만으로도 날아갈 듯이 문자 메시지를 전할 수 있게 해달라는 요구, 커피의 맛과 향이 달아나지 않도록 해달라는 요구와 마찬가지의 요구가 담겨 있습니다. 그러니 어문규범을 보면 '네 안에 나 있다'라는 말이 자연스럽게 나올 수 있는 것입니다.

주제	
글의 구성	(1) / (2) → (3) / (4) → (5) / (6)

예시 답안 및 해설

답 주제	어문규범의 지향점
글의 구성	(1) 휴대전화 교체 시의 불편 / (2) 문자 입력 시스템의 문제 → (3) '커피'의 표기 문제 / (4) '커피'의 표기 문제 → (5) 통일성에 대한 요구 / (6) 어문규범의 지향

이 글은 어문규범에 대해 설명하는 책의 일부분이므로 서론, 본론, 결론 구조를 완벽하게 갖추지는 않았다. 그러나 설명의 효과를 높이기 위해 글 전체를 세 부분으로 구성하고 각 부분은 다시 두 단락으로 구성했다. 또한 어문규범에 관련된 문제를 설명하기 위해 많은 이들에게 친숙한 휴대전화의 문자 입력 방법을 비유적으로 사용하여 설명의 효과를 높이고 있다.

설명하는 글의 실제 - 교과서부터 설명서까지

실용문 중에서 설명하는 글은 가장 중요하고도 흔하기 때문에 우리 주변에서도 가장 많이 볼 수 있다. 지식과 정보의 전달은 교육에서 필수적이기 때문에 실용문이 가장 많이 쓰이는 분야는 각종 교육 분야이다. 특히 교과서는 전체가 설명하는 글이라고 해도 될 만큼 설명문으로 구성이 되어 있다. 이뿐만 아니라 각종 홍보문, 안내문 등도 모두 설명하는 글에 속한다. 각각의 글들은 목적에 따라 내용과 형식은 조금씩 달라지기는 하지만 기본적으로는 설명하는 글의 일반적인 원칙을 따라야 한다.

교과서는 주장을 담기보다는 이미 알려진 사실 중에 학생들에게 꼭 필요한 것을 이해시키는 것을 목적으로 하기 때문에 대부분 설명문으로 구성된다. 교과서의 내용 중 긴 분량이 할애되어 한 편의 완성된 글로 쓸 경우에는 서론, 본론, 결론의 3단 구성을 갖추지만 단편적인 사안에 대해 설명할 때는 한두 단락으로 구성되기도 한다.

어떤 주부가 냉장고를 사러 갔을 때, "이 물건이 가격은 비싸지만 경제적으로 생각하면 더 이익입니다." 혹은 "저 물건이 경제적으로 생각해 보면 더 좋습니다."라는 점원의 말들처럼 경제적으로 생각하는 행태, 즉 경제적 사고라는 말을 종종 듣게 된다. 경제적 사고란 무엇일까?

경제적 사고란 어떤 선택에 있어서 경제 원칙을 따르려는 생각을 말한다. 가령, 생산자의 경우 생산량을 증가시키는 데 새로운 기계를 도입하는 것이 더 효과적일까, 아니면 숙련된 노동자를 투입하는 것이 더 효과적일까? 투자는 어떤 사업에 할 것인가, 투자를 한다고 할 때 얼마만큼 투자를 할 것인가 등의 문제를 결정함에 있어서 경제적 사고가 요구된다. 도 소비자의 경우 어떤 물건을 살 건인가, 어느 회사의 제품을 고를 것인가 등을 결정함에 있어서도 경제적 사고가 요구된다. 또 소비자의 경우 어떤 물건을 살 것인가, 어느 회사의 제품을 고를 것인가 등을 결정함에 있어서도 경제적 사고가 요구된다.

경제적 사고는 경제문제라 하는 것뿐만 아니라 겉으로 보기에는 별로 관계가 없어 보이는 문제, 예를 들어 교통정책, 교육 정책, 결혼 등의 문제에도 유용하다. 교통 정책을 결정할 때 교통 법규 위반자를 줄이기 위하여 무인 카메라를 설치할 것인가, 아니면 단속 경찰관 수를 늘릴 것인가를 선택하는 경우에도 경제적 사고가 필요하다. 또한 일정한 예산으로 교육의 효과를 극대화하기 위하여 컴퓨터를 사 줄 것인가, 아니면 새로운 학교를 지어 학급당 학생 수를 줄일 것인가를 결정함에 있어서도 경제적 사고가 요구된다.

위의 예는 '경제적 사고'에 관한 설명문인데 글의 도입을 위한 서론은 있지만 굳이 결론을 맺을 필요가 없어 결론은 생략되었음을 알 수 있다. 본론의 전개 방식을 보면 교과서의 특성상 정의와 예시가 많이 사용되었음을 알 수 있다.

개인이나 집단이 각종 필요한 정보를 여러 사람에게 알리는 글을 홍보문이라고 하는데 홍보문 또한 설명하는 글의 대표적인 유형이다. 홍보문은 작성하는 주체와 알리고자 하는 내용에 따라 내용과 형식이 매우 다양하다. 경우에 따라서는 한 편의 완성된 글로 작성이 되기도 하지만 상대적으로 짧게 구성되는 경우가 많기 때문에 서론과 본론이 생략되는 경우가 많다. 따라서 홍보문을 작성할 때는 단락의 전개방법을 적절하게 활용하는 것이 중요하다.

국제라이온스협회

모토(Motto)

라이온스의 모토는 "We Serve(우리는 봉사한다)"이다. 1954년 공식 모토로 채택된 이래, 회원 개개인의 이익에만 치중하지 않고 누구에게나 공평한 봉사활동을 펼칠 것을 주창한 멜빈 존스의 의지와 맞물려 라이온스의 철학을 대표하게 되었고, 모든 라이온들이 자발적이고 헌신적인 봉사활동을 계속할 수 있는 지침이 되어왔다.

슬로건(Slogan)

국제라이온스협회 공식 슬로건의 채택은 1919년 제3회 연차대회에서 이루어졌다. 미국 덴버출신의 젊은 변호사 헤르스디트 리타L이 "라이오니즘의 힘"이라는 제목의 연설을 통해 라이온스(Lions)에 Liberty(자유), Intelligence(지성), Our Nation's Safety(우리 국가의 안전)이라는 의미를 부여하였고, 많은 사람들의 공감을 얻어 이를 라이온스협회의 공식 슬로건으로 채택하게 되었다. 이는 협회 창립 이래 2년여 간 지속되어온 협회 명칭 개정에 대한 논란을 종식시키고 라이온스라는 명칭을 확고히 하는 계기가 되기도 하였다.

휘장(Emblem)

국제라이온스협회의 엠블렘은 미국의 캘리포니아 출신 모리스 블링크L에 의해 창안되어 1920년 제4차 연차대회에서 공식 채택되었다. 국제라이온스협회를 대표하는 사자는 용기, 강인함, 활동성, 성실함 등을 상징하며 인도주의적 봉사활동을 전개하기 위한 기본 요소를 나타낸다. 중앙의 대문자 "L"은 비단 사자(Lion) 의 머리글자일 뿐 아니라 사랑(Love), 자유(Liberty), 법(Law), 노력(Labor), 충성(Loyalty), 생명(Life)을 의미한다. "L"을 둘러싼 원은 회원과 클럽, 지구가 하나로 화합하자는 의미이며, 상단의 "Lions"와 하단의 "International"은 각각 협회의 명칭과 국제조직임을 나타낸다. 양 옆을 응시하고 있는 사자의 얼굴은 과거를 돌아보고 미래를 내다보며 도움의 손길을 필요로 하는 곳을 찾아 봉사의 영역을 확대해 나가자는 의미이다. 엠블렘을 메우고 있는 보라색과 황금색은 각각 국가, 친구, 특히 양심에 충실할 것과 청렴한 생활, 투철한 의지, 정확한 판단, 관대한 아량으로 어려운 사람을 물심양면으로 도울 것을 의미한다.

위의 홍보문은 봉사단체에 대한 기본적인 정보를 제공하는 글이다. 알리고자 하는 정보의 각 부분에 적절한 소제목을 붙이고 이를 중심으로 꼭 필요한 정보를 제시하였다.

안내문도 무엇인가를 알린다는 점에서 홍보문과 유사한 점이 있다. 그러나 안내문은 사용되는 상황이 한정이 되어 있는 경우가 많기 때문에 내용과 형식이 대개는 정해져 있다. 안내문의 길이에 따라 3단 구성을 갖출 수도 있지만 서론, 결론보다는 알리고자 하는 핵심적인 내용이 중요하므로 본론만으로 구성이 되기도 한다. 그렇더라도 알리고자 하는 내용은 시간과 공간에 따라 배치된 경우가 많으므로 본론의 구성 방법에서 병렬식과 직렬식을 적절히 사용하면 효과적이다. 또한 필요에 따라서는 완벽한 글의 형식이 아니라 꼭 필요한 정보만 나열하는 개조식으로 작성할 수도 있다.

박물관 관람시 유의사항

우리의 귀중한 문화유산을 보호하고 관람질서를 유지하기 위하여 다음 사항을 준수하여 주시기 바랍니다.

- 박물관의 모든 공간은 금연구역입니다.
- 음식물 반입과 안내견 이외의 애완동물의 출입은 금지되어 있습니다.
- 전시실 입장 전에, 휴대전화는 전원을 꺼주시거나 진동으로 전환하여 주십시오.
- 전시관에서는 정숙해 주시고 뛰어다니는 행위는 삼가시길 바랍니다.
- 전시물에 손을 대거나 손상을 입힐 수 있는 행위는 절대 삼가 주십시오.
- 플래시/삼각대 등을 이용한 촬영과 상업적 용도를 위한 촬영은 금지되어 있습니다.
- 야외 관람로에서는 자전거, 킥보드, 인라인스케이트, 스케이트보드 등을 이용할 수 없습니다.
- 슬리퍼 등 정숙한 관람을 해치는 복장은 자제하여 주시기 바랍니다.

위의 안내문은 꼭 필요한 정보만을 추려서 개조식으로 작성하였다. 개조식으로 작성하더라도 중요한 것을 먼저 제시하거나 관련성이 있는 것끼리 묶어서 제시하는 것이 좋다. 또한 필요에 따라서는 특정 부분을 강조할 수도 있다.

연습문제 7-5

다음에 제시되는 홍보문의 문제점에 대한 분석을 완성하시오.

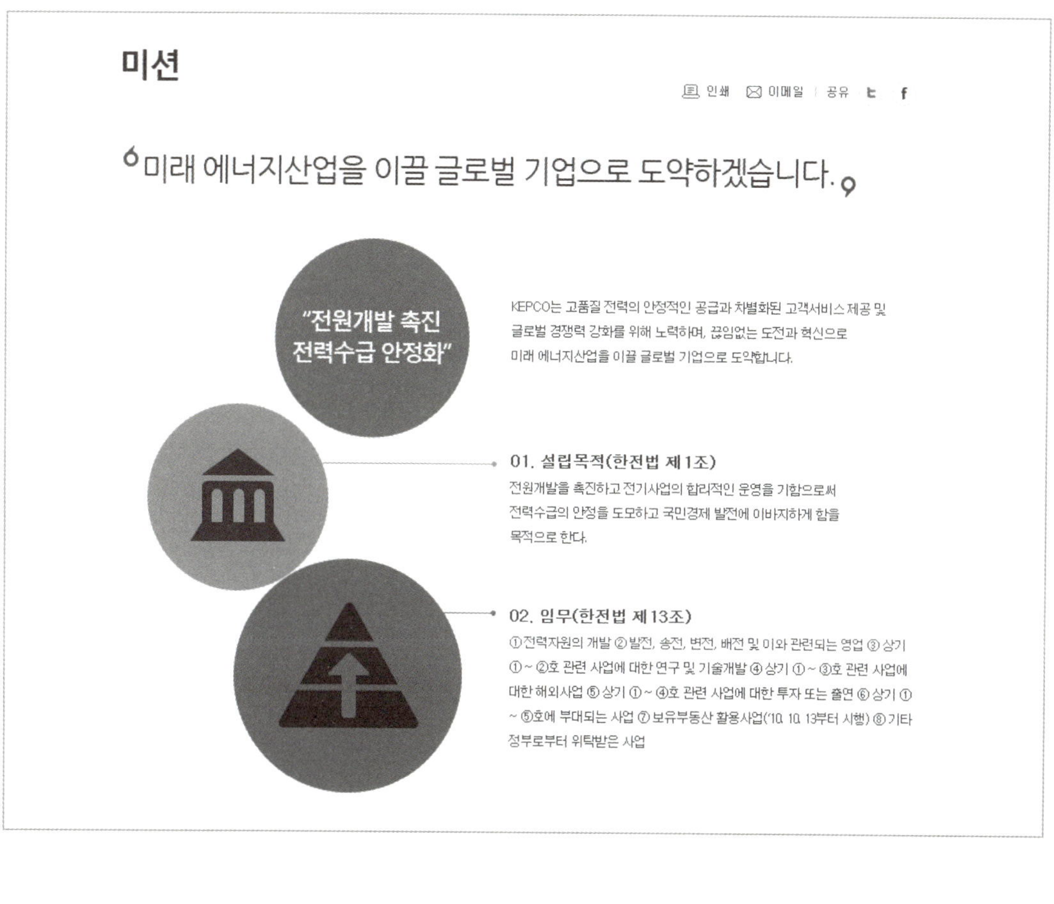
미션

인쇄 이메일 | 공유

미래 에너지산업을 이끌 글로벌 기업으로 도약하겠습니다.

"전원개발 촉진 전력수급 안정화"

KEPCO는 고품질 전력의 안정적인 공급과 차별화된 고객서비스 제공 및 글로벌 경쟁력 강화를 위해 노력하며, 끊임없는 도전과 혁신으로 미래 에너지산업을 이끌 글로벌 기업으로 도약합니다.

01. 설립목적(한전법 제1조)

전원개발을 촉진하고 전기사업의 합리적인 운영을 기함으로써 전력수급의 안정을 도모하고 국민경제 발전에 이바지하게 함을 목적으로 한다.

02. 임무(한전법 제13조)

①전력자원의 개발 ②발전, 송전, 변전, 배전 및 이와 관련되는 영업 ③상기 ①~②호 관련 사업에 대한 연구 및 기술개발 ④상기 ①~③호 관련 사업에 대한 해외사업 ⑤상기 ①~④호 관련 사업에 대한 투자 또는 출연 ⑥상기 ①~⑤호에 부대되는 사업 ⑦보유부동산 활용사업('10. 10. 13부터 시행) ⑧기타 정부로부터 위탁받은 사업

내용상의 문제점	
구성상의 문제점	

예시 답안 및 해설

답

내용상의 문제점	– 홍보하고자 하는 내용이 무엇인지 불분명하다. – ‘미션’이란 의미가 분명하게 전달되지 않을 뿐만 아니라 작은따옴표로 강조된 내용과 원 안에 큰 따옴표로 인용된 내용이 어떤 관계에 있는지도 불분명하다. – 홍보란에 설립과 관련된 법안의 문구를 그대로 옮기는 것은 매우 부적절하다.
구성상의 문제점	– 문장, 이미지, 세부 내용 등의 위계가 전혀 없다. – 이미지가 뜻하는 바가 무엇인지 전혀 전달되지 않는다.

홈페이지에서 흔히 볼 수 있는 조직에 대한 홍보문인데 형식적으로 채워 놓은 것에 불과해 전달하고자 하는 바를 효과적으로 전달하기에는 역부족이다. 전문 인력에 의해 전면적으로 다시 작성되어야 한다.

7.3

설득하는 글

▶ **논설문** - 주장을 통한 동조
▶ **설득하는 글의 실제** - 사설부터 논문까지

논설문 - 주장을 통한 동조

개인과 집단은 저마다의 생각을 가지고 있다. 따라서 개인이든 집단이든 사회적 관계 속에서 활동을 할 때는 서로 다른 생각의 조정이 필요하다. 서로 다른 생각의 조정을 위해서는 각각의 생각이 분명하게 제시가 되어야 하는데 이처럼 주장을 분명하게 펼치는 글을 논설문이라고 한다. 그런데 논설문은 주장을 펼치는 것 자체가 목적이 아니라 그 주장을 상대가 수용하고 동조하는 것이 목적이다. 따라서 서로 다른 의견이 개진이 되고 그것이 옳다는 것이 입증되면 수용을 통한 동조가 이루어지고 그렇지 못하다면 반박이 되어 다시 옳고 그름이 가려지게 된다. 이러한 과정을 거쳐 서로 다른 의견의 통일을 이루거나 새로운 의견으로 발전하게 된다.

논설문의 궁극적인 목적은 주장이 아닌 수용과 동조이므로 논설문에서 중요한 것은 논증이다. 즉, 자신의 주장이 옳다는 것을 입증할 수 있는 구체적인 증거와 그 증거들을 엮어나가는 추론의 과정이 필요하다. 따라서 논설문은 내용과 형식 모든 면에서 조화를 이룰 수 있도록 작성이 되어야 한다. 주장이 명료해야 하지만 그 주장을 뒷받침하기 위한 논증의 과정이 더 중요하므로 주장을 입증할 만한 각종 자료들이 충실하게 준비되어야 하고 그것을 논리적으로 배치해야 한다.

논설문은 설명문보다 형식이 더 분명하게 정해져 있으므로 거의 모든 경우에 서론, 본론, 결론의 3단 구성을 갖추게 된다. 그리고 본론을 구성하는 각 부분은 연역과 귀납 등의 추론 방법이 명쾌하게 적용되어야 한다. 다음의 예시를 통해서 논설문의 구성과 전개를 파악해 보도록 하자.

師弟不二; 스승과 제자는 하나다

배우려는 이가 있으면 학교가 만들어질 수 있다. 그러나 가르칠 이가 없다면 온전한 학교가 될 수 없다. 그러니 배우려는 이와 가르치는 이 모두가 있어야 학교가 이루어지고, 이들이 하나의 뜻으로 뭉칠 때 참다운 학교가 될 수 있다. 가르치고 배우는 이들을 경제적, 행정적으로 돕는 이들도 필요하나 학교의 기둥은 역시 배우려는 제자와 가르치는 스승이다. 세상이 변해 '스승'이 지식 서비스 제공자인 '교수'가 되고, '제자'가 지식 서비스 구매자인 '학생'이 되었다 할지라도 학생과 교수는 여전히 대학을 이루는 근간이다. 그래서 이들은 근본적으로 하나여야 한다. 그러나 하나가 아니었던, 하나가 아닌 것으로 만들려는 사례를 보게 된다.

캠퍼스 공간을 둘러싼 일련의 사태에서 이 둘은 하나가 아니었다. 이 문제에 대하여 재학생, 교수, 동문들은 하나가 되었다. 더 좋은 여건에서 배우고 가르치려는 제자와 스승들, 모교이자 후배들의 발전을 바라는 동문들은 하나의 목소리를 내었다. 그러나 '제자' 대다수가 아닌 일부 '학생'들의 대표조직은 석연치 않은 이유로 이 대열에 동참하지 못했다. 학생회의 자체적인 판단에 의한 것이든, 외부의 회유와 압박에 의한 것이든 학교 발전을 위한 대다수의 의지와 다르게 행동했다면 이들의 대표성과 진정성을 의심하지 않을 수 없다. 그 여파로 올해의 학생회가 구성되지 못한 것은 아닌가 하는 염려도 된다.

앞으로 불어 닥칠 대학 구조조정의 과정에서 이 둘이 갈라질 수도 있는 조짐도 보인다. 학령인구 감소로 대학의 정원감축은 피할 수 없는 현실이 되어가고 있다. 교육 당국에서는 정원 감축을 위하여 학교 간 무한경쟁을 강요하고 있다. 재단과 학교 본부에서는 이를 빌미로 단순히 입학생 숫자를 줄이는 데서 끝나는 것이 아니라 학과의 통폐합에 뒤이은 교수인력 감축을 시도할 수 있다. 그리고 재단과 본부는 이 과정에서 나타나는 학내의 각 단위 간 분열을 틈타 관리와 경영의 효율성만을 꾀할 수 있다.

캠퍼스 공간을 둘러싼 문제에서 얻을 수 있는 교훈이 스승과 제자는 하나였어야 했다는 것이라면 앞으로의 구조조정 문제에 있어서도 견지해야 할 교훈은 스승과 제자는 하나여야 한다는 것이다. 학생들은 자신의 과가 없어질지도 모른다는, 자신이 싫어하는 과에 소속될지도 모른다는 불안감에 사로잡히게 된다. 교수들은 자신의 소속이 바뀔지도 모른다는, 자신의 자리마저 없어질지도 모른다는 불안감을 가지게 된다. 이런 불안감이 서로 간의 불신과 분열로 발전하게 되면 결국엔 마음대로 요리해도 되는 조직으로 전락하게 된다. 그리고 불신과 분열은 자신들에게 최악의 결과로 돌아온다.

어려운 상황일수록 가장 근본에 충실해야 한다. 학교는 제자와 스승으로 이루어진다. 그래서 스승과 제자는 하나여야 한다.

윗글은 신문의 사설인데 주장하는 글답게 핵심적인 주장을 제목으로 삼아 글 전체의 내용을 한 눈에 파악할 수 있도록 하였다. 주장의 대상은 학생과 선생 모두인데 그 둘이 단합된 태도를 보여야 함을 '사제불이(師弟不二)'라는 한자성어의 제시와 그 풀이로 글을 효과적으로 엮고 있다. 이처럼 주장이 분명히 드러나되 그 주장이 설득력이 있도록 적절히 뒷받침되어야 한다.

연습문제 7-6

다음에 제시되는 글에 대한 분석을 완성하시오.

군 가산점

잊을 만하면 현안으로 등장하는 제도가 있다. 군 가산점 부여도 그중 하나다. 2년간의 군 복무로 불가피하게 입은 피해를 보상해야 한다는 데는 사회적 공감대가 형성돼 있다. 그러나 가산점 방식을 두고는 부적절하다는 의견이 강하다. 여성과 장애인 등 군미필자에 대한 명백한 차별이기 때문이다. 민・관・군 병영문화혁신위원회가 최근 '군복무보상점' 도입을 국방부에 권고했다고 한다. 군복무자에게 취업시험에서 만점의 2% 이내로 가산점을 주자는 것이다. 이름만 다를 뿐 군 가산점 제도다. 명분도 실효성도 떨어진다. 혁신위원회 권고는 잇단 병영사고 예방과 병영문화 개선을 위한 것이다.

군 가산점 제도가 도입된다고 사병들의 구타 사망과 고급장교 성폭력이 사라지겠나. 군 가산점 제도는 이미 1999년 헌법재판소의 위헌 결정으로 폐지된 바 있다. 헌법에 관련 근거가 없고 특정계층의 양보와 손실을 전제로 하는 탓에 사회적 갈등과 적대감을 부추긴다는 헌재의 당시 판단 근거는 지금도 유효하다. 병영문화를 바꾼다면서 이참에 '군복무자 보상 민원'을 해결해보려는 얄팍한 속셈이 아닌가 의구심이 든다.

경향신문 2014. 12. 14.

주제	
주장	
논거	

예시 답안 및 해설

답	
주제	군 가산점 제도의 문제점
주장	군 가산점 제도의 변형된 형태인 '군복무보상점' 제도는 도입되어서는 안 된다.
논거	병영사고 예방 및 병영문화 개선에 도움이 되지 않는다. 사회적 갈등과 적대감을 부추긴다.

군 가산점 제도의 변형된 형태인 '군복무보상점'에 대한 비판의 글이다. 짧은 글이지만 주장하고자 하는 바가 분명히 드러났고 적절한 논거로 뒷받침되었다.

설득하는 글의 실제 - 사설부터 논문까지

설득하는 글은 설명하는 글에 비해 유형이 그리 다양하지는 않다. 설득하는 글이라고 해서 반드시 주장과 논증만 포함되어 있는 것은 아니기 때문에 설명하는 글과 구별이 되지 않을 때도 있다. 그러나 설득하는 글의 대표적인 사례인 사설은 주변에서 손쉽게 찾아 읽을 수 있다. 사설은 주요 사안에 대해서 언론사의 공식적인 주장을 펴는 글이기 때문에 설득하는 글의 전형적인 사례라 할 수 있다. 이외에도 전문가들이 쓰고 읽는 글이기는 하지만 논문도 설득하는 글에 포함된다.

사설	논문

社 說

국가적 위기에 대한민국 저력 보여주자

정부와 군 당국은 초계함 천안함이 기뢰(機雷)나 어뢰(魚雷)에 의한 폭발로 침몰했을 가능성을 집중 조사하고 있다고 한다. 정부 관계자는 "침몰된 천안함을 물 밖으로 꺼내 정밀 조사를 하기 전까지는 섣불리 결론을 내릴 수 없다"면서도 "천안함이 선박 결함이나 승조원(乘組員) 실수, 암초 충돌 같은 사고에 의해 두 동강 났을 가능성은 아주 낮다"고 했다. 기뢰나 어뢰 공격이 아니고선 1200t에 이르는 전투함이 순식간에 두 동강 날 수 없다는 것이다.

천안함을 어뢰로 공격했다면 명백한 무력 도발이고 국제법상 전쟁 행위에 해당된다. 공격용 기뢰를 사용한 것도 마찬가지로 국제법상 무력행사로 간주된다. 천안함 침몰 원인이 어뢰나 기뢰를 이용한 의도적 공격으로 드러날 경우 맨 먼저 떠오르는 것은 그간 서해 북방한계선(NLL)을 인정할 수 없다며 무력 도발을 공공연히 외쳐왔고, 과거부터 경비정과 반(半)잠수정 등을 동원한 파괴 활동을 계속해온 북한이다. 아직까지 천안함 침몰과 북한을 직접 연결지을 수 있는 증거가 나오진 않았고, 기뢰 폭발에 의한 침몰이라 해도 과거 북한이 매설한 기뢰가 흘러들어왔을 가능성도 완전히 배제할 순 없다고 한다.

따라서 천안함을 물 밖으로 인양해야만 정확한 침몰 원인을 규명할 수 있고, 침몰 원인을 규명한 위에서 그것이 누구의 소행이냐를 따져갈 수밖에 없다. 2002년에 발생한 남북 간의 제2차 연평해전에서 침몰한 우리 해군의 130t급 참수리함을 인양(引揚)하는 데 무려 17일이 걸렸다. 참수리함보다 근 10배 가까운 톤(t)수에 두 동강 난 상태의 천안함을 인양하는 데는 그때보다 더 긴 시간이 필요할 것이다.

천안함이 북한의 기뢰 또는 어뢰 공격을 받고 침몰한 것이 사실로 입증되는 순간 대한민국은 국가적 차원의 대응을 결정해야 할 고비를 맞게 된다. 상황에 따라서는 전시(戰時)에 준하는 국가적 위기도 각오해야 한다. 이 결정적 국면을 맞아 정부와 군, 정치·경제·사회 각계를 비롯해 국민 모두가 마음가짐을 새롭게 다질 필요가 있다. 정부는 국민이 정부를 믿고 따를 수 있도록 원인 규명과 실종자 구조, 이후 예상되는 상황별 사태 진전에 따른 대비책 마련에 한 치의 빈틈도 있어서는 안 된다. 불행 중 다행으로 3000t급 살보함 등 미군 구조함과 구축함 등 4척이 29일부터 서해 백령도 인근 해역에서 한국 해군과 합동 작전에 나섰다. 이럴 때일수록 한·미 연합 대응 체제가 원활하게 진행되는 모습을 보여줘 국민의 불안감을 덜어주면서 혹시라도 국제사회가 한반도 안보에 불안감을 갖지 않도록 하는 것이 중요하다.

여야(與野)도 이 순간부터 당파적 이해관계를 뛰어넘어 나라의 장래를 함께 걱정하는 모습을 보여야 한다. 국민들도 정부의 사고 수습 및 진상 규명 과정을 지켜보면서 국가적 위기를 헤쳐나갈 수 있도록 힘을 모아야 한다. 지금은 위기다. 대한민국의 국가적 저력을 보여줄 때다.

언론사는 사실에 대한 보도를 주로 하지만 주요 사안에 대해서는 각 언론사의 공식적인 주장을 펼치기도 한다. 사설은 주로 신문사의 공식적인 주장을 펼치는 글인데 지면의 제약이 있는 신문의 특성상 그 길이가 짧은 편이다. 그러나 서론은 서론, 본론, 결론이 모두 포함된 전형적인 3단 구성의 글이다.

그들은 민주주의의 심장을 쏘았다

프랑스 도심에서 무장 괴한 3명이 지난 7일 프랑스 주간지 샤를리 엡도의 편집국을 습격, 이 잡지의 전 편집장과 유명 만평가·기자·경찰 등 12명을 살해했다. 이 주간지는 정파와 종교를 떠나 신랄하게 비판하고 풍자하는 것으로 유명하다. 이슬람교는 물론 기독교, 유대교에 대한 성역 없는 풍자를 통해 세상을 조롱하는 걸 편집 방침으로 삼고 있다. 아마 괴한들은 만평가와 기자들을 살해함으로써 자신들의 종교에 대한 모독을 막을 수 있다고 믿었을 것이다.

그러나 그런 행위는 현대 문명에 대한 난폭한 유린일 뿐이다. 프랑스의 사상가 볼테르는 "당신의 의견에 동의하지 않지만 당신이 그 의견 때문에 박해를 받는다면 당신을 위해 싸울 것이다"라고 말했다. 다른 의견을 물리적으로 제거하려는 행동은 이런 관용의 정신을 따르는 프랑스에 어울리지 않는다. 그런데도 유럽의 중심부이자 자유·평등·박애의 전통을 자랑하는 나라에서 작은 9·11 테러라고 할 만한 사건이 발생했다. 그것도 민주주의의 핵심 제도인 언론사를 파괴하려 했다. 세계가 충격으로 받아들일 수밖에 없다.

샤를리 엡도의 풍자가 지나쳤다는 평가도 있다. 다른 종교에 대한 존중, 이슬람교를 믿는 동료 시민에 대한 예의가 있었다면 이런 비극을 피할 수 있었을 것이라는 견해도 있다. 그런 점에서 이 잡지의 과잉을 지적할 수 있다. 특히 무슬림에 대한 차별과 편견이 만연한 상황에서는 더욱 그렇다. 따라서 보통 시민의 입장에서든 무슬림의 관점에서든 이 잡지를 비난하고 반대할 수 있다. 그것 역시 온당한 일이다. 그런 토론과 논쟁 역시 민주주의의 일부분이기 때문이다. 그러나 아무리 지나친 표현이라고 해도 물리적으로 막는 것은 민주주의에 속하지 않는다. 살해 위협 때문에 표현의 욕구를 스스로 억압해야 한다면 민주주의는 후퇴할 수밖에 없다. 언론의 자유, 표현의 자유는 그걸 싫어하는 사람 때문에 위축되어도 좋은 게 아니다.

이번 사건으로 반이슬람 정서가 확산되고, 무슬림 혐오가 증폭되는 것 역시 민주주의를 위협한다. 그것 또한 또 다른 폭력이 될 수 있다. 이번에 희생된 전 편집장이자 만평가인 스테판 샤르보니에는 "테러 위협에 무릎 꿇고 사느니 서서 죽는 쪽을 택하겠다"고 할 만큼 강한 소신을 지니고 있었다. 말하자면 이번 사건은 신념 대 신념의 충돌이었다. 그러나 자기의 신념을 총으로 표현하는 건 민주적 방식이 아니다. 테러리스트들은 민주주의의 심장을 쏘았다. 민주주의가 죽으면 평화도 사라진다. 민주주의의 핵심인 표현의 자유, 언론의 자유를 위한 세계적 연대에 지지를 보낸다.

경향신문 2015. 1. 8일자 사설

위의 예는 프랑스 파리에서 일어난 테러 사건에 대한 비판의 목소리를 담고 있다. 사설의 길이가 제한되어 있어 서론과 결론을 별도의 단락으로 쓰지 않았지만 글의 첫머리와 마지막에 서론과 결론에 해당되는 부분을 포함시키고 있다. 그리고 본론에서는 핵심적인 주장과 이를 뒷받침하는 논증으로 전개하고 있다.

논문은 학자나 각 분야의 전문가들이 해당 분야의 새로운 연구 결과를 밝히는 글이다. 논문은 새롭게 밝혀낸 사실을 발표하기도 하고 기존의 주장을 반박하기도 한다. 어떠한 종류의 논문이든 필자의 주장과 이에 대한 정밀한 논증이 담아 독자를 설득하는 것을 목적으로 하기 때문에 설득하는 글에 속한다. 논문은 분야마다 조금씩 다르기는 하지만 그 형식이 정형화되어 있다. 서론과 결론은 반드시 포함이 되어야 함은 물론 인용과 참고문헌에 대한 규정도 엄격하다.

연습문제 7-7

다음에 제시되는 글을 분석하여 빈칸을 채우시오.

〈표준국어대사전〉 표제어는 지라시

세밑을 앞두고 '노점상연합회원'이 라디오에 출연해 노점의 필요성을 얘기했다.

"(서민의 친구인) 길거리 떡볶이, 오뎅을…, 아 죄송합니다…." '오뎅' 대목에서 아차 싶었던 거다. "괜찮아요, 청와대에서도 '찌라시' 하는 판에!" 진행자가 한마디 거든다. 청와대 공식 발표에 '찌라시'가 등장하고, 야당 쪽은 "'찌라시'를 '공공기록물'로 인정한 것"이라며 목소리 높이는 세상에 '오뎅'이라 하는 게 뭔 대수이겠는가 한 것이다.

청와대 발표에 '찌라시'가 등장하기 전에는 '증권가 소식지', '사설 정보지' 등으로 쓴 뒤 '속칭(일명) 찌라시'라고 괄호 안에 넣는 게 일반적이었다. '찌라시'는 일본에서 온 말이다. 일본 사전 〈고지엔〉(廣辭苑)은 'ちらし[散らし]'의 첫 번째 뜻으로 '뿌리는 것', 두 번째 뜻으로 '광고를 위해 배포하는 인쇄물'을 제시한다. 일제 강점기 신문을 찾아보았다. "황군위문품(皇軍慰問品)을 특선(特選)하여 이 위문품을 중심으로, 지라시, 가다로구를 작성하든지…"(ㄷ일보, 1937년 10월23일)에 '지라시'와 '가다로구(카탈로그)'가 나온다. 황군위문품의 목록(일람표, 상품안내서) 작성이 필요하다는 내용이다. '(발행)부수'를 뜻하는 러시아어 '티라시'(тираж) 유래설도 있지만 발음이 비슷할 뿐 '찌라시'와 관계있다는 근거는 찾기 어렵다.

"선전을 위해 만든 종이쪽지. '낱장 광고', '선전지'로 순화"로 풀이한 〈표준국어대사전〉의 표제어는 '지라시'이다. 'チ/ち'가 첫소리일 경우 '지'로 쓴다는 외래어표기법을 따른 것이다. 지난 일주일 뉴스 검색 결과는 '찌라시'(989건)와 '지라시'(29건)로 차이가 크다.(네이버) 특정 매체(ㅁ경제)만 규범을 지키려 애쓴다. 외래어표기법을 좇으면 '잔폰'(ちゃんぽん)이지만 사전은 '짬뽕'을 표제어로 정했다. 〈고려대한국어대사전〉은 '찌라시'를 인정한다. '잔폰'과 '지라시' — 규범은 멀고, '짬뽕'과 '찌라시' — 현실은 가깝다.

주제	
주장	
논거	

예시 답안 및 해설

답 주제	'찌라시' 사례로 본 어문규범의 현실성
주장	어문규범이 현실과 괴리되어 있다.
논거	청와대에서도 '찌라시'란 용어를 쓴다. 대부분의 언론기관에서도 '찌라시'란 용어를 쓴다. '짬뽕'이 규범상 인정이 되었다.

위의 글은 청와대에의 발표에서도 사용된 '찌라시'란 용어에 대해 현실과 규범 사이에 괴리가 있음을 밝히고 있다. 어원과 쓰임에 대한 서술, 그리고 다른 사례와의 비교를 통해 설득력을 높이고 있다.

CHAPTER

8

대학에서의 글쓰기

8.1

리포트와 논문 쓰기

▶ **리포트와 논문** - 대학 생활의 시작과 끝
▶ **리포트와 논문의 자료** - 1차 자료와 2차 자료
▶ **리포트와 논문의 구성** - 전형성과 독창성의 조화

리포트와 논문 - 대학 생활의 시작과 끝

대학교 이전의 과정에서도 다양한 글을 쓰지만 대학에 진학하면 본격적으로 쓰게 되는 글이 리포트와 논문이다. 리포트는 보통 보고서로 번역되어 쓰이기도 하는데 대학에서의 리포트는 일반적인 보고서와 다르게 특정 수업을 수강하면서 쓰게 되는 소논문 형식의 글이라는 좁은 의미로 쓰인다. 대개는 중간고사 혹은 기말고사 등의 시험을 대체하여 쓰기도 하고 시험과는 별도로 쓰기도 한다. 논문은 교수나 연구원 등이 주로 쓰지만 학생들도 졸업논문을 비롯한 각종 소논문을 대학 과정에서 쓰기도 한다. 요즘은 졸업논문을 요구하는 경우가 많이 줄었지만 대학 생활의 마지막을 졸업논문으로 장식한다는 점에서 대학 생활은 리포트로 시작해서 논문으로 마친다고 해도 과언은 아니다.

리포트와 논문은 내용과 형식 면에서 크게 다르지 않으며 공식적인 글이기 때문에 내용과 형식이 정해져 잇는 경우가 많다.

리포트와 논문은 어떤 과목을 수강하는가, 어떤 학과에서 공부하는가에 따라 큰 틀에서의 내용은 미리 결정된다. 특정한 과목을 수강하게 되면 그 과목에서 다루는 세부 주제가 이미 담당교수에 의해 제시된다. 또한 특정 학과에서 공부를 하게 되면 그 학과에서 주로 다루는 범위가 미리 정해져 있다. 따라서 자신이 수강하는 과목 또는 자신이 속한 학과에 따라 내용의 범위가 결정되게 마련이다. 리포트와 논문은 일반적인 글과는 달리 형식이 엄격하게 정해져 있다. 리포트의 경우 표지에는 제목과 작성자 등의 정보가 담겨 있어야 한다. 또한 리포트와 논문 모두 서론, 본론, 결론의 형식으로 구성하고 주석과 참고문헌은 반드시 갖추어야 한다. 특히 주석과 참고문헌은 학문 분야에 따라 그 형식이 엄격하게 정해져 있으므로 이를 따라야 한다.

이러한 이유 때문에 리포트와 논문은 일반적으로 다음과 같은 요건을 갖추어야 한다.

구체적인 주제	하나의 주제에 집중한다.
뚜렷한 주장	정해진 주제에 대한 자신의 주장을 뚜렷하게 서술한다.
충분한 논증	주장을 입증할 충분한 근거를 제시하고 적절한 추론의 과정을 거쳐 논증한다.
자신의 말	자신의 생각을 자신의 문장으로 쓴다.

리포트와 논문은 구체적인 하나의 주제에 집중되어야 한다. 일반론, 포괄적인 주제 등은 리포트와 논문의 주제가 될 수 없으므로 최대한 주제를 좁혀야 한다. 구체적인 주제가 정해지면 이 주제에 대한 자신의 주장을 분명히 제시해야 하며 이 주장이 타당하다는 것을 충분하게 논증해야 한다. 그리고 무엇보다도 리포트와 논문은 자신의 고유한 글이 되어야 한다. 모든 내용을 자신만의 문장으로 써야 하고 인용을 할 경우에는 정해진 원칙에 따라 출처를 정확히 밝혀야 한다.

리포트와 논문은 일반적인 글쓰기의 과정을 따르되 그 특성을 고려해 순차적으로 준비하고 집필해 나가면 된다. 리포트와 논문을 쓰는 과정은 일반적으로 다음과 같다.

주제의 설정	리포트와 논문의 주제를 정한다.
→ 자료의 수집과 정리	주제에 적합한 자료를 수집하고 정리한다.
→ 구성	서론, 본론, 결론의 3단 구성을 기본으로 하되 본론을 세분한다.
→ 전개	단락의 전개방법 및 주석과 참고문헌 작성 방법에 따라 전개한다.
→ 퇴고	내용, 구성, 문장, 어문규범 등을 꼼꼼하게 살펴 수정한다.
→ 상호작용	리포트의 첨삭 결과에 따라 수정하고 논문의 심사결과에 따라 수정한다.

연습문제 8-1

다음에 제시되는 목차를 보고 각각의 특성이 더 잘 드러나는 쪽에 표시를 하시오.

주제의 전문성	☐ 대학의 리포트	☐ 고등학교의 보고서
구성의 엄밀성	☐ 대학의 리포트	☐ 고등학교의 보고서
형식의 규정성	☐ 대학의 리포트	☐ 고등학교의 보고서

대학교의 리포트

인간공학 연구

I. 인간공학과 피복인간공학

(1) 인간공학

(2) 피복인간공학

II. 인간공학 관련 사례 및 분석

(1) 인간공학 관련 제품 사례

① 마우스

② 키보드

③ 베개

④ 리모컨

(2) 피복인간공학 관련 사례

① 역도화

② 단거리화

③ 중 · 장거리화

④ 전신수영복

III. 결 론

[참고문헌]

고등학교의 보고서

한국인 인체 측정 데이터를 이용한 사무용 의자의 인간공학적 설계

1. 서론

2. 연구 방법

2.1. 인체 측정 데이터 및 의자 설계 요소

2.2. 인체 측정 변수 및 의자 설계 요소와의 상관성 분석

3. 결과 및 토의

3.1. 의자 설계 변수와 관련된 인체 측정 데이터 결정

3.2. 의자 설계 치수 결정

4. 결론

[참고문헌]

예시 답안 및 해설

답		
주제의 전문성	☐ 대학의 리포트	☑ 고등학교의 보고서
구성의 엄밀성	☐ 대학의 리포트	☑ 고등학교의 보고서
형식의 규정성	☐ 대학의 리포트	☑ 고등학교의 보고서

리포트나 보고서는 단어의 본래 뜻은 같으나 현실에서는 다른 의미로 사용된다. 초, 중, 고의 각종 수업 활동에서도 보고서를 작성하지만 대학에서는 보다 전문적이고도 전형적인 리포트를 작성하게 된다. 물론 리포트는 논문에 비해 전문성이나 전형성의 정도가 낮다.

리포트와 논문의 자료 - 1차 자료와 2차 자료

리포트와 논문이 자신의 새로운 주장을 펼치기 위한 것인데 새로운 주장을 펼치기 위해서는 자신이 선정한 주제와 관련된 다양한 자료를 섭렵해야 한다. 리포트와 논문이 기존의 학문적 성과 위에 자신의 새로운 성과를 보태는 것이기 때문에 자신이 쓰고자 하는 주제로 발표된 글이 없다는 것도 확인해야 하며 이전에 발표된 것에 오류가 있다는 것을 확인하는 작업이 필요하다. 또한 자신의 주장을 입증하기 위해서는 다양한 논거가 필요한데 이러한 논거가 될 만한 자료를 충분히 확보해야 한다.

리포트와 논문에 필요한 자료는 다음과 같이 분류할 수 있다.

1차 자료	2차 자료
• 실험 • 현지조사 • 설문/면접조사	• 책 • 논문 • 간행물/보고서

1차 자료는 리포트와 논문을 쓰는 사람이 스스로의 노력으로 직접 모은 자료를 뜻한다. 직접 현지를 답사해 관찰하거나 스스로 실험을 하여 모은 자료가 여기에 속한다. 또한 설문지를 작성하여 직접 자료를 수집하거나 자료를 제공할 수 있는 사람을 만나서 수집한 자료도 1차 자료에 속한다. 2차 자료는 누군가에 의해 조사되고 연구되어 이미 발표된 자료를 뜻한다. 연구 결과를 담은 책이나 논문이 여기에 속한다. 또한 정부나 기관의 각종 간행물과 보고서도 2차 자료에 속한다.

리포트와 논문을 쓸 때 1차 자료의 비중이 높을수록 글의 가치와 신뢰도가 높아진다. 이전에 실험이나 현지조사가 이루어진 적이 없다면 직접 실시한 실험과 조사 결과를 발표하는 것만으로도 의의를 가질 수 있다. 또한 설문조사와 면접조사는 시간과 비용이 많이 들기는 하지만 직접적인 자료를 수집할 수 있다는 점에서 신뢰도를 높일 수 있다. 이에 비해 2차 자료는 간접 자료라는 점에서 가치와 신뢰도가 떨어질 수 있다. 이미 공개된 자료를 통해 새로운 사실을 밝혀낼 수도 있지만 대개는 기존 논의의 재확인에 그칠 가능성이 높다. 따라서 리포트와 논문의 가치를 높이기 위해서는 2차 자료보다는 1차 자료의 비중을 높이기 위해 노력해야 한다.

리포트와 논문에 활용될 수 있는 자료는 어떤 형태로 간행되느냐에 따라 두 가지 유형으로 나눌 수 있다.

인쇄 자료	디지털 자료
• 책 • 논문 • 간행물/보고서	• 인터넷 게시 자료 • 데이터베이스

인쇄 자료는 전통적인 자료로서 종이에 인쇄된 책, 학술지의 논문, 간행물, 보고서 등이 여기에 속한다. 과거에는 인쇄 자료밖에 없었으므로 오래된 자료를 찾으려면 인쇄 자료를 확인해야 한다. 디지털 자료는 인터넷을 통해 제공되는 자료나 디지털 매체에 데이터베이스 형태로 저장된 자료를 뜻한다. 디지털 자료는 검색과 자료 받기가 손쉽다는 장점이 있다. 또한 과거에 인쇄된 자료도 최근에는 디지털 자료로 서비스되는 경우가 많으므로 인쇄 자료를 대체할 수도 있다.

인문사회계열은 상대적으로 인쇄 자료에 의존하는 경우가 많지만 이공계열은 디지털 자료를 이용하는 경우도 많다. 이공계열의 경우 정보의 생산 및 개신 주기가 매우 빠르기 때문에 최근에는 디지털 자료로 많이 제공되고 있다. 따라서 자신이 쓰고자 하는 주제와 관련된 각종 디지털 자료에 대해 미리 알고 효과적으로 활용해야 한다. 최근에는 대한 도서관에서도 웬만한 데이터베이스는 모두 제공하므로 도서관을 통해 자료를 확보할 수도 있다.

연습문제 8-2

다음에 제시되는 주제로 리포트나 논문을 쓸 때 필요한 자료를 써 보시오.

주제		중국의 동북공정
1차 자료		
2차 자료	인쇄 자료	
	디지털 자료	

예시 답안 및 해설

답

주제		중국의 동북공정
1차 자료		
2차 자료	인쇄 자료	
	디지털 자료	

1차 자료는 자신의 힘으로 모아야 하므로 설문조사, 인터뷰, 스스로 설계한 테스트 등을 통해서 자료를 얻을 수 있다. 인쇄 자료와 디지털 자료는 도서관이나 인터넷 등을 활용해 다양하게 모을 수 있다. 주어진 자료 외에 훨씬 더 풍부한 자료를 모을 수 있다.

리포트와 논문의 구성 - 전형성과 독창성의 조화

리포트와 논문은 이전에 알려진 사실이나 연구와는 다른 독창적인 내용이 포함되어 있어야 한다. 그러나 형식은 각 분야마다 전형적인 형식이 있으므로 반드시 이를 따라야 한다. 리포트와 논문의 본문은 큰 틀은 같으며 본론이 세분화되어 여러 부분으로 구성될 수 있다는 것도 같다. 그러나 본문을 제외한 외적 체제는 조금씩 차이가 있다.

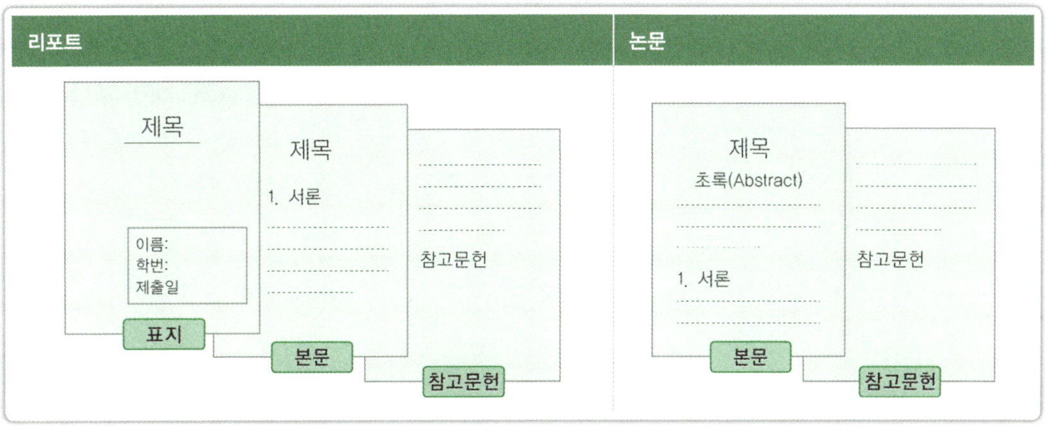

리포트는 담당교수에게 제출되어 평가를 받아야 하므로 앞부분에 표지가 필요하다. 표지에는 제목과 작성자의 정보가 기본적으로 필요하고 과목명, 학기 등도 쓰면 좋다. 논문은 별도의 표지가 없이 바로 제목으로 시작되는데 리포트와는 달리 제목 바로 아래에 초록(Abstract)이 놓인다. 초록은 논문 전체의 핵심내용을 요약한 것으로서 다른 연구자들이 논문의 내용을 손쉽게 파악하거나 검색할 수 있도록 하기 위한 것이다. 초록의 작성방법을 비롯한 논문의 세부적인 구성과 집필 방법은 학문분야나 학회지마다 별도의 규정을 두고 있다. 따라서 학회지의 투고규정이나 이전의 논문을 보면서 그 형식을 반드시 지켜야 한다.

서론 이하의 본문 부분은 리포트나 논문이 기본적으로 같지만 분야에 따라 조금씩 차이가 있다. 리포트와 논문이 속한 일반적인 실용문은 서론, 본론, 결론의 3단 구성을 취하고 글의 길이가 길어질 경우 적절한 소제목을 붙인다. 리포트와 논문 역시 서론, 본론, 결론으로 구성되고 본론이 다시 몇 개의 부분으로 나뉜다. 이 중에서 서론은 논문의 구성상 매우 중요하다. 서론에는 연구 목적, 연구의 배경과 필요성, 연구의 관점과 방법, 연구사, 연구 의의, 본론의 구성 등을 밝히는데 분야에 따라 내용이 조금씩 다르다. 결론에는 본론의 내용을 종합한다.

본론은 일반적으로 주제에 따라 자유롭게 결정되지만 분야에 따라 논문의 구성이 다소 다르다.

인문사회계열	이공계열
1. 서론	1. 서론
본론: 2. 동북공정의 배경	본론: 2. 이론적 배경
본론: 3. 동북공정의 과정	본론: 3. 실험
본론: 4. 동북공정의 미래	본론: 4. 결과 및 고찰
5. 결론	5. 결론

인문계열의 리포트나 논문에서는 본론의 각 부분의 내용을 압축적으로 제시하는 소제목을 쓰지만 이공계열의 논문에서는 위와 같이 구성한 후 소제목을 쓴다. 그러나 이러한 세부적인 구성도 학문 분야에 따라 다르므로 선정한 주제가 속한 분야의 다른 논문을 참고해서 구성하는 것이 좋다.

학위논문과 같이 글의 길이가 긴 경우에는 본론의 각 부분이 더 세분화될 수 있고 이럴 경우에는 적절한 방법으로 번호를 매겨야 한다. 소제목의 번호를 매기는 방법은 대개 다음과 같다.

숫자	숫자와 문자 혼용	계층식 숫자
Ⅰ.	Ⅰ.	Ⅰ.
Ⅱ.	Ⅱ.	Ⅱ.
1.	A.	2.1.
1)	1.	2.1.1.
(1)	a.	2.1.1.1.
①	(1)	2.1.1.1.1.
(2).	b.	2.1.1.2.
1)	2.	2.1.2.
2.	B.	2.2..
....	....	....
Ⅲ.	Ⅲ.	Ⅲ.

위에 제시된 소제목 번호는 각각의 장점이 있으나 가장 선호되는 방식은 세 번째의 계층식 숫자 번호이다. 이 방식은 번호를 보고 그 위계를 직관적으로 알 수 있다. 소제목 번호를 쓰는 방법 또한 분야에 따라 조금씩 다르므로 해당 분야의 논문을 참고하는 것이 좋다.

연습문제 8-3

다음에 제시되는 주제에 대해 리포트나 논문의 목차를 완성해 보시오.

주제	케이팝 / 리포트	
목차		

예시 답안 및 해설

답 주제	케이팝 / 리포트	
목차	제목 : 케이팝의 식물학 들어가는 말 - 케이팝의 전성시대 케이팝의 역사 2.1. 싹이 돋다 2.2. 떡잎을 펼치다 2.3. 줄기가 뻗다 2.4. 뿌리를 내리다 2.5. 열매를 맺다 3. 케이팝의 성공 비결 3.1. 땅을 일구는 자 3.2. 씨를 뿌리는 자	3.3. 양분을 섭취하는 자 3.4. 광합성을 하는 자 3.5. 스스로 커 나가는 자 4. 지속가능한 케이팝을 위하여 4.1. 풍부한 거름 4.2. 다양한 종 4.3. 온실이 아닌 노지(露地) 5. 맺는 말 - 케이팝이여 영원하라

예시 답안의 목차는 제목부터 소제목까지 식물에 대한 간단한 지식을 활용하였다. 리포트도 실용문이므로 서론과 결론을 반드시 갖추어야 하는데 '서론'과 '결론'이란 소제목 대신 '들어가는 말'과 '맺는 말' 뒤에 제목을 붙여서 서론과 결론으로 삼았다. 2절에서는 식물의 한살이를 끌어들여 케이팝의 역사를 서술했고, 3절에서는 식물이 커나가는 데 필요한 요소들로써 케이팝의 성공 비결을 썼다. 4절에서는 식물이 지속적으로 성장하기 위해 필요한 요소를 제시하여 케이팝이 영원한 발전을 할 수 있게 되기를 바라는 마음을 담았다. 정해진 답안이 있는 것이 아니므로 예시 답안의 목차를 참고하여 다양한 목차를 작성할 수 있다.

8.2

주석과 참고문헌 작성

▶ **인용과 인용 표시** - 나의 글과 남의 글
▶ **주석과 참고문헌** - 인용의 표시
▶ **외각주와 내각주** - 전통적 인용 표시와 간결한 인용 표시

인용과 인용 표시 - 나의 글과 남의 글

리포트나 논문은 무에서 유를 창조하는 것이 아니라 기존의 연구 결과에 새로운 연구 결과를 보태는 것이다. 어떠한 주제로 쓰든 원칙적으로는 이전에 논의된 결과와 수집된 자료를 모두 검토해야 한다. 그리고 필요에 따라서는 자신의 글에 그것을 인용하고 인용한 사실을 반드시 밝혀야 한다. 이러한 이유로 리포트와 논문에서는 주석과 참고문헌이 매우 중요하다.

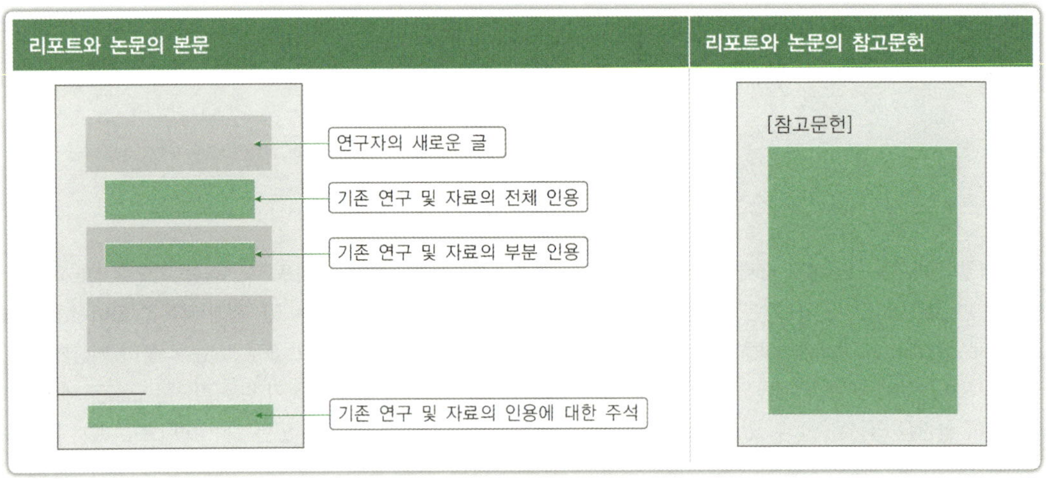

리포트나 논문의 모든 문장은 기본적으로는 연구자나 집필자의 독자적인 것으로 간주된다. 그러나 리포트나 논문의 모든 내용이 연구자의 독창적인 내용으로만 채워질 수는 없으므로 필요에 따라 인용을 해야 한다. 인용을 할 때는 특정한 부분을 있는 그대로 인용할 수도 있고, 인용을 하되 자신의

문장 속에 부분적으로 포함시킬 수도 있다. 어떠한 방법으로 인용을 한 것이든 인용한 사실을 밝혀주지 않으면 모든 내용이 집필자의 것으로 간주된다. 따라서 인용한 사실을 본문이나 주석에 반드시 밝혀 주어야 한다.

인용은 직접인용과 간접인용 두 가지가 있다. 직접인용은 본래의 문장을 그대로 옮기 것을 말하는데 이는 원문 자체가 가진 중요성이나 효과를 살릴 수 있는 인용 방식이다. 간접인용은 원문의 내용을 정확히 이해한 필자가 자료의 내용을 나름대로 소화하여 자신의 말로 바꾸어 인용하는 것을 말한다.

직접인용을 할 때는 인용 문장과 함께 맞춤법, 문장 부호, 문단 구분 등까지 원문대로 인용해야 한다. 원문에서 자신의 주장을 뒷받침하는데 가장 적절한 부분을 찾아서 인용해야한다는 것도 명심해야 한다. 직접인용문은 그것의 길이에 따라 지문 속에 넣기도 하고 지문과 구별하여 따로 쓰기도 한다. 대개 짧은 인용문일 경우, 즉 인쇄된 행수로 2~3행 정도라면 큰 따옴표("")로 묶어서 인용이라는 점을 표시하고, 보고서의 문장 속에 포함시켜서 계속 기술한다. 3~4행 이상인 긴 인용문의 경우는, 행을 바꾸어 다른 문단을 잡고 큰 따옴표는 뺀다. 이때 인용문은 지문과 아래위로 1행의 간격을 두고 글자 크기나 모양을 달리하기도 한다.

[직접 인용]

〈예문1〉

헌법 제 20조 1항은 "모든 국민은 언론 출판의 자유와 집회 결사의 자유"를 가진다고 규정하고 있다.

〈예문 2〉

그러므로 〈도화원기〉를 한자문화권의 이상향 일반의 차원으로 추상화하여 이해하는 것보다는 보다 구체적이고 현실적인 모습으로 이해하는 것이 적절할 것이다. 〈도화원기〉의 핵심 내용은 당연히 도화원 너머의 평화로운 세상을 서술한 다음 대목일 것이다.

> 평탄하고 넓은 땅에다 집들은 가지런하고, 기름진 밭과 아름다운 연못, 뽕나무와 대나무도 있었다. 논밭 사이로 난 길은 서로 이어져 있고, 개와 닭 우는 소리가 들렸다. 그 속을 사람들 오가며 농사를 짓는데, 남녀가 입은 옷은 이곳 바깥의 사람들과 마찬가지였다. 노인과 아이들도 모두 기쁜 마음으로 즐거워하고 있었다.

짤막한 이 단락의 묘사 속에는 안정적인 생업 활동을 가능하게 하는 경제적 조건과 더불어 그 속에서 열심히 노동하는 사람들과 그들이 부양하는 노인이나 아이들이 서로 화락하게 지내는 풍경이 포착되어있다. 인간이 갈 수 없는 별세계가 아니라 어쩌면 가장 평범한 일상생활의 평화로운 지속을 뜻한다고 보아야 할 것이다.

직접인용을 할 때는 원문 자체에 오류가 있다 하더라도 인용문을 마음대로 고쳐 옮겨서는 안 된다. 원문의 오류를 지적할 경우에는 오류가 있는 곳의 바로 뒤에 '[원문대로]' 또는 '[sic]'라고 기입하여 원문 그대로 인용했다는 사실을 명시해 준다. 만약 원문의 오류를 바로잡아야할 필요가 있다면, 중괄호 '[ ]'속에 정확하게 고친 내용을 기입하고 인용자에 의한 정정임을 밝힌다.

[예문 3]
어떤 사람은 아픈 패북(敗北)[원문대로]에 울었다.

[예문 4]
칠월 십오일을 백중[sic]이라 일러 한문으로 百種 百衆 등의 字를 쓰니 그 語義는 未詳하다.

[예문 5]
어떤 사람은 아픈 패북(敗北)[패배 – 인용자]에 울었다.

또한 원문에서 오류를 발견한 경우가 아니더라도 그것이 지시하고 있는 사항이 모호하여 오해의 여지가 있거나, 의미를 보충하여 독자에게 이해의 폭을 넓혀 주려고 할 경우에도 중 괄호를 사용하여 원문의 내용을 보완해 준다. 중괄호 '[ ]'는 필자나 편집자의 수정 여부를 표시하는 데 쓴다. 그리고 인용문의 일부를 특히 강조하거나 독자의 주의를 환기하기 위해 고딕이나 굵은 활자체를 사용하여 돋보이게 한다든가, 밑줄을 치거나 글자의 위나 옆에 점을 찍어 표시할 수도 있는데 이때 반드시 그 사실을 명시해야 한다.

[예문 6]
칠월 십오일을 백중[백중 – 인용자]이라 일러 한문으로 百種 百衆 등의 字를 쓰니 그 語義는 未詳하다.

[예문 7]
우리 현대시사에서 氏[鄭芝溶 – 인용자]와 陸史의 시에서 부분적으로 한시적 전통이 작용된 흔적을 찾아볼 수 있을 듯하나…… [밑줄은 인용자의 것]

간접인용은 참조한 자료의 내용을 필자의 말로 바꾸어 기술하는 것이다. 간접인용에는 요약과 의역의 두 가지 방법이 있다. 요약은 원문의 중심내용을 파악하여 정리하는 것으로, 원문보다 길이가 짧아진다. 반면에 의역은 원문의 내용을 압축하는 동시에 인용자 나름의 의미와 생각을 부여하며 설명하는 것으로, 원문보다 더 길어질 수도 있다. 요약과 의역 모두 원문을 변형하여 인용하기 때문에, 간접 인용에서는 따옴표를 쓰지 않는다. 인용의 전거를 밝힐 때는 인용된 내용이 들어 있는 문장의 끝 부분에 주석 번호를 달고 주석란에서 그 출처를 명시한다.

[간접 인용]

〈예문1〉
디아스포라(Diaspora)는 말은 본래 '이산(離散)'을 의미하는 그리스어이자 팔레스타인 땅을 떠나 세계 각지에 거주하는 이산 유대인과 그 공동체를 가리키는 말이었다.5) 오늘날 '디아스포라'라는 말은 유대인뿐 아니라 아르

메니아인, 팔레스타인인 등 다양한 '이산의 백성'을 일반적으로 지칭하는 보통명사(diaspora)로 사용하는 경우가 많아졌다.

5) 이에 대해서는 서경식, 『디아스포라 기행』(김혜신 옮김, 돌베개, 2006), 12면 참조.

〈예문 2〉

언어 기호가 자의적(恣意的)이라 함은 이미 Saussure(1965)에 의해 지적된 바 있다.

본문에서 인용한 자료는 물론 연구에 참고한 모든 자료는 글 말미의 참고문헌란에 모두 밝혀 주어야 한다. 1차 자료는 참고문헌란에 쓰지 않아도 되지만 어떠한 형식이든 2차 자료는 모두 참고문헌란에 써 주어야 한다. 참고문헌란은 연구자가 참조한 자료를 밝히는 기능을 하기도 하지만 유사한 주제에 대해서 연구하게 될 다른 연구자가 자료를 찾는 수고를 덜어주기도 한다. 인용 주석과 참고문헌의 예는 다음과 같다.

[본문]

1. 전문가의 주의의무 판단기준

가. 주의의무의 판단기준

타인을 위하여 업무를 수행하는 자는 자신의 업무를 수행함에 있어 주의의무를 다하여야 하며, 주의의무를 위반하는 경우 과실에 해당하게 된다.[1] 과실은 일반적으로 일정한 결과가 발생할 것을 알고 있어야 함에도 불구하고, 주의를 게을리 하여 그것을 알지 못하고 어떠한 행위를 하는 심리상태로 이해되고 있다.[2] 문제는 전문가가 어느 수준까지 알고 주의를 해야 하는가, 다시 말해서 과실여부에 대한 판단기준이 무엇인가이다.

이에 대해서는 그 전제가 되는 주의의무의 종류에 따라 객관적 과실설과 주관적 과실설로 구분할 수 있다. 객관적 과실설은 다른 말로 추상적 과실이라고도 하며 당해 행위자가 아닌 일반적인 보통인을 기준으로 판단하는 것을 말한다. 그러나 여기에서 말하는 일반적인 보통인이란 추상적인 일반인을 이야기하는 것은 아니며, 구체적 사례에서 그 사람이 속하는 직업이나 지위 등에 따라 정해진다.[3]

한편 주관적 과실은 구체적 과실이라고도 하며 당해 행위자를 기준으로 하고 있다. 즉, 과실이란 일정한 지식과 능력을 가진 개인이 일정한 상황 하에서 발생가능한 결과나 그의 행태의 불법을 알 수 있었음에도 불구하고 알지 못한 것이라고 한다. 동 견해에 따르면 과실의 유무는 행위자 개인의 지식이나 능력과 개별적 상황에 따라 개인적 인식가능성 및 결정가능성 여하에 좌우된다고 한다.[4]

[주석]

1) 우리 민법 제750조의 경우 불법행위책임의 중요한 구성요건으로서 유책성과 위법성을 정하고 있으며, 이러한 위법성과 유책성은 책임귀속을 위해 상호 분리된 책임성립요소로 이해하는 것이 일반적이다. 물론 이에 대해 양자를 구분하지 않고 주의의무위반을 과실뿐만 아니라 위

법성의 판단요건으로 보는 견해도 존재하고 있다. 본 논문의 경우에는 이에 대한 본격적인 논의는 생략하고, 주의의무를 과실판단의 기준으로 고려하기로 한다. 유책성 및 위법성과 주의의무의 관계에 대한 상세한 내용은 박동진, "불법행위법에서의 주의의무 – 그 위상과 판단기준을 중심으로–", 〈비교사법〉 9권 제2호(2002), 157면 이하 참조.

2) 곽윤직, 채권각론, (박영사, 2000), 475면.

3) 권오승, "의사의 주의의무", 〈민사법학〉 제8호(1990), 39면.

[참고문헌]

[참고문헌]

권오승, "의사의 주의의무", 〈민사법학〉 제8호, 1990.

권재열, "경영판단의 원칙의 도입에 관련된 문제점", 〈연세법학연구〉 제3집, 2005.

곽윤직, 〈채권각론〉, 박영사, 2000.

곽관훈, "기업규제의 패러다임전환과 내부통제시스템", 〈경제법연구〉 제8권 제1호, 2009.

김증한 · 김학동, 〈채권각론〉, 박영사, 2006.

인용과 참고문헌은 리포트나 논문 전체에서 유기적으로 결합이 되어야 한다. 인용한 사실을 본문 속에 직접 밝히는 경우도 있고 위의 예처럼 본문 하단에 주석으로 밝히거나 글의 말미에 주석으로 밝히기도 한다. 어떤 방식이든 인용한 자료와 참고한 자료는 맨 뒤에 참고문헌란에 포함을 시킨다.

적절한 인용과 참고문헌 작성은 연구윤리와 관련해서도 매우 중요하다. 의도적이든 실수에 의한 것이든 다른 자료에서 참조한 것이 주석이 붙지 않은 채 리포트나 논문 속에 포함돼 있다면 그것은 일종의 도둑질로 간주된다. 설사 이전의 연구결과를 보지 않은 상태에서 스스로 밝혀낸 내용을 리포트나 논문에 포함시켰다 하더라도 이 또한 연구자의 의무로부터 자유롭지 못하다. 이 경우 도둑질은 아닐지라도 기존 연구를 충실히 검토해야 한다는 연구자의 기본자세를 저버린 것이기 때문이다.

연습문제 8-4

다음에 제시되는 논문의 일부 중 인용된 부분에 밑줄을 그으시오.

그렇다면 이제 남은 가능성은 무엇인가? 죽음의 책임을 로봇시스템에도 설계자에게도 지울 수 없다면, 책임의 소재는 어디인가? 고려할 만한 세 번째 대답은 "아무에게도 책임이 없다."는 것이다.[8] 최선의 상황에서도 사고는 일어나고 희생자는 발생한다. 그리고 모든 사고와 희생에 대하여 항상 비난책임의 소재가 정의될 수 있는 것은 아니다.[9] 말하자면 이는 불가항력적 천재지변에 의한 희생과 유사한 경우로 볼 수 있다. 그렇다면 이제 우리는 앞 절의 맨 마지막 물음에 "아무에게도 책임 없음!"이라고 답변해야 할까? 아니다. 그것은 가능한 대답이지만, 필연적인 귀결도 아닐 뿐 아니라 아직 이 물음에 대한 최선의 선택지라고 할 수도 없다. 다음 절에서는 이 절에서 검토했던 선택지 가운데 하나를 다시 좀 더 자세히 살피면서 인공적 지능을 지닌 인공물의 도덕적 지위에 관해 생각해보기로 하자.

아직 인간 사회는 충분히 발달된 인공지능을 구현하지 못했지만, 지능의 인공적 구현은 분명 지속적으로 그리고 빠르게 발달하고 있는 주요 연구개발 분야의 타겟이다. 필자의 생각으로는 인간 지능의 모든 국면을 포괄하는 인공적인 일반 지능(general intelligence)[10]의 구현은 달성하기 아주 어려운 과제이고, 적어도 가까운 미래에 도달하기 어려운 목표다.

---

8) 혹자는 시스템의 설계자 이외에 제작자(manufacturer)나 해당 시스템의 관리자(administrator)를 책임 주체의 후보로 추가할는지도 모르겠다. 빠르게 증가하는 로봇의 사회적 활용과 관련하여 앞으로 전개되어야 할 로봇윤리 관련 논의는 실제로 이와 같은 '설계자–제작자–관리자–사용자'의 네 범주를 골격 삼아 구조화되어야 할 것이다. 고인석(2008b)와 Ko(2011)을 참조할 것. 그러나 여기 서술된 상황에서라면 제작자나 관리자의 몫을 찾기 힘들다.

9) 이것은 이른바 비난책임이 부과될 조건임에도 불구하고 그 소재를 특정하기 어려운 이른바 '여러 손의 문제'(problem of many hands)를 보여주는 경우는 아니다. '여러 손의 문제' 혹은 '조각난 책임(fractured responsibility)의 문제'에 해당하는 상황에서는 특정한 개인을 지목하기 어렵더라도 책임의 담지자에 해당하는 집합의 외연을 정의할 수 있다. '비난책임'과 '여러 손의 문제'에 관해서는 Harris et al.(2006) 2장을 볼 것.

10) 이는 인공지능 연구에서 "strong AI"라고 부르는 것에 상응한다.

예시 답안 및 해설

답 그렇다면 이제 남은 가능성은 무엇인가? 죽음의 책임을 로봇시스템에도 설계자에게도 지울 수 없다면, 책임의 소재는 어디인가? 고려할 만한 세 번째 대답은 "아무에게도 책임이 없다."는 것이다.[8] 최선의 상황에서도 사고는 일어나고 희생자는 발생한다. 그리고 모든 사고와 희생에 대하여 항상 비난책임의 소재가 정의될 수 있는 것은 아니다.[9] 말하자면 이는 불가항력적 천재지변에 의한 희생과 유사한 경우로 볼 수 있다. 그렇다면 이제 우리는 앞 절의 맨 마지막 물음에 "아무에게도 책임 없음!"이라고 답변해야 할까? 아니다. 그것은 가능한 대답이지만, 필연적인 귀결도 아닐 뿐 아니라 아직 이 물음에 대한 최선의 선택지라고 할 수도 없다. 다음 절에서는 이 절에서 검토했던 선택지 가운데 하나를 다시 좀 더 자세히 살피면서 인공적 지능을 지닌 인공물의 도덕적 지위에 관해 생각해보기로 하자.

아직 인간 사회는 충분히 발달된 인공지능을 구현하지 못했지만, 지능의 인공적 구현은 분명 지속적으로 그리고 빠르게 발달하고 있는 주요 연구개발 분야의 타겟이다. 필자의 생각으로는 인간 지능의 모든 국면을 포괄하는 인공적인 일반 지능(general intelligence)10)의 구현은 달성하기 아주 어려운 과제이고, 적어도 가까운 미래에 도달하기 어려운 목표다.

---

8) 혹자는 시스템의 설계자 이외에 제작자(manufacturer)나 해당 시스템의 관리자(administrator)를 책임 주체의 후보로 추가할는지도 모르겠다. 빠르게 증가하는 로봇의 사회적 활용과 관련하여 앞으로 전개되어야 할 로봇윤리 관련 논의는 실제로 이와 같은 '설계자–제작자–관리자–사용자'의 네 범주를 골격 삼아 구조화되어야 할 것이다. 고인석(2008b)와 Ko(2011)을 참조할 것. 그러나 여기 서술된 상황에서라면 제작자나 관리자의 몫을 찾기 힘들다.

9) 이것은 이른바 비난책임이 부과될 조건임에도 불구하고 그 소재를 특정하기 어려운 이른바 '여러 손의 문제'(problem of many hands)를 보여주는 경우는 아니다. '여러 손의 문제' 혹은 '조각난 책임(fractured responsibility)의 문제'에 해당하는 상황에서는 특정한 개인을 지목하기 어렵더라도 책임의 담지자에 해당하는 집합의 외연을 정의할 수 있다. '비난책임'과 '여러 손의 문제'에 관해서는 Harris et al.(2006) 2장을 볼 것.

10) 이는 인공지능 연구에서 "strong AI"라고 부르는 것에 상응한다.

필자는 적절한 인용과 주석으로써 자신의 주장과 타인의 주장을 명확히 구별하고 있다. "아무에게도 책임이 없다."는 직접 인용을 한 것으로서 주석 8)에서 어떤 논문을 참조했는가를 밝히고 있다. 또한 주석 9)와 10)에서도 작은따옴표와 큰따옴표로써 인용을 했음을 밝히는 동시에 참고한 문헌도 밝히고 있다.

주석과 참고문헌 - 인용의 표시

주석은 인용 자료의 출처를 밝히거나 본문 내용을 보충하기 위해 쓰는 본문 이외의 부분을 뜻한다. 따라서 인용 주석을 포함해 주석은 그 목적에 따라 세 가지 유형으로 나눌 수 있다.

인용주석	내용주석	상관참조주석
……………… (김영순 2012:33) ……………… 김진우(2011:203) 에서는 ……………… ……………… 2) ――― 2) Saussure, F.de, ……………….	……………… 2) ……… …………………. ――― 2) 이러한 실험 결과는 ……………….	……………… 2) ……… …………………. ――― 2) 이에 대한 자세한 논의는 2.1. 참조 .

인용주석은 인용한 글의 출처를 밝히기 위한 주석으로서 정해진 형식에 따라 작성해야 한다. 내용주석은 본문에는 넣을 수 없으나 논의의 전개를 위해 꼭 필요한 내용을 덧붙이기 위한 것이고, 상관참조주석은 글 전체의 내용 중에서 서로 관련이 있는 내용을 연결 지어 이해를 돕기 위한 것이다. 다음 예문에서 주석 4)은 인용주석이고, 5)는 내용주석이며, 3)는 상관참조주석이다.

> 유럽산 식물의 보급은 아메리카와 호주 대륙에서 유럽산 가축이 보급되는 과정과 함께 진행되었다.[3] 통계 자료를 보면 캐나다 잡초의 60%가 유럽이 원산지이며, 미국의 잡초 500종 가운데 258종이 역시 유럽산이다. 호주에서는 귀화식물 수가 800종이나 된다.[4] 유럽인들의 입장에서는 유럽산 동식물의 보급이 긍정적으로 느껴질 수도 있겠지만, 해당 지역의 기존 생태계는 외래종의 도입으로 가공할 피해를 입게 된다.[5] 흥미롭게도 구대륙(유럽, 아시아)의 동식물이 신대륙(아메리카와 호주)에 널리 퍼지는 경우는 많지만, 반대의 경우는 거의 없다. 그 이유는 다음과 같이 추정할 수 있다.
>
> ―――
>
> 3) 유럽산 가축이 보급되는 과정에 대해서는 이 글의 4장 참조.
>
> 4) 클라이브 폰팅, 『녹색세계사』, 이진아 역, 심지, 1996, 266-269면.
>
> 5) 1859년 호주에 들여온 토끼는 엄청난 속도로 불어나서 1905년 5억 마리에 도달하였다. 1420년 마데리아 제도의 포르토 산토에 들여온 토끼나 1810년 세인트 헬레나 섬에 데려온 염소도 비슷한 결과를 초래했다.

리포트와 논문에서 가장 흔하게 쓰이는 주석이 인용주석인데 각 페이지의 하단에 쓰는 각주와 글의 끝머리에 쓰는 미주가 있다. 또한 인용주석을 쓰는 방식에 따라 내각주와 외각주 두 유형으로 나눌 수 있다. 각주는 본래 모두 외각주 형식으로 작성되었으나 빈번하게 나타나는 인용주석을 간략하게 표시하기 위해 내각주 형식이 개발되었다. 인용주석은 두 가지 유형 중 하나만 써야지 같은 글에서 혼용하면 안 된다. 또한 어떤 각주를 쓰느냐에 따라 참고문헌의 형식도 결정되므로 각주의 형식과 참고문헌의 형식을 통일시켜야 한다.

주석과 참고문헌을 표시할 때, 문헌의 성격에 따라 표기하는 기호가 다르다. 가령 단행본과 논문의 정보를 적을 때 사용하는 기호는 다르다. 단행본에는 신문, 학술지, 일반 잡지, 사전류 등이 포함되는데, 국내논저(동양논저)와 서양논저를 표기하는 방법이 다르다. 동양에서 발간된 책과 논문은 한국어 단행본 및 논문과 같은 방식으로 처리한다. 한국어 단행본과 한국어 논문을 표시하는 방법은 크게 3가지인데, 한 편의 보고서 안에서는 한 가지의 방식으로 통일해야 한다.

	한국어			서양어
단행본	(표시하지 않음)	『 』	《 》	이탤릭체로 표시
논문	〃	「 」	〈 〉	“”

학술적인 글에서는 보통 단행본, 논문을 주로 인용하는데 그 형식이 매우 엄격하므로 쉼표와 마침표, 각종 특수 부호까지 빼놓지 않고 정확하게 써야 한다. 그리고 신문을 비롯한 여러 종류의 인쇄 자료나 인터넷 자료도 많이 활용하는데 이 때도 형식에 맞게 정확하게 써야 한다.

다음은 일반적인 각주와 참고문헌이다.

외각주

[각주]

형식: 각주번호, 필자, 제목, 출판사, 간행연도, 인용 페이지.

예시: 김진우, 『언어』, 탑출 판사, 1985. p. 15.

[참고문헌]

형식: 각주번호, 필자, 제목, 출판사, 간행연도.

예시: 김진우, 『언어』, 탑출판사, 1985.

언어의 자의성, 사회성, 역사성은 언어의 가장 중요한 속성이다.[3] 이 중에서 언어 기호의 내용과 형식이 필연적으로 결합되어 있지 않다는 언어의 자의성(恣意性)은 이미 소쉬르(Saussure)가 지적한 바 있다.[4] 물론 의성어나 의태어는 부분적으로 언어의 자의성을 어기는 듯이 보이기도 한다.[5]

3) 김진우, 『언어』, 탑출판사, 1985, p. 15.

내각주

[각주]

형식 : 필자(간행연도:인용 페이지) or (필자, 간행년도:인용페이지)

예시 : (김진우, 1985:15) 또는 김진우(1985:15)

[참고문헌]

형식 : 필자(간행연도), 제목, 출판사.

예시 : 김진우(1985), 『언어』, 탑출판사.

언어의 자의성, 사회성, 역사성은 언어의 가장 중요한 속성이다(김진우, 1985:15). 이 중에서 언어 기호의 내용과 형식이 필연적으로 결합되어 있지 않다는 자의성(恣意性)은 Saussure(1990:20-35)에 의해서 이미 지적된 바 있다. 물론 의성어나 의태어는 부분적으로 언어의 자의성을 어기는 듯이 보이기도 한다(Saussure, 1990:47).

4) Ferdinand de Saussure, 『일반언어학강의』, 최승언 역, 민음사, 1990, pp. 20-35.
5) ibid., p. 47.

[참고문헌]
김진우, 『언어』, 탑출판사, 1985.
Saussure, Ferdinand de, 『일반언어학강의』, 최승언 역, 민음사, 1990.

[참고문헌]
김진우(1985), 『언어』, 탑출판사.
Saussure, Ferdinand de(1990), 『일반언어학강의』, 최승언 역, 민음사.

내각주와 외각주는 학문 분야에 따라 쓰임 여부가 다르다. 내각주와 외각주를 모두 쓰는 분야가 있는가 하면 외각주만 쓰는 분야도 있다. 따라서 각주의 형식은 반드시 리포트나 논문을 쓰는 해당 분야의 규약을 참조해야 한다. 내각주와 외각주를 모두 쓰더라도 인용주석은 반드시 통일을 해야 한다. 단순히 인용 출처를 밝히기 위한 각주의 경우 내각주를 썼으면 일관되게 내각주를 써야 한다.

연습문제 8-5

다음에 제시되는 논문 중 밑줄 친 주석의 종류에 대한 빈칸을 채우시오.

본래적 의미의 방언은 영화에 말소리가 담기기 시작할 때부터 영화에 나타나기 시작했다고 볼 수 있다. '이 땅의 모든 말'을 방언으로 정의한다면 ① <u>(한성우, 2015)</u> 영화 속의 모든 말이 방언이기 때문이다. 그러나 '표준어가 아닌 말'로 정의되는 통상적인 의미의 방언도 이른 시기부터 영화에 반영되었다. 이는 연기자의 방언이 무의식적으로 반영된 것이기도 하지만 작가와 연출자의 의 의도에 따른 것이기도 하다. 최근의 영화 속에서 두드러지게 나타난 방언은 소위 '조선족 말' 혹은 '연변 말'이다.[1] 영화 속에 부분적으로 나타나던 경상도 방언과 전라도 방언이 각각 〈친구(2001)〉와 〈목포는 항구다(2004)〉를 통해서 전면에 드러나기 시작했다. 우연인지 필연인지 '건달' 혹은 '깡패'들을 통해 드러나기 시작한 방언은 급기야 〈황해(2010)〉의 조선족 깡패의 '연변 말'로도 나타나게 된다. 이와 달리 〈푸른 강은 흘러라(2008)〉에서는 깡패들의 말이 아닌 보통 사람들의 연변 말로 영화 전체가 채워지기도 한다.

본고는 최근의 영화에서 전면에 등장한 새로운 방언인 연변 말을 방언과 영화의 시각에서 분석해 보는 것을 목적으로 한다. 특히 조선족이 주인공으로 등장하는 〈황해〉와 조선족만으로 등장인물이 구성된 〈푸른 강은 흘러라〉를 중심으로 영화 속의 말을 영화적 시각으로 분석하는 동시에 방언학적, 사회언어학적인 시각으로 분석하는 것을 목적으로 한다.[2] 본고의 초점은 영화 혹은 방언과 사회언어 하나에만 맞추어진 것이 아니기 때문에 각각의 영역을 넘나들며 조선족 방언에 대해 분석해 보고자 한다.

---

② <u>1) '연변 말'과 '조선족 말'을 동의어로 쓸 수는 없다. 연변 말은 함경도말에 기반을 두고 있지만 중국 내 조선족 중에는 함경도 지역 이외의 출신도 많다. 이들은 자신의 출신 지역에 기반을 둔 말을 쓰기 때문에 함경도 말에 기반을 둔 연변 말과 다르다. 그러나 연변 말이 조선족 말을 대표하고 있고, 영화에 나타난 조선족 말도 결국은</u>

연변 말이므로 본고에서는 '연변 말'로 쓴다. 중국 교포들이 쓰는 말에 대한 용어는 ③ 오성애(2010) 참조.

④ 2) 2장에서는 영화 속의 방언에 대한 일반적인 논의를 한 후 3장에서 두 영화에 나온 조선족의 말을 분석하고자 한다. 이를 바탕으로 4장에서는 영화에서 조선족 언어를 다루는 올바른 방향을 제시해 보고자 한다. 특히 3장에서는 〈황해〉와 〈푸른 강은 흘러라〉의 대사를 구체적으로 비교, 대조하여 그 차이점과 공통점을 밝힐 것이다.

[참고문헌]

한성우(2015), 『방언, 이 땅의 모든 말』, 커뮤니케이션북스.

오성애(2010), 「청도 거주 조선족의 언어 능력과 언어 태도」, 『한국학연구』 23, 인하대 한국학연구소. pp. 181-212.

주석	저서/논문	인용/내용/상관참조	각주/미주	내각주/외각주
①	저서	인용		내각주
②			각주	
③				
④				

예시 답안 및 해설

답

주석	저서/논문	인용/내용/상관참조	각주/미주	내각주/외각주
①	저서	인용		내각주
②		내용	각주	내각주
③	논문	인용		내각주
④		상관참조	각주	내각주

①은 본문 중에 인용 표시를 하는 내각주 방식으로 한 것이다. ②는 본문에는 쓰지 않았지만 필요한 내용을 주석으로 표시한 것이므로 내용 주석에 해당된다. ③은 각주에서 쓰기는 했지만 내각주 방식으로 썼다. ④는 이후에 서술할 내용을 미리 밝히는 것이므로 상관참조 주석이다. 한 논문에서는 각주와 미주 중에 하나만 선택하여야 하고, 각주를 쓸 경우 내각주와 외각주도 하나만 선택해야 한다.

외각주와 내각주 - 전통적 인용 표시와 간결한 인용 표시

인용주석을 붙이는 방식은 매우 복잡한 편이다. 인쇄된 자료로는 단행본과 논문이 주를 이루는데 각각의 인용방식이 다르다. 또한 이를 외각주와 내각주로 인용할 때 형식이 조금씩 다르다. 먼저 단행본을 인용했을 때 외각주 방식으로 그 전거를 밝히고자 한다면 다음과 밝혀야 할 정보와 그 순서는 다음과 같다.

- 저자(또는 편저자)의 이름
- 편자 · 역자 또는 편역자의 이름
- 출판 사항(판차, 출판지: 출판사, 출판 연도)
- 서명(書名)
- 총서명과 권수
- 인용, 참고한 페이지

저자(편자), 책 제목, 역자(편역자), 출판사항(판차, 출판지: 출판사, 출판연도), 면수.

출판사항은 괄호를 풀고 기입할 수도 있고 괄호 안에 넣을 수도 있다. 출판사항을 괄호 속에 넣을 때에는 책 제목 다음에 쉼표를 하지 않고 괄호를 기입한다. 출판지와 출판사 사이에는 콜론(:)을 넣어서 표시하지만 한국의 경우 출판지를 생략하는 경우가 많다. 그 예를 보이면 다음과 같다.

1. 일반 단행본

정재승, 『과학 콘서트』, 서울: 동아시아, 2005, pp. 36-63.

정재승, 『과학 콘서트』(서울: 동아시아, 2005), pp. 36-63.

한국문화인류학회, 『낯선 곳에서 나를 만나다』, 개정증보판, 서울: 일조각, 2006, p. 203.

한국문화인류학회, 『낯선 곳에서 나를 만나다』(개정증보판, 서울: 일조각, 2006), p. 203.

신재식 · 김윤성 · 장대익, 『종교전쟁』, 사이언스북스, 2009.

柄谷行人, 『世界史の構造』, 岩波書店, 2010, p. 104.

Slavoj Žižek, Looking awry(Mass.: MIT Press, 1991), p. 50.

Edward Said, Orientalism(Harmondsworth : Penguin, 1995), pp. 7-9.

2. 번역서 또는 편역서

孫歌, 『아시아라는 사유공간』, 류준필 외 역, 창비, 2003, pp. 30-31.

Jacques Derrida, 『마르크스의 유령들』, 진태원 역, 그린비, 2014, p. 15.

Sigmund Freud, An Outline of Psychoanalysis, J. Strachey trans., N.Y.: Norton, 1950, p. 2.

Sigmund Freud, An Outline of Psychoanalysis, tr. by J. Strachey(N.Y.: Norton, 1950), p. 2.

3. 편저

김진균 편, 『근대주체와 규율권력』, 서울: 문화과학사, 2007, pp. 234-250.

박헌호 · 류준필 편, 『1919년 3월 1일에 묻다』, 서울: 성균관대출판부, 2009, pp. 100-101.

저자명, 서명, 출판사항, 페이지 등은 빠짐없이 정확하게 기입해야 한다. 반면에 편자, 역자, 편역자, 총서명과 그 권수, 판차 등은 모든 책에 있는 것은 아니므로 필요할 때에만 포함시키면 된다. 각각의 정보를 표시할 때 유의해야 할 점은 다음과 같다.

저자명	동양인은 성, 이름 순서로 적는다.	김태길 / 小倉進平
	서양인은 이름, 성 순서로 적는다.	Marc Bloch / 칼 맑스
	동양인이 서양어로 쓴 책이면 성, 이름 순으로 쓰되 쉼표를 쓴다.	Lee, Ki Moon / Ogura, Shimpei
	공저인 경우 세 사람 이하이면 모두 쓰고, 그 이상이면 첫 저자만 쓴다.	남기심 · 이정민 · 이홍배 / 최원식 외 5인/ Paul Lauter et al.
서명	한국(동양) 서명의 경우는 겹낫표(『 』), 또는 쌍괄호(《 》)로 묶는다.	『한국문학통사』/ 《한국근대문예비평사연구》
	서양 서명의 경우에는 이탤릭체를 사용한다.	*A Glossary of Literary Terms*
편자 · 역자	남의 글을 엮은 경우에는 엮은이 뒤에 '편, 엮음, ed. 등을 쓴다.	김만수 편 / 천정환 · 소영현 편 / A. Preminger et al., ed.
	번역서일 경우에는 '역, 옮김, trans.'라고 적는다.	김태환 역 / Carol Christensen, trans.
총서명과 권수	여러 권으로 된 총서의 경우에는 서명 다음에 총서명과 그 권수를 적는다. 전집의 경우에도 동일하다.	동아시아한국학자료총서 제3권
출판사항	초판이 아닐 경우에는 판차를 적는다.	개정판 / 증보판 / 수정 3판 / rev. ed. / 2nd ed.
	출판지, 출판사명, 출판 연도를 적는다. 한국의 출판지는 생략하는 경우가 많다.	서울: 문학과지성사, 1990 / London: Routhledge & Kegan Paul, 2004
페이지	한 페이지에서만 인용했을 경우에는 p. 뒤에 숫자를 쓴다. '~쪽', '~면'으로 해도 된다.	p. 230 / 230쪽 / 230면
	여러 페이지에서 인용했을 경우에는 pp. 뒤에 해당 페이지를 쓴다. '~쪽', '~면'으로 해도 된다.	pp. 56~59 / 56-59쪽 / 56-59면

외각주의 방식으로 논문을 인용했을 때 밝혀야 할 정보와 그 차례는 다음과 같다.

- 필자의 완전한 이름, 논문 제목
- 게재 학술지명, 논문집(단행본)명
- 권수 및 호수
- 간행 주체
- 발행 연도
- 인용, 참고한 페이지

필자명, 논문 제목, 학술지 또는 논문집명, 권수 및 호수, (간행기관), 발행 연도, 인용면수.

논문은 독립적인 출판물이 아니기 때문에 논문이 수록되어 있는 학술지나 단행본을 밝혀 주어야 한다. 학술지에 논문이 실린 경우에는 학술지의 권수 및 호수, 간행 주체, 연도 등을 기입하면 되고, 단행본에 실린 경우에는 단행본 주석 방식에 따라 그 내용을 적어 넣으면 된다. 일반적인 주석방법은 다음과 같다.

1. 학술지의 논문

김만수, 「창의도시를 보는 관점 - 인천을 중심으로」, 『한국학연구』 30집, 인하대 한국학연구소, 2013, pp. 240-245.

김만수, 「창의도시를 보는 관점 - 인천을 중심으로」(『한국학연구』 30집, 인하대 한국학연구소, 2013), pp. 240-245.

Bruce Cummings, "The Origins and Development of the Northeast Asian Political Economy", International Organization , Vol. 38, No. 1, 1984, pp. 36-63.

2. 편저(논문집)에 포함된 논문

서우석, 「음악, 떠도는 기의」, 『현대사회와 기호』, 한국기호학회(편), 문학과지성사, 1996, pp. 187-9.

안병직, 〈식민경제의 성격과 분단의 경제적 의의〉, 《한국경제론》, 박현채 · 정윤형(편), 까치, 1987, pp. 4-8.

외각주의 방식으로 논문을 인용했을 때 주의해야 할 점은 다음과 같다.

필자명	단행본의 경우와 같다.	예시
논문제목	국문으로 쓴 논문은 「 」, " " 안에 제목을 쓴다.	「한말 일제하의 지주제」/"식민지경제의 성격과 분단의 경제적 의의"
	영문으로 쓴 논문은 " " 안에 제목을 쓴다.	"The Origins and Development of the Northeast Asian Political Economy"
	학위논문은 책자 형태로 인쇄가 되어 있지만 논문으로 취급한다.	「칼 맑스의 소유론과 소련헌법의 소유제도」
학술지, 논문집	단행본으로 취급하여 단행본의 경우와 동일하게 쓴다.	『한국학연구』 / *Historical Geography*
권수, 호수	학술지나 논문집 뒤에 이어서 정확하게 쓴다.	『한국학연구』 5집 / International Organization, vol. 23, No. 1
간행 주체	학회나 학술지를 내는 단체를 기입한다.	인하대 한국학연구소
간행 연도	단행본의 경우와 같다.	
인용 페이지	단행본의 경우와 같다.	

이 밖에 신문기사, 사전류, 고전, 성전, 인터넷 홈페이지 등에서 인용할 때는 다음과 같은 형식으로 한다.

『每日申報』, 1919년 4월 22일자 2면.
金八峰, "片片夜話", 『東亞日報』, 1974. 7. 4, 5면.
"인수합병과 재벌의 불공정행위", 『한겨레신문』, 1997년 3월 14일자 3면.
老子『道德經』4장.
Atristotle, Poetics 20, 145.
요한복음 2:7.
대한민국, 「헌법」, 제1조 2항.
대한민국 국회, "수출장려 법안", 『제25회 국회 속기록』 제9호, 국회사무처, 1958, p. 11.
통일부 장관과의 면담, 2014년 11월 30일.
국립국어원, "공문서 바로쓰기", 〈http://www.korean.go.kr/kculture/lecture/official_doc/index.html〉 (접속 : 2014.12.31.)

이러한 외각주는 동일한 것이 반복적으로 나타날 수 있는데 같은 정보를 매번 되풀이해서 소개하는 것은 여간 번거로운 일이 아니다. 이러한 번거로움을 덜고 논문의 간결성을 도모하기 위해 일정한 약어나 부호를 사용하는 약식주석의 방법을 사용한다. 약식주석을 사용할 때에는 대문자와 소문자를 구별하고, 구두점까지 정확하게 써야 한다. 외각주에서 사용되는 약어의 예는 다음과 같다. 보고서를 작성 할 때에는 라틴어 약호나 한글 약호 가운데 한 쪽을 선택하여, 보고서 안에서 통일하면 된다.

ibid.	같은 책/ 같은 글/ 위의 책/ 위의 논문/ 상게서 / 상게논문	바로 앞에서 인용된 것을 다시 인용할 때 약어 뒤에 페이지만 기록한다.
op. cit.	앞의 책/ 앞의 글/ 전게서/ 전게 논문	직전은 아니지만 이전에 인용된 것을 다시 인용할 때 저자 또는 필자의 이름과 약어 뒤에 페이지를 기록한다.
loc. cit.	같은 책, 같은 곳	바로 앞에서 인용된 것과 완전히 일치된 것을 인용할 때 쓰인다. 페이지 번호도 적지 않는다.

약식주석을 쓴 예는 다음과 같다. 약식주석이 사용될 수 있는 곳은 4), 5), 6)이다. 라틴어 약호를 사용하여 약식주석으로 처리하면 다음과 같다. 괄호 안의 내용은 한글 약호를 사용했을 때의 주석 내용이다.

1) 주경철, 『역사의 기억, 역사의 상상』, 문학과지성사, 1999, pp. 205-207.
2) 우석훈, 『88만원 세대』, 레디앙, 2007, p. 62.
3) 주경철, 『테레시아스의 역사』, 산처럼, 2002, p. 185.
4) 주경철, 『테레시아스의 역사』, 산처럼, 2002, p. 73.
5) 우석훈, 『88만원 세대』, 레디앙, 2007, p. 49.
6) 우석훈, 『88만원 세대』, 레디앙, 2007, p. 49.

1) 주경철, 『역사의 기억, 역사의 상상』, 문학과지성사, 1999, pp. 205-207.

2) 우석훈, 『88만원 세대』, 레디앙, 2007, p. 62.

3) 주경철, 『테레시아스의 역사』, 산처럼, 2002, p. 185.

4) ibid., p. 73. (위의 책, p. 73.)

5) 우석훈, op.cit., p. 49. (우석훈, 앞의 책, p. 49.)

6) loc. cit. (같은 책, 같은 곳.)

내각주 양식은 인용 문헌들의 완전한 서지사항을 논문 끝에 붙이는 참고문헌란에 기록해 두고, 인용을 할 때마다 본문에서 저자명과 간행 연도만을 명시함으로써 주석 을 생략하는 방식이다. 예를 들어 (Cummings,1984:21-29)는 Cummings라는 성(姓)을 가진 저자가 1984년에 발표한 글(논문 또는 저서)에서 21면부터 29면까지 참고했다는 의미이다. Cummings가 1984년에 발표한 글은 논문 끝부분에 있는 참고문헌란에서 확인하면 된다. 이처럼 내각주는 참고문헌란과의 긴밀한 관계 속에서 성립하는 주석방식이다.

참고문헌란이 구비되어 있다면, 내각주 작성 방법은 간단하다. 본문 중에 (저자,연도:인용면 수)를 밝히면 된다. 저자의 이름이 본문에 노출되었고 인용면수를 밝혀야 하는 경우에는 (연도:면수), 저자의 이름이 노출되어 있고 책 전체를 참조할 경우에는 (연도)만 기입한다. 그 예를 보이면 다음과 같다.

[예시 1]

한국전쟁은 냉전이데올로기가 국지적인 차원에서 충돌하면서 일어난 것이 아니라 민족 갈등이 표출된 內戰의 양상이라는 주장(Cummings,1984:21-29)이 제기되었다.

[참고문헌]

Cummings, Bruce(1984), “The Origins and Development of the Northeast Asian Political Economy”, International Organization , Vol. 38, No. 1.

[예시 2]

정신분석학을 전통적인 심령술이나 최면술과 구분하고자 했던 Freud(1950a:45-55)의 주장은 당시만 해도 많은 오해를 받았다. 하지만 비엔나의 부인들은 그의 성이론에 상당한 호기심을 표명 했던 것도 사실이다.

[참고문헌]

Freud, S. (1950a), An Outline of Psychoanalysis, tr. by J. Strachey, N.Y.: Norton.

참고문헌란에는 글을 쓰면서 인용한 자료는 물론 연구에 이용한 자료, 비판의 대상 등을 빠짐없이 모아 순서대로 배열한다. 본문에서 인용한 자료는 반드시 참고문헌에 포함되어 있어야 하며 본문에 인용하지 않았더라도 참고한 자료는 모두 제시하는 것이 좋다. 외각주를 사용한 보고서의 참고문헌란을 작성할 때 유의할 점은 다음과 같다.

1) 참고문헌은 외각주와 거의 동일한 방식으로 작성한다. 보통 참고문헌에는 인용면수를 기입하지 않는다.
2) 국내저자의 논문과 단행본은 저자 이름의 가나다 순으로 배열한다.
3) 외국 저자의 이름은 외각주에서와는 달리 성을 먼저 쓰고 이름을 뒤에 쓰며, 성 뒤에 쉼표를 찍는다. 외국저자의 논문과 단행본은 성의 첫 글자 알파벳 순으로 배열한다.

내각주의 참고문헌란 작성방법 역시 외각주의 참고문헌란 작성방법과 크게 다르지 않다. 내각주의 참고문헌란에서 주의할 것은 저자의 이름과 출판연도의 표기법이다. 저자의 이름을 쓰고 쉼표를 붙이지 않고 괄호( ) 속에 출판연도를 기입한다. 대신 제일 뒤편에 출판연도를 또다시 붙일 필요는 없다. 한 저자가 같은 해에 여러 편의 논문이나 저서를 출간했을 때에는 알파벳 소문자 a, b, c 등을 붙여서 구분한다.

[참고문헌] ※ 외각주를 쓴 경우

김만수, 「희곡과 시나리오의 차이에 대한 사례 연구」, 『한국극예술연구』 13집, 한국극예술학회, 2001.
______, 「김승옥 시나리오 〈안개〉의 구조와 장면 분석」, 『한국현대문학연구』 40집, 한국현대문학회, 2013.
______, 「창의도시를 보는 관점 - 인천을 중심으로」, 『한국학연구』 30집, 인하대 한국학연구소, 2013.
김진석, 『소외에서 소내로 : 김진석 평론집』, 개마고원, 2009.
윤대석 · 윤미란 편, 『박치우 전집』, 인하대출판부, 2010.
최현식, 『신화의 저편』, 소명출판, 2007.

Abrams, M. H., A Glossary of Literary Terms, New York: Holt, Rinehart and Winston, 1971.
Chomsky, N., "Closing Statement: Linguistics and Poetry"(1977), 김태옥 역, 이정민 외 편, 『언어과학이란 무엇인가』, 문학과지성사, 1995.
Even-Zohar, Itarmar, "Translater Literature in the Polysystem", Lawrence Venuti, eds, The Translation Studies Reader, Routledge, 2004.
Fussell, Paul, Poetic Meter & Poetic Form, revised edition, New York: Random House, 1979.

[참고문헌] ※ 내각주를 쓴 경우

김만수(2001), 「희곡과 시나리오의 차이에 대한 사례 연구」, 『한국극예술연구』 13집, 한국극예술학회.
______(2013a), 「김승옥 시나리오 〈안개〉 의 구조와 장면 분석」, 『한국현대문학연구』 40집, 한국현대문학회.
______(2013b), 「창의도시를 보는 관점 - 인천을 중심으로」, 『한국학연구』 30집, 인하대 한국학연구소.
김진석(2009), 『소외에서 소내로 : 김진석 평론집』, 개마고원.
윤대석 · 윤미란 편(2010), 『박치우 전집』, 인하대출판부.
최현식(2007), 『신화의 저편』, 소명출판.

Abrams , M. H. (1971), A Glossary of Literary Terms, New York: Holt, Rinehart and Winston.
Chomsky, N. (1977), "Closing Statement: Linguistics and Poetry", 김태옥 역, 이정민 외 편(1995), 『언어과학이란 무엇인

가』, 문학과지성사, pp. 102-118.

Even-Zohar, Itarmar(2004), "Translater Literature in the Polysystem", Lawrence Venuti, eds, The Translation Studies Reader, Routledge.

Fussell, Paul(1979), Poetic Meter & Poetic Form, revised edition, New York: Random House.

연습문제 8-6

다음과 같이 자료를 참조했을 때 인용주석과 참고문헌을 정해진 형식에 맞게 쓰시오.

① 홍욱희가 지은 '3조원의 환경 논쟁, 새만금'의 일부분이다. 이 책은 2004년 지성사에서 출판되었으며, 인용된 부분은 이 책의 88면에 실려 있다.

② 클라이브 폰팅이 지은 '녹색세계사 Ⅰ'의 일부분이다. 이 책은 이진아가 번역하였고, 1995년에 '심지'에서 출판되었다. 인용한 부분은 이 책의 231면에서 233면에 실려 있다.

③ 데이비드 페퍼가 지은 '현대환경론'의 72면에 실린 글이다. 이 책은 1989년에 '한길사'에서 출판되었다.

(1) 외각주

새만금사업을 바라보는 관점의 핵심은 바로 갯벌과 논 중에서 어느 것의 가치가 더 높은가 하는 데로 모아진다. ① 만약 갯벌과 논 중에서 어느 하나가 다른 하나의 가치보다 월등하다면 두말할 필요 없이 사업을 중지하든가 아니면 지속하든가 하는 결정을 명쾌하게 내릴 수 있다. ② 시민환경단체의 입장은 새만금사업으로 사라지는 갯벌이 각종 생물이 풍부한 자연생태계의 일환으로서, 그리고 조개류와 갑각류 등 갯벌에서 잡아들이는 수산자원의 생산지로서 더할 수 없이 귀중하기 때문에 새만금 방조제가 아직 완성되지 못한 상태에 있는 지금 바로 공사를 중지해서 갯벌을 살려야 한다는 주장이다. ③

[각주]

[참고문헌]

(2) 내각주

새만금사업을 바라보는 관점의 핵심은 바로 갯벌과 논 중에서 어느 것의 가치가 더 높은가 하는 데로 모아진다(①). (②)에 따르면 만약 갯벌과 논 중에서 어느 하나가 다른 하나의 가치보다 월등하다면 두말할 필요 없이 사업을 중지하든가 아니면 지속하든가 하는 결정을 명쾌하게 내릴 수 있다. 시민환경단체의 입장은 새만금사업으로 사라지는 갯벌이 각종 생물이 풍부한 자연생태계의 일환으로서, 그리고 조개류와 갑각류 등 갯벌에서 잡아들이는 수산자원의 생산지로서 더할 수 없이 귀중하기 때문에 새만금 방조제가 아직 완성되지 못한 상태에 있는 지금 바로 공사를 중지해서 갯벌을 살려야 한다는 주장이다.(③)

[참고문헌]

예시 답안 및 해설

답 **(1) 외각주**

[각주]

1) 홍욱희, 3조원의 환경 논쟁 새만금, 지성사, 2004, p. 88.
2) 클라이브 폰팅, 이진아 역, 녹색세계사 Ⅰ, 심지, 1995, pp. 231-233.
3) 데이비드 페퍼, 현대환경론, 한길사, 1989, p. 72.

[참고문헌]

데이비드 페퍼, 현대환경론, 한길사, 1989.
클라이브 폰팅, 이진아 역, 녹색세계사 Ⅰ, 심지, 1995.
홍욱희, 3조원의 환경 논쟁 새만금, 지성사, 2004.

(2) 내각주

[각주]

……가치가 더 높은가 하는 데로 모아진다(홍욱희: 2004:88). 클라이브 폰팅(1995: 231-233)에 따르면 만약 갯벌과 논 중에서……갯벌을 살려야 한다는 주장이다.(데이비드 페퍼: 1989:72)

[참고문헌]

데이비드 페퍼(1989), 현대환경론, 한길사.
클라이브 폰팅(1995), 이진아 역, 녹색세계사 Ⅰ, 심지.
홍욱희(2004), 3조원의 환경 논쟁 새만금, 지성사.

외각주는 각주를 달 위치에 각주 번호를 쓰고 각 페이지의 하단에 '각주번호, 필자, 제목, 출판사, 간행연도, 인용 페이지.' 순으로 쓴다. 그리고 참고문헌에는 인용페이지를 뺀 나머지를 쓰고 가나다순으로 정렬한다. 내각주는 각주를 달 위치에 '필자(간행연도:인용 페이지) or (필자, 간행년도:인용페이지)'와 같이 쓰고 참고문헌은 '필자(간행연도), 제목, 출판사.'와 같이 쓴다. 이때 쉼표나 마침표도 정확하게 찍어야 한다.

다음은 인문, 사회과학 분야의 논문들이다. 분야에 따라 주석과 참고문헌을 쓰는 방법이 다르고 학술지에 따라 다르기도 하다. 따라서 리포트를 작성할 때는 해당 분야의 일반적인 형식을 따르되 투고를 하고자 할 경우에는 각 학술지의 투고규정을 면밀히 검토하여 그에 맞게 주석과 참고문헌을 작성해야 한다.

[철학 분야의 각주와 참고문헌]

고인석 (2012). 로봇이 책임과 권한의 주체일 수 있는가. 철학논총, 67, pp. 3–21.

이런 반론을 통해 부각되는 두 번째 후보는 이 로봇시스템을 설계하고 제작한 사람들이다. 그들이야말로 로봇시스템이 내린 판단과 이어진 작동의 배후에서 그런 판단과 작동을 있게 만든 주체이기 때문이다. 만일 그들이 기차와 선로를 작동시키는 시스템을 그렇게 프로그램하지 않았다면, 그 노동자는 죽지 않았을 것이다. 이들의 설계는 노동자의 죽음을 초래한 필수불가결 조건(*conditio sine qua non*)[5]이었고, 따라서 책임의 소재 역시 이들에게 있다고 볼 수 있다.

그러나 이들에게 '죽음에 관한 책임'을 부과하는 것은 과연 확실히 합당한가?[6] 책임의 근거가 된 '그런 선로 변경의 명령을 유도하는 작동 프로그램이 아니었더라면'이라는 조건을 반대로 뒤집어 생각해보자. 만일 이들이 시스템을 그런 문제 상황에 그렇게 반응하도록 설계하지 않았다면 어떨까? 예를 들어 만일 이 로봇시스템의 설계자가 설계 단계에서 이런 종류에 해당하는 상황을 **고려하지 않은 까닭에** 로봇시스템이 문제 상황에 특정한 방식으로 **반응하지 않았다면**, 그래서 노동자가 무사한 대신 다섯 어린이가 목숨을 잃었다면 설계자는 바로 앞에서 언급한 책임으로부터 해방될 것인가? 만일 그렇다고 인정한다면, 즉 '문

2) 이중원(2009) 참조. 이중원은 거기서 "로봇의 자율성[과 책임]을 어느 정도 인정해야 하는가?"라는 물음을 로봇기술에 관한 윤리적 쟁점 가운데 하나로 제기한다.

3) Wallach&Allen(2009)은 'artificial moral agent(AMA)'라는 개념의 가능성과 문제점에 관하여 폭넓은, 그리고 유익한 토론을 전개하고 있다.

4) 신현우(2010)는 인공지능을 가진 지능형 로봇이 "자율적으로 사고하고 판단하여 행동할 경우 […] 로봇 자체에 윤리적 책임의 소재가 있다고 할 수 있는가?"라는 물음을 제기했지만, "로봇에 대한 윤리적 쟁점들을 다룰 때 책임의 문제에 대한 탐색이 절실히 요청된다."라는 원칙적인 제안에서 멈추고 있다.

5) 이는 형법에서 인과관계를 규정하는 기본적인 원리이기도 하다.

6) 이 단계에서 제동장치가 고장난 된 원인과 그에 관한 책임은 고려하지 않기로 한다.

고인석 (2011), 「아시모프의 로봇 3 법칙 다시 보기: 윤리적인 로봇 만들기」, 「철학연구」 93집.

김상봉 (2001), 「나(自我)」, 「우리말 철학사전 1: 과학, 인간, 존재」, 우리사상연구소 엮음, 지식산업사.

김재권 지음/ 하종호, 김선희 옮김 (1997), 「심리철학」, 철학과현실사.

신현우 (2010), 「진화론적 지능형 서비스 로봇에 대한 실천윤리학적 고찰」, 「윤리연구」 79.

이중원 (2009), 「로봇기술의 윤리적 쟁점」, 2009년 6월 <로봇윤리 전문가 워크샵> 자료집.

Bechtel, W. & G. Graham (eds.)(1998), *A Companion to Cognitive Science*, Blackwell.

Buss, S. (2008), "Personal Autonomy", *The Stanford Encyclopedia of Philosophy* (Fall 2008 Edition), E. N. Zalta (ed.), URL=http://plato.stanford.edu/archives/fall2008/entries/personal-autonomy.

Christman, J. (2011), "Autonomy in Moral and Political Philosophy", *The Stanford Encyclopedia of Philosophy* (Spring 2011 Edition), E. N. Zalta (ed.), URL=http://plato.stanford.edu/archives/spr2011/entries/autonomy-moral.

Clark, A. (1998), "Embodied, Situated, and Distributed Cognition", in: Bechtel et al.(eds.)(1998).

Clark, A. & D. Chalmers (1998), "The Extended Mind", *Analysis* 58.

Elwood, R. W., (2011), "Pain and suffering in invertebrates?", *Institute of Laboratory Animal Resources Journal*, 52(2).

[문학 분야의 각주와 참고문헌]

김영 (2011). 조선후기 국문학과 한문학의 소통과 융합. 국어국문학, (158), pp. 49–70.

이와 같이 조선후기 들어 한문소설이 국문소설로 번역되고, 국문소설이 한문소설로 번역되는 경우는 흔한 일이라 할 수 있다. 이러한 사정은 한문소설과 국문소설의 넘나듦, 곧 국문본과 한문본의 혼재되어 유통되고 있던 사정은 다음과 같은 기록을 통해 확인할 수 있다.

> 내 보니 여항의 무식쟁이들이 언자(諺字)을 배워 고로(古老)들이 전하는 이야기를 베껴 밤낮 떠들고 있는데, 이석단(李石端) 취취(翠翠)의 이야기 같은 것은 음설망탄(淫褻妄誕)하여 도무지 볼 게 없다......「오륜전전」을 언자로 번역해 부인네처럼 문자를 모르는 사람이라도 읽기만 해도 또렷이 알 수 있게 하였다.[28]

낙서거사(洛西居士)라는 인물이 명나라의 「오륜전비기(五倫全備記)」를 윤색하여 번역하여 충주에서 간행할 때 붙인 서문인데, 우리는 이 글을 통하여 당시의 서민들도 한글을 쉽게 배워 국문으로 번역된 소설을 즐겨 읽었음

25) 이복규, 「설공찬전 연구」, 박이정, 2003, 40~43쪽.

26) 이복규는 「오륜전전」이 1531년에 출현하였다고 하면서 최초의 국문소설이라고 주장하고 있으나, 조동일을 비롯한 학계에서는 「홍길동전」을 최초의 국문소설로 보고 있다. 여기서는 그 학설의 타당성 여부를 검토하는 자리가 아니므로 당시에 국문본 소설과 국문소설이 존재했다는 사실에 일단 주목을 한다. 이복규의 주장에 대해서는 위의 책의 156~161면 참조하고, 조동일의 입장은「한국문학통사 」4판 3권, 지식산업사, 2005, 91면을 참조할 것.

27) 박희병, 「한문소설과 국문소설의 관련양상」한국한문학연구 22집, 한국한문학회, 1998, 14쪽.

28) 洛西居士, 「오륜전전 서문(五倫全傳 序文)」. 심경호, 「오륜전전에 대한 고찰」애산학보 8집, 애산학회, 1990, 118쪽에서 재인용.

강혜정, 「 時調의 漢詩 受容 樣相 硏究, 고려대학교 석사학위논문, 1995.

김명순, 「시조 한역 자료의 현황과 그 성격, 「시조학논총」 30집, 한국시조학회, 2009.

김명순, 「朝鮮後期 時調 漢譯의 樣相과 意味, 「한국한문학연구」 22집, 한국한문학회, 1998.

김석회, 「19세기의 시조 한역과 한시의 시조화」 「조선후기 시가 연구」, 월인, 2003.

김석회, 「한시 현토형 시조와 시조의 7언절구형 한시화 」 「장르교섭과 고전시가」, 월인, 1999.

김영, 「한국한문학의 중국문학 수용과 창의적 발전」 「한국한문학의 현재적 의미」, 한울, 2008.

김용섭, 「동아시아 역사 속의 한국문명의 전환」, 지식산업사, 2008.

노자, 「老子」.

박경주, 「詩歌文學史에서 漢文詩歌의 위상과 의미 -궁중 악제의 흐름과 관련하여, 「한국한시연구」 16집, 한국한시학회, 2008.

박희병, 「춘향전의 역사적 성격분석」 「전환기의 동아시아문학」, 창작과비평사, 1985.

박희병, 「한문소설과 국문소설의 관련양상」, 「한국한문학연구」 22집, 한국한문학회, 1998.

박희병, 「운화와 근대」, 돌베개, 2003.

사티쉬 쿠마르, 「그대가 있어 내가 있다」, 달팽이, 2004.

심경호, 「오륜전전에 대한 고찰」, 「애산학보」 8집, 애산학회, 1990.

이복규, 「설공찬전 연구」, 박이정, 2003.

이현일, 「申緯 小樂府 再論」, 「한국한시연구」16집, 한국한시학회, 2008.

[사회학 분야의 각주와 참고문헌]

이승은 (2015). 중국의 메콩강 유역 개발 참여. 아태연구, 22(1), pp. 41-75.

2000년대에 들어서면서 서부지역을 중국의 새로운 '기회의 땅'으로 여기며, 국내 비즈니스계의 관심이 점차 쓰촨성, 충칭 등 몇몇 지역으로 옮겨져 왔고, 서부지역과 관련된 학계의 연구도 활발히 진행되고 있다(박상수 2013). 이러한 관심과 다르게 우리나라와의 교역·투자 비중이 크지 않은 서남(西南)지역은 국내 학계와 비즈니스계의 관심을 받지 못했으며, 서부지역 중 경제적으로 낙후되고 중국 변경지역에 위치한 서남(西南)지역에 대한 이해수준도 상대적으로 낮은 실정이다. 이러한 배경의 주요한 원인은 우리나라의 대(對)중국 투자 방향의 축이 동부 연해 지역에서 서부지역으로 서서히 옮겨가고 있는 상황에서 쓰촨성, 충칭 등과 같은 지역들이 서부지역의 관심지역으로 부상하고 있기 때문이다.[2] 한편, 제조업 기반이 잘 갖추어져 있지 않고 물류비용이 많이 들어 우리나라 기업이 많이 진출해 있지 않고, 다른 서부지역에 비해 우리나라의 향후 투자 및 진출의 가능성도 낮은 윈난성[3]과 광시장족자치구[4] 등의 서남지역에 대한 관심은 상대적으로 소홀하였다.

경제적 실익을 고려한다면 우리나라에서 서남지역의 중요성은 낮은

2) 2000년대 이전까지 한국의 투자는 산둥(山東), 장수(江蘇), 랴오닝(遼寧), 저장(浙江)성 등에 집중되었으나, 점차 우리나라의 중부지역 및 서부지역에의 투자가 증가하고 있다.

3) 국내에서 진행된 윈난성 연구는 다음과 같다. 첫째, 대부분의 연구성과는 주로 민속학적 관점에서 논의된 것으로, 김선자(2011, 125-171), 류성민(2010, 149-193), 무용웨·양원순·예동근(2011, 121-133)의 논의가 있다. 둘째, 변경 유역의 갈등 등에 관한 역사학적 관점에서 논의된 것으로, 류인선(2012, 155-178), 유장근(2011, 1-32)의 논의가 있다.

4) 광시장족자치구 연구는 주로 광서북부만을 중심으로 진행되었으며, 박승찬(2009, 131-158), 정환우(2009), 허흥호(2013, 451-471)의 논의가 이에 해당된다.

기상석·문흥호 (2005). "중국의 중앙과 지방관계." 『국제학원우론집』. 제5호, pp. 7-37.

김수한 (2014). "북중 초국경 협력의 지속과 변화-최근 경제특구 구상과 관련 법제를 중심으로." 『한중사회과학연구』. 제12권. 제4호, pp. 105-134.

김송죽 (2013). "중국-미얀마 송유관 건설의 정치적 배경 및 효과." 『국제정치논총』. 제53집. 제4호, pp. 369-400.

김선자 (2011). "중국 남부 소수민족 신화에 나타난 꽃의 여신과 민속, 그리고 서천꽃밭." 『비교민속학』. 제45집, pp. 125-171.

김정계 (2003). "중국 중앙과 지방관계의 전통: 지속과 변화." 『사회과학연구』. 제3권. 제1호, pp. 69-98.

김정인·최동주 (1998). "메콩강유역 개발사업과 환경·자원 갈등." 『동남아시아연구』. 제6호, pp. 193-217.

Chen, Xiangming & Curtis Stone (2013). "The PRC in the Greater Mekong Subregion: Economic and Political Implications." http://www.asiapathways-adbi.org/2013/10/the-prc-in-the-greater-mekong-subregion-economic-and-political-implications. (accessed on January 9, 2015)

Cheng, Joseph Y. S (2013). "China-ASEAN Economic Co-operation and the Role of Provinces." *Journal of Contemporary Asia*. Vol. 43. No. 2, pp. 314-337.

Chin, Ko-Lin (2009). *The Golden Triangle: Inside Southeast Asia's Drug Trade*. Ithaca and London: Cornell University Press.

Deutsche Bank Research (2015a). "Emerging Markets: China Chartbook: Guangxi."

_____ (2015b). "Emerging Markets: China Chartbook: Yunnan."

[경영학 분야의 각주와 참고문헌]

고재민, 조정은, 김동하 (2012). 재무분석가 수가 수시공시의 신뢰성에 미치는 영향. 회계연구, 17(3), pp. 399-430.

관심변수 이외에 누적초과수익률에 영향을 미칠수 있는 요인을 통제하기 위해 기업규모(SIZE)와 손익구조변경 공시상의 잠정이익에 대한 손실 여부(LOSS) 변수를 포함하였다. 기업규모에 따라 공시일 이전에 정보가 시장에 유출될 가능성을 통제하기 위하여 기업규모(SIZE) 변수를 포함하였다(박현섭과 송인만, 2005). 적자보고 기업은 주주의 청산옵션(liquidation option)으로 인해 미래예측능력이 약화되어 적자 기업의 이익반응계수는 흑자 기업에 비해 작고, 설명력도 떨어지기 때문에 손익구조변경 공시상의 잠정이익에 대한 손실 여부(LOSS) 변수를 통제하였다(Hyan, 1995 ; 손성규와 이은철, 2005).

3.4 표본의 선정

본 연구는 2011년 12월 31일 현재 유가증권시장에 상장되어 있는 기업을 대상으로 다음과 같은 조건을 만족시키는 기업을 표본으로 선정하였다.

① 2006년부터 2011년까지 금융업을 제외한 12월 결산 상장법인
② NICE 신용평가정보의 KIS-Value 데이터베이스를 이용하여 재무제표 자료 및 주가자료를 추출할 수 있는 기업
③ FnGuide의 Data Guide Pro에서 재무분석가 이익예측 자료를 추출할 수 있는 기업[4]
④ 데이터 오류로 의심되는 재무분석가 이익예측치는 제외[5]
⑤ 손익구조변경 공시를 실시한 기업[6][7]

4) 재무분석가의 수를 계산하는 데 있어 예측치 발표일이 손익구조변경 이익공시일로부터 365일을 초과하는 경우, 해당 재무분석가의 예측치는 표본에서 제거하였다.

5) 재무분석가 이익예측 정확도$\left(=\left|\frac{EPS\text{ 예측치}-\text{실제 }EPS}{\text{실제 }EPS}\right|\right)$가 200% 이상인 경우 데이터 오류로 보고 분석에서 제외하였다(Eddy와 Seifert 1992).

6) 손익구조변경 공시사항은 감사 과정에서 해당 수치가 변경되었을 경우 이를 정정하는 공시를 할 수 있다. 본 연구에서는 감사인의 영향력이 배제된 손익구조변경 공시에서의 잠정이익을 사용하고자 하였기 때문에, 기업이 공시한 여러 번의 손익구조변경 공시사항 가운데 최초 손익구조변경 공시사항에서의 잠정이익을 사용하였다(손성규 외, 2010).

정구열, 권수영, 백원선(2002), "기업소유구조와 이익의 정보효과," **경영학연구**, 31(6), 1707-1727.

정석우(2003), "재무분석가의 분석기업 결정과 예측특성," **회계학연구**, 28(4), 61-84.

정우성(1997), "경영자 이익예측정보의 정확성과 시장기대이익 대용치로서의 적합성," **증권학회지**, 21, 265-294.

정재욱, 김진회, 임태균(2009), "감사특성이 감사품질에 미치는 영향," **회계연구**, 14(3), 1-24.

최 관, 박종일(2006), "비정상적인 감사보수와 감사시간이 재량적 발생액에 미치는 영향," **세무와회계저널**, 10(3), 265-301.

<외국문헌>

Becker C., M. DeFond, J. Jiambalvo, and K. Subramanyam(1998), "The Effect of Audit Quality on Earnings Management," *Contemporary Accounting Research*, 15(1), 1-24.

Bhushan, R(1989), "Firm Characteristics and Analyst Following," *Journal of Accounting and Economics*, 11(2-3), 255-274.

Burgstahler, D., and I. Dichev(1997), "Earnings Management to Avoid Earnings Decreases and Losses," *Journal of Accounting and Economics*, 24(1), 99-126.

Chan, K., L. Chan, N. Jegadeesh, and J. Lakonishok(2006), "Earnings Quality and Stock Returns," *Journal of Business*, 79(3), 1041-1082.

Choi, J. H., J. B. Kim, and Y. Zang(2010), "Do Abnormally High Audit Fees Impair Audit Quality?," *Auditing*, 29(2), 115-140.

Chung, K., and H. Jo(1996), "The Impact of Security Analysts' Monitoring and Marketing Functions on the Market Value of Firms," *Journal of Financial and Quantitative Analysis*, 31(4), 493-512.

CHAPTER

9

사회에서의 글쓰기

9.1. 자기소개서와 이력서 쓰기 | 9.2. 기획서 쓰기

9.1

자기소개서와 이력서 쓰기

▶ **자기소개서** - 창조된 자아
▶ **자기소개서의 구성과 유형** - 내용과 형식의 변주
▶ **이력서** - 선택된 내력

▶ 자기소개서 - 창조된 자아

취업이나 진학을 원할 때 꼭 필요로 하는 것이 바로 자기소개서이다. 자기소개서는 말 그대로 자신을 소개하는 글로서 취업을 위해서는 졸업장, 자격증, 이력서 등과 더불어 매우 중요하다. 그런데 자기소개서는 자신에 대한 단순한 소개가 아니므로 보다 적극적인 접근이 필요하다. 자기소개서의 최종적인 목적은 기업, 기관, 학교 등에서 선발되는 것이다. 따라서 지원하는 곳에서 필요로 하는 것에 맞게 자신에 대한 소개를 새롭게 창조해 낼 수 있다. 자기소개서에 거짓 정보를 담는 것은 문제가 있지만 자신을 최대한 잘 드러내어 선발될 수 있도록 하는 것은 일종의 창조 행위이기도 한다.

따라서 자기소개서는 단순히 자신에 대해 알리는 소극적인 글이 아니라 인사담당자나 선발담당자의 마음을 움직여 자신을 선발하도록 하는 적극적인 글이어야 한다. 이를 위해서 자기소개서는 다음과 같은 목적을 달성할 수 있어야 한다.

- **상세한 정보 제공 :** 이력서에는 담을 수 없는 상세한 정보
- **논리적 설득 :** 객관적 정보 외에 논리적인 내용으로 취업의 당위성 피력
- **감성 자극 :** 담당자의 감성을 자극하여 관심을 유도하고 마음을 움직임
- **문서 작성 능력 과시 :** 기업 업무의 핵심인 문서 작성 능력을 간접적으로 보임

자기소개서를 통해 전달하는 정보는 담당자가 궁금해 하거나 자신을 선발하는 데 꼭 필요한 정보에 한정해야 한다. 모든 글이 독자를 고려해야 하듯이 자기소개서 또한 그것을 읽는 담당자를 기준으로 써야 한다. 자기소개서는 한 편의 완성된 글이기 때문에 이성과 감성을 모두 자극할 수 있어야 하고 이를 통해서 자신을 선발하는 것의 당위성을 제공할 수 있어야 한다. 또한 기업의 활동이 대부분 문서를 기반으로 해서 움직인다는 것을 감안하면 자기소개서는 자신의 글쓰기 능력을 보일 수 있는

좋은 기회로 활용할 수 있다.

다음은 입사를 위한 자기소개서의 일부인데 양자를 비교해 보자.

(1)	(2) 차고 검은 손의 권유
저희 아버지께서는 제가 중학교 3학년 때 돌아가셨습니다. 이후 저는 홀어머니의 보살핌을 받으며 열심히 공부해 왔습니다. 어머니께서는 늘 제게 의대 진학을 권유하셨고 저도 자연스럽게 어머니의 뜻을 따르게 되었습니다.	중학교 3학년 어느 날, 싸늘하게 식어 검게 변한 아버지의 손을 잡고 의대를 지원할 결심을 하게 되었습니다. 심장마비를 일으켜 쓰러지신 아버지의 손을 잡고 저는 아무것도 할 수 없었습니다. 아버지는 비록 이 세상 사람이 아니었지만 의사가 되어 저와 같은 고통을 당하는 사람이 없도록 하라고 말씀하시는 것 같았습니다.

담겨 있는 정보는 둘 사이에 별 차이가 없으나 (2)가 훨씬 더 효과적이다. 아버지가 일찍 돌아가신 것은 진학과 아무런 관련이 없을 수도 있지만 그 사건을 계기로 의대 진학을 결심했다는 점을 논리적, 감성적으로 전달하고 있다. 또한 적절한 소제목을 붙여 글에 대한 이해를 높이고 있다.

효과적인 자기소개서를 쓰려면 다음과 같은 과정을 거쳐는 것이 좋다.

지원할 곳 결정	자신의 적성과 능력에 따라 지원할 곳을 정한다.
→ 지원할 곳의 정보 수집	회사 홈페이지, 홍보자료, 기사 등을 검색해 지원할 곳의 정보를 수집한다.
→ 자신에 대한 정보 정리	지원할 곳에 적합한 자신의 정보를 정리한다.
→ 자기소개서 집필	일반적인 글쓰기의 방법에 따라 자기소개서를 쓴다.
→ 수정	내용, 구성, 문장, 어문규범 등을 꼼꼼하게 살펴 수정한다.

위의 과정 중 두 번째 과정과 세 번째 과정이 매우 중요한데 소홀히 하는 경우가 많다. 자기소개서는 지원하고자 하는 곳과 자신의 맞춤형 글이 되어야 한다. 따라서 지원하고자 하는 곳에 대해 정확히 파악한 후 자신에 대한 정보 중 필요한 것만 선별해서 자기소개서에 담을 수 있어야 한다.

연습문제 9-1

다음에 제시되는 자기소개서 일부의 문제점을 파악해 본 후 고쳐 쓰시오.

사실 저는 처음에 아버지를 따라 법조인이 되어 판사로 활동하는 것이 목표였습니다. 그래서 학교에서 방학 때마다 진로체험소감문을 써오라는 과제가 나올 때마다 아버지께서 근무하시는 검찰청을 찾았고, 학교에서 직업체험학습 프로그램이 제공될 때에도 법원을 견학하여 여태껏 법학과에 가기 위한 준비에 심혈을 기울였습니다. 그런데 고3때가 되어 정치과목 내신준비도 해 보고 판사라는 직업에 대해서도 심각하게 고민하게 되면서 제가 법학과에 맞지 않을 수도 있다는 생각을 했습니다. 우선 무엇보다도 정치과목이 경제과목보다 흥미도가 떨어졌기 때문입니다. 또한 판사라는 직업이 현상 분석뿐만 아니라 현명한 판단을 요구하는 데 비해 저는 우유부단한 성격이라 판사로서의 자질이 조금 떨어진다고 생각한 것도 법학과를 포기한 이유입니다. 그래서 다른 학과를 물색하던 중 마침 인터넷 상에서 경제학과에서 요구하는 학생 자질이 '수학적 사고를 하고 현상을 분석하는 데 소질이 있는 학생'이라는 글귀를 발견했습니다. 저는 그것이 바로 제 모습이라고 생각했고 경제학과에 관심을 가지게 되었습니다. 무엇보다 결정적으로 이 학과를 선택한 이유는 경제학과가 순수학문이라는 점입니다. 저는 저의 학자다운 면모가 경제학과에서 빛을 발할 수 있으리라 판단을 내렸습니다. 그래서 저는 결국 경제학과에 지원하게 되었습니다.

예시 답안 및 해설

답 학자로서의 삶을 살아가고자 하는 저의 목표와 분석적 사고에서 강점을 나타내는 저의 능력을 고려해 경제학과를 지원하게 되었습니다. 저는 법조인인 아버지의 영향으로 법학을 전공해 법을 연구하는 학자가 되거나 법조인이 것을 당연시했었습니다. 그러나 고3이 된 후 법이나 정치보다는 경제에 훨씬 더 많은 관심을 가지게 되었습니다. 또한 판검사 혹은 변호사라는 직업에서 요구되는 즉각적인 판단력이 저의 우유부단한 성격과는 맞지 않는다는 것을 느꼈습니다. 그래서 다른 학과를 물색하던 중 마침 인터넷 상에서 경제학을 전공하기에 적합한 학생이 '수학적 사고에 강하고 현상을 분석하는 데 소질이 있는 학생'이라는 글귀를 발견했습니다. 저는 그것이 바로 제 모습이라고 생각했고 경제학을 전공해 경제학자가 되겠다고 결심했습니다.

본래의 자기소개서는 목표를 분명하게 제시하지 못한 채 주변인물에 대한 언급부터 하고 있다. 이 부분은 지원 목적을 쓰는 부분이므로 지원 목적이 분명하게 드러나도록 고쳤다. 또한 주변 인물에 대해 서술을 하더라도 주변 인물 자체에 대해서 쓸 것이 아니라 자신이 목표를 정하는 데 어떤 도움을 주었는가를 중심으로 서술했다. 그리고 중복되는 내용, 필요 없는 내용 등을 바로잡아 지원 목표가 분명하게 드러나도록 고쳤다.

자기소개서의 구성과 유형 - 내용과 형식의 변주

창조된 자아라는 시각으로 자기소개서를 대하면 자기소개서의 내용과 형식은 매우 다양하게 변화를 줄 수 있다. 일반적인 자기소개서는 자신의 살아온 과정을 일대기식으로 쓰게 되는데 이러한 자기소개서는 호소력을 가지기가 어렵다. 일부 기업이나 기관 등에서 자기소개서를 온라인으로 접수할 경우 형식이 정해져 있기도 하지만 그 안에서도 얼마든지 다양한 시도가 가능하다. 따라서 다양한 내용과 형식으로 창조된 자아를 만들어내기 위해서는 자기소개서의 구성 내용과 여러 유형에 대해 알아볼 필요가 있다.

자기소개서는 담당자들이 궁금해 할 만한 것이나 선발에 참고가 될 것을 중심으로 작성해야 하기 때문에 그 내용이 어느 정도 정해져 있다. 자기소개에 일반적으로 포함되는 항목을 정리하면 다음과 같다.

- **성장과정 :** 가정환경, 가족관계, 출신학교, 교우관계
- **능력과 경력 :** 자격증, 외국어, 봉사활동
- **성격 :** 일반적 성격, 리더십, 사교성, 책임감
- **지원동기 :** 자신의 전공, 적성, 지원할 곳에 대한 관심
- **입사 후 포부 :** 분야, 업무, 미래

성장과정은 지원자에 대해 보다 정확히 파악하는 데 도움이 되기 때문에 필수적으로 포함되는 내용이다. 그러나 일대기식의 성장과정이나, 가족에 대한 일반적 소개, 이력서에도 있는 학력을 나열하는 것은 피해야 한다. 담당자가 궁금해 하는 것은 성장과정 자체가 아니라 지원자의 성장과정이 자신들이 뽑고자 하는 인재를 어떻게 만들어갔는가이다. 따라서 성장과정 중 지원하는 곳이나 지원하는 업무와 관련되는 것 중심으로 서술해야 한다.

능력과 경력, 그리고 성격 또한 일반적인 사실에 대한 나열은 피해야 한다. 지원자의 능력과 경력이 일하게 될 분야나 맡게 될 업무에 얼마나 도움이 되는가를 잘 보일 수 있어야 한다. 성격 또한 원만한 대인관계 속에서 리더십을 잘 발휘할 수 있음을 보여야 한다.

자기소개서에서 핵심이 되는 부분은 지원동기와 입사 후 포부 등이다. 지원동기를 밝히는 부분에서는 자신의 꿈을 펼치기 위해 지원했다는 등의 추상적인 동기가 아닌 구체화된 동기를 밝히는 것이 좋다. 입사 후의 포부를 밝힐 때에도 일하고자 하는 분야와 맡고 싶은 업무를 구체적으로 밝히고 그것을 위해 충분한 준비를 갖춘 인재임을 보이는 것이 좋다.

이상의 내용을 담되 어느 부분에 초점을 맞추어 어떤 형식으로 쓰느냐에 따라 자기소개서의 유형은 매우 다양하다. 먼저 내용에 따른 자기소개서의 유형은 다음과 같이 정리할 수 있다.

내용에 따른 유형

- **자서전형 vs. 베스트 극장형** – 자신의 일대기를 순차적으로 기록하는 방식과 핵심적인 사건만 기록하는 방식
- **좋은 사람들형 vs. 나를 만든 사람들형** – 주변 사람 모두에 대해 서술하는 방식과 자아 형성에 영향을 미친 사람들 중심으로 서술하는 방식
- **횡설수설형 vs. 족집게형** – 자신의 이야기를 모두 늘어놓는 방식과 선발에 필요한 내용만 뽑아서 서술하는 방식
- **마당쇠형 vs. 전문가형** – 맡겨진 모든 일을 할 수 있다는 서술 방식과 특정 분야에 전문적인 능력이 있음을 서술하는 방식

좋은 자기소개서는 자신의 일대기를 밝히는 것이 아닌 자신의 현재를 만든 결정적 사건을 중심으로 서술한 것이어야 한다. 주변의 사람들 역시 모두가 좋았다가 아니라 현재의 나를 만든 사람들에 대해 집중적으로 써야 한다. 내용을 서술할 때는 잡다한 내용을 늘어놓지 말고 담당자가 궁금해 할 사안이나 담당자에게 꼭 알리고 싶은 사안을 선별해야 한다. 마지막으로 자신의 능력을 밝힐 때는 무엇이나 다 할 수 있는 사람이 아닌 특정 분야에 전문적인 능력을 가진 사람임을 잘 보여야 한다.

형식면에서도 자기소개서는 다양하게 쓸 수 있다. 자기소개서에 활용할 수 있는 형식은 다음과 같다.

형식에 따른 유형

- 서술형
- 편지형
- 카달로그형
- 광고형
- 프레젠테이션형
- 만화형

서술형은 가장 일반적인 형식으로서 자신을 소개하는 내용을 순차적으로 제시하는 방식이다. 인쇄해서 제출하는 자기소개서에도 많이 쓰이지만 요즘처럼 온라인으로 자기소개서를 쓰는 경우에는 거의 대부분 이런 형식으로 쓰게 된다. 그러나 서술형으로 쓰더라도 자기소개서를 몇 부분으로 나누어 적절한 소제목을 붙여 읽기 쉽게 쓰는 것이 좋다.

나머지 형식은 다소 자유로운 형식으로서 눈에 띄는 자기소개서를 작성하고 싶거나 창의력을 중시하는 곳에 지원할 때 활용할 수 있다. 편지형은 자신에 대해 차분히 소개하되 담당자의 감성을 자극하는 데 유용하다. 카탈로그형과 광고형은 꼭 알리고 싶은 내용만 선별해서 인상적으로 전달하고자 할 때 유용하다. 프레젠테이션형은 자신에 대한 소개를 PPT로 만들거나 PPT형식으로 만드는 것으로서 구두로 자기를 소개할 때 유용하다. 또한 만화 스토리를 구성할 수 있고 그릴 수 있는 능력도 있다면 만화 형식의 독특한 자기소개서를 작성할 수도 있다.

연습문제 9-2

다음에 제시되는 자기소개서에서 상투적인 부분, 필요 없는 정보, 기타 문제가 있다고 생각되는 부분을 찾아보시오.

상투적인 부분	
필요 없는 정보	
기타	

자기소개서

1. 시작하며

"세상에서 제일 즐겁고 훌륭한 일은 일생을 통해 일관된 일을 가지는 일이다."라는 말이 있습니다. 자신이 원하는 일을 할 수 있는 사람보다 더 행복한 사람은 없을 것입니다. 그리고 그 일을 평생토록 할 수 있는 사람은 어떻게 보면 행운아일 것입니다. 일 속에서 자신만의 행복과 기쁨을 찾는 일, 그것이야말로 제가 인생에서 추구하는 제일 큰 행복입니다.

2. 성장 환경

저의 고향은 전북 정읍입니다. 내장산 국립공원 주변의 수려한 자연과 100 여 년 전 새 역사를 열기 위해 민초들이 일어섰던 동학혁명의 역사가 숨 쉬는 곳입니다. 저는 역사와 자연이 함께 숨 쉬는 고장 정읍을 사랑합니다.

성실한 모습으로 한평생 자식들 뒷바라지에 전념하신 부모님의 모습 속에서 저 역시 제 인생에 있어서만큼은 스스로 책임지는 인생을 살고자 노력하였습니다. 부모님께서는 인생이 그렇게 쉽지는 않지만 남에게 의존하지 말고 스스로 인생을 개척하라는 말씀을 종종 하곤 하셨습니다. 그렇게 넉넉한 환경 속에서 살아오지 못했음에도 불구하고 그동안의 삶에 대해서 제가 부족함을 느끼지 못한 것은 바로 이와 같은 스스로의 깨달음과 부모님의 가르침이 있었기 때문입니다.

3. 성격 및 인생관

제가 스스로 경험하고 판단하지 않은 일에 대해서는 함부로 이야기하지 않는 게 옳다는 생각을 가지고 있습니다. 사람들이 타인이나 세상에 대해서 책임성 없이 이러저러한 이야기를 할 때, 저는 그런 태도가 자칫 경솔한 행동으로 이어질 수 있다는 우려를 가지고 있습니다.

그리고 매사 일을 함에 있어서 무작정 시작하기보다는 일의 결과를 예상하고 그 결과가 만족스럽게 나올 것을 기대하며 일을 하는 편입니다. 일을 함에 있어서 행복한 상상이 일을 열심히 추진할 수 있는 큰 동기가 된다고 생각하며, 일을 하는 과정 역시 덜 힘겨워진다는 사실을 지난 경험을 통해서 알고 있습니다.

하지만 좀 우직스러운 면이 없지 않다는 느낌도 들긴 합니다. 모든 걸 직접 체험으로 판단해야 하므로 작업 시간이 길어지는 단점도 있습니다. 직접 경험과 간접 경험을 적절히 조화시키는 능력을 배양하기 위한 노력이 좀 더 필요하다고 생각합니다.

그리고 사회생활 초년에는 다소 내성적인 성격 탓에 제 생각이나 느낌을 적시에 적절하게 표현하지 못하는 경우가 있었습니다. 직장 생활을 하면서 이런 성격에도 변화가 생겨 지금은 예전에 비하면 한층 자연스러워졌습니다만 아직도 개선해야 할 부분은 있다고 생각합니다.

고정관념처럼 사람을 병들게 만들고 발전을 가로막는 적은 없다고 생각을 가지고 있습니다. 열린 사고의 중요성을 생활의 신조로 삼아서 새로운 가치관과 환경에 대응하기 위해 노력하고 있습니다. 또한 남들이 하는 만큼 해서는 저에게 발전은 없다는 신념으로 매사를 부지런하게, 창의적으로 살려고 노력하는 편입니다.

4. 학창 시절

고등학교는 가정형편상 실업계고등학교인 ㅇㅇ공업고등학교에서 화공을 전공하였습니다. 그 후 방위산업체인 (주)삼양화학에 입사하여 91년 4월 특례보충역에 편입하였습니다. 이때 전기에 대한 관심이 생겨 주경야독의 결심을 가지고서 xx정보대학 전기과에 입학하였습니다.

직장 생활과 학업을 병행하는 생활은 힘겨운 것이었으나 그만큼 보람된 생활이었습니다. 그리고 병역도 겸하는 것이어서 저에겐 더 없는 행운이라고 여겨졌습니다. 94년 4월 특례보충역을 마치고 95년1월 부산정보대학 전기과 졸업하였습니다.

5. 지원 동기 및 비전

저는 지난 10여 년 간 전기 분야에서 다양한 활동을 해왔습니다. 그 기간은 저에게 있어 새로운 도전 영역이었던 전기 분야를 이론적으로 공부하고 실무적 경험에 접목하는 시간이었습니다. 그 시간 동안 미숙했던 점들이 보완되었고, 그만큼 시행착오를 겪기도 하였습니다. 또 그 과정에서 제가 몸담은 조직에서 나름대로 인정받아 왔습니다.

저에게 흡족한 경험이었지만, 그만큼 안주의 꿈을 심어주기도 하였습니다. 이런 때일수록 안주보다는 도전이 필요하다고 생각합니다. (주)현대자동차를 제 도전과 이상을 펼칠 곳으로 선택한 것은 우리나라의 그 어느 회사보다 국가의 경제 발전에 큰 몫을 차지하고 있기 때문입니다. 그리고 전기 설비의 중요성이 그 어느 곳보다 큰 몫을 하는 곳이 자동차 산업이라고 판단했기 때문입니다.

6. 맺으며

희망이라는 것은 인간에겐 땅과 같은 것이라고 생각합니다. 노력하는 만큼 땅은 정직하게 되돌려 주기 때문입니다. 저는 제가 희망을 위해 투자하는 노력의 가치를 믿습니다. 그러므로 귀사에 제 자신의 참 가치를 알리기 위해 컴퓨터 앞에서 앉아 이 글을 쓰고 있는 이 시간마저 저에게는 희망의 시간입니다.

긴 글 읽어 주셔서 감사합니다.

예시 답안 및 해설

답

상투적인 부분	• "세상에서 제일 즐겁고 훌륭한 일은 일생을 통해 일관된 일을 가지는 일이다." • 일 속에서 자신만의 행복과 기쁨을 찾는 일, 그것이야말로 제가 인생에서 추구하는 제일 큰 행복입니다. • 성실한 모습으로 한평생 자식들 뒷바라지에 전념하신 부모님의 • 제가 스스로 경험하고 판단하지 않은 일에 대해서는 함부로 이야기하지 않는 게 옳다는 생각을 가지고 있습니다. • 열린 사고의 중요성을 생활의 신조로 삼아서 새로운 가치관과 환경에 대응하기 위해 노력하고 있습니다. • 주경야독의 결심을 가지고서
필요 없는 정보	• 자신이 원하는 일을 할 수 있는 사람보다 더 행복한 사람은 없을 것입니다. 그리고 그 일을 평생토록 할 수 있는 사람은 어떻게 보면 행운아일 것입니다. • 저의 고향은 전북 정읍입니다. 내장산 국립공원 주변의 수려한 자연과 100 여 년 전 새 역사를 열기 위해 민초들이 일어섰던 동학혁명의 역사가 숨 쉬는 곳입니다. 저는 역사와 자연이 함께 숨 쉬는 고장 정읍을 사랑합니다. • 사람들이 타인이나 세상에 대해서 책임성 없이 이러저러한 이야기를 할 때, 저는 그런 태도가 자칫 경솔한 행동으로 이어질 수 있다는 우려를 가지고 있습니다. • 그러므로 귀사에 제 자신의 참 가치를 알리기 위해 컴퓨터 앞에서 앉아 이 글을 쓰고 있는 이 시간마저 저에게는 희망의 시간입니다.

기타	• 제목과 소제목이 아무런 정보도 제공하지 못한다. 자기소개서 전체의 내용에 맞춰 전체의 제목을 붙이고 소제목도 적절하게 변형을 시키는 것이 좋다.

자기소개서에 상투적인 내용이나 필요 없는 정보가 포함되면 인사담당자는 자기소개서를 아예 읽지 않는다. 지원하고자 하는 곳의 성격에 맞지 않는 일반적인 정보는 가급적 피하는 것이 좋다. 또한 자신이 지원하는 곳과 맞지 않는 개인적인 이력이나 특성 또한 굳이 밝힐 필요가 없다. 그리고 제목이나 소제목은 자기소개서의 개성을 드러낼 수 있는 중요한 요소이다. 온라인 자기소개서가 아니라면 제목이나 소제목을 매력적으로 써서 인사 담당자의 관심을 끌 필요가 있다.

이력서 - 선택된 내력

취업을 할 때 가장 먼저 떠올리는 것이 이력서일 만큼. 이력서는 지원자가 자신에 대한 객관적인 정보를 정해진 형식에 따라 제시하는 문서를 뜻한다. 인사 담당자들은 수많은 지원자들 중에 면접 대상자를 선발해야 하는데 이 때 활용할 수 있는 객관적인 자료가 바로 이력서이다.

이력서에는 일반적으로 다음과 같은 내용들이 포함된다.

- **기초정보** : 이름, 주민등록번호, 생년월일, 주소, 연락처, 호적관계
- **학력** : 고등학교 과정부터의 입학과 졸업 일시와 학교
- **경력** : 유사 직종 근무 경력, 인턴 경력, 아르바이트 경력, 봉사 경력 등
- **자격** : 각종 자격증, 외국어시험 성적 증명서 등
- **수상** : 국가, 학교, 단체, 기업 등의 상을 수상한 경력

기초정보는 개인에 대한 대략적인 정보뿐만 아니라 연락처까지 반드시 기입해야 한다. 학력은 고등학교 이전 과정은 큰 의미가 없으므로 특별한 경우가 아니면 고등학교 이후 과정만 기록한다. 경력, 자격, 수상 등의 내용은 지원하고자 하는 분야나 업무와 관련된 것 위주로 적는다. 학력이나 경력을 적을 때는 오래된 것부터 적을 수도 있고 최근 것부터 역순으로 적을 수도 있는데 요즘은 최근 것부터 적는 것이 일반적인 추세이다. 자격과 수상 내역은 시간 순으로 적을 수도 있지만 중요한 것부터 적는 것이 더 좋다.

이력서는 그 형식이 정해져 있는 경우가 많은데 인쇄되어 판매되는 이력서나 워드 프로세서로 작성하는 일반적인 이력서의 형식은 다음과 같다.

사 진	이 력 서		
	성 명	인	생 년 월 일
			년 월 일생 (만 세)
주 소			
전 화 번 호	(휴대전화)		
년 월 일	학 력 및 경 력 사 항		기관 및 장소

위의 기재한 내용은 사실과 다름이 없습니다.

20 년 월 일 작성자 (인)

큰 기업이나 기관 등에서는 대규모의 지원자를 효율적으로 관리하기 위해 온라인 이력서를 요구하기도 한다. 온라인 이력서는 일반적인 이력서에 포함되는 내용은 물론 각종 증빙자료도 함께 요구하는 경우도 있다. 즉 학력, 논문, 자격증, 시험 성적 등의 증빙 자료를 공식적인 문서 형식으로 올릴 것을 요구하므로 해당되는 항목은 빠짐없이 준비하여 탑재해야 한다. 온라인 이력서의 예를 보이면 다음과 같다.

이력서를 작성할 때는 있는 그대로의 사실을 충실하게 기록해야 한다는 점을 명심해야 한다. 학력과 경력 등을 속이는 것은 범죄행위일 뿐만 아니라 설사 발각이 되지 않더라도 언젠가는 들통이 날 수밖에 없다.

연습문제 9-3

다음에 제시된 일반적인 이력서 양식에 자신의 이력을 써 보시오.

사 진	이 력 서		
	성 명	인	생 년 월 일
			년 월 일생 (만 세)
주 소			
전 화 번 호	(휴대전화)		

년	월	일	학 력 및 경 력 사 항	기관 및 장소

위의 기재한 내용은 사실과 다름이 없습니다.

20 년 월 일 작성자 (인)

예시 답안 및 해설 

답 생략

9.2

기획서 쓰기

▶ **기획과 기획서** - 프로젝트의 창조
▶ **기획서 작성 방법** - 사업 기획서부터 행사 기획서까지

기획과 기획서 - 프로젝트의 창조

기업이나 기관 등에서 새로운 프로젝트를 시행하기 위해서는 반드시 면밀한 계획이 필요하다. 기획은 프로젝트를 수행하기 위해 필요한 것을 설계하는 것을 의미하고 기획서는 이러한 설계를 문서로 작성해 놓은 것을 뜻한다. 기업이나 기관의 업무에서 가장 창의적인 업무이자 핵심적인 업무가 바로 기획이고 이를 문서화할 수 있는 능력은 기업이나 기관의 업무를 주도해 나가는 데 필수적인 능력이 되기도 한다.

기획은 과거나 현재가 아닌 미래에 대한 것이므로 창의성이 필수적이지만 창의성과 함께 철저한 사전 준비가 필요하다. 참신한 기획을 하고 이것을 철저한 기획안으로 발전시키는 과정은 일반적인 문제해결 과정과 유사한데 여기에 기업이나 기관의 특성을 잘 반영해서 구체화시키면 된다.

문제해결 과정
문제의 발견
↓ 문제해결을 위한 준비
↓ 문제해결
↓ 보완과 예방

기획 및 기획서 작성 과정	
프로젝트의 발견	이익과 가치를 창출할 프로젝트를 발견한다.
↓ 기획을 위한 준비	프로젝트를 위해 탐색하고 기획을 구체화한다.
↓ 가기획서 작성	프로젝트의 실현을 위한 가기획서를 작성한다.
↓ 수정과 보완	검증을 통해 가기획서를 수정, 보완하여 최종기획서를 작성한다.

문제해결 과정에서는 '문제'를 발견하는 것이 첫 번째 단계에서 할 일이지만 기획 과정에서는 기획할 대상, 즉 새로운 프로젝트를 발견하는 것이 맨 처음 할 일이다. 기업은 일반적으로 이익을 창출해 내기 위해 존재하고 기관은 그 기관의 존재가치를 입증하기 위해 활동을 한다. 따라서 이익과 가치를 창출할 수

있는 새로운 제품, 사업, 활동 등을 구현할 수 있는 프로젝트를 스스로 발견해 내려는 노력이 필요하다.

기획을 위한 준비 단계는 새롭게 발견한 프로젝트에 대한 아이디어를 스스로 발전시켜 나가는 단계이다. 떠오른 아이디어를 점차 확대해 보고 스스로 검증도 해 보아 보다 구체적인 안을 마련해 나간다. 이러한 준비가 끝나면 대략적인 기초기획서를 만들 수 있다. 이 과정에서는 글쓰기의 일반적인 구성 원리가 유용하게 적용될 수 있다. 가기획서는 동료나 상사, 소비자나 서비스 대상자들의 검증을 거쳐 수정, 보완하여 최종기획서를 완성한다.

기획서를 작성할 때는 다음과 같은 점에 유의해야 한다.

- **분명한 목적 :** 프로젝트의 추진 배경, 목적, 기대효과 등을 분명하게 제시해야 한다.
- **정연한 논리 :** 프로젝트의 정당성, 필요성을 논리적으로 제시해 읽는 이를 설득해야 한다.
- **충분한 설명 :** 객관적 자료, 통계 등을 충분히 제공해 읽는 이를 이해시켜야 한다.
- **체계적 구성 :** 기획서 전체의 구성과 목차를 체계적으로 작성해야 한다.
- **직관적 편집 :** 프로젝트 전체를 직관적으로 한눈에 파악할 수 있도록 효과적으로 편집해야 한다.

기획은 이제까지 없던 제품이나 서비스를 시작하기 위한 것이므로 프로젝트의 목적이 분명하게 제시되어야 하고 이것이 정연한 논리와 충분한 자료로서 뒷받침되어야 한다. 이때 프로젝트의 성공에 대한 긍정적인 상황뿐만 아니라 부정적인 상황도 같이 제시하되 이에 대한 충분한 대비책이 있음을 보여 읽는 이를 이해시키고 설득해야 한다.

기획서는 누가 보더라도 프로젝트 전체의 얼개를 쉽게 파악하되 필요한 정보는 충분히 제공할 수 있도록 설계되어야 한다. 이는 기획서의 구성 및 편집과 관련된 문제이다. 이는 다음과 같은 피라미드식 구성과 편집으로 해결할 수 있다.

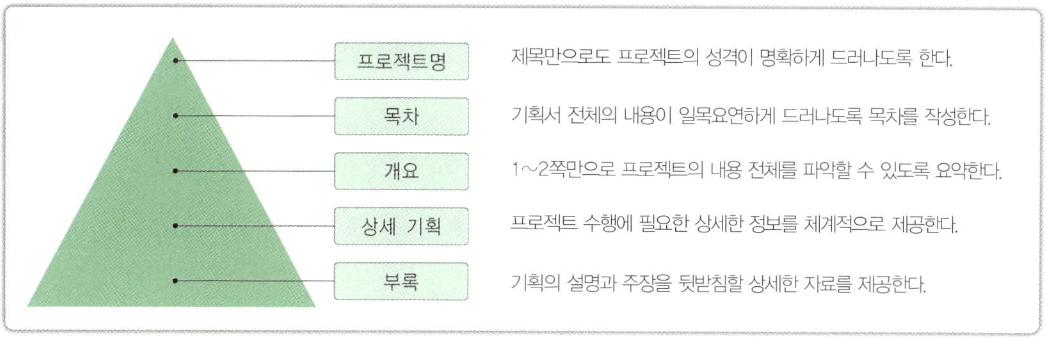

기획서를 구성하는 각 요소는 위로 갈수록 짤막하고도 추상적이며 아래로 갈수록 길고 구체적이다. 기획서에서 프로젝트의 제목은 단순한 제목 이상의 역할을 하는 것으로서 제목만 보고서도 프로젝트의 내용과 성격이 파악되도록 해야 한다. 목차는 어느 글에서나 마찬가지로 기획서 전체의 구조와 세부적인 내용을 한눈에 파악할 수 있도록 작성해야 한다. 기획서의 개요는 무엇보다도 중요한 부분인데 읽는 이가 개요만 보고서도 기획서 전체의 내용을 모두 파악할 수 있도록 요령 있게 작성해야 한다. 그리고 상세 기획과 부록은 기획의 세세한 내용을 파악하는 데 도움이 되도록 자세하게 작성해야 한다.

연습문제 9-4

다음에 제시되는 기획서 개요의 빈칸을 완성하시오.

[공대생을 위한 인문학 캠프 개요]

• 20△△년 한국공학교육인증원 여름 캠프의 성공적 개최를 위한 기획서

구분	내용	비고	
행사명	공대생, 인문적 공학자 세종대왕을 만나다	가칭	What
	공대생의 인문학적 감성 향상과 한글의 공학적 활용 모색	연차별 주제	
일시	20△△년 7월 21일 ~ 24일	3박 4일	When
장소	ㅁㅁ대학교 ㅇㅇ캠퍼스 중강당 및 생활관	행사장, 숙소	Where
	세종대왕의 인문학적 감성과 공학적 실현 결과 탐구 및 응용 - 인문학자 세종대왕과 공학자 세종대왕(강연) - 한글의 과학성과 상업성(강연 및 체험) - 한글의 공학적 활용 모색(모둠 활동)	세부내역 별첨 운영안 참조	
행사 운영	주체 : 한국공학교육인증원 주관 : ㅁㅁ대학교 공학교육혁신센터 후원 : ☆☆전자, ◇◇자동차	운영본부 구성 별첨 세부내역 참조	Who
소요 예산	00000000원	인증원 자체 예산 및 후원사 협찬	How much

예시 답안 및 해설

[공대생을 위한 인문학 캠프 개요]

• 20△△년 한국공학교육인증원 여름 캠프의 성공적 개최를 위한 기획서

구분	내용	비고	
행사명	공대생, 인문적 공학자 세종대왕을 만나다	가칭	What
시행 배경	공대생의 인문학적 감성 향상과 한글의 공학적 활용 모색	연차별 주제	Why
일시	20△△년 7월 21일 ~ 24일	3박 4일	When
장소	□□대학교 ○○캠퍼스 중강당 및 생활관	행사장, 숙소	Where
행사 내용	세종대왕의 인문학적 감성과 공학적 실현 결과 탐구 및 응용 - 인문학자 세종대왕과 공학자 세종대왕(강연) - 한글의 과학성과 상업성(강연 및 체험) - 한글의 공학적 활용 모색(모둠 활동)	세부내역 별첨 운영안 참조	How
행사 운영	주체 : 한국공학교육인증원 주관 : □□대학교 공학교육혁신센터 후원 : ☆☆전자, ◇◇자동차	운영본부 구성 별첨 세부내역 참조	Who
소요 예산	00000000원	인증원 자체 예산 및 후원사 협찬	How much

일반적인 신문기사는 6하원칙(5W1H)에 의거해 써야 하지만 기획서는 여기에 비용까지 포함해 5W2H에 의거해 써야 한다. 제시된 기획서 개요에는 배경(목적)과 내용이 빠져 있으므로 이 부분을 채워 넣어야 한다. 이 기획서 개요는 핵심적인 내용은 모두 담겨 있으며 필요에 따라서는 세부 내용을 참조할 수 있도록 하였다. 기획서 개요는 세부 내용을 미리 작성한 후 그것을 요약하는 방식으로 작성할 수도 있지만 이와 같은 개요를 먼저 작성한 후 세부 내용을 작성할 수도 있다.

기획서 작성 방법 - 사업 기획서부터 행사 기획서까지

기획서는 프로젝트의 성격에 따라 여러 유형이 있는데 흔히 작성되는 기획서로는 다음과 같은 것들이 있다.

사업 기획서	연구 기획서	광고 기획서	행사 기획서
• 기업의 새로운 사업 기획 • 기관의 새로운 서비스 기획 • 개인의 새로운 사업 기획	• 연구자의 학술적 연구 • 기업의 제품 연구 • 기관의 서비스 연구	• 기업의 제품 광고 기획 • 기업과 기관의 홍보 기획 • 기업과 기관의 캠페인 기획	• 기업과 기관의 행사 기획

사업 기획서는 새로운 제품을 생산하거나 서비스를 개발하고자 할 때 이에 대한 계획을 밝힌 기획서이다. 사업 기획서는 보통 다음과 같은 내용과 형식으로 구성된다. 사업 기획서에서 가장 초점을 맞춰야 할 것은 사업의 타당성으로서 왜 이 사업을 해야 하는지, 이 사업을 누가 담당해야 하는지에 대해 명쾌하게 설명해야 한다. 또한 사업과 관련된 여러 가지 상황을 면밀히 분석하여 이에 대한 충분한 대비가 되어 있음을 보일 수 있어야 한다. 또한 투자를 이끌어내야 하는 경우가 많으므로 투자자를 움직일 수 있는 요소가 반드시 갖춰져 있어야 한다.

- **사업 개요 :** 기획서 전체의 내용에 대한 압축적 제시
- **회사 현황 :** 회사 개요, 연혁, 조직과 기구도, 경영진 및 기술진, 재정 상황 등
- **시장 분석 :** 사업성, 목표시장, 소비자, 경쟁자 분석 등
- **마케팅 계획 :** 제품 전략, 가격 전략, 촉진 전략, 유통 전략
- **기술 및 연구 개발 계획 :** 기술적 특성과 장점, 연구 성과 및 연구 능력
- **설비, 인력, 예산 계획 :** 생산 설비, 인력의 확충 · 교육 · 활용 방안, 자본의 구축 · 활용 · 회수 방안 등
- **부록 :** 각종 보조 자료

연구 기획서는 학술적인 목적으로 작성하는 기획서로서 기업이나 기관의 연구비를 지원받거나 연구의 승인을 받기 위해 작성하는 기획서이다. 연구 기획서는 대개 다음과 같은 내용과 형식으로 구성된다. 이러한 내용을 담아서 기획서를 작성하되 제목은 연구 프로젝트의 내용과 성격이 정확하게 드러나도록 쓰고 필요에 따라서는 부제를 쓸 수 있다. 기획서 전체에 걸쳐 이 연구가 왜 필요한지, 기획 주체가 왜 이 연구를 담당해야 하는지에 대해 분명히 드러나도록 써야 한다.

- **기본 정보** : 과제명, 기간, 연구비, 연구자 인적사항 등
- **목적과 의의** : 필요성, 독창성, 배경, 효과 등
- **방법 및 내용** : 새로운 연구 방법과 결과, 단계별 연구 내용 등
- **활용 방안** : 의의, 기여도, 활용처, 기대 효과 등
- **추진 계획** : 단계별 연구 일정, 인력 및 예산 활용 등
- **부록** : 각종 보조 자료

광고 기획서는 제품이나 서비스에 대해 광고를 통해 알리거나 홍보, 캠페인을 통해 기관과 기업의 이미지를 제고하는 활동을 위한 기획서이다. 광고 기획서는 통상 다음과 같은 내용과 형식을 갖는다. 광고에서 가장 중요한 것 중의 하나는 다른 회사나 브랜드와의 차별화 전략이다. 따라서 기획서 전체를 통해 이러한 차별화가 분명히 드러나도록 기획을 해야 한다.

- **배경** : 기업 및 브랜드의 이미지, 시장 상황, 경쟁사의 광고 전략 분석을 통해 광고 배경 추출
- **대상 및 목표** : 성별, 연령, 지역, 계층, 직업, 소득 수준, 정서, 취미, 기호 등의 변인에 따른 대상 설정
- **매체** : 광고 매체, 시기, 효과, 비용 등에 대한 종합적 분석 등
- **기본 콘셉트** : 제품 및 회사의 특장점, 차별화 요소, 효과적인 광고 방안 등
- **표현과 디자인** : 감성적 · 이성적 호소, 규제에 따른 표현 수위, 시각 및 청각을 활용한 디자인 등
- **부록** : 각종 보조 자료

마지막으로 행사 기획서는 기업과 기관의 각종 행사의 원활한 개최를 위한 기획서이다. 행사 기획서에는 다음과 같은 내용이 포함되어야 한다. 행사에서 가장 중요한 것은 원활한 진행이다. 따라서 행사의 준비 단계부터 마무리까지 행사가 차질 없이 진행이 될 수 있도록 예상되는 모든 문제에 대한 만반의 준비가 기획서에 포함되어 있어야 한다.

- **취지 및 목적** : 행사의 필요성, 목적 등
- **개요** : 행사에 대한 전반적인 내용
- **구성** : 주관, 조직도, 행사장, 인력, 규모 등에 대한 제반 정보 등
- **프로그램** : 세부적인 진행 일정 및 준비된 프로그램 등
- **추진 계획** : 인력 동원, 경비 조달, 홍보 방법 등
- **부록** : 각종 보조 자료

연습문제 9-5

다음에 분야와 주제에 따라 가상 기획서의 개요를 작성하시오.

[연구 기획서]

• 이공대생의 글쓰기 능력 향상을 위한 연구 기획서

구분	내용	비고
	이공대생의 글쓰기 능력 향상을 위한 맞춤 교재 및 교수방안 연구	공시 주제
연구 목적과 의의		세부 목적 상세 기획서 참조
	사례 분석 및 실험을 통한 교재와 교수법 도출 - 기존 교재 및 교수법 분석 - 기존 교재 및 교수법에 대한 설문조사 - 교재 및 교수법 실험 - 새로운 교재 집필 및 교수법 고안	
	대학에서의 공학교육 인증 교육과정에 활용 이공계열 종사자들의 재교육	세부 활용 방안 참조
연구 인력	연구책임자 △△△외 공동연구원 3인 연구보조원 5인 보조원 3인	연구 인력 별 연구계획 별첨 기획서 참조
	20△△년 1월 ~ 12월	1년 간
소요 예산	000000000원	예산 활용 계획 참조

예시 답안 및 해설

[연구 기획서]

• 이공대생의 글쓰기 능력 향상을 위한 연구 기획서

답 구분	내용	비고
과제명	이공대생의 글쓰기 능력 향상을 위한 맞춤 교재 및 교수방안 연구	공시 주제
연구 목적과 의의	이공대생이 쉽게 접근할 수 있는 교재의 개발과 현실에 맞춘 교수 방법 개발을 통한 이공대생의 글쓰기 능력 향상	세부 목적 상세 기획서 참조
연구 방법 및 내용	사례 분석 및 실험을 통한 교재와 교수법 도출 - 기존 교재 및 교수법 분석 - 기존 교재 및 교수법에 대한 설문조사 - 교재 및 교수법 실험 - 새로운 교재 집필 및 교수법 고안	
활용 방안	대학에서의 공학교육 인증 교육과정에 활용 이공계열 종사자들의 재교육	세부 활용 방안 참조
연구 인력	연구책임자 △△△외 공동연구원 3인 연구보조원 5인 보조원 3인	연구 인력 별 연구계획 별첨 기획서 참조
추진 계획	20△△년 1월 ~ 12월	1년 간
소요 예산	000000000원	예산 활용 계획 참조

연구 기획서에는 기본 정보, 목적과 의의, 방법 및 내용, 활용 방안, 추진 계획 등이 담겨야 한다. 따라서 이에 따라 각각의 분류 항목을 제시하고 세부적인 내용을 작성했다. 대부분의 기획서는 그 사안에 대해 잘 아는 사람이 작성해야 하므로 핵심 담당자 외에는 그 내용을 완벽하게 채우기가 어렵다. 따라서 예시 답안의 내용과 형식을 참조해 자신이 잘 알고 있는 분야의 기획서에 적용해 보도록 한다.

CHAPTER

10

매체에서의 글쓰기

10.1

매체의 특성과 올바른 글쓰기

▶ **매체의 특성** -모두의, 모두를 위한 공간
▶ **매체 글쓰기의 윤리** - 주의와 배려의 필요성

매체의 특성 - 모두의, 모두를 위한 공간

정보 기술의 발전은 새로운 형태의 의사소통 공간을 만들었다. 인터넷을 기반으로 한 사이버공간이 그것으로서 이 공간에서사람들은 새로운 관계를 맺으며 이전에 없던 방식의 의사소통을 해 나간다. 오늘날 인터넷상의 각종 홈페이지, 카페, 블로그 등은 물론 인터넷을 매개로 한 각종 소셜 네트워크에서의 소통은 실제 공간에서의 소통 이상으로 중요해졌고 앞으로도 더 중요해질 것으로 보인다.

이러한 매체에서의 소통은 대부분 글로써 이루어진다. 사진과 동영상 등의 시각자료와 음성과 음악 등의 음성자료도 소통의 도구로 활용이 되기는 하지만 글이 가장 중요한 소통의 수단이 되고 있다. 이렇듯 매체에서의 글쓰기 또한 실제 공간에서의 글쓰기만큼 중요해지는 상황에서 매체에서의 효율적이고도 올바른 글쓰기의 필요성도 증대되었다. 매체에서 효율적이고도 올바른 글쓰기를 하기 위해서는 매체의 특성에 대해 파악할 필요가 있다.

개방성	신속성	익명성
• 누구나 글을 쓸 수 있다 • 누구나 글을 읽을 수 있다 • 시간과 공간을 초월해 누구나 접근할 수 있다.	• 글을 쓰는 즉시 전달된다. • 읽은 글에 바로 반응할 수 있다.	• 쓰는 이의 이름을 감출 수가 있다. • 개방된 글은 읽는 이가 누구인지 모른다. • 읽은 글에 대해 이름을 감추고 반응할 수 있다.

사이버 공간은 누구에게나 열려 있는 개방된 공간이기 때문에 누구나 글을 올리고 읽을 수 있다. 공간적인 한계에 전혀 장애를 받지 않기 때문에 아무리 멀리 떨어져 있어도 네트워크상에서 접속만 가능하다면 상호간에 소통이 가능하다. 더욱이 일방적인 소통이 아닌 쌍방향적 소통도 가능하다는 점에서 개방성은 더욱더 공고해진다. 거의 실시간으로 소통이 가능하다는 신속성 또한 사이버 공간의 특성이다. 누군가가 글을 올리면 삽시간에 여러 사람에게 퍼져 나가게 된다. 여기에 소통의 주체가 누구인지 직접적으로 파악할 수 없다는 익명성이 더해진다. 자신의 존재를 완전히 숨길 수도 있고

실제 공간의 그것과는 전혀 다른 캐릭터를 설정해서 소통할 수 있다는 것도 중요한 특징이다.

이러한 속성 때문에 매체에서의 글쓰기는 편리한 점과 문제점을 동시에 안고 있다. 시간과 공간의 제약을 받지 않고 어느 누구와도 소통을 할 수 있다는 것은 큰 장점이다. 그러나 이러한 개방성과 신속성 때문에 원하지 않는 부작용이 나타날 수도 있다. 익명성 또한 자유로운 의사표현을 가능하게 하지만 악용될 경우 많은 문제를 일으킬 수 있다.

연습문제 10-1

다음에 제시된 사례는 매체의 어떠한 특성과 관련이 있는지 쓰시오.

'잊혀질 권리(right to be forgotten)'는 인터넷에서 생성·저장·유통되는 개인의 사진이나 거래 정보 또는 개인의 성향과 관련된 정보에 대해 소유권을 강화하고 이에 대해 유통기한을 정하거나 이를 삭제, 수정, 영구적인 파기를 요청할 수 있는 권리 개념을 말한다. 이러한 잊혀질 권리에 대한 개념은 빠르게 변화하는 미디어 환경에서 도출되었다. 무엇보다 인터넷에서는 많은 사람들이 자유롭게 참여할 수 있고 대다수 이용자들이 정보를 소비하는 동시에 생산하는 능동적인 프로슈머가 되고 있는 데 기인하고 있다. 즉 온라인에서 자신의 의견을 자유롭게 개진하고, 자신의 사진이나 동영상 등을 게시하는 등 이용자들과 지식·정보를 공유하면서 네트워크를 형성해 가는 가운데 잊혀질 권리에 대한 관심도 높아졌다.

또한 과거 공동체는 소규모의 친밀한 집단을 구성하고, 개인 정보는 친구, 가족, 이웃 등 한정된 구성원의 기억에 의존해 존재해 왔다. 반면, 오늘날에는 개인 정보를 비롯해 각종 정보를 데이터베이스화해 보관하고 있어 누구든지 인터넷 검색을 통해 원하는 정보를 손쉽게 얻을 수 있게 되었다. 특히 언론 기사의 데이터베이스는 한번 생산된 정보의 유통과 유효기간을 거의 '무한대'로 만들었으며, 누구나 쉽게, 언제든지 과거의 기사에 접근할 수 있고 이를 재활용할 수 있는 환경을 조성했다.

이처럼 디지털화, 저렴한 저장 비용, 손쉬운 검색, 개인을 공간의 구속으로부터 자유롭게 해 주는 글로벌 범위 등이 '삭제'가 불가능한 현실을 만들었다. 아울러 개인이 정보를 생성하더라도 이를 삭제할 수 있는 권한은 포털 사이트, 언론 기관 등과 같은 기업에게 있고, 온라인에서 정보를 생산하는 것은 용이하나 이를 삭제·폐기하는 데는 더 많은 시간과 노력이 소요됨을 알게 되었다.

이러한 성격 때문에 『잊혀질 권리(Delete)』의 저자인 빅토어 마이어 쇤베르거(Viktor Mayer-Schönberger)는 새로 생성되는 모든 정보들에 '정보 만료일'을 부여해 정보가 일정한 기간만 유통되도록 하는 것이 필요하다고 주장한다. 그는 개인이 디지털 정보 저장 용도로 사용되는 모든 기기들에 정보 만료일을 지원하는 코드를 포함시키는 규정과 아울러 사용자들이 디지털 정보를 저장할 때 이러한 만료일 정보를 입력해 정보의 수명이 만료되면 자동 폐기되도록 하는 것이 필요하다고 했다.

예시 답안 및 해설

답 개방성 : 인터넷 상의 자료는 누구나 접근할 수 있기 때문에 누군가에게 악용될 소지가 있다.
보존성 : 인터넷 상에 올려진 자료는 어디엔가는 반드시 저장이 되어 보존이 된다.

'잊혀질 권리'는 인터넷 시대의 폐해를 단적으로 보여주는 사례이다. 이러한 사례를 계기로 매체에서의 글쓰기에 더욱 더 조심할 필요가 있다.

매체 글쓰기의 윤리 – 주의와 배려의 필요성

인터넷, SNS 등의 매체 공간은 그 중요성이 점차 증대되고 있음에도 불구하고 많은 문제점을 안고 있다. 이 공간에서 이루어지고 있는 소통이 글을 위한 소통일 때 글쓰기와 관련된 일반적인 원칙을 잘 지킨다면 소통에 큰 문제가 없을 수도 있다. 그러나 매체 공간이 가지고 있는 특성상 실제 공간에서의 글쓰기와는 전혀 다른 문제점이 발견된다. 즉, 개방성, 신속성, 익명성 때문에 글쓰기 윤리와 관련된 여러 문제가 발생하고 있는 것이다.

누구나 글을 읽고 누구나 글을 쓸 수 있는 개방성과 관련해서는 글을 쓰는 이와 읽는 이 모두에게 문제가 나타날 수 있다. 매체 공간이 개방이 되어 있기 때문에 쓰지 말아야 할 사람이 글을 쓰는 것을 막을 방법이 없다. 특히 부적절한 글, 기밀에 관한 글이 개방된 공간에 쓰이게 되면 많은 문제가 발생한다. 이는 원치 않는 독자가 읽게 될 가능성, 읽지 말아야 할 독자가 읽을 가능성도 동시에 안고 있다. 개방된 공간에서 이루어지는 소통이기 때문에 소통이 이루어져서는 안 되는 필자와 독자와의 소통이 이루어질 수 있는 것이다.

순식간에 시간과 공간을 초월해 소통이 이루어질 수 있다는 신속성 또한 많은 문제를 야기한다. 어떠한 글이 매체 상에 쓰이게 되면 그 전파 속도는 상상을 초월한다. 특히 문제의 소지가 있는 글은 그 전파 속도가 더 빨라서 엎질러진 물보다 주워 담기가 더 어렵다. 더욱이 빠른 속도로 퍼져나간 글은 매체 상 어디엔가는 저장이 되기 때문에 그 흔적을 지우는 것은 영원히 불가능하다.

글을 쓰는 사람을 감출 수도 있다는 익명성은 글을 쓰는 이보다 글을 읽는 이에게 큰 피해를 끼칠 수 있다. 소위 '악플'이라 불리는 것이 대표적인 사례로서 글을 쓰는 익명성 뒤에 숨어서 누군가에게 심한 상처를 줄 수 있다. 뿐만 아니라 부적절한 글을 올려서 거짓 정보를 퍼뜨리거나 여론을 호도할 수도 있다. 이밖에도 매체상의 정보를 무분별하게 수집해 자신의 것인 양 활용하는 것, 확인되지 않은 정보를 그대로 전파시키는 것도 문제가 된다.

이러한 문제는 매체 글쓰기의 윤리를 확립하는 것으로 해결할 수밖에 없다. 가상공간은 누구에게나 개방되는 것을 원칙으로 한다. 매체가 오늘날처럼 발달한 이유 중 하나가 이러한 개방성이기 때문에 이 공간에 인위적인 제약을 가하기는 쉽지 않다. 따라서 이용자 스스로가 윤리적인 차원에서 문제를 예방하고 해결할 필요가 있다. 매체에서 글을 쓸 때 지켜야 할 윤리는 다음과 같은 것들이 있다.

상호 존중	자신에 대한 경계	범법 행위에 대한 경각심
• 참여자 모두의 인격을 존중해야 한다. • 참여자 모두의 권리를 보호해야 한다.	• 쉽게 쓰고 읽을 수 있는 공간이므로 스스로 주의를 기울여야 한다. • 자신이 쓴 글은 영원히 남아 있으므로 책임감을 가지고 글을 써야 한다.	• 타인의 글을 도용하거나 무단으로 사용해서는 안 된다. • 타인을 모독하거나 타인의 권리를 침해해서는 안 된다.

가상공간에서의 소통도 얼굴을 맞대고 있지는 아니지만 인격체끼리의 상호작용이다. 따라서 실제공간과 마찬가지로 소통의 주체끼리 서로 존중할 필요가 있다. 비록 익명성이 보장되는 공간이지만 실제공간에서의 소통과 같이 서로를 존중한다면 많은 문제들이 해결될 수 있다. 자신에 대한 경계

또한 잊지 말아야 한다. 매체 공간이 개방성과 신속성이 있는 공간이기 때문에 매체에 쓴 글이 자신의 의도와는 다르게 악용되거나 스스로 피해를 입힐 수도 있다. 모욕과 근거 없는 비방, 출처를 밝히지 않는 인용 등은 범죄행위로 취급을 받기도 한다. 이러한 문제는 가상공간에서의 문제가 실제공간에도 영향을 미칠 수 있다는 점에서 스스로 경각심을 가질 필요가 있다.

많은 문제점에도 불구하고 각종 매체는 의사소통 면에서 많은 도움을 주고 있다. 이전에는 불가능했던 소통이 시간과 공간을 초월해 이루어지는 것은 매체의 도움 때문에 가능했다. 많은 사람들의 다양한 의견을 모으는 데에도 매체는 큰 힘을 발휘한다. 나아가 위키피디아처럼 매체를 활용하여 많은 사람들이 지혜를 모아나가는 집단 지성이 발현되는 사례를 보면 매체는 필수불가결한 존재이기도 하다. 따라서 매체 글쓰기의 기초적인 윤리만 잘 지킨다면 이를 적절히 활용해 자신의 발전은 물론 모두의 발전도 도모할 수 있다.

연습문제 10-2

다음에 제시된 사례의 양면성에 대해 쓰시오.

인터넷을 통한 지식의 생성과 축적은 '집합적인 지능'을 통하여 만들어지고 집합적 지성을 촉진한다. 집합적인 지능 혹은 지성은 '상호 간의 이해'와 '공조'를 통해 만들어진다. 개인이 상호 소통하면서 만들어 낸 지식들이 서로 링크를 형성하면서 연결되고 타인의 지적 생산물에 서로 변형과 추가를 가함으로써 집합적 지식이 만들어진다. 이러한 네트의 정보와 지식은 자동적으로 데이터베이스화되거나 아카이브로 만들어진다. 이것이 디지털로 이루어지는 '정보의 집합체'다.

이러한 전자 아카이브는 공간적 거리를 뛰어넘어 지식과 정보의 지구화를 촉진한다. 지성의 '전 지구화(globalization)'는 과거의 지역적 단절을 무너뜨린다. 공간적 거리의 축소 및 소멸은 지역 간의 정보 교환과 개방성을 더욱 확대한다. 그러나 지식이 외화되어 데이터베이스화되거나 아카이브로 만들어지면 그것은 '집합적인 지식', 혹은 '정보의 집합'으로 변환된다. '집합적 지능'이 상호 인정과 개인의 확장으로 이어질지, 아니면 물화된 '지능 공동체에 대한 숭배'로 떨어질지 쉽게 단정할 수 없지만 지식의 단순한 연결에만 치중할 경우 전 지구적 두뇌는 물신화된 지식으로 전락할 수도 있다

예시 답안 및 해설

답 긍정적인 면 : 다양한 정보의 집합체를 형성해 인류의 지식 자산을 축적해 나갈 수 있다.
부정적인 면 : 정보의 질과 정확성을 보장받을 수 없다.

위키피디아로 대표되는 집단 지성은 여러 장점에도 불구하고 몇 가지 문제점을 안고 있다. 매체에서의 다양한 글이 가지고 있는 장단점을 잘 파악하여 글을 쓰고 활용하는 것이 필요하다.

10.2

이메일 쓰기

▶ **이메일의 특성** - 편지 아닌 편지
▶ **이메일 작성 방법** - 짧은 글의 마법

이메일의 특성 - 편지 아닌 편지

요즘은 일상화되었지만 처음 개발되었을 무렵의 이메일은 의사소통 면에서 혁신을 일으켰다. 글을 통한 의사소통은 극히 제한된 차원에서 이루어졌다. 책이나 신문, 잡지 등은 글을 통한 의사소통이기는 하지만 거의 일방향적이라는 한계가 있다. 즉 필자나 기자가 글을 인쇄매체에 쓰면 독자는 그것을 읽을 것에서 그칠 뿐 더 진전된 의사소통에는 한계가 있었다. 글을 통한 쌍방향적 의사소통 수단으로는 편지, 전보, 텔레그램 등이 있었지만 모두 한계가 있었다. 이때 시간과 공간의 제약을 일거에 극복할 수 있는 이메일이 개발된 것이다.

이메일은 빠르고 편리해서 개인뿐 아니라 기관과 기업의 업무에서 매우 유용하다. 더 빠른 수단인 전화가 있지만 말로만 진행되는 전화상의 통화는 통화의 내용이 보존되지 않을 뿐만 아니라 문서, 그림 등의 보조 자료를 주고받을 수 없다. 팩스 또한 빠르기는 하지만 송수신 장치를 갖추어 보내고 받아야 하는 불편이 있고 문서의 해상도도 떨어지는 단점이 있다. 이에 비해 이메일은 다른 통신 수단에 비해 다음과 같은 특성을 가진다.

신속성	보존성	확장성
• 메일을 쓰는 즉시 전달된다. • 여러 사람에게 동시에 전달된다.	• 메일의 내용은 영원히 보존된다. • 주고받은 편지의 모든 이력이 기록으로 남는다.	• 누구에게나 같은 내용이 전달될 수 있다. • 내용이 확대 재생산 되어 널리 퍼질 수 있다.

신속성은 이메일의 가장 큰 특징이자 장점으로서 서로가 인터넷으로 연결되어 있다면 보내는 즉시 받을 수 있어 편리함까지 준다. 보존성은 업무에서 매우 중요한 특성으로서 이메일의 내용뿐만 아니라 송수신과 관련된 모든 정보가 네트워크상에 기록이 된다는 특성이다. 이 특성 때문에 이메일은

공식적인 문서의 역할을 할 수도 있다. 확장성은 단순한 텍스트뿐만 아니라 파일 형태로 된 모든 자료를 주고받을 수 있을 뿐만 아니라 수신자도 원하는 만큼 늘릴 수 있는 특성이 있다. 이런 특성 때문에 업무에서의 이메일은 단순한 통신 수단뿐만 아니라 홍보 수단으로도 활용된다.

이메일의 이러한 특성을 이해하는 것은 이메일을 통한 의사소통에서 매우 중요하다. 신속성은 이전에 이루어진 소통의 한계를 극복하게 해 주었다는 점에서 이미 여러 면에서 긍정적인 기능을 하고 있다. 그러나 보존성과 확장성에 대한 이해가 더 필요하다. 이메일은 반드시 어디엔가는 기록이 남게 된다. 설사 이용자가 기록을 삭제하더라도 누군가가 원한다면 복구가 가능하다. 이런 이유로 이메일은 공식적인 기능을 한다는 것에 주의할 필요가 있다. 나아가 이메일은 텍스트뿐만 아니라 다른 여러 정보도 담을 수 있는 확장성이 있으므로 이러한 특성을 적극적으로 활용하려는 노력도 필요하다.

연습문제 10-3

다음에 제시되는 글을 읽고 제시된 기준에 따라 비교, 대조하시오.

• 이메일

기준	편지 1	편지 2
서술방식		
정보의 양과 글의 길이		
효과		

편지 1

안녕하세요.

저는 ○○대학교 화학과 4학년 ◇◇◇입니다. 제가 편입을 하는 바람에 학점이 그리 좋지 못합니다. 이번 학기에 교수님께 C- 학점을 받았습니다. 지금 인턴으로 근무하고 있는 곳에 취업을 하기 위해서는 더 높은 점수가 필요합니다. B학점으로 고쳐주시면 감사하겠습니다.

그럼 교수님의 답장 기다리고 있겠습니다.

편지 2

□□□ 선생님께

선생님 안녕하세요. 저는 이번에 선생님께서 맡으신 '공학 글쓰기' 수업을 들은 화학과 4학년 ◇◇◇입니다. 한 학기 동안 선생님의 가르침을 통해 많은 것을 배웠습니다. 제가 다른 학교, 다른 과에서 편입을 하는 바람에 수업에 적응도 잘 못하고 성적도 그리 좋지 않은 편이었는데 진작에 선생님 수업을 들었다면 더 나은 대학 생활을 할 수 있었을 것이란 생각이 들어 아쉬움이 많이 남습니다. 학기말에 많이 바쁘실 줄 알지만 조심스럽게 여쭙고 부탁을 드릴 것이 있어 메일을 드립니다.

저의 노력이 부족했는지 선생님의 수업에서 C-를 받았습니다. 인턴생활을 병행하면서 학업을 하느라 어려움이 좀 있었지만 그래도 실망스러운 성적임에는 틀림없습니다. 그나마 선생님의 수업에서 배운 것을 인턴 업무에 활용할 수 있었던 것은 다행이라 생각이 됩니다.

그동안 열심히 일한 결과 지금 인턴으로 근무하고 있는 곳에 정식직원으로 취업이 가능할 듯합니다. 그런데 성적이 이곳의 기준에 미달되는 것이 마음에 걸립니다. 현재의 선생님 과목에서 C0 정도의 성적을 받으면 어느 정도 해결이 될 것 같습니다.

상대평가가 적용되는 수업이어서 B등급으로 올리는 것은 불가능하다는 것은 알고 있습니다. 하지만 C등급 내에서 조정이 가능하고, 그로 인해 다른 학생이 피해를 입지 않는 것이라면 저를 배려해 주시기를 간절히 부탁드립니다. 학기가 더 남아 있다면 재수강을 할 텐데 그럴 기회가 제겐 없습니다. 혹시라도 이 편지가 무례하거나 도리에 어긋난다면 질책해 주시기 바랍니다. 어떤 결정이든, 어떤 질책이든 달게 받겠습니다.

다가오는 방학 동안 건강히 지내시기 바랍니다. 감사합니다.

◇◇◇ 드림

예시 답안 및 해설

답 기준	편지 1	편지 2
서술방식	형식적인 편지	예의와 설득력을 모두 갖춘 편지
정보의 양과 글의 길이	최소한의 정보와 짧은 글	상대의 판단을 가능하게 하는 정보의 양과 글의 길이
효과	목적하는 바를 이룰 수 없음	목적하는 바를 이룰 가능성이 높음

편지 1은 누가 봐도 무성의하게 쓴 형식적인 편지이다. 이런 편지는 읽는 사람을 배려한 것이 아닌 자신의 생각대로만 쓴 것이므로 아무런 효과가 없다. 편지를 쓸 때는 내용과 형식을 철저하게 고려하여 목적하는 바를 이룰 수 있도록 써야 한다.

이메일 작성 방법 - 짧은 글의 마법

이메일은 네트워크상에서 일정한 규약에 따라 이루어지기 때문에 그 형식이 일정하다. 이메일을 주고받을 때 사용하는 프로그램에 따라 내용과 형식이 다르지만 일반적으로 이메일은 다음과 같이 구성된다.

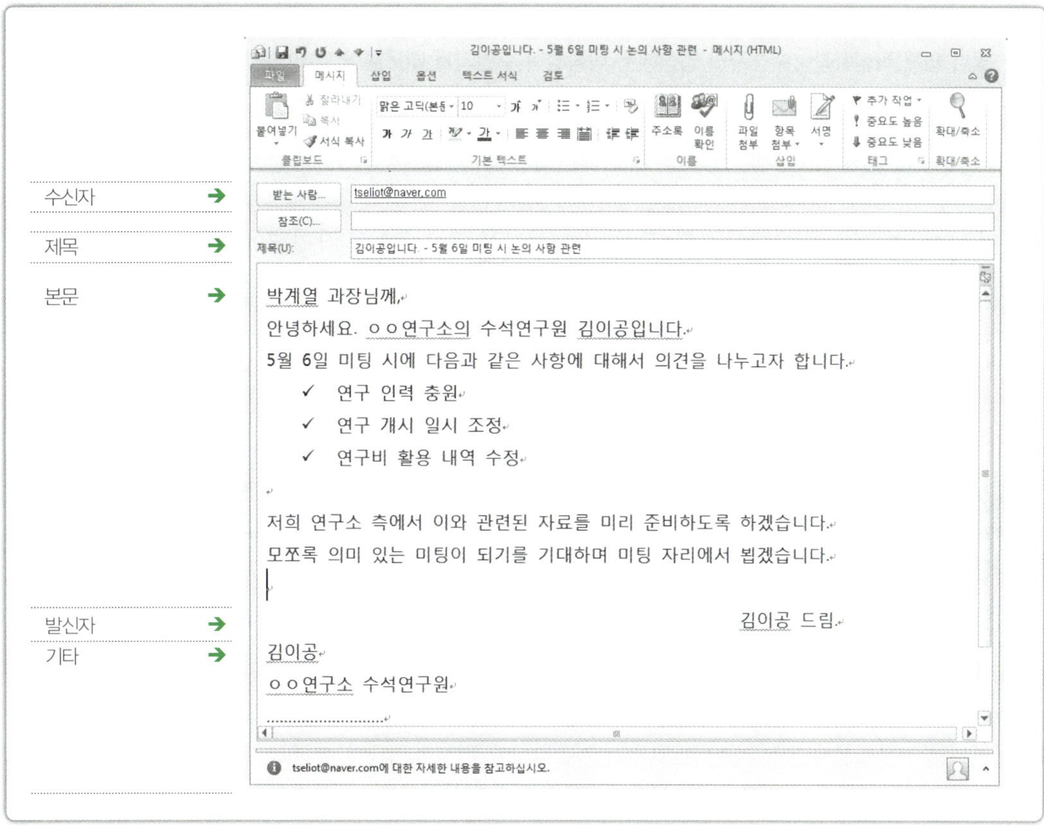

수신자와 발신자는 이메일에서 필수적인 항목으로서 전송 시스템에서 반드시 필요할 뿐만 아니라 기록으로 남는다. 제목, 본문, 첨부파일 등은 이메일 텍스트에서 필수적인 항목이다. 이 부분은 실제적인 의사소통의 내용을 담고 있는 부분이기도 하기 때문에 이메일을 쓸 때 매우 유의해야 하는 부분이다.

이메일의 제목은 메일의 성격과 내용이 잘 드러나도록 작성하는 것이 좋다. 제목은 '○○○입니다'와 같이 이름만 쓰는 경우가 있는데 이렇게 쓰면 메일 내용에 대한 정보가 없기 때문에 수신자가 나중에 메일을 다시 찾거나 정리하는 데 불편하다. 따라서 제목에는 발신자와 메일의 핵심적인 정보를 담은 제목을 붙여 주는 것이 좋다.

본문의 앞에는 반드시 수신자를 써 줘야 하며 간단한 인사와 발신자가 누군지를 밝혀주는 것이 좋다. 잘 모르는 사이에 처음 메일을 쓸 때는 예의를 갖춰 인사말을 다소 길게 써야 하지만 잘 아는 사이에서는 굳이 긴 인사말을 쓸 필요가 없다. 본문은 핵심적인 내용만 추려서 간단하게 쓰고 강조해야 할 부분에는 강조를 해 주는 것도 좋다. 끝인사 역시 짤막하게 써 준다.

일반적인 편지에는 날짜를 반드시 써 줘야 하지만 이메일은 시스템 상에서 송수신 일시에 대한 정보를 제공하기 때문에 굳이 써 주지 않아도 된다. 마지막 부분은 서명파일을 미리 작성해서 늘 같은 정보가 메일 끝에 붙도록 해 놓는 것이 좋다. 이밖에도 필요에 따라서 파일을 첨부할 수도 있다.

이러한 기본적인 형식을 갖추고 이메일의 장점을 잘 살려 업무에 활용하기 위해서는 다음과 같은 점에 유의해야 한다.

- **간결하게 작성하라 :** 제목, 본문 등이 핵심적인 내용을 담아 간결하게 작성해야 한다.
- **읽기 쉽게 작성하라 :** 수신자의 입장에서 작성하여 수신자가 내용을 쉽게 파악할 수 있도록 작성해야 한다.
- **정확하게 작성하라 :** 업무상 오해가 없도록 정확한 내용을 올바른 표현으로 작성해야 한다.

간결하게 작성해야 하는 것은 업무용 문서의 일반적인 특성이기도 한데 업무상 빠른 의사소통의 도구인 이메일에서는 특히 중요하다. 모든 글은 독자를 염두에 두고 작성해야 하는데 이메일 또한 읽는 사람을 기준으로 정리해야 할 것은 말끔히 정리하고 강조해야 할 것은 확실히 강조해서 수신자가 그 내용을 분명히 파악하고 기억할 수 있도록 해야 한다. 또한 이메일은 공식적인 증빙자료로도 활용될 수 있으므로 모든 정보는 정확하게 기입되어야 한다.

연습문제 10-4

다음에 제시되는 이메일을 요건에 맞게 고쳐 쓰시오.

제목 : 공학용어 심의 위원회

선생님, 안녕하십니까? 선선한 바람이 부는 가을입니다. 건강히 지내시는지요?

저는 한국 공학연구센터에서 일하고 있는 연구원 황용국 박사입니다. 저희 한국 공학연구센터에서는 외래어 및 외국어 일색의 공학용어를 국어로 바꾸기 위한 사업을 진행하고 있습니다. 공학분야에서 우리말이 아닌 외국어가 난무하는 것은 공학교육을 하는 데에도 도움이 되지 않을 뿐만 아니라 엔지니어끼리 소통하는 데에도 문제를 초래하고 있습니다. 이에 저희 센터에서는 공학용어의 국어화 사업을 추진하고 있습니다. 이에 교수님을 저희 위원으로 위촉하여 심의를 맡기고자 합니다. 모쪼록 바쁘시더라도 아래의 내용을 보시고 수락해 주시기 바랍니다.

-------------아래-----------

공학용어 심의위원 위촉

대상 : 현직 국어국문학관련 교수

업무 : 공학용어 국어화 작업 참여

보수 : 건당 0000원

기타 : 위원의 제반 규정은 본 연구센터의 것을 따라야 함.

예시 답안 및 해설

답 제목 : 공학용어 심의위원회 위원 위촉 건

○○○ 선생님께,

안녕하십니까? 풍성한 추수의 계절에 선생님께서 하시는 모든 일 또한 많은 성과가 있게 되기를 기원합니다. 저는 한국 공학연구센터에서 일하고 있는 연구원 황용국입니다. 저희 한국 공학연구센터에서는 효과적인 교육 및 엔지니어 간의 원활한 소통을 위해 외래어 및 외국어 일색의 공학용어를 국어로 바꾸기 위한 사업을 진행하고 있습니다. 이에 교수님을 저희 위원회의 위원으로 모셔 공학용어 국어화 작업의 자문을 구하고자 합니다. 연구와 교육 때문에 여러모로 바쁘시겠지만 아래의 내용을 보시고 뜻 깊은 사업에 함께해 주실 것을 간청 드립니다.

-------------아래-----------

제목 : 공학용어 심의위원 위촉

목적 : 공학 용어의 국어화를 통한 효율적 교육 및 원활한 의사소통 도모

위촉 대상 : 현직 국어국문학관련 교수 00인

업무 : 연구진이 작성한 기본안에 대한 심의 및 수정을 통한 공학용어 국어화 최종 의결

위촉 기간 : 1년 간, 1년 추가 가능

보수 및 대우 : 월정 000만원, 회의비 및 심의비 별도, 자세한 내역은 별첨 문서 참조

기타 : 위원회 및 위원의 활동에 관한 제반 규정은 본 연구센터의 것을 따름

첨부 : 공학용어 심의 위원회 규정

제목은 메일의 내용과 목적이 분명하게 드러나도록 고쳤다. 메일은 수신자가 분명히 밝혀져 있어야 수신자가 편안하게 읽을 수 있으므로 본문의 맨 앞에 수신자를 밝혔다. 본문에는 중복된 내용이 많으므로 불필요한 부분은 줄였고 '아래'에는 꼭 필요한 정보를 추가하였다. 또한 용어가 적절하지 않거나 예의에 어긋날 수도 있는 부분은 적절히 수정을 했다.

10.3

게시글과 답글 쓰기

▶ **게시글과 답글의 특성** - 쌍방향성과 재생산성
▶ **게시글과 답글의 작성 방법** - 권한과 책임의 조화

❯ 게시글과 답글의 특성 - 쌍방향성과 재생산성

게시글과 답글은 인터넷을 활용한 매체와 함께 새롭게 등장한 의사소통의 방법이다. 이메일도 인터넷 때문에 가능해진 것이기는 하지만 이메일은 이전에 우편 시스템을 이용한 편지를 인터넷상의 전송방법으로 대치한 것이다. 그러나 게시글과 답글은 인터넷상의 홈페이지와 인터넷을 활용한 각종 SNS가 생겨남에 따라 새롭게 등장한 것이라는 점에서 매우 새롭다. 새로운 의사소통의 공간인 만큼 아직도 낯선 부분이 있기는 하지만 나름대로의 규약이 자리를 잡아가고 있다.

게시글과 답글도 글의 일종이기 때문에 글이 가지는 일반적인 속성들은 모두 가지고 있다. 또한 매체를 통해 이루어지는 글쓰기이기 때문에 매체 글쓰기의 일반적인 속성들도 모두 가지고 있다. 그러나 이러한 속성 이외에 게시글과 답글만의 독자적인 속성도 가지고 있다.

개방성, 신속성, 익명성	쌍방향성	재생산성
• 누구나 쓸 수 있고 읽을 수 있다. • 쓰는 즉시 읽을 수 있고 전송될 수 있다. • 쓰고 읽는 이의 이름을 감출 수 있다.	• 쓰는 이와 읽는 이가 글을 주고받을 수 있다. • 여러 사람이 참여하여 서로 글을 주고받을 수 있다.	• 글이 다시 가공될 수 있다. • 확대 재생산 되어 널리 퍼질 수 있다.

개방성, 신속성, 익명성은 매체 글쓰기의 일반적인 속성이기도 하다. 특정 사이트, 카페, 블로그, SNS 등을 막론하고 모든 글은 이러한 속성을 가지고 있다. 누구나 쉽게 쓰고 읽을 수 있으며, 거의 실시간으로 여러 사람들에게 퍼져나가는 속성이 있다. 여기에 원한다면 글을 쓰는 이의 존재를 숨길 수도 있는 특징이 있다. 이러한 특성은 양날의 칼이기도 하기 때문에 적절한 활용이 필요하다.

쌍방향성은 게시글과 답글이 가지는 전형적인 특성이자 매우 중요한 특성이기도 하다. 누군가 게시글을 올리게 되면 올라온 글에 대해 누구든 답글을 달 수 있다. 이 답글에 대해 본래 글을 쓴 사람이

답글을 다시 달 수도 있고, 그 답글을 읽은 다른 사람이 또 답글을 달 수 있다. 이렇게 게시글과 답글이 상호 관련을 맺게 되면 이 공간에서의 소통은 쌍방향을 넘어 다방향성의 특성을 띄게 된다. 이러한 다방향성이 긍정적으로 작용하면 활발한 의사소통을 통한 문제해결이 가능해지지만 자칫 분쟁으로 나아갈 소지도 있다.

재생산성은 게시글과 답글이 밑바탕이 되어 또 다른 글로 가공되거나 확대될 수 있는 속성이다. 인쇄물을 통한 글도 이러한 확대 재생산이 가능하지만 매체에서는 훨씬 더 빠른 속도로, 광범위하게 일어난다. 매체의 글은 손쉽게 복사 및 편집이 가능하기 때문에 원한다면 더 많은 자료를 모아 새로운 글로 발전시켜나갈 수 있다. 이러한 속성 또한 긍정적인 면과 부정적인 면 모두를 안고 있다. 출처를 명확하게 밝히며 적절히 가공을 한다면 보다 풍부한 정보를 담은 새로운 글로 발전할 수 있지만 그렇지 못하면 남의 글을 도둑질하게 되거나 거짓 정보를 퍼뜨리는 행위를 하게 된다.

연습문제 10-5

다음에 제시되는 글을 읽고 게시글과 답글을 쓸 때 유의해야 할 사항에 대해 말해 보시오.

최근 인터넷 문화의 폐해를 두고 사회 각층에서 우려의 목소리가 높다. 인터넷상에 조작된 정보를 유포시켜 사람들을 속이거나, 온갖 욕설과 터무니없는 비방 글로 상대방을 공격하는 일이 빈번하게 일어나고 있다. 이런 일은 특정 유명인들뿐 아니라 일반인들에게도 이미 보편적으로 일어나는 현상이다. 특히 익명성에 숨어서 남을 헐뜯고 모욕하는 '악플'의 문제는 어린이들의 인터넷 문화에도 악영향이 퍼지고 있어 문제의 심각성이 상당히 크다. 어린이들에게 올바른 인터넷 예절을 가르쳐야 한다며 학교, 가정, 교육단체 등에서 목소리 높여 말하고 있지만 여전히 인터넷상에서는 악플과 욕설이 쏟아지고 있다.

별숲에서 출간된 이규희 동화작가의《악플 전쟁》은 이런 어린이의 인터넷 문화 문제점을 왕따 이야기와 연결시켜 사람을 대하는 예의에 대해 깊이 있게 다루고 있는 창작 동화책이다. 작가가 환갑을 넘긴 나이에 사이버 세상에서 벌어지는 '악플'의 문제를 다룬 동화를 썼다는 게 놀랍지만, 달리 생각하면 이 작품을 쓰게 된 동기가 악플로 인해 어린이들의 마음이 병들어 가고 있는데 문제점을 깊고 의미 있게 다루고 있는 작품이 별로 없는 안타까움 때문이기도 하다. 인터넷상에서 얼굴과 이름을 숨긴 채 거짓말과 욕설로 상대의 인격을 파괴시키는 '악플'의 문제점을 통해 사람을 대하는 예의가 어떠해야 하는지 이야기하는 작가의 따뜻한 마음이 느껴진다. 작가는 이 책을 통해 상대를 존중하고 배려하는 태도, 즉 사람을 대하는 예의는 그 공간이 현실이든 사이버든 상관없이 함께 사는 세상을 위해 반드시 필요한 덕목임을 강조하고 있다.

《악플 전쟁》에는 질투심에 사로잡혀 인터넷상에 거짓 글을 쓰는 '흑설공주' 미라와, 전학을 오자마자 악플로 괴롭힘을 당하는 서영이, 사건의 진실을 알면서도 곤란한 상황에 빠질까 봐 일부러 모른 척하는 왕따 민주가 등장한다. 악플 사건을 통해 드러나는 세 아이의 진솔한 내면 고백을 통해 작가는 피해자뿐만 아니라 가해자와 방관자의 입장을 섬세하게 그려내고 있다. 이를 통해 악플 문제의 사회적 심각성을 고발하는 것에서 멈추지 않고, 나아가 이해와 배려와 존중이라는 사람을 대하는 예의의 중요성을 이야기한다.

이 책은 어린이에게 올바른 인터넷 문화를 어떻게 심어 줄까 고민하는 교사와 학부모들에게 악플로 대표되는 인터넷 문화 폐해성의 근본적 원인에 대해 깊게 고민해 볼 기회를 제공하고, 어린이에게는 인터넷상에서의 예절과 관련된 토론거리를 제공할 뿐 아니라 사람을 이해하고 존중하는 마음을 갖는 데 많은 도움을 줄 것이다.

예시 답안 및 해설

답 생략

악플의 폐해는 수없이 지적되어 왔다. 그러나 인터넷의 특성 상 일일에 감시를 하거나 사후에 제재를 가하기는 어렵다. 결국 사용자들의 성숙한 의식에 맡길 수밖에 없다.

게시글과 답글의 작성 방법 - 권한과 책임의 조화

온라인 매체에 게시글을 쓰고, 게시글에 대해 답글을 쓰는 것은 개인의 자유로운 행위일 수 있으나 결과적으로 그것이 모든 사람들에게 공개되고 공유된다는 점에서 결코 개인적인 행위라고 할 수 없다. 온라인 매체에 자유롭게 글을 쓰는 것은 이용자의 권리이기도 하다. 그러나 그것이 모두에게 공개되고 공유되는 것이기 때문에 여기에는 일정한 책임이 따른다. 따라서 게시글과 답글을 작성할 때는 다음과 같은 점을 고려해야 한다.

정확성	책임감	확대 재생산
• 오류가 있는 정보가 전달되지 않도록 정확하게 써야 한다. • 오류가 있는 정보가 게시되었을 경우 바로잡을 수 있도록 노력해야 한다.	• 자신이 쓴 글에 대해 책임을 질 수 있어야 한다. • 여러 사람과 함께 만들어가는 공간에 대해 책임을 질 수 있어야 한다.	• 지식, 정보, 의견 등을 교류하며 확대 재생산 할 수 있도록 노력해야 한다. • 집단 지성이 발휘될 수 있도록 노력해야 한다.

온라인 매체의 글은 가능하면 정확한 정보에 바탕을 두고 작성해야 한다. 개인이 작성한 글들이 모여 집단적인 정보를 이루고 있는 상황을 감안하면 확인되지 않은 사실이나 왜곡된 정보가 작성되는 순간 집단적인 정보의 질을 떨어뜨리는 행위가 된다. 따라서 사실관계를 명확히 따지고, 정보를 임의대로 왜곡해서는 안 된다. 온라인 매체에 올려진 글은 공동의 소유이기는 하지만 문제가 발생했을 때에는 작성자에게 가장 큰 책임을 묻기 때문에 책임감 있게 작성해야 한다. 게시글은 말할 것도 없고 답글도 스스로 책임질 수 있어야 한다.

나아가 게시글과 답글 모두 확대 재생산이 가능하여 궁극적으로는 집단 지성의 한 부분이 될 수 있도록 해야 한다. 개인이 작성한 글일지라도 그 글은 곧 모든 사람들에게 널리 퍼지고, 이용되고, 가공

된다. 그 결과 개인의 행위가 인류 전체의 지식을 축적해 나가는 과정이 된다. 따라서 확대 재생산이 가능한 글을 쓰려는 노력이 필요하다.

게시글과 답글은 온라인 매체 상에서 개인의 정체성과 인격을 드러내기도 한다. 그러므로 글 하나 하나에 신중을 기할 필요가 있다. 다음은 온라인 카페의 게시글과 답글 사례이다.

위의 예에서 볼 수 있듯이 모든 글들은 온라인상의 공적 공간에서 작성되고 이 글을 통해서 개인 간의 소통이 이루어진다. 비록 얼굴을 마주대하지 않고 닉네임을 사용한 이용자들끼리 만들어진 공간이지만 모든 글의 작성자가 분명히 드러나고 있다. 또한 글을 통해서 개인의 인격도 그대로 드러나고 있다. 이러한 이유로 온라인상에서도 오프라인상에서와 마찬가지의 윤리와 책임의식이 필요하다.

연습문제 10-6

다음에 제시되는 사례를 보고 매체에서 글을 쓸 때 유의해야 할 사항에 대해 말해 보시오.

진중권이 허지웅에게 사과했다.

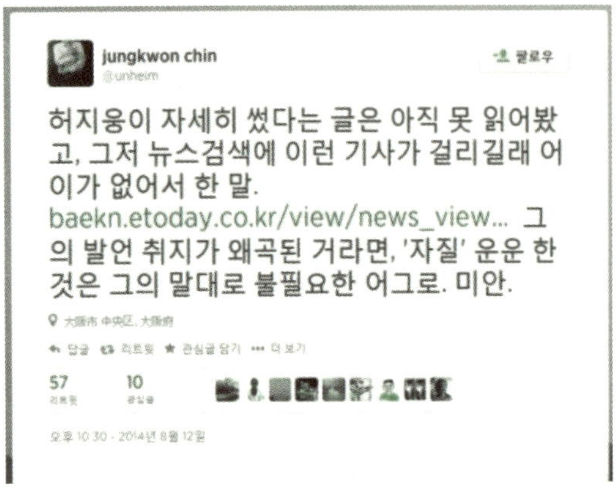

영화 '명량'을 놓고 허지웅과 진중권의 '설전'이 계속된 가운데 진중권은 "허지웅이 자세히 썼다는 글은 아직 못 읽어봤고 그저 뉴스검색에 이런 기사가 걸리길래 어이가 없어서 한 말. 그의 발언 취지가 왜곡된 거라면 '자질' 운운한 것은 그의 말대로 불필요한 어그로. 미안"이라고 사과하며 한 발 물러섰다.

앞서 진중권은 "명량이 훌륭하다고 생각한다면, 영화적으로 어떤 면이 뛰어난지 얘기하면 됩니다. 하다 못해 허지웅처럼 전쟁 장면을 1시간 이상 끌고 갔다는 둥… 물론 자질을 의심케 하는 뻘소리지만"이라며 '명량'을 극찬한 영화평론가 허지웅을 언급했다.

이에 허지웅도 가만히 당하지는 않았다. 허지웅은 곧바로 13일 자신의 트위터 계정을 통해 "진(중권) 선생이나 저나 어그로 전문가지만 이건 아니죠. 저는 '명량'이 전쟁 장면이 1시간이라서 훌륭하다고 평가한 적이 없습니다. 최소한 '졸작'이라거나 '수작'이라거나 한 마디만 툭 던져 평가될 영화가 아니라는 건 확실하죠. 장점도 단점도 워낙에 뚜렷하니" 라고 글을 남겼다.

이어 "저는 이미 그 단점과 장점을 간단히 글로 정리해 게시한 바 있는데도 정확한 소스 확인 없이 본인 주장을 위해 대충 눙쳐 왜곡하면서 심지어 자질 운운한 건 진 선생이 너무 멀리 간 듯"이라며 "저는 자질 언급은 안하겠고 판을 깔고 싶으실 땐 조금만 더 정교하게"라고 덧붙였다.

예시 답안 및 해설

답 생략

유명인사끼리 SNS에서 주고받은 논쟁과 그 마무리 과정에 대해 알 수 있는 자료이다. 논쟁이 있기는 했으나 자신의 발언에 책임을 지면서 바람직한 매체 글쓰기의 사례를 보여준다.

CHAPTER

11

발표와 면접

11.1. 발표의 과정 | 11.2. 발표의 전략 | 11.3. 면접의 과정과 전략

11.1

발표의 과정

▶ **발표의 특성** - 발표의 3요소
▶ **발표 기획** - 발표의 청사진 그리기
▶ **발표 준비** - 완벽한 발표를 위한 필요조건
▶ **퍼포먼스** - 소통을 위한 전략

발표의 특성 - 발표의 3요소

공식적인 커뮤니케이션 중에서 말을 통해서 이루어지는 대표적인 것이 발표이다. 발표는 말하기의 일종이지만 발표 나름의 고유한 특성을 가지고 있다. 따라서 발표가 효과적으로 이루어지기 위해서는 발표와 관련된 주요 요소를 명확하게 파악해야 한다. 발표는 다음과 같은 세 가지 주요 요소로 구성된다.

이야기	청중	발표자
• 무엇을 말하는가? • 발표의 주제, 내용, 자료 등에 대한 고려	• 누가 듣는가? • 발표를 듣는 청중의 수, 연령, 수준, 등에 대한 고려	• 누가 말하는가? • 발표의 목적, 발표자의 능력 등에 대한 고려

발표에서 가장 중요한 것은 말하고자 하는 이야기이다. 즉 무엇인가 말할 내용이 있어야 발표가 성립되는 것이기 때문에 특정한 목적에 따른 이야기가 발표의 첫 번째 요소가 된다. 두 번째 요소는 발표를 듣는 사람, 즉 청중이다. 말할 내용이 있고 말하고자 하는 사람이 있더라도 그것을 들을 사람이 없으면 발표는 성립되지 않는다. 마지막으로 말을 하는 사람, 즉 발표자가 발표의 마지막 요소를 이룬다. 발표자는 자신의 목적과 청중의 요구에 맞게 내용을 준비해 발표를 하게 된다.

발표의 내용이 구성되어 청중에게 전달되기 위해서는 발표의 목적이 무엇인가 분명하게 결정되어야 한다. 이 목적에 따라 발표의 내용과 형식이 결정되고 청중도 발표에 참여하기 때문이다. 일반적으로 발표는 다음과 같은 목적을 달성하기 위해 행해진다.

- **설득** : 주장을 펴서 발표자의 생각에 동조하도록 하는 목적
- **이해** : 정보를 전달하고 설명하여 청중을 이해시키려는 목적
- **감동** : 다양한 사례와 감성적 표현으로 청중의 감성적 반응을 이끌어내려는 목적
- **홍보** : 다양한 정보를 제공하여 발표자와 관련된 여러 사항을 알게 하려는 목적
- **오락** : 흥미로운 요소로써 청중들이 즐거움을 느끼게 하려는 목적

발표의 목적을 위와 같이 나눌 수 있지만 이러한 목적이 독립적으로 존재하는 것은 아니다. 하나의 발표에서도 이러한 요소가 복합적으로 나타날 수 있다. 특히 기업이나 기관에서 가장 많이 이루어지는 설득을 위한 발표에서는 나머지 목적이 반영되어 있어야 발표가 훨씬 더 효율적으로 이루어질 수 있다.

발표도 말하기의 일종이므로 말하기의 일반적인 과정을 따르면 된다. 그런데 발표의 고유한 특성을 살리면 발표의 단계는 다음과 같은 세 단계로 제시할 수 있다.

기획	준비	퍼포먼스
• 발표의 주제, 내용, 자료 등을 기획한다. • 발표 행위, 즉 퍼포먼스를 기획한다.	• 청중에게 나눠줄 인쇄물을 준비한다. • 청중들이 보고 들을 시청각 자료를 준비한다.	• 기획과 준비에 따라 발표 퍼포먼스를 진행한다. • 청중들로부터 질문을 받고 응답한다.

기획 단계에서는 발표의 주제에 따라 앞으로 발표의 내용, 발표에 필요한 자료, 발표시의 퍼포먼스 등에 대해 전반적인 계획을 세운다. 준비 단계에서는 발표에 필요한 각종 인쇄물 및 시청각 자료를 준비한다. 발표자의 육성만으로는 효과적인 발표가 이루어질 수 없으므로 청중에게 배포될 자료, 청중 앞에서 시연될 자료 등이 충실하게 준비되어야 한다. 퍼포먼스 단계에서는 발표자의 육성, 인쇄물 및 시청각 자료, 그리고 이것을 엮어내는 발표자의 행동이 조화를 이루며 실제 발표가 이루어진다.

연습문제 11-1

다음에 제시되는 발표의 일부를 보고 빈칸을 완성하거나 해당되는 것에 표시하시오.

(1) 발표의 요소		(2) 발표의 목적	
무엇을 말하는가?		☐ 설득	☐ 이해
누가 듣는가?		☐ 감동	☐ 홍보
누가 말하는가?	대학교수	☐ 오락	

여러분 안녕하세요. 우리가 세상을 살아가려면 결정해야 할 것이 많죠. 우선, 배우자를 어떤 사람으로 결정하느냐 하는 문제가 있고, 또 내가 살 집을 어디다 어떻게 마련할 것이냐. 또 요즘은 내 얼굴을 어떻게 고칠 것이냐, 내 머리 색깔을 어떻게 할 것이냐 고민을 하는 사람들까지 있죠. 그런데 우리가 결정해야 할 가장 중요한 것 중에 하나는 우리 진로를, 내 생애를 어떻게 설계해 나갈 것이냐 하는 문제가 되겠어요. 만약 이것을 잘하면 보람되고 만족스러운 삶을 살 수 있을 거고, 이게 잘못되면 불행하고 고통스러운 삶을 살 수가 있죠. 그래서 오늘은 어떻게 하면 자기의 생애를 잘 선택할 수 있느냐 하는 문제를 제가 대학에서 여러분과 비슷한 또래와 함께 한 경험을 통해 이야기를 나누어 보겠어요. 어떤 길이 제일 좋으냐, 어떤 쪽이 제일 유망하냐 하는 질문을 하고 싶겠죠. 그런데 나는 여러분들한테 물고기를 잡아서 주는 것보다도 물고기를 잡는 법을 얘기해 주는 것이 더 좋을 것 같아요.

자기 생애를 결정하는 것은 한 번에 끝나는 것이 아니에요. 물론 처음에 결정하는 것이 중요하지만 사실은 일생을 두고 계속해서 생각을 하고, 또 결정을 해야 하는 문제이기 때문에 그래서 어떻게 하는 것이 가장 잘 선택하는 길이냐 하는 것을 알아보는 것이 사실 더 중요하죠. 그래서 전 제가 일생 동안 살아오면서 내가 겪은 것, 또 내 주변의 사람들이 살아가는 것을 보고 느낀 것을 종합해서 진로 선택을 잘하는 세 가지 원칙을 정리해서 여러분들한테 얘기해 주는 게 머릿속에 기억하기 좋겠죠.

제일 먼저, 제 1법칙이라는 것을 말해 드리겠는데, 이건 뭐냐면 '유행을 따르지 말라.'하는 것입니다. 우리가 지금 대부분의 사람들이 자기 진로를 결정할 때 어디가 유망하냐, 얼마나 많은 사람들이 그것을 하려고 하느냐 하는 것을 기준으로 하고 그것이 좋은 걸로 알고 따라가려는 경향이 있는데, 설혹 그것이 내가 마음속으로 원하던 쪽이라고 하더라도 많은 사람들이 거기에 몰리면 한 번 재고해 볼 필요가 있는 거예요. 사실은 많은 사람들이 좋다고 몰려가면 이미 조금 늦었어요. 그리고 정말 어디가 좋은 길이라는 것은 그것을 알 수 있는 사람이 극히 적어요. 그래서 정말 좋은 데에는 사람들이 몰리지 않아요. 그래서 일단 남이 좋다고 하는 데를 쫓아가는 것은 조심하라는 것이죠.

예시 답안 및 해설

답 (1) 발표의 요소		(2) 발표의 목적	
무엇을 말하는가?	진로 선택의 원칙	☑ 설득	☑ 이해
누가 듣는가?	대학생	☐ 감동	☐ 홍보
누가 말하는가?	대학교수	☐ 오락	

발표의 주제는 발표 내용의 앞머리에서 직접적으로 확인할 수 있다. 또한 청중과 발표자는 '제가 대학에서 여러분과 비슷한 또래와 함께 한 경험을 통해 이야기를 나누어 보겠어요.'라는 구절에서 파악할 수 있다. 이 강연은 진로 선택의 방법을 알려주어 이를 개개인의 삶에 적용하도록 하는 것이 목표이므로 설득과 이해 모두를 목적으로 하고 있다.

발표 기획 - 발표의 청사진 그리기

모든 공식적인 커뮤니케이션은 철저한 기획에 따라 이루어져야 한다. 글을 통한 커뮤니케이션도 기획이 꼭 필요하지만 일회성, 현장성이 강한 발표는 더더욱 기획이 중요하다. 발표에서 기획 단계는 첫 단계인 만큼 발표 전체의 성패를 결정짓는 중요한 단계이다. 이 단계에서는 다음과 같은 세 가지 요소를 기획한다.

내용	자료	퍼포먼스
• 발표의 목적, 주제, 청중을 고려해 내용을 정한다. • 주제 선정, 구성 등의 방법은 글쓰기와 동일하다.	• 발표자의 육성 외에 청중들이 보고 들을 수 있는 자료를 준비한다. • 파워포인트 등의 시각자료에 음성, 동영상 등을 첨부한다.	• 발표 장소, 청중 시간 등을 고려해 구체적인 발표 방법을 정한다. • 청중들과 교감할 수 있는 퍼포먼스를 펼친다.

내용에 대한 기획은 발표의 목적, 주제, 청중 등에 대한 고려를 바탕으로 이루어진다. 발표는 발표자가 직접 기획을 해서 이루어지는 경우도 있고 요청에 의해 이루어지는 경우도 있다. 또한 경쟁을 통해 특정 안을 선정하고자 할 때 이 경쟁에 참여하기 위해 이루어지는 경우도 있다. 이러한 각각의 상황에 맞도록 어떤 내용을 어떻게 구성해서 발표할 것인가에 대한 기획이 충실히 이루어져야 한다. 이를 위해서는 주제를 분명하게 잡고 이를 효과적으로 부각시킬 수 있는 자료를 모아 적절한 구성을 해 나가는 작업이 필요하다.

자료에 대한 기획은 발표에 필요한 인쇄물과 시청각 자료 등에 대한 기획을 뜻한다. 전통적인 발표는 발표자 한 사람의 육성에 의존을 했지만 요즘은 각종 인쇄물, 시청각 자료 등이 총동원된다. 따라서 발표의 목적, 청중의 특성에 맞게 어떤 자료를 준비할 것인가에 대해 철저한 기획을 해야 한다. 특히 요즘에는 시청각 자료가 중시되고 있기는 하지만 인쇄물은 필수적이기 때문에 이에 대한 준비도 잘 해야 한다. 또한 시청각 자료는 디자인과 구성이 중요하므로 이와 관련된 전문적인 능력도 적절히 활용하도록 한다.

퍼포먼스에 대한 기획은 발표 장소, 청중, 시간 등을 고려해 어떠한 내용으로 어떻게 이 시간과 공간을 채워 청중의 긍정적인 반응을 이끌어낼 것인가에 대한 기획을 뜻한다. 발표가 이루어지는 상황을 굳이 퍼포먼스라고 하는 것은 오늘날의 발표가 육성을 통해 이루어지는 것이 아니라 시청각 자료 및 발표자의 행동 등이 종합적으로 일종의 쇼처럼 이루어지기 때문이다. 따라서 장소와 청중에 맞는 퍼포먼스, 주어진 시간에 적합한 퍼포먼스 등에 대해 완벽하게 기획을 해야 한다.

연습문제 11-2

다음과 같은 상황에서 발표를 한다고 할 때 지시에 따라 기획을 하시오.

보기 자동차 생산 업체의 디자인 부서에 취업을 하고자 하는 권창섭은 인사담당자 앞에서 15분 동안 자유롭게 자신을 소개하라는 요구를 받았다.

기획의 요소	
어떤 내용으로 발표할 것인가?	
어떤 자료를 활용해 발표할 것인가?	
어떻게 퍼포먼스를 펼칠 것인가?	

예시 답안 및 해설

답

기획의 요소	
어떤 내용으로 발표할 것인가?	자신이 직접 디자인한 것을 중심으로 한 편의 이야기를 구성한다.
어떤 자료를 활용해 발표할 것인가?	자신이 디자인한 결과물은 물론 그 과정에 대한 사진 자료를 활용한다.
어떻게 퍼포먼스를 펼칠 것인가?	각각의 결과물을 내기까지 어떤 과정을 밟았는지 이야기로 구성하여 발표하고 결과물에도 이야기를 만들어 의미를 부여한다.

스토리텔링 방식으로 자신을 소개하되 디자인 사업부의 특성에 맞게 자신이 디자인 한 것을 중심으로 발표를 기획하였다. 디자인 사업부에 지원하는 것이므로 자신의 포트폴리오를 제시하는 것은 꼭 필요한데 이것을 이야기 방식으로 구성하면 훨씬 더 큰 관심을 끌 수 있고 설득력도 높일 수 있을 것이다. 예시 답안은 다양한 방법 중 하나이므로 다른 방법으로도 기획을 해 본다.

발표 준비 - 완벽한 발표를 위한 필요조건

발표는 발표자, 내용, 자료 등이 어우러지는 종합적인 퍼포먼스이다. 따라서 발표 준비 단계에서는 이 퍼포먼스를 위해 필요한 각종 자료 및 도구들을 준비한다. 이 단계에서 준비해야 할 것을 구체적으로 밝히면 다음과 같다.

인쇄물	시청각 자료	발표 원고	큐시트
• 전통적인 발표 자료 • 복사물, 책자 등을 준비한다.	• 최근에 많이 쓰이는 발표 자료 • 동영상, 음성/음향 자료 등을 첨부한 자료를 준비한다.	• 완벽한 발표를 위한 자료 • 발표자가 하게 될 모든 말을 원고 형태로 작성한다.	• 발표를 위한 종합적인 준비물 • 자료와 발표 퍼포먼스 모두에 대한 운용방법을 작성한다.

인쇄물은 발표시 청중에게 배포되는 유인물 또는 책자를 뜻한다. 최근의 발표에서는 시청각 자료가 중시되지만 본래 발표에서 가장 기본이 되는 것은 인쇄물이다. 특히 학술적인 발표나 사업 기획 등에 대한 발표에서는 인쇄물이 있어야만 청중들이 메모를 하고 가져가서 추후에 자료를 재확인할 수 있다. 일부 발표자는 화면상으로 제공되는 파워포인트를 유인물 형태로 만들어 배포하기도 하는데 이는 효과적이지도 않고 성의도 없어 보이므로 인쇄물을 별도로 만들어야 한다.

시청각 자료는 프로젝터나 텔레비전 등을 통해 청중에게 직접 제공되는 화면과 여기에 부가되는 음성 등을 뜻한다. 화면상으로 제공되는 시각자료는 일반적으로 파워포인트 등의 툴을 이용해서 만들어지는데 여기에 애니메이션이나 동영상이 첨부될 수도 있고, 각종 음향이 연결될 수도 있다. 시청각 자료는 즉각적인 반응과 이해를 불러일으키기에 매우 유용하므로 전문적인 지식을 활용해 효과적으로 구성해야 한다. 그러나 시청각 자료를 만드는 것이 발표 준비의 전부인 양 오해해서는 안 된다.

발표 원고는 발표자가 할 말을 글로 미리 써 놓은 것을 뜻한다. 발표는 자연스러운 구어로 이루어져야 하지만 현장에서 즉흥적으로 말을 하게 되면 실수를 할 위험성도 있고 효과적인 전달도 제대로 되지 않을 가능성도 높다. 따라서 구어 형태의 발표 원고를 반드시 준비해야 한다. 발표 원고가 준비가 되면 발표 시간도 미리 계산할 수 있고 이를 암기한다면 더 효율적인 발표가 가능해진다.

큐시트는 본래 라디오나 텔레비전 프로그램의 제작에 있어서 연기자, 카메라맨, 기술자들이 행해야 할 동작이나 진행순서를 기입한 일람표를 뜻하는데 발표에서는 퍼포먼스의 모든 과정을 계획해 놓은 표를 뜻한다. 발표자가 어떤 말을 어떤 순서로 해야 하는지 이때 제공되는 화면과 음향은 어떤 것인지에 대해 미리 계획을 세워 놓는 것이 좋다. 또한 발표 보조자가 있다면 주 발표자와 보조 발표자 간에 어떻게 소통하며 발표를 이끌어나갈 것인지에 대한 계획도 큐시트에 담을 수 있다.

이러한 각종 자료 및 큐시트가 준비되면 본격적인 연습에 들어간다. 연습을 할 때는 단계별 연습 및 모든 과정을 종합한 리허설을 반드시 해야 한다. 발표 퍼포먼스에 활용될 자료들은 발표와 동일한 환경을 만들어 놓고 시연을 해 봐야 한다. 발표 장소가 밝은 곳인가 어두운 곳인가에 따라 시각자료가 달리 구성될 수 있으므로 이에 대해 미리 파악을 하고 있어야 한다. 또한 파워포인트를 사용할 때 컴퓨터의 운영체제, 글꼴, 네트워크 지원 등에 차이가 있어 에러가 발생할 위험이 있으므로 이에 대해 대비해야 한다. 만약 발표 현장에서 리허설을 할 수 있다면 모든 환경과 자료를 동일하게 해 놓고 최종 연습을 해 보는 것이 좋다.

연습문제 11-3

다음과 같은 상황에서 발표를 한다고 할 때 자료의 유형 중 꼭 필요하다고 생각되는 것에 표시를 하시오.

영화를 전공하는 교수 맹혜선은 이공계열 학생들을 대상으로 '영화 속에 나타난 과학'이란 주제로 발표 의뢰를 받았다.

보기 ☐ 인쇄물 ☐ 시청각 자료 ☐ 발표 원고 ☐ 큐시트

예시 답안 및 해설

답 ☑ 인쇄물 ☑ 시청각 자료 ☐ 발표 원고 ☐ 큐시트

어떤 발표든 인쇄물은 가장 기본적인 자료이므로 반드시 준비하는 것이 좋다. 강연의 주제가 영화이므로 영상이 주를 이루는 영화의 특성상 시각자료도 반드시 준비하는 것이 좋다. 강연을 완벽하게 하려면 발표 원고나 큐시트도 필요하지만 자신이 잘 알고 있는 분야라면 발표 원고나 큐시트 없이도 할 수 있다.

퍼포먼스 - 소통을 위한 전략

퍼포먼스 단계에서는 발표자의 음성과 몸짓, 인쇄물, 시청각 자료 등이 어우러져 말하고자 하는 바를 효과적으로 전달한다. 이 단계에서는 이전에 기획하고 준비한 것을 정해진 시간 안에 다 쏟아내어 목적하는 바를 달성해야 하므로 한 편의 완성된 드라마처럼 모든 세부 단계가 기획에 따라 진행되어야 한다. 발표가 실제 이루어질 때는 다음과 같은 세부 단계를 거쳐야 한다.

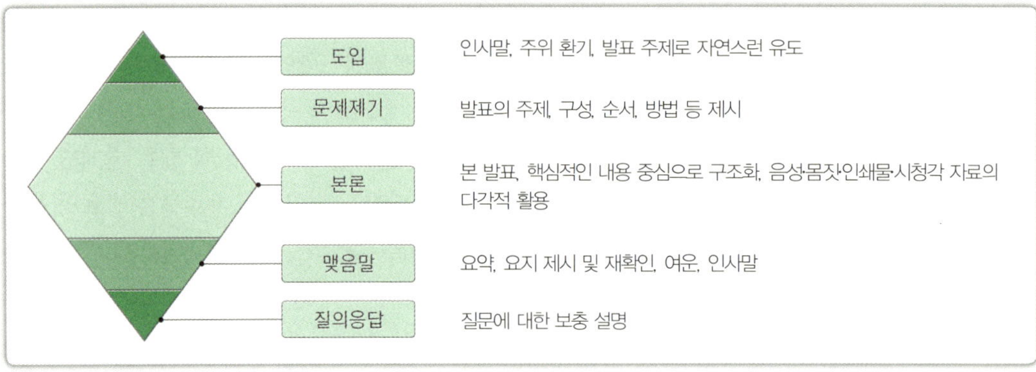

발표 퍼포먼스가 한 편의 완성된 드라마처럼 진행되어야 한다는 것은 도입부터 최종적인 질의응답이 이루어지기까지 물 흐르듯이 자연스럽게 진행되면서 발표의 핵심적인 내용이 효과적으로 전달되어야 함을 의미한다. 이 과정은 그림에서 보듯이 발표의 핵심적인 내용인 본론이 중심을 이루는 다이아몬드형의 구조에 따라 진행된다.

이를 위한 첫 번째 단계는 도입으로서 발표자가 나서서 인사를 하고 청중들의 관심을 유발하여 발표 주제로 자연스럽게 몰입할 수 있도록 해야 한다. 두 번째 단계는 문제제기 단계로서 발표의 주제를 분명하게 부각시키고 발표가 어떤 과정을 거쳐 어떤 방법으로 이루어질 것인가를 밝힌다. 이 단계에서 본론에 대한 안내가 제대로 이루어지지 않으면 청중들은 발표의 내용을 따라가지 못하거나 흥미를 잃게 될 수도 있다.

본론 단계는 말 그대로 발표의 핵심적인 내용이 제시되는 단계이다. 이 단계에서는 큐시트 및 발표 원고에 따라 다양한 방법을 활용하여 설명과 주장을 펼쳐 나간다. 이 단계에서도 본론을 몇 개의 부분으로 나누어 각각의 부분도 적절히 구조화해야 전달과 이해가 쉬워진다. 각각의 부분은 도입, 본론, 맺음말 구조가 되도록 하고 부분과 부분 사이에는 그 관계가 명확하게 드러나도록 각 부분을 엮어 주어야 한다.

핵심적인 내용이 모두 발표되면 이 내용을 적절히 요약하고 몇 개 항목의 요지로 만들어 청중들로 하여금 재확인할 수 있도록 해야 한다. 발표가 길어질수록 청중들은 앞의 내용을 기억하기 어려우므로 그 기억을 되살릴 수 있도록 하고 발표 전체의 내용을 몇 개의 단어 혹은 몇 개의 구절과 문장으로 정확하게 기억할 수 있도록 하는 것이 좋다. 또한 인상적인 여운과 인사말도 준비하여 마무리하는 것이 좋다.

질의응답 단계에서는 청중의 질문에 적절히 답을 하여 청중의 궁금증을 해소한다. 질의응답 시간은 의도에 따라서는 발표의 내용을 보충하고 심화하는 기회로 활용할 수도 있다. 즉, 본론 단계에서 핵심적인 것은 분명히 제시하되 청중의 궁금증을 유발할 요소를 포함시켜 질문을 유도하고 이에 대한 부가적인 설명을 통해 더 깊이 있는 내용을 전달할 수 있다. 또한 질문이 많다는 것은 청중이 발표의 내용에 관심을 가지고 있다는 증거일 수도 있으므로 질의응답 단계도 잘 활용할 필요가 있다.

연습문제 11-4

다음과 같은 상황에서 발표를 한다고 할 때 발표 퍼포먼스를 위한 큐시트를 완성하시오.

보기 환경 전문가 김형섭은 고등학생들을 대상으로 갯벌의 생태적 가치에 대해 40분간 발표를 한다.

[갯벌]

조수가 드나드는 바닷가나 강가의 넓고 평평하게 생긴 땅. 일반적으로 조류(潮流)로 운반되는 모래나 점토의 미세입자가 파도가 잔잔한 해역에 오랫동안 쌓여 생기는 평탄한 지형을 말한다. 이러한 지역은 만조 때에는 물 속에 잠기나 간조 때에는 공기 중에 노출되는 것이 특징이며 퇴적물질이 운반되어 점점 쌓이게 된다.

한국 서해안은 해안선의 출입이 심하고 긴 만(灣)이라는 지형적 특성에 의해 조차가 매우 크다. 총 갯벌 면적의 83%가

서해안 지역에 분포하며 캐나다 동부 해안, 미국 동부 해안과 북해 연안, 아마존 강 유역과 더불어 세계의 5대 갯벌로 꼽힌다.

갯벌은 쓸모없는 땅으로 여겨져 1980년대 후반부터 '서해안 개발'이라는 이름으로 간척 · 매립사업의 대상이 되었으나, 최근 하천과 해수의 정화, 홍수 조절, 생태적 가치 등이 밝혀지면서 보전운동이 일어나고 있다.

시간	내용	보조 자료	비고
~1분	인사말	슬라이드 1 - 발표자 약력	
~ 2분	주의 환기	슬라이드 2, 3 - 갯벌 사진	
~ 3분	발표 주제, 구성, 순서 제시	슬라이드 4 – 목차	
~ 5분			
~ 10분	갯벌의 가치 - 하천과 해수의 정화	슬라이드 6~8 - 갯벌의 정화 기능	
~ 15분			
~ 20분			발표자 1인 / 슬라이드 도우미 1인
~ 25분			
~ 30분	한국의 갯벌 관련 정책	슬라이드 18~20 - 방조제, 매립 공사	
~ 35분			
~ 38분	요약	슬라이드 26 – 요약	
~ 40분	인사말		
40분 ~	질의응답		

예시 답안 및 해설

답

시간	내용	보조 자료	비고
~1분	인사말	슬라이드 1 - 발표자 약력	
~ 2분	주의 환기	슬라이드 2, 3 - 갯벌 사진	발표자 1인 / 슬라이드 도우미 1인
~ 3분	발표 주제, 구성, 순서 제시	슬라이드 4 – 목차	
~ 5분	갯벌의 정의	슬라이드 5 - 사전적 정의, 갯벌 유형별 사진	

~ 10분	갯벌의 가치 - 하천과 해수의 정화	슬라이드 6~8 - 갯벌의 정화 기능	
~ 15분	갯벌의 가치 - 홍수 조절	슬라이드 9~11 - 갯벌의 홍수 조절 기능	
~ 20분	갯벌의 가치 - 생태	슬라이드 12~14 - 갯벌의 생태	
~ 25분	갯벌의 가치 - 산업	슬라이드 15~17 - 갯벌의 산업적 가치	
~ 30분	한국의 갯벌 관련 정책	슬라이드 18~20 - 방조제, 매립 공사	
~ 35분	갯벌 활용 방안	슬라이드 21~25 - 갯벌의 친환경적 활용 방안	
~ 38분	요약	슬라이드 26 – 요약	
~ 40분	인사말		
40분 ~	질의응답		

발표에서는 본론의 앞과 뒤에 인사말이나 주의를 환기시키는 내용이 놓이는데 이 시간은 주어진 전체 시간에 따라 탄력적으로 조절이 가능하다. 본론은 주제를 전개하기에 가장 적합한 구성을 한 후 이에 맞게 시간을 배분한다. 보조 자료는 각 부분의 내용에 맞는 것을 준비한다. 예시된 답안 이외에 다른 방안을 모색할 수도 있다.

11.2

발표의 전략

▶ **내용 구성 전략** - 다가가는 발표
▶ **시청각 자료의 활용 전략** - 자료의 입체적 활용
▶ **퍼포먼스 전략** - 발표자와 청중의 하나 됨

내용 구성 전략 - 다가가는 발표

성공적인 발표를 위해서는 발표의 내용, 시청각 자료, 퍼포먼스 모두가 조화를 이루어야 하지만 이중에서 핵심이 되는 것은 발표의 내용이다. 왜냐하면 발표의 내용에 따라 적절한 시청각 자료가 선택되고, 발표 퍼포먼스가 이루어지기 때문이다. 따라서 성공적인 발표를 위한 내용 구성 전략이 필요하다. 발표의 내용을 구성할 때는 다음과 같은 요건을 반드시 갖춰야 한다.

- **체계적으로 :** 발표의 내용 전체가 체계적으로 짜여 있어야 한다.
- **간결하게 :** 발표의 내용을 압축 요약하여 간결한 표현으로 나타낼 수 있어야 한다.
- **반복적으로 :** 핵심적인 내용은 반복적으로 제시해 청중에게 확실한 인상을 남겨야 한다.
- **논리적으로 :** 청중을 설득할 수 있는 합당한 논리체계를 갖춰야 한다.
- **감성적으로 :** 청중의 마음을 움직일 수 있는 감성적인 요소가 포함되어 있어야 한다.

체계적인 구성은 발표뿐 아니라 모든 글에서 반드시 갖추어야 할 요소이다. 발표의 내용이 체계적으로 구성되어야 청중들이 발표의 내용에 몰입할 수 있고 그 내용을 정확하게 이해할 수 있다. 간결한 구성은 'KISS(Keep it simple and short)'라는 약어로 강조되는 전략으로서 발표의 핵심적인 내용은 몇 개의 단어 혹은 구로 압축해 제시해야 한다. 발표가 끝난 후 청중들이 발표 내용의 세세한 부분은 기억하지 못하더라도 핵심적인 내용 몇 가지는 기억할 수 있도록 간결하게 요약하는 것이 필요하다. 이를 위해서 반복적인 구성도 필요하다. 핵심적인 내용은 적절한 위치에 반복적으로 포함시켜 강한 인상을 남기도록 내용을 구성하는 것이 좋다.

발표는 청중의 이성과 감성을 자극하여 청중에게 내용을 전달하고 청중을 설득하는 것도 필요하다. 학술적인 발표, 공식적인 발표 등에서는 합리적인 주장을 펼치고 이를 효과적으로 논증하는 것이 필요하다. 그러나 이러한 발표에서도 감성적인 요소는 빼놓을 수 없다. 최종적으로는 논리적 주장으로 귀결되더라도 청중의 감성을 자극할 수 있는 적절한 정적 요소를 포함시키면 발표가 훨씬 효과적으로 진행될 수 있다.

발표의 내용은 이러한 요소와 함께 적절한 구성을 갖추어야 효과적으로 전달될 수 있다. 발표의 내용은 다음과 같은 세 가지 유형으로 구성할 수 있다.

3단 구성	스토리 구성	모자이크 구성
• 가장 일반적인 서론, 본론, 결론의 구성 • 글쓰기와 같은 방식으로 준비한다.	• 발표의 내용을 한편의 이야기로 만드는 구성 • 청중들이 흥미를 느낄 수 있는 이야기를 만든다.	• 발표의 핵심적인 내용 중심의 구성 • 핵심에 집중하되 최종적으로 주제로 집중되도록 한다.

3단 구성은 글쓰기에서와 마찬가지로 가장 일반적인 구성으로서 발표의 핵심적인 내용 앞과 뒤에 각각 도입과 마무리를 배치시키는 구성이다. 스토리 구성은 스토리텔링 방식으로 발표를 전개할 때 유용한 구성 방식으로서 청중에게 알리고자 하는 바를 재미있고 생생한 이야기로 설득력 있게 전달할 수 있는 장점이 있다. 모자이크 구성은 발표의 핵심적인 내용을 몇 개의 부분으로 나누어 각각의 부분별로 발표를 하되 이것이 발표 전체의 내용으로 귀결되도록 하는 방식이다.

그런데 이러한 세 가지 구성 유형은 복합적으로 활용할 수 있다. 논리적인 내용의 발표를 서론 - 본론 - 결론의 3단 구성으로 할 수도 있지만 이것을 스토리로 만들어 발단 - 전개 - 위기 - 절정 - 결말로 다시 엮을 수도 있다. 또한 3단 구성에서 본론을 몇 개의 중요한 요소로 나누어 모자이크처럼 구성할 수도 있다. 따라서 발표의 내용에 따라 적절한 구성 유형을 선택하는 것이 필요하다.

연습문제 11-5

다음에 제시되는 상황에 적합한 구성을 선정한 후 내용 요건을 잘 갖추어 발표의 내용을 구성해 보시오.

보기 대학 졸업을 앞 둔 항공공학 전공 김정은은 자신의 대학 생활 경험을 살려 후배들에게 '대학에서의 교양과 전공'이라는 주제로 발표를 하고자 한다.

예시 답안 및 해설

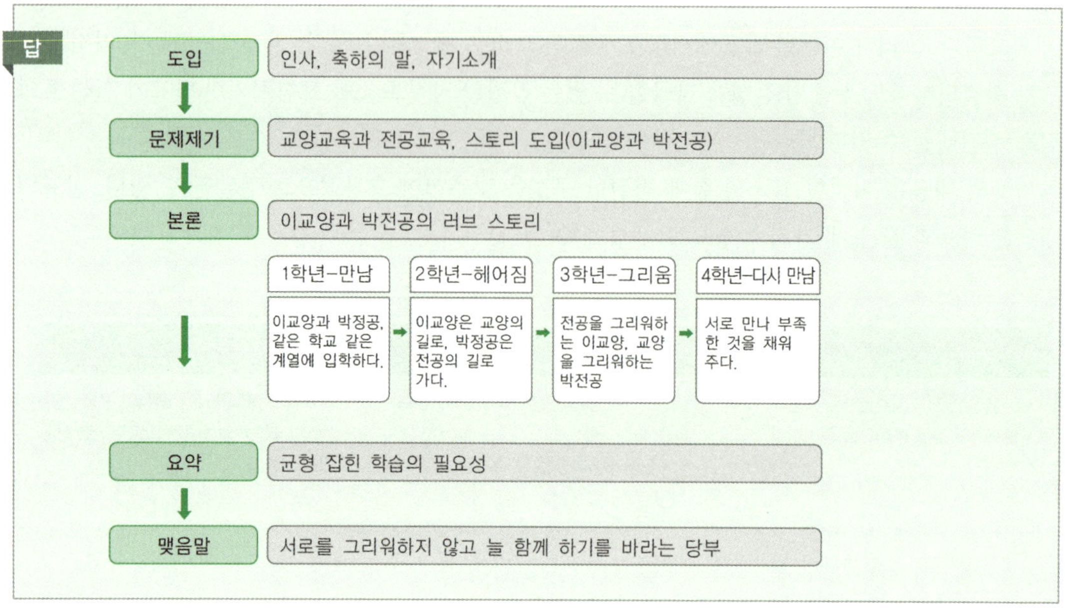

예시 답안은 스토리텔링 방식으로 내용을 구성한 것이다. 대학교육은 교양교육과 전공교육이 큰 축을 이루고 있으며 두 부문 간의 균형 잡힌 교육 및 학습이 필요하다. 그럼에도 불구하고 어느 한 쪽에 치우치는 경향, 특히 전공 쪽에 치우치는 경향이 많다. 따라서 졸업생의 입장에서 이러한 문제를 지적하고 바람직한 교육 및 학습의 방향을 제시하고자 위와 같은 이야기로 구성하였다. 극히 간단한 스토리이지만 단순하게 제시하는 것보다 훨씬 더 효율적이다. 예시 답안 이외의 다른 유형으로도 내용을 구성해 본다.

시청각 자료의 활용 전략 - 자료의 입체적 활용

예전의 발표는 인쇄물을 바탕으로 발표자가 일방적으로 말을 하는 단순한 방식으로 행해졌지만 오늘날의 발표는 다양한 도구들을 적극적으로 활용하여 입체적인 방식으로 행해지고 있다. 이러한 발표를 가능하게 한 것은 각종 시청각 자료인데 흔히 프로젝터나 텔레비전을 이용한 파워포인트 화면에 텍스트, 그래픽, 동영상과 애니메이션, 음향 등을 직접 보이거나 연결하여 사용한다. 이처럼 파워포인트 하나에 모든 시청각 자료를 담아낼 수 있기 때문에 파워포인트를 활용한 프레젠테이션 자료를 만드는 것이 발표 자료 준비의 최종 단계가 된다.

파워포인트를 활용한 프레젠테이션 양식은 크게 두 가지로 분류된다.

그래픽 중심

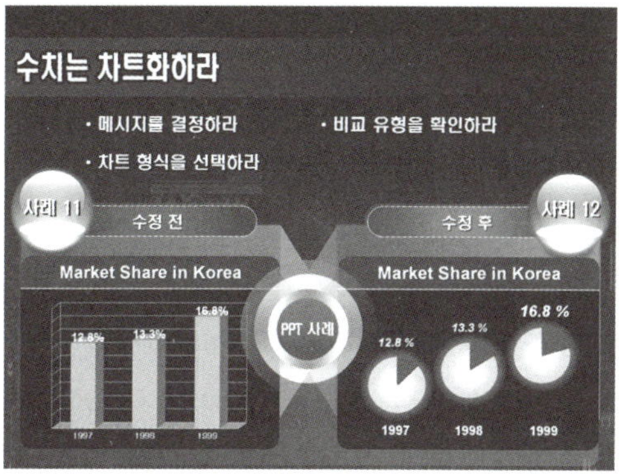

텍스트 중심

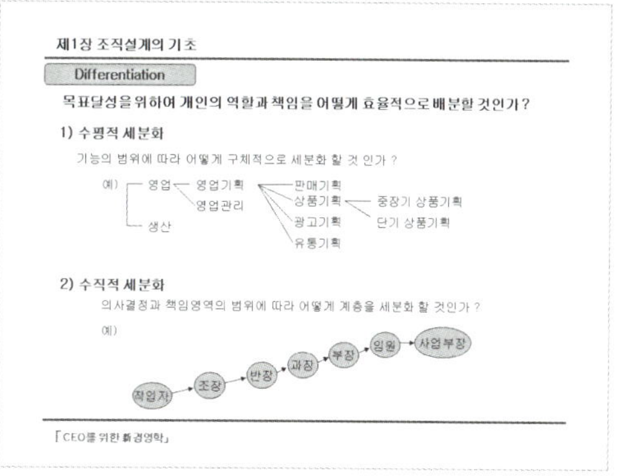

그래픽 중심의 양식은 다소 규모가 큰 곳에서 많은 수의 청중을 대상으로 발표를 할 때 자주 사용된다. 이러한 발표는 조명이 조정되는 공간에서 이루어지므로 배경 화면을 어둡게 하고 텍스트의 양을 줄여 글자 크기를 크게 한다. 세세한 텍스트 대신 직관적으로 내용을 파악할 수 있는 사진, 그림, 그래프, 도표 등을 적절히 활용할 수 있다. 또한 각종 애니메이션 도구나 동영상, 음성도 함께 활용할 수 있다.

텍스트 중심의 양식은 기관이나 기업의 소규모 회의에서 다소 상세한 정보를 주고받으며 대화를 할 때나 보고용으로 자주 사용된다. 주로 밝은 장소에서 활용되고 인쇄하여 배포하는 경우가 많으므로 배경화면을 밝게 한다. 또한 세세한 정보를 주고받아야 하기 때문에 텍스트의 양이 많아 글자가 다소 작다. 그러나 필요에 따라서는 약간의 그림, 도표, 그래프 등이 포함되기도 한다. 회의용 자료이기 때문에 다른 멀티미디어 기능의 사용은 최소화한다.

이러한 두 가지 유형은 상황에 따라 적절히 구분해서 사용해야 하지만 필요에 따라서는 최소한의 혼용도 가능하다. 학술적인 발표에서는 주로 텍스트 중심의 양식이 사용되지만 기업이나 기관의 프레젠테이션에서는 그래픽 중심의 양식이 많이 사용된다. 어떤 유형의 양식을 사용하든 공통적으로 지켜야 할 요건이 있고 각각의 유형에 따라 지켜야할 요건도 있다.

공통 요건	
화면 수	발표 시간에 맞춰 적정한 수의 화면을 준비하라.
화면구성	주요소(제목, 텍스트, 그래픽, 사진 등)와 보조요소(페이지, 캡션 등)가 통일성, 긴밀성을 이루도록 하라.
콘텐츠의 크기	폰트와 그래픽의 크기는 발표 환경을 고려해 모든 청중이 볼 수 있도록 하라.

	그래픽 중심	텍스트 중심
배경	개성이 드러나도록 특징적으로 구성하라.	배경을 최소화하여 텍스트가 잘 드러나도록 하라.
화면구성	화려하되 현란하지 않게 구성하라.	단순하되 요점이 잘 드러나도록 구성하라.
콘텐츠의 종류	발표에 필요한 콘텐츠를 다양하게 활용하라.	최소한도의 콘텐츠만 활용하라.

발표의 성격에 따라 필요한 화면의 숫자는 다르지만 적절한 수의 화면구성은 반드시 필요하다. 화면의 수가 너무 적으면 있으나 마나한 것이 되고 너무 많으면 오히려 청중의 집중력을 흐트러뜨릴 위험이 있다. 매 화면마다 달라지는 텍스트 및 그래픽과 페이지마다 고정되어 있는 보조요소들을 적절히 조화시키는 것도 필요하다. 본론 부분에서는 보통 3~4가지 유형의 디자인 서식을 쓰는데 디자인 서식을 만드는 단계부터 이러한 특성을 고려하는 것이 좋다. 시각 자료는 청중이 눈으로 봐서 확인이 가능하도록 해야 한다. 텍스트의 크기가 너무 작으면 내용을 요약해 충분한 크기로 만들어야 한다. 그래픽 또한 너무 작거나 복잡하면 몇 개로 나누어 크기를 키우거나 부분적으로 확대해서 보여주는 것이 좋다.

그래픽 중심의 양식과 텍스트 중심의 양식은 본래 추구하는 방향이 다르므로 배경, 화면구성, 사용하는 콘텐츠의 종류 등이 모두 다르다. 전반적으로 그래픽 중심의 양식은 보다 자유롭게 꾸밀 수 있으므로 발표자의 개성이 드러나도록 적정한 선에서 화려하고도 다양하게 만드는 것이 좋다. 반면에 텍스트 중심의 양식은 핵심적인 정보가 정확히 전달되고 텍스트가 잘 드러나도록 단순하면서도 간결하게 작성하는 것이 좋다.

연습문제 11-7

다음과 제시되는 발표용 슬라이드 일부를 보고 제시된 기준에 따라 평가하시오.

평가기준		못함 ←				→ 잘함
화면 수	발표 시간에 맞춰 적정한 수의 화면을 준비했는가?	1	2	3	4	5
화면구성	주요소과 보조요소가 통일성, 긴밀성이 있는가?	1	2	3	4	5
콘텐츠의 크기	폰트와 그래픽의 크기가 적절한가?	1	2	3	4	5
배경	개성이 드러나도록 특징적으로 구성하였는가?	1	2	3	4	5
화면구성	화려하되 현란하지 않게 구성하였는가?	1	2	3	4	5
콘텐츠의 종류	발표에 필요한 콘텐츠를 다양하게 활용하였는가?	1	2	3	4	5

보기 사업 계획서 중 회사소개, 발표 시간 20분

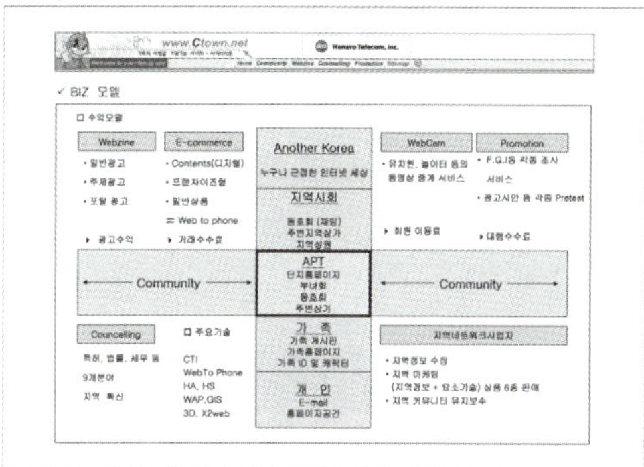

8/23 면

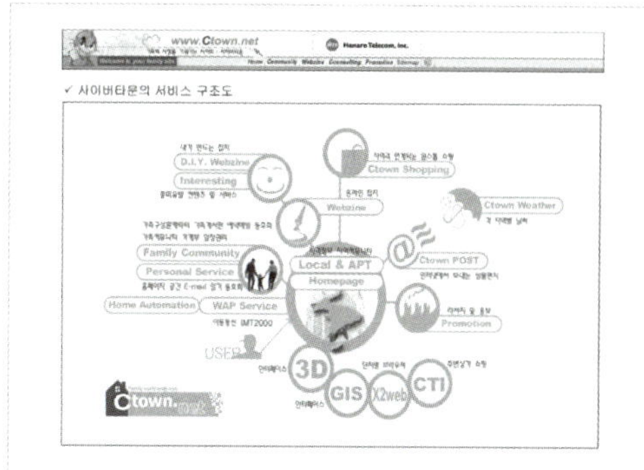

9/23 면

예시 답안 및 해설

답

	평가기준	못함 ←				→ 잘함
화면 수	발표 시간에 맞춰 적정한 수의 화면을 준비했는가?	1	2	3	✔4	5
화면구성	주요소과 보조요소가 통일성, 긴밀성이 있는가?	1	✔2	3	4	5
콘텐츠의 크기	폰트와 그래픽의 크기가 적절한가?	✔1	2	3	4	5
배경	개성이 드러나도록 특징적으로 구성하였는가?	1	✔2	3	4	5
화면구성	화려하되 현란하지 않게 구성하였는가?	1	2	✔3	4	5
콘텐츠의 종류	발표에 필요한 콘텐츠를 다양하게 활용하였는가?	1	✔2	3	4	5

제시된 슬라이드는 어느 정도의 요건을 갖추었으나 부족한 점이 많다. 발표 시간이 20분인 점을 감안하면 슬라이드 23개는 비교적 적당하다. 그러나 단조로운 화면에 지나치게 많은 정보가 있어 알아보기 어렵다. 전체적으로 글씨 크기가 작아 내용을 파악하기 어려우며 각 요소들의 배치나 디자인도 문제가 많다. 문제점에 대한 지적보다 실제로 작성하는 것이 중요하므로 발표 주제에 맞게 직접 작성해 본다.

퍼포먼스 전략 - 발표자와 청중의 하나 됨

발표 퍼포먼스는 청중 앞에서 시각적인 정보와 청각적인 정보를 동시에 제공하면서 이루어진다. 따라서 이러한 두 가지 정보를 어떻게 하면 효과적으로 제어, 또는 활용하는가에 따라 발표의 성패가 결정된다. 발표 퍼포먼스를 효과적으로 진행하기 위해서는 외적 요소와 내적 요소를 적절히 조정할 수 있어야 한다.

외적 요소	내적 요소
• 환경 : 어떤 장소, 어떤 조건 하에서 발표를 하는지 고려한다. • 청중 : 어느 규모의 어떤 청중이 보고 듣는지 고려한다. • 자료 : 청중에게 어떤 자료가 제공되는지 고려한다.	• 말 : 퍼포먼스 내내 어떤 말을 이어나갈 것인지 고려한다. • 몸짓 : 말을 하고 자료를 제시하는 과정에 어떤 몸짓을 할 것인지 고려한다. • 교감 : 청중들의 반응을 살피고 그에 따라 발표할 수 있도록 준비한다.

외적 요소에서 먼저 문제가 되는 것은 발표장의 환경이다. 발표장의 크기, 조명, 음향 등의 여건에 따라서 발표 퍼포먼스의 전략이 달라지기 때문이다. 따라서 이 환경을 미리 확인하여 만반의 준비를 하고 가능하다면 동일한 장소에서 리허설을 해 보는 것이 좋다. 그 다음으로 중요한 요소는 청중으로서 청중의 구성, 인원 등을 고려해 발표를 진행해야 한다. 그리고 발표를 위해 준비한 자료도 외적 요소를 이룬다. 발표자는 준비한 발표 자료를 환경과 청중에 맞게 활용하면서 발표를 진행하게 된다. 이러한 외적인 요소는 발표 자료를 제외하고는 직접적으로 제어할 수 없는 것이므로 이 요소에 맞게 발표자가 능동적으로 대처해야 한다.

이에 비해 내적 요소는 발표자가 스스로 제어하여 활용할 수 있는 것들이다. 발표는 발표자의 음성을 통해 이루어지므로 목소리, 말투, 빠르기 등을 적절하게 조정할 필요가 있다. 또한 발표자의 몸짓, 위치, 동선 등도 매우 중요한 요소이므로 이에 대한 계획을 미리 세우거나 환경에 맞게 조정해 나가야 한다. 그런데 무엇보다도 중요한 것은 청중과의 교감이다. 발표는 내용을 효과적으로 전달하여 청중들이 수용하도록 하는 목적 하에 이루어지는 것이므로 목소리와 몸짓 모두 청중들과 적절한 교감을 이룰 수 있도록 조정해 나가야 한다. 이를 위해서 목소리 면에서는 다음과 같은 점에 유의해야 한다.

목소리	
음성	정확한 발음으로 크고 또렷하게 말하되 음량에 변화를 주어 단조로움을 피하고 강조를 한다.
속도	전체적으로 천천히 말하되 속도에 변화를 준다.
어투	확신에 찬 어투로 신뢰감을 주고 감성적인 요소를 가미해 공감을 얻어낸다.
어휘	쉽고도 적확한 어휘, 바른 표현을 사용하고 의미 없이 반복하는 말을 삼간다.

발표의 가장 기본적인 목적이 말하고자 하는 바가 청중에게 분명하게 전달되도록 하는 것이기 때문에 크고 정확한 음성은 필수적이다. 육성으로 할 때는 공간에 목소리가 가득 찰 정도로 하고 마이크를 쓸 경우에는 음량을 적절히 조정하여 청중이 정확하게 들을 수 있도록 해야 한다. 또한 청중들이 발표의 내용에 대해 확신을 가져야 하므로 발표자 또한 확신에 찬 어투로 말을 해야 하고 누구나 알아들을 수 있는 쉬운 어휘를 사용해야 한다. 덧붙여 목소리의 변화는 청중들의 관심을 집중시키고 강조점을 부각시키는 효과가 있으므로 적절하게 목소리를 변화시키는 것도 필요하다.

몸짓 면에서는 다음과 같은 점에 유의해야 한다.

몸짓

자세	팔짱, 호주머니 손, 뒷짐, 기대기 등을 삼가고 자연스러운 차려 자세를 주로 하되 약간의 변화를 준다.
시선	청중의 시선을 인쇄물, 시각자료, 발표자 등으로 자연스럽게 유도하고 발표자는 청중 전체와 골고루 눈을 맞춘다.
표정	밝고 명랑한 표정을 주로 짓되 내용과 상황에 맞춰 변화를 준다.
손짓	손을 적당히 활용해 지시하거나 청중의 시선을 유도한다.

발표에서 중요한 것은 발표의 내용이기 때문에 발표자의 몸짓은 청중이 발표의 내용에 집중하도록 하는 것이어야 한다. 팔짱을 끼거나 호주머니에 손을 넣는 것은 거만한 자세로 보이기 쉽다. 또한 뒷짐을 지거나 무엇인가에 기대는 동작 또한 청중의 시선을 엉뚱한 곳으로 유도하거나 발표자를 신뢰하지 못하게 할 수 있다. 따라서 발표자의 존재가 느껴지지 않도록 자세를 취하되 필요할 때 적절한 몸짓으로 청중의 시선을 유도하고 발표의 내용에 집중하도록 하는 것이 필요하다.

연습문제 11-8

다음에 제시되는 주제에 따라 발표를 한 후 평가요소에 따라 평가하시오.

주제 디지로그 디자인

디지로그[Digilog]는 디지털(digital)과 아날로그(analog)의 합성어로 아날로그 사회에서 디지털로 이행하는 과도기, 혹은 디지털 기반과 아날로그 정서가 융합하는 첨단기술을 의미하는 말이다. 디지털 기술의 제품이나 서비스를 아날로그로 보완함으로써 새로운 '틈새'의 영역을 장악하면서 사회, 문화, 산업 전반에 큰 흐름을 형성하고 있다. 디지털 기술의 발전만으로는 21세기를 지배할 수 없다는 시장의 깨달음이 반영된 것이다. 이제 시장에서도 디지털이 제대로 굴러가기 위해서는 아날로그가 존중되고 풍부해져야 하며, 가장 좋은 디지털이란 감성적이고 따뜻하며 인간적인 것이어야 한다는 인식이 중심에 있다.

발표 태도	평가 잘함 ← → 못함					발표 태도	평가 잘함 ← → 못함				
태도가 자연스러웠는가?	5	4	3	2	1	청중과 교감을 잘 했는가?	5	4	3	2	1
말소리는 크고 또렷했는가?	5	4	3	2	1	발표시간은 잘 지켰는가?	5	4	3	2	1
시청각 자료가 적절히 활용되었는가?	5	4	3	2	1	합계					
• 발표자가 개선해야 한다고 생각하는 점						• 발표자가 개선해야 한다고 생각하는 점					

발표를 보고 발표 퍼포먼스를 평가하는 기준에 따라 평가해 보는 문제이다. 다른 사람의 발표를 보고 평가하는 것도 좋지만 자신의 발표를 녹화한 후 평가해 보는 것도 좋다. 자신의 발표에서 반복적으로 발견되는 문제는 고쳐 보도록 노력한다.

예시 답안 및 해설

답 생략

11.3

면접의 과정과 전략

- ▶ **면접의 필요성** - 두 가지 필요성의 만남
- ▶ **언어 외적 커뮤니케이션 전략** - 감성적 전략
- ▶ **언어적 커뮤니케이션 전략** - 이성적 전략

면접의 필요성 - 두 가지 필요성의 만남

진학, 취업 등의 선발 과정에서 마지막에 놓이는 것이 면접인데 면접은 말 그대로 지원자와 면접관이 얼굴을 마주 대하는 직접적인 커뮤니케이션이다. 면접 이전에 이력서, 자기소개서 및 각종 증빙 서류를 바탕으로 선발 주체는 면접 대상자를 정한 후 직접 대면하여 최종적인 선발을 하게 된다. 면접은 일반적으로 면접관이 중심이 되어 지원자를 평가하는 과정이라고 생각하기 쉬우나 일종의 커뮤니케이션 과정이란 점을 감안하면 다음과 같은 면에서 그 필요성을 찾을 수 있다.

지원자 - 알리기	선발 주체 - 알아보기	지원자와 선발 주체 - 맞춰보기
• 선발되기를 원하는 지원자가 자신을 알리는 자리 • 대면 접촉을 통해 지원자에 대한 종합적인 판단이 가능하도록 한다.	• 선발을 원하는 주체가 후보자에 대해 알아보고 적합성을 가늠하는 자리 • 대면 접촉을 통해 지원자에 대해 종합적으로 판단한다.	• 지원자와 선발 주체 양자의 필요가 접점을 찾는 자리 • 지원자의 희망 및 선발 주체의 요구가 조화를 이룬다.

지원자의 입장에서 면접은 자신을 직접적으로 알리는 기회가 된다. 이력서나 자기소개서를 통해 어느 정도 자신에 대해 알릴 수는 있지만 문서를 통한 간접적인 소통은 한계가 있으므로 얼굴을 마주 대하고 직접적으로 자신에 대한 상세한 정보를 제공할 수 있는 기회가 바로 면접이다. 또한 말과 태도를 통해 자신의 내면을 드러낼 수 있는 기회이기도 하다. 선발 주체의 입장에서는 직접적인 커뮤니케이션을 통해 지원자를 보다 상세하게 관찰하고 물음을 통해 궁금한 것을 해소할 수 있는 기회이기도 하다. 문서를 통해 얻을 수 있는 정보는 일방적인 정보이지만 면접에서는 즉석에서 묻고 답을 들을 수 있으므로 지원자의 내면적인 모습까지 직접 확인할 수 있다.

그러나 무엇보다 중요한 것은 면접을 통해 지원자와 선발 주체서 서로 공통분모를 찾아내는 과정

이다. 지원자가 아무리 뛰어난 능력과 훌륭한 인품을 갖추었다고 하더라도 그것이 선발 주체의 요구와 맞지 않으면 선발할 수 없다. 반대로 선발 주체가 좋은 조건을 갖추었다고 하더라도 그것이 지원자의 지향과 맞지 않으면 지원자는 중도에 포기할 수 있다. 따라서 면접 과정을 통해 지원자와 선발 주체는 서로가 서로에게 부합되는 존재임을 확인하는 과정이 바로 면접이라 할 수 있다.

면접의 마지막 목적이 지원자와 선발 주체가 서로 맞춰보는 과정임을 감안하면 지원자는 다음과 같은 과정을 거쳐 면접을 준비하여 치르는 것이 좋다.

- **정보 수집 :** 지원하는 곳에 대한 정보를 충실히 모은다.
- **서류 작성 :** 지원하는 곳에 맞춰 이력서 및 자기소개서를 작성한다.
- **예상 질문 준비 :**면접 대상자로 선정되면 예상되는 질문을 뽑고 이와 관련된 자료를 추가로 수집한다.
- **가상 면접 :** 예상 질문을 중심으로 하여 가상으로 면접 연습을 한다.
- **질문과 대답 :** 면접장에서 면접관의 질문에 충실히 답변을 한다.
- **부연 :** 질문 외에 자신이 하고자 하는 이야기를 차분하게 덧붙인다.

면접에 대한 준비는 자기소개서를 작성할 때부터 시작된다. 효과적인 자기소개서를 작성하기 위해서는 지원하는 곳에 대한 정보를 충분히 수집한 후 자신이 그곳에 적합한 인재임을 밝혀야 한다. 따라서 이러한 자기소개서를 작성하는 데 필요한 자료를 잘 정리하여 자기소개서를 작성하고 면접에 대비한다. 그리고 서류 심사를 거쳐 면접 대상자로 선정이 되면 예상되는 질문을 준비하고 이와 관련된 자료를 추가로 수집하고 정리한다.

면접에 임하기 전에는 가상 면접이 반드시 필요하다. 주변 사람들의 도움을 받아 실제 면접장과 같은 환경을 만든 뒤 예상되는 질문에 차분하게 답을 해 본다. 실제 면접에서는 면접관의 질문에 따라 충실히 답변을 하되 자신이 준비한 것을 차분히 말하는 것도 필요하다. 특히 지원자의 입장에서 면접이 자신을 알리는 기회임을 감안하면 면접관이 미처 질문하지 않은 것도 선발에 도움이 된다면 적절히 부연하여 말할 수 있다.

연습문제 11-9

신문 기사에 제시된 면접 관련 기사를 보고 지시에 따라 면접 준비를 하시오.

보기 합격률 높이는 면접 비법

1. 자기소개서를 바탕으로 예상 질문을 뽑아라. 최소한 20개 질문과 답변을 준비한다.
2. 그 다음은 정치·경제·사회·문화· 연예 등 각 분야별 이슈에 대한 질문과 답변을 준비한다.
3. 준비된 질문과 답변에 따라 반복해서 연습한다.
4. 잘 어울리는 복장과 바른 자세, 자신감 있는 목소리, 환한 표정도 미리 준비하거나 연습한다.
5. 면접관이 묻는 질문만 명료하게 답한다.

(1) 20개의 예상 질문을 뽑고 답변을 준비하시오.

(2) 최근의 분야별 이슈를 정리하고 이에 대한 답을 준비하시오.

(3) 준비된 질문과 답에 따라 그룹을 지어 연습하고 모의 면접도 하시오.

(4) 복장을 미리 준비하고, 목소리와 표정 연습도 하시오.

(5) 묻는 말에 정확한 답을 할 수 있도록 준비된 질문을 조금씩 바꾸어 보면서 이에 맞는 답을 하시오.

예시 답안 및 해설

답 생략

언어 외적 커뮤니케이션 전략 - 감성적 전략

면접은 일종의 커뮤니케이션 과정이므로 면접을 위한 커뮤니케이션 전략이 필요하다. 커뮤니케이션은 일반적으로 말과 글을 통해 이루어지지만 면접은 주로 말을 통해서 이루어진다. 그러나 이러한 언어를 매개로 한 커뮤니케이션뿐만 아니라 언어 외적인 커뮤니케이션도 중요하다. 면접관은 지원자가 하는 말 이외에 외적으로 드러나는 다음과 같은 요소를 종합해 지원자에 대한 평가를 하게 된다.

첫인상	태도	가치관과 성품
• 처음 보는 사람끼리의 만남에서 일차적으로 받는 인상 • 외모, 몸가짐, 옷차림 등에 의해 형성된다.	• 면접에 임하는 지원자가 보이는 행태 • 자세, 말투 등에 의해 형성된다.	• 삶에 대한 지원자의 태도 및 인성 • 적극성, 포용성 및 타인에 대한 배려 등에서 형성된다.

첫인상은 처음 만나는 사람에 대해 갖게 되는 최초의 느낌과 판단이기도 하지만 오래도록 유지되는 가장 중요한 인상이기도 하다. 첫인상은 먼저 생김새, 몸가짐, 옷차림 등 외적인 요소에 의해 먼저 형성이 된다. 따라서 면접이라는 일반적인 상황에도 적합하고 선발 주체의 성향에도 맞는 외적인 요소를 미리 갖추어 좋은 첫인상을 주기 위해 노력하는 것이 필요하다. 그러나 면접이 진행될수록 외적인 면보다 내적인 면이 더 중요하기 때문에 내적인 요소까지 긍정적인 첫인상을 줄 수 있도록 노력해야 한다.

태도는 자세, 말투 등을 통해서 드러나는데 면접관의 판단에 중요한 영향을 미친다. 자세가 불안하거나 눈에 거슬린다면 좋은 평가를 받기 어렵다. 가능하면 안정된 자세를 취한 후 면접관과 시선을 맞추고 편안하게 대화를 진행해야 한다. 또한 사람에 대한 평가에서 말투는 매우 중요한 요소이므로 공손하고도 정확한 말투를 사용해야 한다. 특히 부적절한 표현을 사용하거나 말꼬리를 흐리는 것은 좋은 평가를 받기 어려우므로 삼가야 한다.

그런데 첫인상과 태도는 궁극적으로 지원자의 가치관과 성품을 드러내는 데 집중되어야 한다. 첫인상과 태도는 겉으로 드러나는 것이긴 하지만 면접관이 진정으로 보고자 하는 것은 인상과 태도의 저변에 있는 지원자의 가치관과 성품이다. 따라서 늘 긍정적이고 적극적인 가치관, 포용적이고 융화적인 성품을 잘 드러낼 수 있도록 노력해야 한다. 이를 위해서는 다음과 같은 점에 특히 유의하는 것이 좋다.

- **준비성** : 지원 전에 준비한 자료를 충실히 소화한 후 말하여 준비된 인재임을 밝힌다.
- **적극성** : 옳고도 필요한 일에는 적극적으로 뛰어들 수 있음을 밝힌다.
- **긍정성** : 어떤 일이든 긍정적인 자세로 임함을 보인다.
- **책임감** : 맡겨진 일은 끝까지 완수할 수 있는 자세와 능력이 있음을 보인다.
- **진취성** : 미래지향적인 사고로 새로운 영역을 개척해 나갈 수 있는 인재임을 보인다.
- **인화력** : 동료, 선후배, 상사 등과 친밀한 인간관계를 유지할 수 있음을 보인다.
- **리더십** : 조직을 이끌어나갈 수 있는 능력을 소유하고 있음을 보인다.

이상의 능력과 조건은 모든 지원자에게 필요한 일반적인 것이다. 그런데 선발 주체의 성격에 따라 강조점이 다를 수 있다. 따라서 지원하는 곳의 성격에 따라 특정한 부분을 더 부각시키려는 노력도 필요하다.

연습문제 11-10

다음에 제시되는 자료를 바탕으로 각각의 항목에 대해 어떻게 준비하는 것이 좋은지 써 보시오.

보기 인사담당자가 채용하도록 하는 지원자의 면모

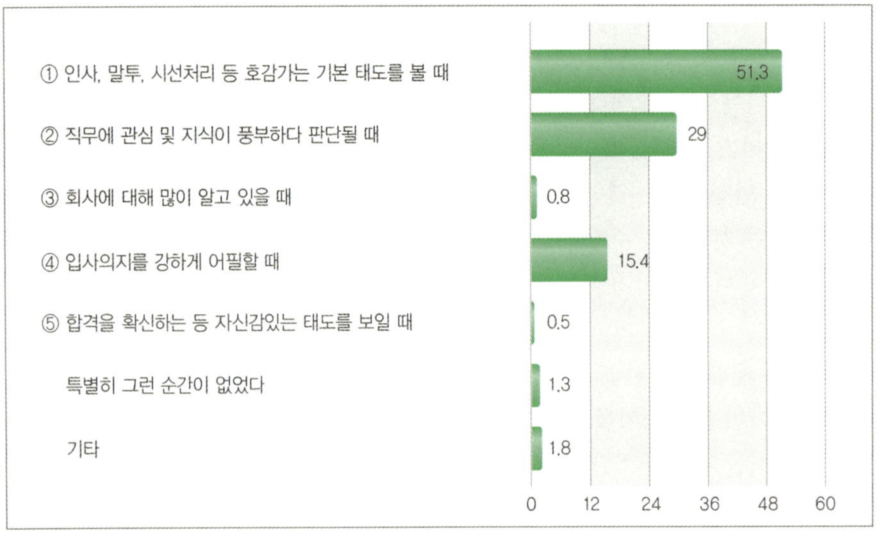

예시 답안 및 해설

답 (1) 긍정성, 진취성 등의 태도를 보일 수 있도록 노력한다.
(2) 하고자 하는 업무에 대해 충분히 파악하여 준비성을 보일 수 있도록 노력한다.
(3) 지원할 곳에 대한 충분한 정보를 수집하고 정리하여 준비성을 보일 수 있도록 노력한다.
(4) 선발과 선발 이후의 업무에 대한 적극적인 의지를 보일 수 있도록 노력한다.
(5) 적극성과 긍정성 등의 태도를 보일 수 있도록 노력한다.

인사담당자들이 선호하는 지원자의 면모는 결국 위에서 제시한 일곱 가지 요소와 관련이 된다. 모두가 평소에 준비하고 연습해야 할 것들이다. 모의 면접을 통해 미리 연습하고 자신의 태도에 대해서 다른 사람의 평가를 받거나 녹화한 것을 분석하여 연습한다.

언어적 커뮤니케이션 전략 - 이성적 전략

면접이 말을 통해 이루어진다는 점에서 언어적 커뮤니케이션 전략은 매우 중요하다. 면접에서의 언어적 커뮤니케이션 전략이란 어떤 내용을 어떻게 말할 것인가에 대한 전략을 뜻한다. 면접에서의 커뮤니케이션 또한 일반적인 커뮤니케이션의 내용과 방법이 그대로 적용되기도 하지만 면접의 특성에 맞게 적절하게 조정할 필요가 있다. 이를 위해서는 면접에서의 커뮤니케이션이 가지고 있는 특성을 파악할 필요가 있는데 그 특성으로는 다음과 같은 것이 있다.

- **제한된 시간 :** 면접은 제한된 짧은 시간 안에 이루어진다.
- **정해진 질문 :** 면접에서는 미리 정해진 질문에 모든 지원자에게 동일하게 이루어진다.
- **대등한 경쟁자 :** 서류 심사를 거친 후이기 때문에 대부분의 면접 대상자들의 능력은 거의 대등하다.

면접이 짧은 시간 안에 이루어진다는 특성은 지원자가 가장 유념해야 할 특성이다. 지원자는 짧은 시간 안에 자신이 가지고 있는 능력과 성품 등을 모두 드러낼 수 있는 전략을 활용해야 한다. 면접에서의 질문은 모든 대상자에게 동일하게 주어지는 경우가 많다. 따라서 동일한 질문에 대해 경쟁자보다 더 나은 답을 해야 선발이 될 수 있다. 그러나 대부분의 경쟁자들은 대등한 능력을 가지고 있다. 따라서 대등한 능력을 가진 지원자 중에 자신을 선발하도록 유도할 여러 전략이 필요하다.

이러한 특성을 감안하여 면접에서는 특별한 언어적 커뮤니케이션 전략을 활용해야 하는데 그 전략으로는 다음과 같은 것이 있다.

입체화	피라미드 구조화	스토리텔링
• 순차적, 단선적으로 진행될 이야기 전체를 입체적으로 제시 • 말할 내용의 구조와 순서를 서두에 미리 말한다.	• 일반적, 추상적 이야기에서 구체적인 이야기로 전개 • 핵심적인 내용을 먼저 말한 뒤 차차 구체화한다.	• 지루하고 단편적일 수 있는 내용을 이야기로 엮어서 전개 • 말할 내용 전체를 일정한 흐름을 갖춘 이야기로 만든다.

모든 말이 그렇듯이 면접에서의 말 또한 순차적으로 진행될 수밖에 없다. 따라서 제한된 시간 안에 자신이 말하고자 하는 바를 모두 말하기는 쉽지가 않다. 이때 주어진 질문 또는 자신이 하고자 하는 말을 입체적으로 설계해서 말하면 시간의 제약이 있더라도 전부를 말한 효과가 있다. 즉 앞으로 말할 내용이 전체적으로 어떤 구조를 가지고 있으며 어떤 순서로 진행될지를 첫머리에서 말하면 면접관은 이야기 전체의 얼개를 파악하며 이야기를 듣게 된다. 이렇게 할 경우 시간의 제약 때문에 모든 이야기를 하지 못했을지라도 지원자는 그 사안에 대해 다 알고 있는 것이 되는 효과가 있다.

각각의 이야기를 할 때는 항상 피라미드 구조를 유지하는 것이 좋다. 즉 주어진 시간이 짧으면 피라미드의 상부에 해당되는 일반적, 추상적인 이야기를 하고 시간이 어느 정도 주어지면 이를 구체화해서 말하면 된다. 이는 입체적으로 말하는 것과 결부될 수도 있다. 즉 이야기를 시작할 때 이야기 전체의 구조를 미리 밝힌 후 각각의 부분을 피라미드 구조로 이야기하면 효과적으로 자신이 가진 능력과 가치관을 보일 수 있다.

스토리텔링 기법은 자신이 하고자 하는 말의 흥미를 높이고 면접관을 자신의 말에 몰입시키는 효과가 있다. 비록 남들과 유사한 이야기를 할지라도 이것을 적절한 이야기로 엮어 내면 효과적이다. 특히 지원자의 신상, 경험, 배경 등을 이야기할 때 일정한 틀의 이야기로 답변을 구성하면 효과적이다.

연습문제 11-11

다음에 제시되는 두 유형의 면접 상황을 보고 어느 지원자가 효율적으로 답했는지 말해 보시오.

면접관 : 의약분업 문제에 대한 지원자의 생각을 말해 보시겠어요?

지원자1 : 의약분업 문제에 대해 답을 하기 이전에 제 개인적인 경험부터 이야기를 하겠습니다. 얼마 전에 저희 어머니가 갑자기 배가 아프다고 하셔서 급히 약국으로 달려갔습니다. 그런데 약사는 어머니의 증세만 꼬치꼬치 캐물을 뿐 약을 주지 않았습니다. 제가 급하다고 하니까 약사는 일단 병원으로 모셔가라고 했습니다. 그런데 이미 저녁 8시가 넘은 상황이어서 동네 병원은 갈 수가 없는 상황이었

지원자2 : 의약분업에 대한 저의 견해를 말씀드리기 전에 의약분업을 둘러싼 이해관계자, 즉 의사, 약사, 관계기관, 그리고 환자의 입장을 두루 살펴본 후 이를 종합해 제 견해를 말씀드리겠습니다. 의사들과 약사들은 각각 ~~~~~라는 이유로 서로 다른 주장을 하고 있습니다. 이에 대해 행정기관은 일단 제도를 정해 놓고 나머지는 자율에 맡기겠다며 팔짱만 끼고 있습니다. 그러나 이 문제는 의약의 최후

습니다.

면접관 : 시간이 별로 없습니다. 핵심만 얘기하세요.

지원자 : 네. 저는 의사가 필요한 것이 아니라 약이 필요한 것이 약만 빨리 달라고 했습니다. 약사는 약을 줄 수는 있는데 그러려면 처방전이 있어야 한다고 했습니다. 그런데 생각해 보세요. 그 시각에 처방전을 어디서 받아 옵니까?……

면접관 : 네 알겠습니다. 수고하셨습니다. 다음 지원자 들어오세요.

수혜자인 환자의 건강이 최우선시 되어야 하기 때문에 저는 ~~~~~라고 생각합니다.

예시 답안 및 해설

답 지원자 2

지원자 1은 주어진 질문에 대한 명쾌한 답을 하지 못한 채 개인적인 경험을 말하는 데 시간을 모두 빼앗기고 있다. 이런 방식의 대답은 자신의 능력, 사고, 지식 등을 드러낼 수 없다. 이에 비해 지원자 2는 답변의 첫머리에서부터 자신이 하고자 하는 답변의 구조를 미리 짜고 차례대로 이야기하고 있다. 이런 방식으로 답을 하면 설사 시간이 부족해서 끝까지 말하지 못하더라도 주어진 문제에 대해 충분히 알고 있음을 보일 수 있다.

CHAPTER

12

토론과 토의

12.1

집단적 문제해결

▶ **함께 하는 문제해결** - 공동체의 행복 추구
▶ **집단적 문제해결의 유형** - 토의와 토론

함께 하는 문제해결 - 공동체의 행복 추구

인간은 사회적 동물이다. 따라서 남과 더불어 살아가는 존재인 인간은 남과 더불어 문제를 해결해 나가고자 하면 더 잘 해결할 수 있다. 이는 한 개인의 문제뿐만 아니라 집단 전체의 문제에도 적용될 수 있다. 어떤 문제가 개인에게만 주어질 수도 있지만 더불어 살아가는 삶 속에서는 집단 전체에게 문제가 나타날 수도 있기 때문이다. 이와 관련하여 다음과 같은 상황을 생각해 보자.

졸업 후 진로	동아리 MT	회사의 새로운 사업
졸업을 앞둔 예비 사회인들끼리 각자의 진로에 대한 고민을 이야기한다.	동아리 구성원들끼리 구성원 간의 친목을 도모하기 위한 MT 계획을 세운다.	회사 내의 특정 부서에서 새로운 사업을 시작하기 위해 아이디어를 모은다.

대학 졸업 후의 진로를 어떻게 정할 것인지는 개인에게 매우 중요한 문제이다. 진로에 대한 계획이 아예 없을 수도 있고, 대학원 진학을 원하는 졸업생과 취업을 종용하는 부모와 갈등이 있을 수도 있다. 졸업 후 진로는 개인의 문제이지만 집단 전체의 문제일 수도 있다. 또한 대학교내 동아리에서 MT.를 어디로 갈 것인지, 회사에서 새로운 사업 아이템으로 무엇을 정할 것인지의 문제는 동아리원과 회사 구성원 모두가 고민해야 할 문제이다.

이러한 상황에서 누군가가 개인의 의지나 판단에 따라 결정을 내린다면 그 결정이 최선의 결정이라 하기 어렵다. 진로 문제에 대해서는 인생의 경험이 많고 사회에 대해서도 잘 아는 부모, 지도교수, 선배의 조언을 들으면 훨씬 더 현명한 결정을 내릴 수 있다. MT 장소에 대해서도 여러 구성원의 논의를 거치면 최적의 장소를 정할 수 있고, 회사의 새로운 사업 아이템을 결정할 때 여러 부서의 다양한 의견을 모으면 최선의 아이템을 결정할 수 있다. 이렇듯 여러 사람이 모여 의견을 모으면 문제해결이 훨씬 더 쉬워질 수 있기 때문에 함께 하는 문제해결이 필요한 것이다.

여럿이 모여 함께 문제를 해결해 나가기 위해서는 몇 가지 전제가 필요하다.

- **공통의 문제 :** 관련된 사람이 공유하는 문제여야 한다.
- **문제에 대한 관심과 의지 :** 문제에 대해 관심을 가지고 문제를 해결하고자 하는 의지가 있어야 한다.
- **문제해결에 대한 지식과 사고 :** 주어진 공통의 문제를 해결하기 위한 방법을 찾아낼 수 있는 지식과 사고력을 가지고 있어야 한다.
- **결론의 수용 :** 함께 논의한 결과를 수용할 준비가 되어 있어야 한다.

여러 사람이 모여 문제를 해결하기 위해서는 그 문제가 공통의 문제여야 한다. 비록 졸업 후 진로는 개인의 문제일 수 있지만 이 개인의 성공을 바라는 주변 사람들은 이 문제를 공유하고 있다고 볼 수 있다. 공통의 문제에 대해서는 모두가 관심을 가지고 해결하고자 노력할 때 비로소 집단적인 문제해결이 가능하다. 그런데 집단적인 문제해결을 위해서는 문제해결을 위한 지식을 갖추고 있어야 하고 이 지식을 활용하여 합리적으로 사고할 수 있는 능력이 있어야 한다. 또한 여러 사람의 의견을 모아 어떤 결론이 내려졌을 경우 이 결론이 수용될 것이라는 믿음, 수용하려는 자세가 갖추어져 있어야 한다.

연습문제 12-1

다음에 제시되는 문제를 해결하기 위해 필요한 것의 빈칸을 채우시오.

보기 중고등학생들의 교복 값이 천정부지로 치솟아 학부모들이 큰 부담을 느끼고 있다.

해결의 주체	누가 해결해야 하는가?	학부모, __________, __________, __________
해결의 방법	어떻게 해결해야 하는가?	학부모 – 학부모와 다른 주체 –
해결의 도구	무엇으로 해결해야 하는가?	지식 – 사고 –
해결의 결과	결과를 어떻게 활용해야 하는가?	수용 – 적용 –

예시 답안 및 해설

답 해결의 주체	누가 해결해야 하는가?	학부모, 학교, 업체, 정부
해결의 방법	어떻게 해결해야 하는가?	학부모 - 학부모들이 모여 의견을 모은다. 학부모와 다른 주체 - 서로의 옳고 그름을 가린다.
해결의 도구	무엇으로 해결해야 하는가?	지식 - 생산 원가 및 유통 이윤에 대한 지식 사고 - 이해와 양보, 타협의 사고
해결의 결과	결과를 어떻게 활용해야 하는가?	학부모 - 결과를 수용한다. 다른 주체 - 결과를 생산, 유통 등에 적용한다.

교복 값의 문제를 가장 첨예하게 느끼는 것은 학부모인데 학부모 개개인으로는 이 문제를 해결할 수 없으므로 공통의 관심사를 가진 학부모들이 뜻을 모아야 한다. 그리고 교복 값을 둘러싼 여러 주체, 즉 학부모, 학교, 업체, 정부가 의사를 소통하며 조정해야 바람직한 결과를 낼 수 있다. 이때 학부모들끼리는 토의의 방식으로 합의를 이끌어내고, 학부모와 다른 주체들은 상반된 주장에 대해 자신들의 주장이 옳다고 입증하는 토론의 방식으로 결론을 이끌어내야 한다. 이러한 과정을 거쳐 내려진 결론은 모든 주체들이 수용하고 적용해야 집단의 문제를 해결할 수 있다. 이러한 해결과정을 다른 유형의 문제에도 적용할 수 있다.

집단적 문제해결의 유형 - 토의와 토론

어떤 집단에게 닥친 문제의 유형은 늘 일정한 것이 아니고, 문제를 해결하는 과정도 이에 따라 다를 수 있다. 공통의 문제가 있고 이것을 해결하고자 하는 관심과 의지, 지식과 사고를 갖추고 있을지라도 주어진 문제에 대한 분명한 해결책을 미리 가지고 있는 경우와 논의를 하는 과정에서 해결책을 결정하고자 하는 경우가 있기 때문이다. 따라서 집단적 문제해결의 유형은 크게 다음과 같이 두 유형으로 나눌 수 있다.

토론	토의
• 토론 참여자들이 분명한 주장을 가지고 참여 • 각각의 주장에 대한 찬성과 반대 의견 교환 • 승자의 주장을 택하거나 절충안 마련	• 선명한 주장보다는 다양한 의견을 가진 이들이 참여 • 최선의 결론을 내리기 위한 다양한 의견의 교환 • 합의를 통해 최선의 결론 도출

첫 번째 유형은 집단적 문제해결에 참여하는 각각의 주체가 자신의 분명한 의견을 가지고 참여하여 자신의 의견을 관철시키려는 유형이다. 즉, 어떤 사안에 대해 찬성과 반대의 의견을 가진 주체가 참여하거나, 서로 다른 안을 가지고 참여하는 경우이다. 이 경우에는 자신의 의견이 옳고 다른 의견이 옳지 않다는 것을 입증하며 논의가 이루어진다. 그리고 최종적으로는 의견 중 하나를 안으로 채택

하고 논의를 끝내게 된다. 이러한 집단적 문제해결 방식을 토론이라고 한다.

두 번째 유형은 집단적 문제해결에 참여하는 주체가 자신의 분명한 의견을 관철시키기보다는 여러 사람의 의견을 모아 최선의 안을 도출해 내는 유형이다. 각각의 참여자는 해결해야 할 문제에 대해 나름대로의 해결책을 가지고 있지만 반드시 그것을 채택해야 한다고 생각하기보다는 다른 사람의 의견을 충분히 듣고 더 나은 결론을 내고자 한다. 이 과정에서 조정, 절충이 이루어진다. 이러한 집단적 문제해결 방식을 토의라고 한다.

이처럼 토론과 토의는 본래 목적과 방법이 다른 집단적 문제해결 방식이지만 현실에서는 두 용어가 혼용되거나 유사한 의미로 사용되는 경우가 많다. 즉 토의 형식으로 진행하면서 토론이라는 이름을 붙이기도 하고 반대로 하기도 한다. 또한 정해진 서로의 의견을 가지고 토론을 진행하다가 절충점을 찾아나가는 토의의 방식으로 전환되기도 한다. 따라서 두 가지 유형을 명확하게 구별하는 것은 큰 의미가 없고 현실 속에서 토론과 토의가 어떤 양상으로 나타나는지에 대해 더 정확하게 알 필요가 있다. 우리가 일상에서 많이 경험하게 되는 토론 및 토의의 예로는 다음과 같은 것들이 있다.

- **회의 :** 소규모 집단, 기관, 기업 등에서 의사결정을 위해 여러 사람이 모여 논의를 하는 것으로서 토론과 토의 모두가 적용된다.
- **공개토론 :** 정치, 경제, 사회, 문화 등 전 분야의 첨예한 문제에 대해 관련자들이 모여 논의를 하는 것으로서 주로 토론 형식으로 진행된다.
- **학술회의 :** 학술적인 문제에 대해 전문 연구자들이 모여서 어떤 사안에 대해 옳고 그름을 논하거나 연구 결과에 대해 논의를 진행하는 것으로서 토론과 토의 모두가 적용된다.

이상의 집단적인 문제해결 유형은 개인과 집단의 문제를 해결하기 위해 반드시 익혀 두어야 하는 능력이다. 여기에는 말하기와 글쓰기의 일반적인 능력도 적용되지만 여럿이 모여 함께 의견을 나눈다는 점에서 의사소통의 새로운 방법에 대해 익히고 적용할 수 있어야 한다.

연습문제 12-2

다음에 제시되는 상황의 문제를 해결하기 위해서는 어떤 유형의 문제해결 방법이 필요한지 표시하시오.

자동차를 생산하는 회사에서 설계, 생산, 마케팅 모든 면에서 혁신을 시도하고 있다.

(1) 혁신을 위한 사내 공모전에 참여하기 위해 각 분야의 신참들이 모여 핵심적인 아이디어를 도출하려 한다.

☐ 토의	☐ 토론

(2) 공모전 결과 2차 심사까지 마친 3개의 안에 대해 경영진이 모여 당선작을 결정하려 한다.

☐ 토의	☐ 토론

(3) 혁신을 위한 학문적 기초를 전문가들로부터 얻고자 한다.

□ 회의	□ 공개 토론	□ 학술회의

예시 답안 및 해설

답			
(1)	☑ 토의	□ 토론	
(2)	□ 토의	☑ 토론	
(3)	□ 회의	□ 공개 토론	☑ 학술회의

(1) 여러 사람이 모여 공동의 안을 도출해 내야 하므로 토의가 적절하다.

(2) 상반된 의견에 대해 옳고 그름을 가려 결론을 내야 하므로 토의가 적절하다.

(3) 학술적인 성과를 수용하고자 하는 것이므로 학술회의가 적절하다.

12.2

토론과 토의의 과정과 전략

▶ **집단적 문제해결의 과정** - 주제의 설정부터 결론의 도출까지
▶ **토론과 토의의 전략** - 치고받기와 길 찾기

집단적 문제해결의 과정 - 주제의 설정부터 결론의 도출까지

토론과 토의를 통한 집단적 문제해결의 과정도 궁극적으로는 문제해결의 과정이자 의사소통의 과정이기 때문에 앞에서 다룬 문제해결 및 의사소통 과정과 크게 다르지 않다. 그러나 여럿이 모여 의견을 나눈 후 어떤 결론을 도출해야 한다는 점에서 토론 및 토의에만 나타나는 단계가 추가된다. 토론 및 토의의 일반적인 과정은 다음과 같다.

주제의 설정 ↓		토론과 토의의 주제를 정한다.
자료의 수집과 정리		토론과 토의에 필요한 자료를 수집하고 정리한다.
	주장	자신의 주장을 펼친다.
	청취	다른 참여자의 주장을 듣는다.
↓	반박	다른 참여자의 주장을 반박하고 자신의 주장을 다시 펼친다.
결론 도출		주어진 문제를 해결하기 위한 방법의 결론을 도출한다.

주제의 설정 및 자료의 수집과 정리는 일반적인 커뮤니케이션 과정과 다름없이 토론과 토의의 주제를 정하고 이에 맞는 자료를 수집한다. 토론과 토의의 과정에서 가장 특징적인 것은 주장, 청취, 반박의 단계로서 각각의 단계가 여러 차례에 걸쳐 순환적으로 일어난다. 참여자들은 자신의 주장을 펼치고 이를 입증한다. 이에 대해서 다른 의견을 가진 사람들이 반박을 할 때 이를 잘 듣고 그 의견을 반박하거나 자신의 주장을 더 강화한다. 이러한 과정이 순환적으로 진행되어 의견이 모아지면 결론을 도출해 낸다.

토론과 토의에서는 주장 – 청취 – 반박이 순환적으로 일어나는 단계가 핵심적인 과정인데 이 과정에서는 다음과 같은 점에 유의할 필요가 있다.

주장	청취	반박
• 선명한 주장 : 주장하는 바가 무엇인지 분명하게 드러나야 한다. • 충실한 논증 : 주장이 옳음을 충실하게 뒷받침해야 한다.	• 충분한 청취 : 다른 주장과 의견에 귀를 기울여야 한다. • 정확한 이해 : 다른 주장과 의견을 정확하게 이해해야 한다.	• 논리적 반박 : 다른 주장과 의견의 옳고 그름을 따져 논리적으로 반박해야 한다. • 강화된 주장 : 반박에서 그치는 것이 아니라 더 타당하고도 논리적인 새로운 주장을 펼쳐야 한다.

토론과 토의가 원활하게 진행되기 위해서는 참여자의 주장이 분명해야 한다. 그리고 주장만으로는 다른 참여자를 설득할 수 없으므로 이에 대한 충실한 논증이 필요하다. 선명한 주장과 충실한 논증은 논의의 출발점이기도 하지만 토의와 토론 과정에서도 늘 유지되어야 하는 원칙이기도 하다. 다른 사람의 의견에 대해서는 끝까지 충분히 듣고 정확히 이해해야 한다. 상대의 의견을 잘 듣지 않고 자신의 주장만 강조하면 토의와 토론이 원활하게 진행될 수 없다. 따라서 상대의 주장을 충분히 듣고 정확하게 이해한 뒤 수용해야 할 것은 수용하고 반박해야 할 것은 반박하는 것이 좋다.

주장과 반박, 그리고 이에 대한 재주장과 재반박은 순환적으로 이루어지는 과정이므로 이 과정에서도 논리적 반박과 강화된 주장이 필요하다. 상대의 주장에 대해 충분히 이해한 후 사실관계나 논리적 문제를 따져 논리적으로 반박해야 한다. 또한 상대의 주장에 대해 수용할 것이 있다면 수용한 후 문제점을 보완한 보다 강화된 주장을 펼쳐 나가야 한다.

토의와 토론에서는 일정한 결론을 도출해야 본래의 목적을 완전히 달성한 것이 되는데 결론을 도출해 내는 방법에는 다음과 같은 것이 있다.

합의	표결
• 참여자들의 의견이 대체로 일치할 경우 • 참여자들의 의견을 종합해 최종적인 결론을 낸다.	• 참여자들의 의견이 선명하게 대립할 경우 • 참여자들의 민주적인 투표를 통해 가장 많은 사람이 동의한 쪽으로 결론을 낸다.

토의에서는 일반적으로 합의의 방식으로 결론을 도출할 수 있다. 토의는 누군가가 특정한 주장을 고수하기보다는 전체의 지혜를 모아 공동의 결론을 내는 방식이므로 여러 단계를 거쳐 의견이 모아지면 자연스럽게 결론을 내릴 수 있다. 토론에서는 합의의 방식으로 결론을 내릴 수도 있지만 표결을 통해 결론을 내리기도 한다. 주장과 반박을 거듭하는 과정에서 어느 한쪽의 주장에 논리적 허점이 발견되면 다른 쪽의 주장을 자연스럽게 결론으로 도출할 수 있다. 그러나 양쪽의 주장이 팽팽하게 맞서고 각각의 주장이 나름대로의 타당성을 갖추고 있을 때는 참여자나 청중의 표결로써 어느 한쪽의 주장을 채택할 수 있다. 물론 토의에서도 여러 의견이 맞설 경우에는 표결을 할 수도 있다.

연습문제 12-3

다음에 제시되는 주제와 자료를 바탕으로 '주장 - 청취 - 반박'의 순환적 과정을 구성해 보시오.

주제 SNS는 인간의 삶을 풍요롭게 하는가?

특정한 관심이나 활동을 공유하는 사람들 사이의 관계망을 구축해 주는 온라인 서비스인 SNS는 최근 페이스북(Facebook)과 트위터(Twitter) 등의 폭발적 성장에 따라 사회적 · 학문적인 관심의 대상으로 부상했다. SNS는 컴퓨터 네트워크의 역사와 같이 할 만큼 역사가 오래되었지만, 현대적인 SNS는 1990년대 이후 월드와이드 웹 발전의 산물이다. 신상 정보의 공개, 관계망의 구축과 공개, 의견이나 정보의 게시, 모바일 지원 등의 기능을 갖는 SNS는 서비스마다 독특한 특징을 가지고 있으며, 따라서 관점에 따라 각기 다른 측면에 주목한다. SNS는 사회적 파급력만큼 많은 문제를 제기하며 논란의 중심에 서 있다.

나의 주장 ↓	SNS를 통해 쌍방향 소통이 가능해져 인간관계가 풍요로워진다.
상대방의 주장 ↓	
나의 반박 ↓	
상대방의 주장 ↓	
나의 반박 ↓	
……	

예시 답안 및 해설

답

나의 주장 ↓	SNS를 통해 쌍방향 소통이 가능해져 인간관계가 풍요로워진다.
상대방의 주장 ↓	원하지 않는 관계마저도 형성이 되어 오히려 인간관계가 척박해진다.
나의 반박 ↓	교제 범위를 조정할 수 있기 때문에 원하지 않는 관계는 차단할 수 있다.
상대방의 주장 ↓	이러한 차단 기능 때문에 사이버공간상에서의 왕따가 발생해 인간소외를 부추긴다.
나의 반박 ↓	SNS는 현실에서 소외된 사람에 세상에 나올 수 있는 통로이다.
……	

같은 사안에 대해 상반된 주장이 있을 경우에는 그것의 옳고 그름을 가리는 과정에서 수없이 많은 주장과 반박, 그리고 재반박이 이루어진다. 합리적인 근거에 입각해 자신의 주장을 펼치고 열린 자세로 상대의 주장을 수용하면 토론이 원활하게 진행될 수 있다. 옳다고 생각하는 것에 대해서는 충분한 근거를 대서 입증해야 하고 상대의 논리적 허점도 공격할 수 있어야 한다. 예시와 다른 방향으로의 순환적 구조도 다양하게 생각해 본다.

토론과 토의의 전략 - 치고받기와 길 찾기

토론과 토의의 궁극적인 목적이 반드시 승리를 얻는 것이 아닐지라도 자신의 의견이 옳아서 문제 해결에 도움이 된다면 자신의 주장을 관철시키기 위한 효과적인 전략이 필요하다. 그런데 토론과 토의의 본래 의미와 목적이 다르기 때문에 전략도 다르게 설정해야 한다. 먼저 토론의 기본적인 전략은 다음과 같이 두 가지로 나타낼 수 있다.

토론	토의
• 배구형의 치고받기 • 참여자의 주장과 이에 대한 반박, 그리고 재반박의 순환을 통해 결론을 도출한다.	• 나선형의 길찾기 • 참여자들의 의견을 차례로 반영해 계속적으로 보완해 나가면서 결론을 도출한다.

토론은 상반된 의견을 가진 사람들이 참여해 각 주장의 옳고 그름을 가리는 것이 목적이기 때문에 배구 경기처럼 치고받는 방식으로 논의가 진행된다. 즉 어느 한 쪽에서 주장을 펼치고 이에 대해 논증을 하면 다른 한 쪽에서는 상대편 주장의 문제점을 공략하고 자신의 주장이 더 옳음을 입증한다. 이 과정은 한 번에 끝나는 것이 아니라 여러 차례 순환한다. 이렇듯 토론이 치고받는 방식으로 이루어지기 때문에 토론의 전략 또한 이에 맞게 짜야 한다.

- **준비 전략 :** 토론을 준비하는 단계부터 주장 - 입증 논거, 예상되는 반론 - 방어 논거를 같이 준비한다.
- **주장 전략 :** 준비된 내용에 따라 선명하게 주장하고 이를 치밀하게 논증한다.
- **반박 전략 :** 준비된 방어 논거에 따라 상대의 주장을 반박한다.
- **수정 전략 :** 상대의 비판 중 수용할 것은 수용하여 새롭게 주장을 펼치고 치밀하게 논증한다.

토론 전략에서 가장 중요한 것은 준비 단계의 전략이다. 토론에서는 상반된 주장을 펼치는 경우가 많기 때문에 자신의 주장에 대한 준비는 물론 상대방의 비판에 대한 방어 논리, 상대방을 비판할 공격 논리 등을 미리 준비할 수 있다. 자신의 주장에 대한 논거는 물론 예상되는 모든 반론에 대해 준비가 되어 있어야 토론을 승리로 이끌 수 있다. 주장과 반박 단계에서는 준비된 자료에 따라 토론을 진행하면 된다. 그리고 예상하지 못한 비판을 받거나 자신의 논리적 주장에 허점이 발견되면 자신의 주장을 적절히 수정해 다시 논증해야 한다.

토의는 여러 사람이 모여 최선의 결론을 도출하는 것이 목적이기 때문에 해결책을 향해 나선형으로 논의가 진행된다. 즉 다소 추상적인 단계에서 출발하여 점차 구체적인 해결책을 찾아 나가고 이것을 완벽하게 가다듬어 나가는 과정을 거친다. 따라서 이러한 과정을 이끌어갈 수 있는 토의 전략이 필요하다.

- **준비 전략 :** 문제의 해결을 위해 필요한 관련 자료를 충실하게 검토하고 정리한다.
- **주장 전략 :** 준비된 내용에 따라 열린 자세로 자신의 주장을 펼친다.
- **수용 전략 :** 자신의 의견보다 더 좋은 의견이 나오면 즉시 수용한다.

• **수정 제안 전략 :** 수용한 의견을 수정 보완하여 더 좋은 의견을 제시한다.

토의의 준비단계에서는 토론에서와 마찬가지로 필요한 자료를 충실하게 모아 정리해야 한다. 비록 문제의 해결책이 분명하게 보이지는 않을지라도 관련된 자료, 연구결과 등을 미리 준비한다. 토의의 과정에서는 주장－수용－수정 제안이 순환적으로 이루어진다. 이를 위해서는 자신의 주장이 너무 강해서는 안 되고, 다른 의견을 받아들일 준비가 되어 있어야 한다. 또한 다른 사람의 의견일지라도 수정 보완이 필요하면 적절한 의견을 내어 최선의 결론을 낼 수 있어야 한다.

연습문제 12-4

다음에 제시되는 주제에 대해 토론팀을 형성해 토론을 한 뒤 평가표에 따라 평가하시오.

주제 한 대학 안에서 등록금을 영역별로 차등화 할 것인가? 영역과 관계없이 균등하게 할 것인가?

평가요소(총 100점)		평가기준	점수
입론 (40점)	긍정 측	• 논제의 배경을 설명하였으며, 논제에 등장하는 주요용어를 적절히 정의하고, 논제를 지지해주는 핵심 주장을 제시하였는가? • 말하기의 원칙에 입각한 입론의 형식을 잘 갖추었는가?(개관 제시 순서[첫째, 둘째 등]를 제시하고 주장을 전개하기, 각 주장을 한 문장으로 제시하기, 전체 내용의 요약 및 자기 측 주장의 강조) • 각 주장의 근거가 제시되었으며 제시된 근거가 적절한가?	
	부정 측	• 긍정 측 토론자의 주장에 대해 최소한 한 개의 반박적 주장을 포함하여 입론을 펼치고 있는가? • 말하기의 원칙에 입각한 입론의 형식을 잘 갖추었는가?(개관, 제시, 순서[첫째, 둘째 등]를 제시하고 주장을 전개하기, 각 주장을 한 문장으로 제시하기, 전체 내용의 요약 및 자기 측 주장의 강조 • 각 주장의 근거가 제시되었으며 제시된 근거가 적절한가?	
질의 및 답변 (20점)		• 소통을 극대화하기 위해 상대의 주장을 요약 제시한 후 질문하였는가? • 상대측의 주장을 주의 깊게 듣고 근거가 부족한 주장, 논리적 오류 혹은 불문명하거나 부정확한 부분을 지적하여 효과적인 질문을 하였는가?	
반박 (24점)		• 입론에서 제시된 주장들 중 근거나 증거가 없거나 부족한 점을 들어 상대의 주장을 효과적으로 반박하거나 질의를 통해 드러난 문제점을 이용하여 반박을 효과적으로 하였는가? • 말하기의 원칙에 입각한 반박의 형식을 잘 갖추었는가?(개관 제시, 순서[첫째, 둘째 등]를 제시하고 반박을 전개하기, 각 주장을 한 문장으로 제시하기, 전체 내용의 요약 및 자기 측 주장의 강조)	
표현능력 (12점)	토론예절 (4점)	• 바른 언어(속어, 비어, 문어체 등을 사용하지 않음)를 사용하고 상대를 배려하며 토론하였는가?	
	음성요소 (4점)	• 발음이 적확하고, 말의 속도나 목소리의 크기, 높낮이를 적절하게 구사하였는가?	
	시각요소 (4점)	• 토론의 내용을 충분히 내면화하여 시각적 요소(눈 맞춤, 자세, 표정 및 제스처 등)를 적절하게 구사하였는가?	
시간(4점)		• 주어진 시간을 적절하게 사용하였는가?	
총점			

예시 답안 및 해설

답 생략

연습문제 12-5

다음에 제시되는 '대학 토론 배틀'의 주제를 보고 물음에 답하시오.

보기

- 32강, 16강 : 6개월 어학연수, 사치인가? / 생계형 혼전 동거, 찬성 vs. 반대 / 사랑하지 않는 20대, 유죄인가? 무죄인가? / 한국판 셜록 홈스, 탐정법이 필요한가? / SNS, 인간관계를 풍요롭게 하는가? / 카이스트의 비극! 대학 성적의 상대평가 vs. 절대평가 / 홍대 클럽데이 부활, 문화 아이콘 vs. 탈선 아이콘 / 무상등록금, 보편적 복지인가? 포퓰리즘인가? / 결혼은 미친 짓인가? / 여자대학은 남학생의 입학을 허하라!
- 8강 : 조총련의 참정권, 당신의 생각은? / 스무 살의 절망, 20대의 책임인가? 사회의 책임인가? / 닷컴은 언론을 병들게 하는가? / 술 권하는 대학, 음주 허용 연령 높여야 할까?
- 4강 : '타이거 맘' '매니저 맘' 한국산 스파르타 교육 필요한가? / 청년실업, 눈높이를 낮추면 해결할 수 있다.
- 결승 : 대한민국, 개천에서 용 나는 사회인가?

(1) 토론은 집단의 문제를 해결하기 위해 이 문제에 관련이 있거나 관심이 있는 사람들이 문제의 해결을 위해 자발적으로 참여하는 문제해결의 방법이라는 점을 고려할 때 대학생에게 적절하지 않다고 판단되는 주제를 지적하시오.

(2) 자신과 직접적으로 관련이 없는 문제의 토론에 참여한 대학생들의 궁극적인 목적이 무엇일지 써 보시오.

(3) 문제와 직접적인 관련이 없는 사람들이 참여한 토론은 어떻게 전개될지 써 보시오.

예시 답안 및 해설

답 (1) 생계형 혼전 동거, 찬성 vs. 반대 / 사랑하지 않는 20대, 유죄인가? 무죄인가? / 한국판 셜록 홈스, 탐정법이 필요한가? / 홍대 클럽데이 부활, 문화 아이콘 vs. 탈선 아이콘 / 무상등록금, 보편적 복지인가? 포퓰리즘인가? / 여자대학은 남학생의 입학을 허하라! / 조총련의 참정권, 당신의 생각은? / 술 권하는 대학, 음주 허용 연령 높여야 할까?

(2) 토론에서 상대를 이기고 '우승'하는 것이 목적이다.

(3) 공동체 의식, 동료 의식, 책임 의식은 기대할 수 없고 오로지 이기기 위해서 수단과 방법을 가리지 않는다.

(1) 주어진 토론 주제들은 모두 토론의 주제가 될 수 있는 것들이다. 그러나 일부 주제들은 우리의 삶, 특히 대학생들의 삶과 심각한 관련을 맺고 있는 주제가 아니다. 예를 들어 '생계형 혼전 동거'는 많은 학생들이 겪고 있는 심각한 문제도 아니고, 결국은 개인의 선택에 맡겨야 하는 문제이다. 각각의 주제에 대한 판단은 다를 수 있으므로 자신만의 판단을 내려 본다.

(2) 이러한 방식의 토론에 참여하게 되면 자신의 의지와 관계없이 어느 한 편의 주장만 옹호할 수밖에 없으며 자신의 생각과 배치되는 주장을 펼쳐서라도 상대를 이기기 위해 노력하게 된다.

(3) 토론에서의 승리가 목적이기 때문에 상대는 적으로 간주되며, 설사 이기더라도 자신의 의견에 대한 책임은 지지 않는다.

CHAPTER

13

바른 커뮤니케이션

13.1

바른 커뮤니케이션을 위한 조건

▶ **규범과 어법** - 원활한 소통을 위한 공통분모
▶ **규범과 어법의 극복** - 얄팍한 규범과 완벽한 문법

규범과 어법 - 원활한 소통을 위한 공통분모

의사소통이 이루어지기 위해서는 말하고 쓰는 이가 있고 이것을 듣고 읽는 이가 있어야 한다. 그리고 이들 간에 의사소통을 할 수 있는 공통분모, 즉 서로 통할 수 있는 말과 글이 있어야 한다. 이러한 의사소통이 효율적으로 이루어지려면 의사소통의 매개체인 말과 글이 완벽하게 같은 것이 가장 이상적이다. 의사소통의 매개체인 문자, 소리, 단어, 문장 등 모든 면에서 정확하게 일치될 때 가장 정확한 의사소통이 일어날 수 있다.

원활한 소통을 위한 공통분모의 필요성

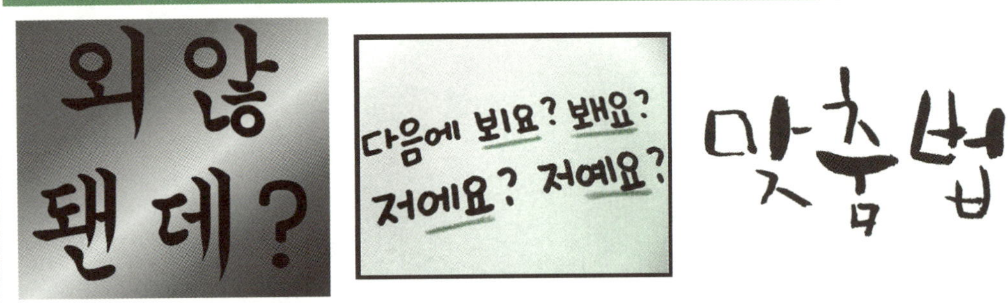

특정한 집단 간에는 효율적인 의사소통을 위해 합의된 언어의 공통분모가 있다. 누군가가 강요하지 않더라도 공통분모가 있는 것이 원활한 의사소통을 돕는다는 것을 아는 이상 의사소통의 수단을 같게 하려는 시도가 일어나고 결과적으로 언어의 동질성이 유지된다. 자연적인 합의가 어려울 때는 강요에 의해서 언어의 동질성이 확보되기도 한다. 의사소통을 해야 하는 집단이 적대적이거나, 이러한 합의나 강요된 의사소통 수단의 공통성은 유·무형의 규범으로 확립된다. 이러한 규범이 무형으로

공유될 수 있지만 가시적인 형태로 정리될 수 있다. 각종 어문규범은 소리, 표기, 단어에 대한 규정을 성문화한 것이고, 사전은 단어의 뜻과 용법을 풀이하고 정리한 것이다. 그리고 학자의 연구에 의해 어법은 문법서로 정리된다.

합의된 것이든 강요된 것이든 공통의 의사소통 수단에 대한 규범이 만들어지면 실제 사용되는 말과 글에 대한 판단이 가능하다. 공통성을 준수하면 바르다고 인식되고 그렇지 않다면 틀리다고 인식된다. 물론 이때의 기준은 공통성 자체가 아니라 이러한 공통성에 의해 효율적인 의사소통이 가능하다는 것이 된다. 효율적인 의사소통을 가능하도록 공통규범을 준수하는 것은 바른 것이며, 공통규범을 준수하지 않거나 깨는 것은 바르지 않다는 판단이 내려질 수 있다.

따라서 효율적인 의사소통을 위해서는 규범을 따르는 '같음'을 추구함으로써 '바름'을 보장받을 필요가 있다. 같은 발음법과 정서법을 따르면 의사소통이 원활하므로 이 발음법과 정서법은 바른 정서법이 될 수 있다. 각종 어문규정을 따르고 사전의 뜻풀이와 용법을 준수하는 것 또한 정확한 의사소통을 도우므로 바른 것이 된다. 공통적인 어법 또한 이해하기 쉬운 문장을 쓰는 가장 좋은 방법이므로 이 공통적인 어법을 따라 바른 문장을 추구할 필요가 있다.

연습문제 13-1

다음은 국어의 4대 어문규범이다. 각각의 규범이 무엇에 관한 규범인지 써 보시오.

보기
- 한글 맞춤법
- 표준어 규정
- 외래어 표기법
- 국어의 로마자 표기법

예시 답안 및 해설

답
- 한글 맞춤법 : 한글로써 우리말을 표기하는 규칙의 전반을 이르는 말. 어떻게 적는 것이 어법에 맞는 것인가를 보여주는 것으로, 맞춤법 원칙을 비롯하여 자모나 소리, 형태의 측면에서 바른 표기를 언급하고 있으며 그 외에 띄어쓰기, 문장 부호 등에 대해서도 규정하고 있다.
- 표준어 규정 : 표준어 사정의 원칙과 표준 발음법을 체계화한 규정. 같은 대상을 사람마다 서로 다르게 말하거나 발음할 때 어떠한 것을 표준어로 정할 것인가를 규정한 것이다.
- 외래어 표기법 : 외래어를 한글로 표기하는 방법. 외국에서 들어온 말을 우리말로 어떻게 적을 것인가를 규정한 것이다.
- 국어의 로마자 표기법 : 한국어를 로마자로 표기 · 철자하는 방법. 한국의 지명, 인명 등을 로마자로 어떻게 표기할 것인가를 정해 놓은 규정이다.

늘 접하는 어문규범이지만 각각의 규정이 어떤 규정인지 헷갈리는 경우가 많다. 맞춤법 규정이 가장 기본적인 규정이긴 하지만 다른 세 규정도 보다 정확한 어문생활을 위해 제정된 규정이다. 모든 문제를 맞춤법 문제로 보는 것은 옳지 않다. 상황에 맞는 규범을 이해하고 필요할 때 참조할 수 있도록 해야 한다.

규범과 어법의 극복 - 얄팍한 규범과 완벽한 문법

글쓰기를 짜증나게 하는 이유 중에는 각종 규범과 어법도 끼어 있다. 혹시 맞춤법과 띄어쓰기가 잘못된 것은 아닌가, 사투리나 잘못된 외래어를 쓰지 않았는가가 늘 염려가 되는데 이런 염려 때문에 글쓰기 자체가 고역으로 느껴지기도 한다. 단어의 의미를 제대로 알고 적재적소에 사용했는가, 어법에 맞게 문장을 썼는가 등까지 고민하려면 열심히 준비한 내용까지도 다 날아갈 정도로 괴로운 일이다. 게다가 어쩌다 쓴 글이 온통 붉은 글씨로 첨삭이 되어 있다면 글쓰기 자체가 싫어질 정도이다.

얄팍한 규범	완벽한 문법
• 규범이 복잡하고 양이 많아 보이지만 실제로는 복잡하거나 양이 많지 않다. • 복잡해 보이는 규범은 일부일 뿐 나머지는 대부분 우리가 알고 있는 내용이다. • 규범에 제시되어 있는 것보다 우리가 알고 있는 언어에 대한 지식이 훨씬 더 많다.	• 모든 화자는 모국어에 대한 완벽한 문법을 가지고 있다. • 문법책에 씌어 있는 것은 모국어 화자가 가지고 있는 언어에 대한 지식의 극히 일부일 뿐이다. • 규범과 어법도 모국어 화자가 가지고 있는 지식의 극히 일부를 반영하고 있을 뿐이다.

그러나 규범이나 어법 때문에 너무 심각한 고민을 할 필요는 없다. 규범이나 어법 모두 우리가 잘 알고 있고, 현재 쓰고 있는 언어를 바탕으로 만들어진 것이다. 각종 어문규범이 우리의 상식에서 크게 벗어나는 일이 없고 어법은 우리가 매일 쓰고 있는 언어를 분석하여 정리해 놓은 것일 뿐이다. 우리가 매일매일 자연스럽게 쓰는 언어를 바탕으로 만든 규범과 어법인데 이것 때문에 글쓰기를 어렵게 느끼거나 포기하게 되는 것은 옳지 않다.

국어의 어문규정집이 두껍고 복잡할 것 같아 보인다. 그러나 어문규정의 모든 내용이 글을 쓰는 데 필요한 것은 아니다. 규범은 모든 경우에 대비할 수 있어야 되기 때문에 그 체계나 내용이 복잡해지기 마련이다. 그러나 실제로는 그 모든 것이 다 필요한 것은 아니다. 더욱이 예외나 붙임 등까지 모두 외워야 하는 것도 아니고 일상에서 잘 쓰이지 않는 예까지 모두 외워야 하는 것은 아니다. 규범은 기준으로서 있는 것이고 필요할 때 참조하라는 것이지 암기하고 학습해야 할 대상은 아니다.

따라서 글을 쓰는 데 필요한 어문규범은 매우 얇고 간단하다. 전문가 수준으로 글을 교정하고 편집을 하기 위해서는 어문규범 전부를 이해하고 늘 끼고 있어야겠지만 보통 사람들이 글을 쓸 때는 그럴 필요가 없다. 어문규범의 가장 핵심적인 원리만 이해하고 있으면 상황에 따라 적절히 판단할 수 있으며, 판단이 어려우면 규범과 사전을 이용해 문제를 해결할 수 있다. 어문규범의 핵심 원리 몇 가지만 추려 얄팍하게 따로 꾸린다면 글을 쓰는 데 별 어려움을 느끼지 않을 수 있다. 여기에 늘 틀리기 쉬운 몇 가지만 덧붙인다면 완벽한 자신만의 글쓰기용 어문규범을 만들 수 있다.

사전도 두껍고 복잡해 보이지만 실제로는 두꺼운 사전일수록 더 편리하다. 사전은 가능한 한 두꺼워야 찾는 사람의 모든 요구에 부응할 수 있기 때문에 대부분의 사전은 천 쪽이 넘는다. 그러나 사전은 찾기 위한 것이지 읽기 위한 것은 아니다. 필요할 때 필요한 단어만 찾아보면 되는 것이기 때문에 사전이 두껍다고 해서 부담을 가질 이유는 전혀 없다. 오히려 두꺼운 사전이어야만 모르는 단어가 있어도 사전을 참조할 수 있으므로 안심하고 글을 쓸 수 있다.

어법은 규범이나 사전보다 더 두렵게 보인다. 국어학자들이 정리해 놓은 문법서를 보면 국어의 문법이 지나치게 어려워서 도저히 이해할 수 없을 것 같기도 하다. 체계도 복잡할 뿐만 아니라 용어는 지나치게 전문적이다. 이러한 문법서를 보고 두려움을 느끼는 것은 당연하다. 그러나 문법서는 우리가 사용하고 있는 말의 법칙을 정리해 놓은 것에 불과하다. 우리는 이러한 문법서를 모르고도 일상생활에서 완벽하게 말을 하고 또 듣는다. 문법에 대한 고려 없이도 자연스럽게 문장을 만들며, 다른 사람의 말을 들을 때도 문장을 이루는 각 요소의 상호 관계를 복잡하게 따지지 않아도 바로 이해한다. 이렇듯 우리의 머릿속에는 완벽한 문법이 들어 있고 국어학자들은 머릿속의 문법 중 일부만 정리해 놓았을 뿐이다.

따라서 어법 때문에 글을 쓰는 데 두려움을 느낄 필요는 전혀 없다. 잘 아는 내용에 대해서 말을 할 때나 글을 쓸 때는 문법을 생각하지 않아도 자연스럽게 어법에 맞는 문장을 만들어낼 수 있다. 또한 충분한 생각을 해 본 사안에 대해 말을 할 때는 단어와 표현을 적재적소에 잘 쓴다. 이는 우리의 머릿속에 완벽한 문법이 있기 때문이며 말할 내용과 생각만 잘 정리되어 있다면 이 머릿속의 문법이 완벽한 문장을 생성해 내기 때문이다. 글을 쓸 때 규범과 어법에 대해 공포를 가질 필요가 전혀 없다. 글을 쓸 때 알아야 할 규범은 매우 적다. 늘 틀리는 것만 주의하면 대부분은 규범에 잘 맞는다. 우리의 머릿속에는 완벽한 어법이 있으며 내용만 제대로 준비된다면 술술 문장으로 풀려 나온다.

연습문제 13-2

소위 '문법 나치' 혹은 '맞춤법 나치'에 대한 다음의 지적에 대해 의견을 써 보시오.

인터넷에서 보면 갈수록 맞춤법나치가 극성이다. 웹툰을 보다가 사소한 맞춤법 오류 하나라도 있으면 맞춤법 오류를 지적하는 댓글이 도배되고, 기사나 댓글의 댓글 등등 맞춤법하나 틀리면 무슨 무식한 놈을 계몽하는 지식인이라도 된 마냥 얄팍한 우월감에 빠진 사람들이 득실댄다. 비교적 매너를 지키는 사이트라도 맞춤법 지적은 흔히 있는 일인데 맞춤법 지적 후 꼭 덧붙이는 말이 '그냥 지나칠 수도 있는데 거슬려서요.'다. 말도 안 되는 소리다. 그냥 지나칠 수 없으니까 지적하는 것이다. 별 거 아닌 맞춤법 오류가 거슬리니까 맞춤법 나치인거다. 맞춤법 나치는 일종의 편집증 환자이다. 맞춤법이란 게 애초에 가독성을 추구하고 중의성을 피하기 위해 생긴 것이 아닌가. 그런데 맞춤법나치들 보면 그냥 지나칠 수 있는 맞춤법 오류에 지나치게 신경을 써 스스로 독해력을 떨어뜨린다.

예시 답안 및 해설

답 생략

맞춤법이나 어법에 지나치게 민감한 사람들을 지칭하는 '문법 나치' 혹은 '맞춤법 나치'는 규범이나 어법에 얽매인 사람들을 비판하는 말이기도 하다. 규범이나 어법은 꼭 필요한 것이기는 하지만 지나치게 강조될 경우 오히려 원활한 의사소통을 해칠 가능성이 있다. 규범이나 어법보다는 원활한 의사소통이 우선이고, 원활한 의사소통을 위해서 규범과 어법에 관심을 기울일 때 올바른 의사소통이 가능하다는 사실을 명심할 필요가 있다.

13.2

어문규범

▶ **맞춤법의 고민** - 받아쓰기의 어려움
▶ **한글 맞춤법** - 누구나 아는 맞춤법
▶ **띄어쓰기** - 참을 수 없이 당연한 띄어쓰기
▶ **사전과 컴퓨터의 도움** - 규범과 어법 극복의 지름길

맞춤법의 고민 - 받아쓰기의 어려움

받아쓰기는 학교에 입학하게 되면 제일 먼저 보는 시험이었지만 결코 쉬운 시험은 아니다. 받아쓰기는 누구나 백점을 맞아야 하는 시험으로 인식된다. 더욱이 요즘처럼 대부분의 학생이 초등학교 입학 이전에 한글을 다 익히는 상황에서는 더욱 그렇다. 그러나 맞춤법의 원리를 깨우치지 못한 학생에게는 받아쓰기는 매우 괴로운 시험이다. 설사 맞춤법의 원리를 깨우쳤다 하더라도 받아쓰기에 어려운 단어도 있고 틀리게 받아쓸 수밖에 없는 경우도 있다.

받아쓰기가 어려운 이유는 소리를 듣고 글자로 적어야 한다는 데 있다. 언어의 발달과정을 보면 말이 먼저 생겨났고 한참 후에야 글자가 만들어졌다. 따라서 글자는 당연히 말소리를 정확히 적을 수 있도록 만들어졌다. 그러나 실제로는 말소리와 글자가 일치하지 않을 때가 많다. 이는 문자가 불완전하게 만들어졌기 때문일 수도 있고, 해당 언어 자체의 특징이나 역사적 변화 때문일 수도 있다. 다음과 같은 받아쓰기를 생각해 보자.

소리		받아쓰기
[궁민]		국민
[텀빧]	➔	텃밭
[그파게 머그면 체하니까 천처니 머거요]		급하게 먹으면 체하니까 천천히 먹어요

이러한 예는 받아쓰기가 소리를 받아쓰는 것이 아니고 '뜻을 그리는 것'임을 의미한다. 위의 예는 모두 소리와 글자 사이에 차이가 있기 때문에 소리만으로는 제대로 받아쓸 수가 없다. 말 그대로 받아쓰기라면 앞의 예들은 소리대로 적어야 하지만 단어나 문장의 뜻을 알 수 있도록 원래의 형태를 밝

혀 적어야 한다. 원래의 형태를 그려 주어 그 그림을 보고 읽는 사람이 뜻을 머리에 그릴 수 있도록 해야만 정확한 받아쓰기라고 평가를 받는다.

따라서 받아쓰기에서 백점을 받으려면 불러 주는 단어나 문장이 어떤 의미인가를 어렴풋이나마 알아야 한다. 그리고 단어 하나나 문장속의 단어가 어떻게 '그려졌었는가'에 대한 기억을 떠올려 그대로 그려야 한다. 또한 기억 속의 그 그림이 어떻게 소리가 나는가도 알고 있어야 한다. 이래서 받아쓰기는 어려울 수밖에 없지만 '뜻을 그리는' 원리만 제대로 파악하면 받아쓰기는 늘 백점을 맞을 수도 있다.

연습문제 13-3

소리 나는 대로 적은 다음의 문장을 규범과 어법에 맞게 써 보고 어떤 이유로 그렇게 썼는지 말해 보시오.

보기
(1) 다게대가리를비트러도새벽은온다는마른거지실가능썽이크다.
(2) 예고도업씨나메집방무늘두드려방무늘하는거슨예의에어근난다.
(3) 뭄뻡이어렵따고생가카는거슨어뻐블극뽀카는데도우미되지안는다.

예시 답안 및 해설

답
(1) 닭의 대가리를 비틀어도 새벽은 온다는 말은 거짓일 가능성이 크다.
(2) 예고도 없이 남의 집 방문을 두드려 방문을 하는 것은 예의에 어긋난다.
(3) 문법이 어렵다고 생각하는 것은 어법을 극복하는 데 도움이 되지 않는다.

우리가 대화를 할 때는 제시된 것과 같은 소리를 듣는다. 그럼에도 불구하고 의사소통에 거의 지장이 없다. 결국 우리는 소리를 듣고 의미로 바로 환원할 수 있는 능력을 가지고 있는데 그것을 규범에 맞게 적기만 하면 되는 것이다. 그것이 다소 어려울 수도 있지만 평소에 많이 읽고 쓰다 보면 자연스럽게 규범과 어법에 맞게 쓸 수 있게 된다.

한글 맞춤법 - 누구나 아는 맞춤법

한글 맞춤법의 원리는 받아쓰기의 원리와 크게 다르지 않다. 문자는 말을 적어 시각적으로 의사소통이 가능하도록 하기 위한 것인데 말을 소리대로 그리는 것이 아니라 뜻을 알 수 있도록 그리는 것이 맞춤법이다. 그리고 이렇게 그려 보다 빠르고 정확한 의사소통이 가능하도록 하는 것이 맞춤법 규정의 목적이다.

따라서 한글 맞춤법을 정확히 이해하기 위해서는 뜻을 문자로 그리는 원리를 알면 된다. 그 원리는 그리 복잡하지 않기 때문에 누구나 이해할 수 있다. 한글 맞춤법의 가장 기본적인 원리는 한글 맞춤법 맨 앞의 총칙에 잘 나와 있다.

제 1장 총칙

제 1항 한글 맞춤법은 표준어를 소리대로 적되, 어법에 맞도록 함을 원칙으로 한다.

위의 1항에서 '소리대로'와 '어법에 맞도록'은 서로 충돌될 수 있는 원칙이다. 즉 한글은 소리글자이기 때문에 소리대로 적는 것은 당연한데 '어법에 맞도록'이란 제한이 가해지는 것이 문제가 된다. 한글 맞춤법이 어렵게 느껴지는 근본적인 이유가 바로 이 '어법에 맞도록'이란 데 있다.

'어법에 맞도록'이란 것은 '뜻을 그리는 것'과 밀접한 관련이 있다. 즉 표기를 보고 뜻을 파악하기 쉽도록 하기 위해 각 형태소의 본래 모양을 밝혀 적는다는 것이다. 이를 이해하기 위해서 다음과 같은 예를 살펴보자. 다음의 예는 같은 뜻을 가진 단어가 환경에 따라 세 가지로 소리가 나는 것을 보여준다.

뜻	소리	표기
價, price	갑씨, 갑쓸, 갑쎄 갑또, 갑꽈 감만	값이, 값을, 값에 값도, 값과 값만
沸, to boil	끄르니, 끄러서 끌코, 끌치, 끌터라 끌른다	끓으니, 끓어서 끓고, 끓지, 끓더라 끓는다

만약 소리대로 적는다면 두 번째와 같이 적어야 한다. 그런데 두 번째와 같이 '갑씨, 갑또, 감만' 또는 '끄르니, 끌코, 끌른다'와 같이 적으면 세 가지 표기가 같은 뜻을 가진 한 단어인지 알기가 어렵다. 또한 글자로는 뜻을 알기 어려우므로 글자대로 소리를 내어 본 후 그것이 어떤 뜻인가를 생각해 내야 된다.

그런데 세 번째와 같이 '값, 끓'을 통일시켜 적으면 이러한 어려움이 없어진다. 같은 뜻을 가진 단어는 어떤 환경에서도 늘 같은 글자로 표기되기 때문에 글자 모양을 보면 그것이 어떤 뜻인지 금세 파악할 수가 있다. 또한 늘 같은 글자로 적히기 때문에 글자를 보고 소리를 생각해 뜻을 알아낼 필요 없이 바로 의미를 파악할 수가 있다.

위의 맞춤법 규정에서 '어법에 맞게' 적는다는 것은 이처럼 표기만 보고도 의미를 파악할 수 있도록 본래의 형태대로 적는다는 것을 의미한다. 본래의 형태를 밝혀 적기 위해서 소리가 이어서 나더라도(갑씨, 갑쓸, 갑쎄) 이어서 적지 않는다(값이, 값을, 값에). 또한 여러 음운규칙이 적용되더라도(끌코, 끌른다) 이 음운규칙을 반영하지 않는다(끓고, 끓는다). 이렇게 함으로써 본래의 형태가 그대로 유지되고 그것이 문자로 표기되면 뜻을 쉽게 파악할 수 있는 것이다.

글을 쓸 때 맞춤법이 헷갈리면 바로 이 규정을 떠올리면 된다. 먼저 어떤 단어의 맞춤법이 혼동될 때 그 단어의 흔한 '그림'이 무엇이었던가를 먼저 떠올려 본다. 우리는 쓰기보다 읽기를 먼저 배우기 때문에 읽는 과정에서 뜻에 해당하는 '그림'을 수없이 보아 왔기 때문에 맞춤법에 맞는 표기는 눈에 익숙하고 그렇지 않은 표기는 익숙하지 않다. 따라서 일차적으로 익숙한 그림을 떠올리면 대개는 맞춤법에 맞게 적을 수 있다.

익숙한 단어가 아닐 경우에는 그 단어가 다른 환경에서는 어떻게 쓰이는가를 생각해서 가장 공통성을 많이 가진 형태를 적으면 된다. 만약 '닭도, 닭과, 닭보다'가 맞는지 '닥도, 닥과, 닥보다'가 맞는지 헷갈리면 적당한 조사를 붙여본다. 모음으로 시작되는 조사를 붙여 보면 [달기, 달글, 달게] 등으로 발음되므로 ㄱ의 존재를 확인할 수 있다. 따라서 이 경우에는 '닭도, 닭과, 닭보다'와 같이 적어야 한다는 것을 유추할 수 있다. 대부분의 국어 화자는 이러한 직관을 가지고 있으므로 이 직관을 조금만 떠올리면 맞춤법 문제를 쉽게 해결할 수 있다.

연습문제 13-4

다음 글에서 맞춤법에 어긋난 부분을 고쳐 쓰시오.

기럭이 울음 소리가 빨리 들리는 것을 보니 올해는 겨울이 빨리 올 모양이다. 햅쌀을 비롯하여 해곡식은 일찍이 가을거지를 끝낸 뒷끝이라 겁날 것은 없지만 아무래도 땔깜이 걱정이다. 좀더 서둘러서 나무가지도 걷어오고, 솔닢이라도 긁어 왔어야 할 것을, 도통 바쁜 까닭에 때를 노쳐 버린 것이다. 그렇다고 누덕누덕 기운 누덕이 한 벌과 윗풍이 심해 고간 같은 방에서 화로불 하나를 끼고 겨울을 나자니 벌써부터 걱정이 앞선다. 번번히 추위에 꽁꽁 얼고 난 후에야 지나가 버린 가을에 틈틈이 나무짐이라도 져 날르지 못한 것을 후회하지 않기 위해서는 급한 마음이 날 법도 하지만 뒷결에 수북이 쌓아 놓은 볏가리에 일심 마음이 놓이기는 한다.

예시 답안 및 해설

답 (1) 닭의 대가리를 비틀어도 새벽은 온다는 말은 거짓일 가능성이 크다.
(2) 예고도 없이 남의 집 방문을 두드려 방문을 하는 것은 예의에 어긋난다.
(3) 문법이 어렵다고 생각하는 것은 어법을 극복하는 데 도움이 되지 않는다.

우리가 대화를 할 때는 제시된 것과 같은 소리를 듣는다. 그럼에도 불구하고 의사소통에 거의 지장이 없다. 결국 우리는 소리를 듣고 의미로 바로 환원할 수 있는 능력을 가지고 있는데 그것을 규범에 맞게 적기만 하면 되는 것이다. 그것이 다소 어려울 수도 있지만 평소에 많이 읽고 쓰다 보면 자연스럽게 규범과 어법에 맞게 쓸 수 있게 된다.

띄어쓰기 - 참을 수 없이 당연한 띄어쓰기

글에 대한 첨삭을 받아보거나 교정지를 보면 가장 흔하게 발견할 수 있는 수정부호가 띄어쓰기 부호이다. 즉 띄어 써야 할 것을 붙여 썼다거나 붙여 써야 할 것을 띄어 썼을 때 부호로써 이를 수정한다. 이렇게 띄어쓰기에 대한 수정이 많다는 것은 그만큼 띄어쓰기가 어렵다는 증거이기도 하다.

글을 통한 의사소통을 할 때 띄어쓰기는 결정적으로 중요한 문제가 아닐 수도 있다. 휴대폰 문자 메시지처럼 글자 수의 제한이 있을 경우에 띄어쓰기를 하지 않아도 의미를 파악하는 데 별 문제가 없다. 또한 일본어나 중국어처럼 띄어쓰기를 하지 않는 경우도 있는 것을 보면 띄어쓰기가 별로 중요해 보이지 않는다.

이 문제 역시 효율성의 측면에서 검토해 보아야 한다. 국어의 경우는 조사와 어미가 문장을 구성할 때 반드시 쓰이므로 이것을 기준으로 문장의 각 단위를 끊어 읽으면 문장의 의미를 파악하는 데는 큰 문제가 없다. 그러나 이렇게 하기 위해서는 조사나 어미를 찾아 각 단위를 끊고 나서 문장을 읽어야 한다. 이렇게 하다 보면 문장을 읽는 데 훨씬 더 시간이 많이 걸리고 의사소통의 효율성이 떨어질 수밖에 없다. 따라서 띄어쓰기 규칙이 다소 어렵더라도 약속에 따라 띄어 쓰면 읽기가 편하고 빠르기 때문에 띄어쓰기를 하는 것은 당연하다.

그런데 띄어쓰기 규정은 의외로 간단하다. 한글 맞춤법 규정에서 띄어쓰기에 대한 규정은 다음의 조항이 전부이다.

제 1장 총칙

제 2항 문장의 각 단어는 띄어 씀을 원칙으로 한다.

위의 규정대로라면 '단어'가 무엇인지만 알면 띄어쓰기는 어렵지 않아 보인다. 단어는 '최소의 자립형식'이라고 정의되기도 하는데 최소의 자립형식에 대한 지식만 정확하다면 띄어쓰기는 완벽하게 할 수 있을 것처럼 보인다. 그러나 단어의 개념은 다소 복잡하고 문장에서 적당한 단위로 단어를 끊어 내는 것도 쉽지는 않다. 띄어쓰기가 어려운 이유는 규정 자체가 어렵다는 데에 있는 것이 아니라 띄어쓰기의 가장 핵심적인 단위인 단어가 무엇인지 알기가 어렵다는 데에 있다.

언어학적으로 단어를 정의하고 이해하기 어렵더라도 글쓰기에서는 띄어쓰기를 어렵지 않게 구현할 수 있다. 띄어쓰기를 정확하게 하려면 단어가 아닌 것, 즉 자립해서 쓰일 수 없는 것들이 무엇인지 먼저 알아야 하는데 국어에서 자립성이 없는 대표적인 것은 조사, 어미, 접사 등이다. 이들은 문장 내에서 띄어 쓸 수 없고 반드시 다른 무엇에 붙여 써야 한다. 따라서 조사, 어미, 접사가 아니라면 일단 다른 요소와 띄어 써야 한다.

동사나 형용사도 자립성이 없지만 실질적인 의미를 가지고 있다는 면에서 조사나 어미와는 다르다. 동사나 형용사는 혼자 쓰일 수 없지만 이 경우에는 어미를 가져다 독립된 단위로 문장에서 쓰인다는 면에서 다른 비자립적인 요소와는 다르다. 따라서 동사나 형용사는 어미를 붙여 다른 단위와 띄어 쓰면 된다.

그리고 의존명사의 띄어쓰기도 헷갈리는 경우가 많다. 의존명사는 말 그대로 무엇엔가 의존해야 한다는 것인데 이는 형식적으로 무엇엔가 의존해야 한다는 것이 아니라 의미적으로 무엇엔가 의존해야 한다는 면에서 동사 및 형용사와는 다르다. 의존명사는 다른 요소의 꾸밈을 받아야 하는데 꾸미는 요소와는 당연히 띄어 써야 하고 이 의존명사 뒤에 붙는 조사와는 붙여 써야 한다.

이렇게 띄어쓰기와 관련된 원칙은 많지 않지만 문제가 되는 상황은 어떤 요소가 조사, 어미, 접사인가 아닌가를 구별하기 힘들 때이다. 다음의 예를 살펴보자.

> (1) 숙제를 해 온 학생은 철수뿐이었다.
> 　 허공만 응시할 뿐 아무 말이 없었다.
>
> (2) 그가 떠난 지 3년이 됐다.
> 　 그가 오는지 모르겠다.

(1)에서 앞 문장의 '뿐'은 조사이므로 앞에의 명사에 붙여 써야 하고 뒷문장의 '뿐'은 의존명사이므로 앞의 관형어와 띄어 써야 한다. (2)에서 앞 문장의 '지'는 의존명사이므로 앞의 관형어와 띄어 써야 하고, 뒷문장의 'ㄴ지'는 어미이기 때문에 앞의 용언과 붙여 써야 한다.

이러한 띄어쓰기를 정확하게 하려면 국어의 문법에 대한 지식이 필요한데 그리 복잡한 지식은 아니다. 의존명사도 명사이므로 앞의 관형어와 띄어 써야 하지만 조사가 붙을 수 있으므로 조사와는 붙여 써야 한다. 즉 '할∨수밖에∨없다'에서 '할'은 관형어이므로 의존명사 '수'와 띄어 써야 하고, '밖에'는 조사이므로 의존명사 '수'와 붙여 써야 한다. '없다'는 형용사이므로 어미를 붙여 다른 요소와 띄어 써야 한다. 이러한 설명이 복잡해 보일지라도 헷갈리는 경우는 많지 않으므로 몇 가지 예만 암기해도 띄어쓰기를 정확하게 할 수 있다.

연습문제 13-5

다음 문장을 바르게 띄어 쓰고 띄어 쓴 원리를 제시하시오.

보기
(1) 내가아는한그가바라는성공의목표는그게아니다.
(2) 세끼를굶을지언정양심에거스르는일에찬성할수없다.
(3) 그일을할까말까망설이고있다손치더라도어디있는지소재라도알려주어야하지않겠는가?

예시 답안 및 해설

답
(1) 내가 아는 한 그가 바라는 성공의 목표는 그게 아니다.
(2) 세 끼를 굶을지언정 양심에 거스르는 일에 찬성할 수 없다.
(3) 그 일을 할까 말까 망설이고 있다손 치더라도 어디 있는지 소재라도 알려 주어야 하지 않겠는가?

한국어는 띄어쓰기가 가장 어려운 언어이다. 따라서 띄어쓰기에 관한 세부규정은 매우 복잡하다. 그러나 가장 근본적인 원리에 입각해 개별 규정을 이해하려고 노력하면 의외로 띄어쓰기는 어려운 문제가 아니다.

사전과 컴퓨터의 도움 - 규범과 어법 극복의 지름길

요즘은 글을 쓸 때 컴퓨터를 많이 이용한다. 컴퓨터에는 문서를 작성하기 위한 워드프로세서가 내장되어 있어서 글을 직접 쓸 수 있다. 뿐만 아니라 글을 마음대로 편집할 수도 있고 출력할 수도 있다. 여기에서 그치는 것이 아니라 컴퓨터 및 워드프로세서에 내장된 각종 기능을 이용하여 더 정확하고도 효율적으로 글을 쓸 수 있다.

컴퓨터를 이용해 글을 쓸 때 컴퓨터가 지원하는 사전이나 맞춤법 기능은 매우 유용하다. 과거에는 사전이 필요하면 종이사전을 찾아볼 수밖에 없었는데 이 사전은 휴대하기도 불편하고 검색하는 데도 시간이 걸린다. 그런데 컴퓨터에 내장된 사전을 이용할 수도 있고, 컴퓨터를 이용해 온라인 사전을 얼마든지 참조할 수 있다. 또한 워드프로세서에는 맞춤법 교정기가 내장되어 있어 자동으로 오류를 찾아 고쳐주기도 하고 수동으로 교정을 해주기도 한다. 따라서 컴퓨터를 이용하면 띄어쓰기와 맞춤법의 대부분을 바로잡을 수 있다.

글을 쓰는 방법이 달라졌으므로 맞춤법이나 띄어쓰기 오류를 수정하는 것도 달라질 필요가 있다. 즉 대부분의 글을 컴퓨터를 이용해서 쓴다면 빠르고 정확하게 글을 쓸 수 있다. 전자사전이나 맞춤법 교정기를 이용하는 것이 각종 규범을 외우고 적용하는 것보다 훨씬 더 빠를 수 있다.

연습문제 13-6

다음 글을 워드프로세서에 그대로 입력해 보고 워드프로세서의 맞춤법 교정 기능을 이용해 수정하시오.

이 학과에 원서를 넣어야할 지, 저 학과에 원서를 넣어야 할지 창수는 망서리고 있었다. 법학과 경쟁율 오십 구 대 일, 도저히 자신의 실력으로서는 합격할 자신이 없었다. 국문과 경쟁율 구 대 일, 그러나 스무명 밖에 뽑지않는 국문과에 지원하기에는 너무 가슴이 떨렸다. 일년동안 할만큼 했다는 생각이 안드는 것도 아니지만 이제와서 생각하니 더 열심히 하지않은 것이 무척 후회가 된다. 어머니, 아버지, 김 동식선생님등의 얼굴이 눈앞에 얼른거릴 수록 창수는 점점 더 힘이 빠지기 시작했다. 일년전에는 창수 보다 훨씬 성적이 나뻤든 영식이 까지도 더 높은 수능점수를 받고 원서접수를 마감한 상태였다. 이제 남은 시간은 단지 11 분, 좀 더 이따가 내느니보다는 차라리 홀가분하게 마음을 비우고 싶어진 창수는 법학과에 과감이 원서를 던졌다.

예시 답안 및 해설

답 이 학과에 원서를 넣어야할 지, 저 학과에 원서를 넣어야할 지 창수는 망설이고 있었다. 법학과 경쟁률 오 십 구 대 일, 도저히 자신의 실력으로서는 합격할 자신이 없었다. 국문과 경쟁률 구 대 일, 그러나 스무 명밖에 뽑지 않는 국문과에 지원하기에는 너무 가슴이 떨렸다. 일 년 동안 할 만큼 했다는 생각이 안 드는 것도 아니지만 이제 와서 생각하니 더 열심히 하지 않은 것이 무척 후회가 된다. 어머니, 아버지, 김동식 선생님 등의 얼굴이 눈앞에 어른거릴수록 창수는 점점 더 힘이 빠지기 시작했다. 일 년 전에는 창수보다 훨씬 성적이 나빴던 영식이 까지도 더 높은 수능점수를 받고 원서접수를 마감한 상태였다. 이제 남은 시간은 단지 11 분, 좀 더 이따가 내느니보다는 차라리 홀가분하게 마음을 비우고 싶어진 창수는 법학과에 과감히 원서를 던졌다.

워드프로세서나 맞춤법 교정기 등에서는 틀린 부분을 지적해 주고 적절하게 바꿀 방법도 제시해 주고 있다. 교정기의 정확도가 90% 이상이므로 대부분의 문제는 바로잡을 수 있다. 또한 사전에는 바른 표기뿐 아니라 어법에 대한 정보도 있다. 따라서 사전까지 참조하면 완벽에 가까운 문장을 쓸 수 있다.

13.3

바른 문장과 표현

▶ **누구나 아는 어법** - 수다와 글쓰기
▶ **바른 문장과 표현의 지름길** - 아는 만큼, 생각한 만큼 쓸 수 있다
▶ **바른 문장으로 가는 길** - 짜깁기의 비극과 짧은 문장에 대한 오해

누구나 아는 어법 - 수다와 글쓰기

우리는 일상에서 늘 대화를 한다. 대화는 대개 길든 짧든 문장으로 이루어지는데 우리는 하루에 셀 수 없이 많은 문장들을 만들어 낸다. 이렇게 쉴 새 없이 만들어지는 문장인데도 불구하고 대부분의 문장은 어법에 맞는다. 또한 말을 하면서 어법에 맞지 않을까 고민해 본 적도 없다. 우리들은 대화를 하면서 전혀 의식하지 못한 채 완벽한 문법을 동원해 정확한 문장을 만들어 내고 있는 것이다.

그런데 글을 쓸 때는 상황이 전혀 달라진다. 그렇게 술술 나오던 말도 글을 쓸 때면 한 줄도 나오지 않는다. 어쩌다 쓴 문장은 주어와 서술어가 호응이 되지 않고 쓸 데 없는 요소가 끼어 있는가 하면 꼭 필요한 성분이 빠져 있는 경우도 있다. 단어는 정확한 자리를 찾지 못하고 있고 표현은 진부하기 이를 데 없다. 글을 쓸 때 우리는 문법 지식을 최대한 동원해 문장을 만들려 하지만 쓰면 쓸수록 어법에 맞지 않는 문장들이 만들어질 뿐이다.

수다	글쓰기
• 일상에서 자유롭게 말을 할 때 규범이나 어법 때문에 말이 막히는 경우는 드물다. • 자유로운 환경에서 말할 내용이 충분히 준비되어 있으면 규범이나 어법에 구애되지 않고 말을 할 수 있다.	• 정해진 형식으로 공식적인 글을 쓸 때 규범과 어법에 얽매일 때가 많다. • 충분히 준비되지 않는 내용에 대해 형식에 얽매여 글을 쓸 때 규범이나 어법에 구애된다.

글을 쓸 때 겪는 곤란은 공식적인 자리에서 말을 할 때도 그대로 나타난다. 남 앞에서 발표를 한다거나 연설을 해야 할 때면 어떤 말부터 해야 할지 막막하다. 겨우 말을 꺼내기는 하지만 앞뒤가 전혀 맞지 않는다. 꼭 필요한 단어가 생각이 나지 않아 한참을 머뭇거려야 하고, 문장은 어디서 끝을 맺어야 할지 몰라 끝없이 길어진다.

이러한 상반된 상황이 나타나는 근본적인 이유가 개인이 가지고 있는 문법지식의 부족이나 말과 글의 차이에 있는 것 같지는 않다. 문법지식이 부족하다면 일상의 대화에서도 문제가 나타나야 하는데 일상의 대화에서는 그런 문제가 나타나지 않는다. 말은 쉽지만 글은 다소 어렵기 때문이라면 발표나 연설할 때는 이러한 문제가 나타나지 않아야 하는데 글을 쓸 때와 마찬가지로 발표나 연설을 할 때도 이러한 문제가 나타난다. 적어도 어법상의 오류는 문법에 대한 지식이나 말과 글의 특성에 기인하는 것 같지는 않다.

글이나 말에서 나타나는 어법상의 오류는 문장 자체의 문제가 아니라 문장에 실리는 내용의 문제이다. 일상의 대화에서 아무런 문제없이 말할 수 있는 이유는 대화의 내용을 잘 알고 있기 때문이다. 또한 많은 생각을 해 보았던 문제이거나 따로 생각해 보지 않아도 상식적으로 이야기할 수 있기 때문이다. 이처럼 말하는 내용에 대해 충분히 알고 있고 생각해 놓았다면 어법상의 문제는 별로 드러나지 않는다. 이를 뒤집어 얘기하면 어법상의 문제는 내용이 준비되지 않았거나 충분히 생각해 보지 않았을 때 발생한다. 문법이 아무리 완벽하게 갖추어져 있을지라도 그 문법에 실려 전달될 내용이 제대로 구성되어 있지 않다면 올바른 문장을 만들어내기가 쉽지 않다. 생각이 정리되어 있지 않다면 문장은 뒤죽박죽이 될 수밖에 없다. 따라서 어법에 맞는 문장을 쓰기 위해서는 잘 아는 주제에 대해서 쓰거나, 잘 알지 못한다면 충분히 생각해 보고 충분한 자료를 바탕으로 그 주제에 대해 잘 알게 된 이후에 써야 한다.

연습문제 13-6

다음은 라디오 방송의 발화 내용을 녹취한 것이다. 오류가 있는 문장을 찾아 고치시오.

네 골든디스크 ○○○입니다. 음악에세이 노래가 있는 풍경이 방송되는 날입니다. 지난 주 이백삼십삼화 그 남자 그 여자라는 작품이 방송됐습니다. 청취소감이 많이 왔어요. 저희들은 할 때 이렇게 많이 좋은 반응이라고 생각 못했는데 그냥 그 어떤 두 사랑하는 남녀 젊은 남자가 그 연, 연이라는 훼방, 훼방꾼이라 그러나요. 하튼 농간이라 그러나요. 한 여자의 어떤 질투, 방해에 의해서 깨진다는 그런 내용입니다. 평범한 내용인데 그런데 청취소감이 거의 백 개 정도 들어왔어요. 아주 놀라울 정도로 많은 좋은 반향을 일으켰는데, 자 오늘도 세 분, 다섯 분 추첨해서 오만 원에서 오십만 원 상당의 상품을 드립니다.

예시 답안 및 해설

답 생략

규범과 어법을 엄격하게 적용하고자 하면 수정해야 할 부분이 많다. 그러나 위의 말을 듣고 이해하는 데 큰 지장이 없다. 일상에서의 말은 이렇게 자연스럽게 흘러갈 때가 많다. 그러나 이것을 글로 쓰고자 할 때는 많은 어려움이 있을 수 있다. 이때 규범과 어법에 대한 이해가 필요하다.

바른 문장과 표현의 지름길 - 아는 만큼, 생각한 만큼 쓸 수 있다

인간은 누구나 완벽한 언어를 구사할 수 있는 잠재적 능력을 가지고 있으며 유아기의 특정 시점에 이 능력이 발휘되어 자신의 모국어에 대한 완벽한 지식을 갖추게 되는 것으로 언어학자들은 보고 있다. 이러한 능력을 언어능력이라고 하는데 인간은 이 능력을 발휘하여 이제까지 한 번도 들어보지 못한 문장을 무한히 만들어낼 수 있다. 이 능력을 바탕으로 획득된 모국어에 대한 지식은 특별한 외부적인 손상이 없는 한 계속 유지될 수 있다.

지식	사고
• 머릿속에 저장되어 있어나 자료를 참고해서 얻은 지식이 풍부할 때 비로소 글을 쓸 수 있다. • 부족한 지식을 억지로 문장과 글로 만들려 할 때 규범과 어법에 어긋날 때가 많다.	• 주어진 문제에 대해 충분히 생각해 보고 논리적으로 타당한 결론을 도출했을 때 비로소 글을 쓸 수 있다. • 정돈되지 않은 사고를 바탕으로 글을 쓸 때 비논리적인 문장이나 어법에 맞지 않는 문장을 쓰게 된다.

이런 능력을 갖춘 사람이 말을 할 때나 글을 쓸 때 오류를 범했다면 그것은 능력의 문제가 아니라 수행의 문제로 본다. 인간이 구체적인 상황에서 실제로 문장을 생성해 내어 의사를 소통하는 행위를 언어수행이라 한다. 언어수행에서는 화자나 환경의 여러 조건에 따라 오류가 나타나기도 한다. 즉 말을 하는 사람이 피곤하거나 술에 취해 있다면 말이 헛나올 수 있다. 그러나 이런 수행상의 오류가 능력의 문제를 반영하는 것은 아니다. 외적인 조건에 의해 이러한 오류가 나타났을 뿐 그 화자의 언어능력은 그대로이다.

글을 써야 할 상황에서 내용이 준비되지 않았거나 생각이 충분히 정리되지 않았다면 이 상황에서도 언어수행상의 오류가 나타날 수 있다. 피곤해서 머릿속이 텅 비어 버리는 것이나, 지식이 없어 머릿속이 텅 비어 버리는 것은 크게 다르지 않다. 이런 상황에서 억지로 문장을 짜내다 보면 당연히 어법상의 오류가 나타날 수밖에 없다. 그리고 술이 취해 논리적 사고가 안 될 때나, 사고가 부족해 논리적 연결고리가 제대로 만들어지지 않았을 때에도 역시 어법상의 오류가 나타난다.

결국 아는 만큼, 생각한 만큼 어법에 맞는 문장을 쓸 수 있음을 알 수 있다. 내용이 풍부하게 준비가 되어 있다면 수다를 떨 때처럼 자연스럽게 글이 써질 수 있다. 생각이 충분히 정리가 되어 있다면 앞뒤가 척척 맞게 글이 써질 수 있다.

바른 문장으로 가는 길 - 짜깁기의 비극과 짧은 문장에 대한 오해

최근의 글쓰기에서 어법상의 문제는 남의 글이나 생각을 그러모아 짜깁기를 하는 과정에서 많이 나타난다. 알고 있는 것이 부족하고 생각이 부족하면 남의 지식과 생각을 빌려올 수밖에 없다. 글을 쓰면서 남의 지식과 생각을 이용하는 것은 큰 문제가 아니다. 남의 지식과 생각이 곧 자료이며 이 자료를 충실히 수집하고 정리하는 것은 글쓰기에 꼭 필요하기 때문이다. 문제는 남의 생각과 자료를 적당히 이어붙이면서 나타난다.

글을 쓰면서 남의 지식과 생각을 이용한다는 것은 그것을 자신의 지식과 생각으로 바꾸고 자신의 말로 다시 쓴다는 것을 의미한다. 글을 쓸 때 필요할 경우에는 직접 인용을 하기도 한다. 그러나 대부분의 지식과 생각은 필자의 지식과 생각 속에 녹아들어가야 하고 필자의 문장으로 다시 쓰여야 하다. 이러한 과정을 거쳐야만 각각의 지식과 사고가 따로 놀지 않게 되고 문장 속에서도 어법에 맞게 드러날 수 있다.

짜깁기	긴 문장과 짧은 문장
• 자신의 지식과 사고가 충분하지 않을 때 남의 지식과 사고를 모아 억지로 문장을 만들게 된다. • 정리되지 않은 지식과 사고는 비논리적이고 어법에 맞지 않는 문장으로 나타난다.	• 지식과 사고가 정리되어 있지 않은 채 짜깁기를 하다 보면 당연히 문장이 길어진다. • 긴 문장으로 짜깁기를 하게 되면 논리적 모순과 비문이 많이 나타난다.

생각이 정리되지 않으면 문장이 장황해지고 그 과정에서 앞뒤가 안 맞을 가능성이 높아진다. 잘 알고 있는 사안이나 충분히 생각한 사안에 대해서는 그 핵심이 무엇인지를 알기 때문에 핵심만 뽑아서 문장으로 만들 수 있다. 그러나 잘 모르거나 생각해 보지 않은 것에 대해 쓸 때에는 이런저런 얘기를 다 한 문장에 몰아넣게 되고 이 과정에서 생략 및 중복의 문제가 나타난다. 또한 잘 아는 내용일지라도 문장을 길게 하면 호응 관계나 인과관계가 복잡해질 수 있으므로 글을 쓸 때 짧은 문장을 쓸 것을 요구하는 경우가 많다.

그러나 문장을 짧게 쓰는 것보다 먼저 강조되어야 할 것은 글을 쓸 내용이 먼저 짧게 정리되어야 한다는 것이다. 문장을 짧게 쓴다는 것은 단순히 물리적인 길이를 짧게 한다는 것을 의미한다. 그러나 이렇게 짧게 쓰다보면 꼭 필요한 성분이 생략되거나 논리적인 맥락이 잘 드러나지 않을 수도 있다. 따라서 무조건 짧은 문장을 쓰는 것이 중요한 것이 아니라 문장이 짧아지더라도 어법상이나 논리상 전혀 문제가 되지 않도록 내용과 생각을 가다듬는 것이 중요하다.

CHAPTER

14

커뮤니케이션의 윤리

14.1

콘텐츠 윤리와 소통의 윤리

▶ **콘텐츠 윤리** - 신뢰와 정직
▶ **소통의 윤리** - 배려와 협동

콘텐츠 윤리 - 신뢰와 정직

커뮤니케이션의 윤리는 내용과 형식 면에서 모두 고려해야 한다. 커뮤니케이션에서 내용에 대한 윤리는 다른 말로 하면 콘텐츠에 대한 윤리이다. 글과 말의 내용을 이루는 콘텐츠를 만들어 나가는 과정에서 지켜야 할 윤리가 콘텐츠 윤리라 할 수 있다. 콘텐츠 윤리가 중요한 이유는 공식적인 커뮤니케이션의 성격과 관련이 있는데 공식적인 커뮤니케이션은 그 성격상 주요한 몇 가지 특성을 갖는다.

- **확실성** : 공식적으로 주고받는 글과 말은 확실한 지식과 사고에 바탕을 두어야 한다.
- **신뢰성** : 공식적으로 주고받는 글과 말 속의 지식과 사고는 믿을 만한 것이어야 한다.
- **확신성** : 공식적인 글쓰기와 말하기에서 글을 쓰는 이와 말하는 이는 자신의 지식과 사고에 대한 확신이 있어야 한다.

공식적인 커뮤니케이션은 전달과 수용의 주체가 확실하다는 특성이 있다. 즉 공식적인 글과 말은 누가 작성한 것인지와 누가 한 것인지가 분명하다. 공식적인 커뮤니케이션은 아무나 하는 것이 아니라 그만한 위치에 있는 사람이 자신의 이름을 걸고 한다. 이러한 이유로 공식적인 커뮤니케이션은 신뢰성을 가지게 된다. 전달과 수용의 주체에 대한 믿음이 있기 때문에 그 내용 또한 신뢰하게 된다. 그리고 수용하는 주체는 그 내용에 대해 확신하게 되는 확신성이 나타난다. 이렇듯 공식적인 커뮤니케이션은 생산자와 수용자 간 상호간의 믿음에 바탕을 두고 정확한 내용이 오고갈 수 있어야 한다.

이러한 특성은 커뮤니케이션의 신뢰성을 높여주기도 하지만 악용되거나 부작용을 일으킬 수도 있다. 커뮤니케이션의 과정에서 의도했든, 의도하지 않았든 비윤리적인 행위를 하게 되면 전달과 수용의 과정에서 예기치 못한 결과를 초래할 수 있다. 커뮤니케이션의 과정에서 나타날 수 있는 비윤리적인 행태는 크게 두 가지로 나눌 수 있다.

도둑질	거짓말
• 바꿔치기 : 남의 지식과 사고를 자신의 것인 양 쓰고 말하는 것은 도둑질이다. • 짜깁기 : 출처를 밝히지 않은 채 남의 지식과 사고를 자신의 말과 글로 다시 짜깁기하는 것 또한 도둑질이다.	• 조작 : 사실에 기반하지 않은 관찰, 실험, 조사 등의 결과를 마음대로 만들어내서는 안 된다. • 왜곡 : 관찰, 실험, 조사 등의 결과를 자신의 의도에 따라 마음대로 바꾸어서는 안 된다.

도둑질에 속하는 행태는 바꿔치기와 짜깁기가 있다. 바꿔치기는 남의 지식, 사고를 마치 자기 것인 양 이름을 붙여 발표하는 것이다. 글 전체이든 일부이든 특별한 표시를 하지 않고 자신의 글 속에 포함시키는 것은 도둑질과 다름없는 행위이다. 짜깁기는 여러 사람의 지식과 사고를 조합해 자신의 것처럼 쓰는 행위이다. 비록 바꿔치기에 비해 덜 노골적이더라도 이 또한 도둑질에 해당된다.

거짓말에 속하는 행위는 조작과 왜곡이 있다. 조작은 관찰이나 실험의 결과가 자신이 쓰고자 하는 바와 일치되지 않을 때 그 결과를 자신의 의도에 맞게 임의적으로 바꾸는 것이다. 관찰과 실험의 결과에 따라 글이 작성되어야지 의도하는 글에 따라 관찰과 실험의 결과를 바꾸면 이는 거짓말에 해당된다. 왜곡은 실제의 사실을 자신의 의도에 따라 마음대로 해석하여 글을 쓰는 행태이다. 비록 객관적인 사실일지라도 이것을 아전인수 격으로 사용하면 이 또한 거짓말에 해당된다.

이러한 이유로 콘텐츠의 생산의 과정에서부터 엄밀한 윤리가 필요하다. 커뮤니케이션의 모든 콘텐츠는 신뢰할 수 있어야 하고 정직해야 한다. 자신이 밝혀낸 사실이라면 그것을 충분히 뒷받침해 믿을 만한 것으로 만들어야 한다. 남의 것을 인용한 것이라면 믿을 만한 것을 인용해야 한다. 커뮤니케이션을 위해 생산된 자료 자체에 정직과 신뢰가 보장되지 않는다면 그 커뮤니케이션은 의미가 없을 뿐만 아니라 문제해결에도 아무런 도움이 되지 않는다.

콘텐츠의 활용 과정에서도 엄밀한 윤리가 필요하다. 콘텐츠 도둑질을 피하기 위해서는 본문과 주석의 인용을 통해 그 출처를 분명히 밝혀야 한다. 인용에 대한 정보가 없으면 글이나 말에 담긴 모든 내용은 글쓴이나 말하는 사람의 것으로 간주된다. 따라서 다른 사람의 지식과 사고에 기댄 것이라면 그 사실을 반드시 밝혀 줘야 한다. 특히 학술적인 논문이나 저서에서는 정해진 형식에 맞춰 주석을 붙여야 한다.

이러한 윤리는 커뮤니케이션 자체의 윤리 문제이기도 하지만 연구윤리와도 밀접한 관계가 있다. 연구논문이나 저서는 공적인 커뮤니케이션 중에서도 진실성이 가장 크게 요구되는 글이다. 학술적인 논문이나 저서에는 글쓴이 고유의 지식과 사고가 담겨 있어야 한다. 그런데 일부 연구자는 자신의 업적을 과장하기 위해 위와 같은 도둑질과 거짓말을 자행한다. 따라서 커뮤니케이션 윤리 이전에 연구윤리가 먼저 확립되어야 이러한 문제를 예방할 수 있다.

소통의 윤리 - 배려와 협동

커뮤니케이션의 윤리는 형식 면에서도 고려해야 하는데 이는 글을 쓰고 말을 하는 행위 자체와 관련이 있다. 커뮤니케이션의 콘텐츠가 신뢰할 만한 것이라면 그 다음의 문제는 그 콘텐츠를 활용해 어떻게 효과적으로 의사소통을 할 것인가이다. 이는 전략적인 문제일 수도 있지만 궁극적으로는 윤리의 문제이기도 하다. 소통의 윤리가 중요한 이유는 의사소통의 궁극적인 목적인 문제해결과도 관련이 있다. 의사소통을 통한 문제해결은 다음과 같은 특성을 갖는다.

- **집단성 :** 커뮤니케이션은 필자와 독자, 화자와 청자 간의 소통이므로 둘 이상의 집단에서 이루어진다.
- **순환성 :** 집단 내에서 필자와 독자, 화자와 청자는 위치가 수시로 바뀔 수 있다.

집단성은 공식적인 커뮤니케이션과 관련이 있는 특성이다. 공식적인 커뮤니케이션은 적어도 둘 이상의 집단이 형성되었을 때 이루어질 수 있다. 개인의 문제가 아닌, 공동체의 문제를 해결하고자 커뮤니케이션을 할 때 이 커뮤니케이션은 집단적인 커뮤니케이션일 수밖에 없다. 순환성은 집단 내에서의 커뮤니케이션이 일방적인 것이 아니라 상호교환적으로 이루어진다는 특성이다. 공동의 문제를 해결하기 위해서는 필자와 독자, 화자와 청자가 서로의 역할을 바꾸어서 커뮤니케이션을 하는 순환적인 양상이 나타난다.

이러한 특성을 고려할 때 소통의 윤리는 배려와 협동으로 집약될 수 있다.

- **배려 :** 집단 내의 모든 소통 대상의 권리와 인격을 보호하고 모두가 행복해 질 수 있는 소통을 위해 노력해야 한다.
- **협동 :** 소통의 목적이 집단의 모든 구성원의 행복을 위한 것이므로 서로 힘을 합해 협동해야 한다.

배려의 윤리는 일차적으로 독자와 청자를 배려하는 것을 의미한다. 글을 쓰는 것이 누군가 읽을 것을 전자로 하는 것이라면 읽을 사람들에 대한 배려가 필요하고, 말을 하는 것 또한 누군가 들을 것을 전제로 하는 것이라면 듣는 사람들에 대한 배려가 필요하다. 따라서 독자와 청자가 최대한 잘 이해하고 수용할 수 있도록 하는 것이 필요하다. 이러한 배려는 독자와 청자의 입장에서도 필요하다. 글과 말을 잘 이해하기 위해서는 필자와 화자의 처지에 서는 것이 필요할 때가 있다. 즉 필자와 화자가 어떠한 의도로 글을 쓰고 말을 했는가를 생각해 보면 본래의 의도가 정확하게 파악될 수 있다.

필자와 독자, 화자와 청자 등 소통의 주체가 상호 간에 배려를 하는 것은 결국 협동의 윤리로 이어진다. 커뮤니케이션의 목적이 문제해결이라면 공동체 구성원 모두가 서로의 지식과 사고를 교환함으로써 궁극적인 문제해결책을 내고자 노력하게 된다. 따라서 구성원 모두가 문제의 해결을 위해서 협력하며 소통한다면 문제의 해결은 한결 쉬워질 것이다.

14.2

글쓰기 윤리

▶ **설명의 윤리** - 너에게 가마
▶ **주장의 윤리** - 나에게 오라

설명의 윤리 - 너에게 가마

커뮤니케이션의 기본적인 윤리가 확립되면 커뮤니케이션의 분야와 각각의 유형에 따른 윤리가 필요하다. 커뮤니케이션의 종류는 글쓰기와 말하기로 나눌 수 있다. 그리고 글쓰기에서 대표적인 두 유형은 설명하는 글과 주장하는 글이다. 따라서 글쓰기의 윤리는 설명하는 글과 주장하는 글로 나누어 구체적으로 살펴볼 수 있다. 이는 글쓰기의 전략과 중첩되는 부분이 있는데 전략이 단순한 효율성만 고려하는 것이라면 윤리는 정서적인 면과 도덕적인 면까지 고려한다는 점에서 차이가 있다.

설명하는 글은 기본적으로 독자에게 '다가가는 글'이다. 누군가 남에게 도움이 될 만한 지식과 사고가 있을 때 이것을 남이 이해할 수 있도록 쓰는 것이 설명문이다. 독자의 이해를 목적으로 한다면 최대한 잘 이해하게 하기 위한 전략도 필요하지만 올바르게 이해할 수 있도록 돕는 윤리도 필요하다. 이러한 점을 고려한다면 설명의 윤리는 다음과 같이 정리될 수 있다.

- **정확하게** : 설명해야 할 주제에 대해 정확한 정보를 충분히 모아 정리하여 글을 쓴다.
- **확실하게** : 설명해야 할 주제에 대해 최선의 구성과 전개방법을 활용해 확실하게 전달되도록 글을 쓴다.
- **겸손하게** : 설명해야 할 주제에 대해 독자가 자연스럽게 이해할 수 있도록 겸손하게 글을 쓴다.
- **겸허하게** : 설명한 글의 내용과 형식에 대한 독자의 비판과 지적을 겸허하게 받아들인다.

설명을 정확하고도 확실하게 하는 것은 글을 쓰는 전략과도 관련이 있다. 그런데 설명문은 지식과 정보를 전달하는 글인데 부정확한 내용이 포함된다면 그것을 읽는 독자 또한 부정확한 지식과 정보를 가지게 된다. 의사소통 과정에서 부정확한 지식과 소통이 된다면 문제의 해결은 기대할 수 없다. 최선의 구성과 전개 방법으로 지식과 정보를 전달해야 하는 것 또한 정확한 지식과 정보가 확실하게 전달되어 문제의 해결에 기여해야 한다는 것과 관련이 있다. 따라서 정확하고 확실하게 설명해야 하는 것은 결국 문제해결을 위한 윤리의 문제이기도 하다.

겸손하게 설명해야 한다는 것은 글을 쓰는 태도의 문제이다. 설명하는 글은 지식이나 정보 면에서 독자보다는 필자가 우위에 서게 된다. 이러한 우월적 지위가 글에 반영된다면 설명의 효과가 높지 않다. 더욱이 지식과 정보가 상대적으로 부족한 독자를 고려하지 않고 필자의 지식수준에서 글을 쓰게 되면 그 글은 정확하게 전달되지 못할 수도 있다. 겸허한 자세는 글을 쓰고 난 이후의 문제로서 글의 내용과 형식에 대한 의견을 겸허하게 수용할 수 있어야 함을 뜻한다. 이 과정을 통해 소통되는 지식과 정보의 질이 높아질 수 있다.

주장의 윤리 - 나에게 오라

주장하는 글은 설명문과 달리 독자로 하여금 필자에게 '다가오게 하는 글'이다. 무엇인가 주장하고자 하는 것이 있을 때 논증의 과정을 거쳐 독자로 하여금 자신에게 동조하도록 하는 것이기 때문이다. 이러한 이유로 주장하는 글은 설명하는 글보다 더 높은 수준의 글쓰기 윤리가 필요하다. 자신과는 의견이 다른 사람에게 억지 주장을 펼친다면 의사소통이 제대로 이루어질 수 없고, 문제의 해결도 기대할 수 없기 때문이다. 이러한 점을 고려한다면 주장하는 글의 윤리는 다음과 같이 정리될 수 있다.

- **선명하게** : 주장하고자 하는 바가 선명하게 드러나도록 글을 쓴다.
- **충분하게** : 주장하고자 하는 바를 독자가 완전히 수용할 수 있도록 충분하게 논증한다.
- **차분하게** : 주장하고자 하는 바가 독자에게 자연스럽게 수용될 수 있도록 차분하게 글을 쓴다.
- **겸허하게** : 주장과 논증에 대한 비판을 겸허하게 받아들이고, 다른 주장이 타당하다면 수용한다.

선명한 주장과 충분한 논증은 주장하는 글의 전략과 관계가 깊다. 논설문에서 주장하는 바가 선명하게 드러나지 않으면 그 글은 의미가 없다. 또한 주장이 선명하더라도 그것이 충분하게 논증되지 않으면 독자를 설득하는 것이 어렵다. 이러한 점 때문에 선명한 주장과 충분한 논증은 전략이기도 하지만 문제해결의 측면을 고려한다면 글쓴이의 윤리이기도 하다. 주장하는 글은 설명문에 비해 독자의 거부감이 더 크다. 따라서 선명한 주장과 충분한 논증은 서로 다른 주장이 제시되는 상황에서 논쟁을 최소화할 수 있는 출발점이기도 하다.

주장하는 글을 차분하게 써야 한다는 것은 어조의 문제이기도 하고 논리성의 문제이기도 하다. 주장하는 글의 성패는 주장보다 논증의 과정에 달려 있다. 그런데 주장에 너무 치우치면 글의 어조가 강해져 차분한 논증이 어렵다. 주장은 선명하더라도 어조는 차분해야 설득의 효과를 높일 수 있다. 겸허한 자세는 자신의 글에 대해서는 물론 다른 글에 대한 자세까지 포함한다. 자신의 주장과 논증에 대한 비판과 조언이 있다면 이를 겸허히 수용하는 것은 자신의 글의 설득력을 높이는 방법이 된다. 나아가 자신의 주장과는 다른 주장이 설득력이 있다면 그것을 겸허히 받아들여 문제해결에 기여하는 자세도 필요하다.

14.3

말하기 윤리

▶ **발표의 윤리** - 나의 말을 들어 다오
▶ **토론의 윤리** - 함께 이야기하자

발표의 윤리 - 나의 말을 들어 다오

말하기의 윤리는 커뮤니케이션의 기본적인 윤리 및 글쓰기의 윤리와 큰 차이가 없다. 그러나 말하기의 과정과 형식이 글쓰기와는 다르기 때문에 말하기와 관련된 윤리가 별도로 필요하다. 말하기의 대표적은 두 가지 유형은 발표와 토론이다. 발표는 일방적인 속성이 강하지만 토론은 양방향 또는 다방향적인 속성이 강하기 때문에 윤리적인 고려사항이 다소 다르다. 말하기의 윤리 또한 말하기의 전략과 밀접한 관련이 있다.

발표는 자신의 말을 청중들로 하여금 '들어주기를 바라는 행위'이다. 청중을 앞에 놓고 직접적으로 말을 해야 하는 발표는 청중에 대한 배려는 필수적이다. 발표의 내용은 글과 성격이 크게 다르지 않기 때문에 내용보다는 발표하는 행위 자체에 대한 윤리가 중요하다. 발표의 윤리가 추구해야 할 바는 다음과 같이 정리될 수 있다.

- **배려와 존중** : 청중의 입장에서 배려하고 청중의 인격을 존중한다.
- **공유와 공감** : 청중과 지식을 공유하고 청중들의 공감을 이끌어 낸다.
- **겸손과 겸허** : 겸손하게 말하고 청중의 지적을 겸허히 받아들인다.

발표는 발표자가 하는 것이지만 청중들을 위한 것이다. 따라서 발표의 내용이 청중들에게 가능하면 잘 전달될 수 있도록 청중의 입장을 배려할 필요가 있다. 청중들이 처한 상황에 맞게, 청중들의 수준에 맞게 발표의 내용과 형식을 조정해야 한다. 또한 발표가 일방적인 훈계나 강요가 되면 청중들의 반감을 살 수 있으므로 청중들의 인격을 존중하여야 한다. 발표의 궁극적인 목표는 지식과 정보를 공유하거나 청중이 자신의 주장에 동조하도록 하는 것이다. 따라서 이러한 공유와 공감을 유도하는 자세 또한 필요하다.

겸손은 발표할 때의 태도와 관련된 문제이고 겸허는 질문이나 반론에 대한 태도와 관련된 문제이다. 발표의 상황에서 발표자는 청중보다 지적으로나 권위로나 위에 서는 경우가 많은데 이런 상황일지라도 발표자는 겸손한 자세를 유지해야 한다. 이것은 결국 배려와 존중 및 공유와 공감과도 맞물려 있는 문제이기도 하다. 발표는 청중들과 직접 대면하기 때문에 현장에서 질문이나 반론이 제기될 수 있다. 이에 대해서도 겸허하게 받아들여야 발표의 효과가 더 높아지고 궁극적으로는 문제의 해결을 도모할 수 있다.

토론의 윤리 - 함께 이야기하자

토론은 여러 사람들과 함께 이야기를 주고받는 행위이다. 참여자들끼리 얼굴을 맞대고서 때로는 화자가 되고, 때로는 청자가 되는 역동적인 행위가 토론이다. 또한 토론은 논쟁이 될 만한 사안을 두고 이루어지므로 자칫 감정싸움으로 번질 소지도 있다. 따라서 어떠한 커뮤니케이션 행위보다 더 많은 윤리가 필요하다. 토론의 윤리가 추구해야 할 바는 다음과 같이 정리될 수 있다.

발표는 자신의 말을 청중들로 하여금 '들어주기를 바라는 행위'이다. 청중을 앞에 놓고 직접적으로 말을 해야 하는 발표는 청중에 대한 배려는 필수적이다. 발표의 내용은 글과 성격이 크게 다르지 않기 때문에 내용보다는 발표하는 행위 자체에 대한 윤리가 중요하다. 발표의 윤리가 추구해야 할 바는 다음과 같이 정리될 수 있다.

- **공동체 의식 :** 토론은 공동체 전체의 문제를 해결하기 위한 것임을 명심한다.
- **동료 의식 :** 토론의 참가자들은 적이 아닌 동료들임을 명심한다.
- **책임 의식 :** 토론에서의 발언은 문제해결을 위한 중요한 요소이므로 발언에 책임을 질 수 있어야 한다.

토론과 토의는 '나'를 위한 것이 아닌 '우리'를 위한 것임을 명심해야 한다. 집단적 문제해결 과정에서 자신의 의견이 관철되지 않은 것을 패배라 생각하는 경우가 많은데 여러 사람의 논의 끝에 자신을 포함한 전체를 위해 더 좋은 결론이 내려졌다는 것을 알고 결론을 수용할 수 있어야 한다. 이러한 공동체 의식이 없으면 자신의 이익을 위해 토의와 토론을 망치거나 자신의 주장을 관철시키기 위해 억지 주장을 펴게 된다.

토론과 토의 참여자 모두에 대해서는 동료라는 의식이 필요하다. 이런 의식은 옳고 그름을 따지는 토의에서 더 문제가 되는데 자신과 다른 견해를 가지고 있는 사람들에 대해서는 모두 적으로 간주하는 태도가 바로 그것이다. 자신과 다른 의견을 가지고 있는 사람들 또한 나의 적이 아닌 나와 함께 공동의 문제를 해결해 나가는 동료임을 깨달을 때 합리적인 토론이 이루어질 수 있다. 개인은 물론 기관이나 기업의 커다란 이권이 달려 있는 토론에서도 상대를 적이 아닌 동료로 대하는 것이 궁극적인 승리를 이끌어 낼 수 있다.

토론과 토의에서의 모든 발언에 대해서는 책임을 질 수 있어야 한다. 객관적인 사실만을 말해야 하며 합리적인 논증이 가능한 주장만 펼쳐야 한다. 상대에 대해서도 무책임하게 매도하거나 상대의 발언을 마음대로 해석해서는 안 된다. 특히 정치적인 토론에서는 상대에 대한 무책임한 폭로가 많이 나타나는데 이는 집단적인 문제의 해결이라는 토론의 본래 목적에서 벗어난 행위이다.